소멸 위기의 지방도시는
어떻게 명품도시가 되었나?

◇ 당신은 언제나 옳습니다. 그대의 삶을 응원합니다. **– 라의눈 출판그룹**

초판 1쇄 | 2022년 5월 20일
    2쇄 | 2024년 4월 12일

지은이 | 전영수 김혜숙 조인숙 김미숙 이은정
펴낸이 | 설응도   편집주간 | 안은주
영업책임 | 민경업   디자인 | 박성진

펴낸곳 | 라의눈

출판등록 | 2014 년 1 월 13 일 (제 2019-000228 호)
주소 | 서울시 강남구 테헤란로 78 길 14-12(대치동) 동영빌딩 4층
전화 | 02-466-1283   팩스 | 02-466-1301

문의 (e-mail)
편집 | editor@eyeofra.co.kr
마케팅 | marketing@eyeofra.co.kr
경영지원 | management@eyeofra.co.kr

ISBN 979-11-92151-13-7   03300

소멸 위기의 지방도시는
어떻게 명품도시가 되었나?

———

지역과 미래를 되살린 일본 마을의 변신 스토리

전영수

김혜숙

조인숙

김미숙

이은정

지음

8개 명품도시에서
읽은 시대 화두

'로컬 지향'

아무리 봐도 한국만큼 역동적인 사회는 없는 듯하다. '다이나믹 코리아'란 슬로건처럼 딱 들어맞는 수식어도 별로 없다. 안정적이고 성숙한 사회를 의미하는 선진국 반열에 들어갔지만 역동성은 건재하다. 한 번 변화의 방향을 잡으면 어떤 사회보다 속도·범위·규모가 월등하다. 압권은 인구변화다. 한국의 저출산은 파격 이상의 충격이다. 2021년 출산율 ±0.81명(추정치)이란 수치는 타의 추종을 불허한다. 2018년부터 4년 연속 1명을 밑도는 기록을 자체 갱신 중이다. 일부 도시국가를 빼면 한국만이 지닌 유일무이한 감속 행보다. 이대로라면 2022년 0.7명대까지 떨어질 전망이다.

이유는 뭘까. 한마디로 규정하기는 어렵다. 당연히 복잡다단한 원인이 얽히고설킨 결과다. 진단도 해법도 각양각색이다. 정도 차이만 있을 뿐 틀린 말은 없다. 대응 정책도 많다. 일일이 거론하기 힘들 정도로 다종다양하다. 그럼에도 성과는 별로다. 기대 이하다. 관련 통계는 악화될 뿐 완화되지 않는다. 일부에서는 포기하자는 말도 한다. 완화보다 적응하자는 논리다. 인구변화는 시대현상이니 맞서기보다 받아들이되 문제가 덜 되도록 접근하자는 것이다. 이런 점에서 한국의 인구 이슈는 갈림길에 섰다. 한국 사회의 모든 갈등을 내포 · 투영한 인구변화에 혁신적인 재구성이 요구되는 시점이다.

'인구=문제'의 등식은 곳곳에서 확인된다. 방치하면 곤란한 수준조차 넘어섰다. 이미 시작했어도 늦어버린 속수무책의 추세다. 그때그때 포퓰리즘적인 처방만 반복하니 출산 연기가 아니라 포기로 치닫는다. 후속 세대는 본인 행복에 집중한 각자도생을 택한다. 미래보다 현재에, 함께보다 혼자로 불확실성에 맞서 묵묵히 자신의 삶을 일군다. 출산 포기라는 개별 선택이 사회의 지속가능성을 해친다고 질타해서는 곤란하다. 구조 · 환경을 바꿔 스스로 선택하게끔 유도 · 전환하는 넛지가 간절하다. 비난보다 응원을 할 때 새로운 활로를 모색할 수 있다.

그렇다면 무엇부터 시작해야 할까. 인구변화는 미증유의 새로운 시대 과제다. 갈수록 사회 전반의 기존체계를 뒤흔든다. 과거 방식으로는 해결은커녕 대응조차 힘들다. 새로운 문제는 달라진 접근일 때 유효하다. 신시대에 맞는 신질서가 옳다. '인구=문제'의 심각성은 무엇보다 도시 · 농촌 간의 불균형에서 확인된다. 도농격차는 인구변화의 원인이자 결과다. 한발 비켜선 듯 보이지만 실상은 그렇잖다. 지방소멸이란 말처럼 '농산어촌

→ 수도권역'으로의 사회이동은 인구문제의 본질이자 원류다. 즉 인구문제의 우선적인 해결현장은 농산어촌의 로컬공간이다. 인구균형을 찾는 핵심 힌트다.

성글게 표현하면 '지방이 힘들수록 출산은 줄어든다'로 요약된다. 완벽한 논리 완성을 위한 중간 단계의 설명 변수가 많다고 할지라도, 이 가설은 비약이 아닌 팩트에 가깝다. '지방소멸 → 청년전출 → 도시전입 → 경쟁격화 → 자원부족 → 결혼연기 → 출산포기'의 흐름이다. 이것이 최근 몇 년간 안착되며 고령화율을 급증시킨 인구변화로 귀결된다. 결국 12%(수도권)의 한정공간에 쏠린 52%의 밀집인구는 도농격차의 결과이자 인구변화의 원인이다. 도시 거주는 출산환경을 악화시킨다. 교육·취업 등 미래형 자원·기회를 독점한 수도권이지만 정작 대부분의 미래주자에겐 그림의 떡인 까닭이다.

반대로 지방권역은 한계·과소·소멸 등 경고등이 켜진 지 오래다. 일상적인 자원유출·불황지속이 반복되며 생존기반의 몰락은 시간문제다. 유한한 수도권의 끝없는 외적 성장을 바라보는 박탈감과 상실감이 상당하다. 지방소멸 운운은 그들의 절실한 비명에 가깝다. 희망이 없으니 청년이 떠나는 것을 막을 길이 없다. 볼멘소리라고 치부해선 곤란하다. 저출산·고령화발 인구감소의 충격은 일상이고 현실이다. 로컬을 떠받치는 고령인구마저 자연감소하는 다사多死화가 일단락되면 유령마을로 전락할 곳이 수두룩하다. 결국 일본에서 만난 로컬의 처참한 현재는 한국의 내일일 수밖에 없다.

소멸 위기의 지방도시는 어떻게 명품도시가 되었나?

이대로면 사회 지속 자체가 힘들어진다. 예전엔 맞았어도 지금은 설명력을 잃은 제도·정책으로 지속성을 논할 수 없다. 시대 변화에 맞도록 사회구조를 전면적으로 재검토할 때다. 실제 복지를 필두로 한 고성장 시대의 세대부조형 패러다임은 기능부전·작동불능에 빠졌다. 급격한 인구변화를 민첩한 제도 수정의 착화제로 쓰는 것이 타당하다. 그렇다면 인구변화는 위기이지만 기회일 수 있다. 뉴노멀의 신질서로 비정상·불균형·양극화를 풀어내는 묘수만이 미래와 부합한다. 기존 상식과 고정관념은 편견과 오해일 뿐, 달라진 세상은 새롭게 디자인하는 게 옳다.

인구 위기의 본질인 도시집중·지방소멸의 격차 해소는 새롭게 재편되는 것이 맞다. 그간의 반성과 달라진 실험으로 도농격차를 줄이는 혁신이 필요하다. 우선순위는 역시 비교열위·극단한계에 놓인 소멸지방의 활기 복원이다. 심각해진 인구감소를 혁신적인 지역 재편의 움직임으로 대응하는 식이다. 지방이 살아야 나라가 산다는 절체절명의 공감대로 지역 재생을 위한 총체적 자원 결집·회복 시도가 요구된다. 글로벌 추세와도 맞다. 세계화Globalization가 던진 무한경쟁·승자독식 속 환경파괴·지속불능의 딜레마를 SDGs(지속가능개발목표)와 ESG가 받아내는 분위기다. 지역화 Lacalization 혹은 세계+지역화Glocalization로 새로운 방식의 건강한 회복을 지향한다.

한국사회도 예외일 수 없다. 균형발전론의 허상인 도농격차를 풀어낼 새로운 접근법이 절실하다. 개발경제·자원하달식 구체계로 균형발전은 어렵다. 즉 중앙정부가 지방 소멸을 풀어낼 만능 조직이 아님은 확인됐다.

중앙주체·행정자원의 하향배분식 지역활성화가 오히려 지방소멸을 앞당 겼을 따름이다. 정부도 인정할 수밖에 없듯이 '중앙 → 지방'으로의 권한· 예산 하방下方을 뜻하는 자치분권은 시대 흐름이다. 로컬사회도 정책의 대 상이 아닌 자생·내발형의 재생 주체로 변신해야 한다. 지역 주도의 상향 식 사업모델을 기반으로 한 맞춤형 정책 대안이 필요하다.

　현장은 정책보다 한발 빠르다. 지역 복원의 새로운 활력은 조용한 혁신 으로 곳곳에서 펼쳐진다. 튼튼하고 굳건한 로컬을 향한 달라진 도전이자 당연한 흐름이다. 더 나은 삶과 생태계를 위한 로컬 의제가 고질적인 지방 소멸을 억제하는 현장도 적잖다. 한국도 최근 10년에 걸쳐 아무도 주목하 지 않던 소외·박탈의 로컬 공간이 활력·협업의 실험 무대로 새롭게 변 신하려는 구체적 움직임이 있다. 성장이 생존을 위협한다는 현실을 깨달 은 MZ세대를 필두로 느려도 단단한 삶을 추구하는 로컬리즘이 화제다. 아 이디어·스토리로 무장한 강력한 콘텐츠로 협력하고 연대하며 신공동체 를 지향한다. 요컨대 기회와 혁신의 무대로 진화하는 로컬의 전성시대가 펼쳐진 셈이다.

　이 책은 인구변화·성장감축·재정압박의 트릴레마를 한국보다 먼저 겪은 일본을 분석하고 있다. 주지하듯 일본의 오늘은 먼저 가본 한국의 내 일이다. 다른 점도 있긴 하지만 인구변화에 관해선 일란성 쌍둥이처럼 닮 은 점이 많다. 특히 앞서 언급한 시대 압박은 놀랍도록 닮았다. 유사한 발 전경로·성장모델을 뒤따른 결과다. 지금 일본은 중차대한 갈림길에 섰 다. 장기 불황 30년의 어정쩡한 구조개혁은 정치 후진국의 전형적인 정부한계이지만, 지방소멸의 현장에서 벌어지는 지속가능성을 위한 돌파 실험까지 폄하할 이유는 없다. 한국과 닮은 과소 한계의 로컬공간이 열어젖힌 새로운 활력 힌트는 시사하는 바가 크다. 무조건적인 벤치마킹은 곤란해도 철저한 비교분석과 교훈 도출은 그 자체로 유의미하다.

연구팀은 2016년부터 2020년까지 5회에 걸쳐 로컬의 재구성으로 일정 부분 성과를 낸 모범지역을 조사했다. 문헌조사로 방문지역을 선별한 후 현지 검증을 거쳐 최종 지역을 선정했다. 또 방문 때마다 지자체 및 민간 조직을 별도로 접촉해 이해 조정부터 협력 과정까지를 세밀히 탐색했다. 이후에도 전화 · 메일 등의 추가 조사로 부족한 부분을 보완했다. 최종 17개 기초지자체의 로컬 현장과 사업모델을 확인했으며, 이중 특히 한국사회에 적용 · 이식이 가능한 8개 단위 현장을 집중 분석해 스토리로 엮어냈다. 성공사례로 알려졌지만 막상 기대 이하인 곳은 제외했다. 몇몇 사례는 등재지 논문으로 발표해 학계의 관심을 끌기도 했다.

책으로 구성한 8개 로컬 공간을 연구팀은 '명품도시'로 명명했다. 사업이 진행 중인 데다 감춰진 한계도 있겠지만, 해당 공간을 둘러싼 대내외 평가와 성과를 직간접적으로 확인해보니 실험 자체로도 충분한 가치 · 효과가 있다고 봤기 때문이다. 한국사회에 던지는 의미 · 파장까지 감안해 최대한 다양한 논점과 특징 · 기반 등을 소개하려는 차원에서 8개 지역을 선정했다. 인구규모 · 기반입지 · 자원한계를 필두로 사업특징 · 협력과정 · 제반 한계까지 있는 그대로 다뤘음을 밝힌다. 장기간에 걸친 현장조사를 통해 연구팀은 지역재생의 성공 조건과 로컬 활력의 전제조건을 확인했다. 그

리고 8개 명품도시를 통해 그 공통분모를 지역 특수성과 연계해 설명하고
자 애썼다.

책은 일종의 답사기 형태를 취했다. 지역을 되살리려는, 외롭지만 용감
한 발자취를 스토리로 엮었다. 로컬은 또 최전선에서 새로운 모델을 조용
하나 치열하게 열어젖히는 개척 공간이다. 방치된 자원으로 산촌자본주
의라는 신모델을 제안하고(마니와), 주민 스스로 옛집을 리모델링해 돈 버
는 로컬도 있다(단바사사야마). 차별공간으로 산골벽지에 사람이 찾도록 변
신한 곳(시와)은 물론 몰락 상점가가 드라마틱한 반전 성과를 낸 사례(마루
가메)도 있다. 강력한 리더십으로 인기 절정의 이주 마을이 되거나(히가시카
와), 실패하기 십상인 콤팩트시티로 웃음을 되찾은 곳(도야마)도 소개한다.
일본 정부가 공인한 행복모델로 떠오른 혁신공간(사바에)은 물론 한국에도
잘 알려진 파산마을을 하나둘 극복해낸 로컬 현장(유바리)도 다룬다.

로컬리즘이 전지전능한 해결 마법일 수는 없다. 그럼에도 꽤 넓고 깊은
설명력을 지닌 우선 이슈인 것은 맞다. 지방소멸부터 사회 유지까지 그 해
결을 꿈꾼다면 로컬리즘에 주목하기를 권한다. 전부는 못 풀어도 상당 부
분 유기·연결적인 성과 담보는 가능하다. 강조컨대 한국사회는 앞으로
몇 년에 그 지속가능성이 결정될 듯하다. 급격한 인구변화와 한층 심해진
도농 격차는 단순한 로컬 붕괴를 넘어 사회 근간을 위협한다. 방치와 회피
로 시간을 낭비하는 구습은 이 정도면 충분하다. 지방소멸의 절실한 비명
을 품어내는 총체적·혁신적인 체제 전환과 뉴노멀의 안착을 기대한다.

가능성은 충분하다. 여건과 필요도 무르익었다. 시행착오가 있겠지만 피할 일은 아니다. 낡음이 새로움에 자리를 열어주는 것은 자연스럽다. 아직은 일부이지만, 한국의 로컬 현장도 폐허의 공간에서 새로운 가치를 싹틔운다. 루저의 공간에서 혁신의 무대로 변신하며 힙한 트렌드로까지 회자된다. 모처럼의 소중한 실험을 흘려보내서는 곤란하다. 일본의 명품도시를 보건대 로컬은 다양한 재생 자원을 지녔다. 창의적인 재생모델과 열정적인 추진체계만 붙으면 로컬의 회생 스토리는 충분히 고무적이다. 일시적인 유행을 넘어 행복 증진을 위한 새로운 로컬 기반 라이프스타일도 창조 가능하다.

뿌리가 건강해야 열매도 알찬 법이다. 로컬이 튼실할 때 사회는 굳건해진다. 로컬리즘은 코로나19가 끝난다고 사라질 유행이 아니다. 불균형·비정상을 이겨낼 새로운 사회 의제인 공동체·생태계와 직결하는 이슈이기 때문이다. 경제적·사회적 선순환 모델로 본연의 인간 회복에 닿는 모범적인 행복 경제학과 맞물린다. 로컬의 미래는 밝다. 또한 미래는 로컬에 있다. 도시와 농촌, 그리고 인간과 환경이 공존·공생하는 로컬리즘은 강력한 트렌드일 수밖에 없다. 지역에서 활로를, 골목에서 미래를 찾는 혁신 실험에 적으나마 도움이 되기를 바란다. 이 책이 로컬 지향의 시대에 새로운 희망을 논하는 기회가 되기를 기대한다.

연구팀을 대신해서

전영수

══ 차 례 ══

CHAPTER
03

고민가古民家로 주민자립 실현한
단바사사야마

CHAPTER
04

몰락 상점가 마루가메의
드라마틱한 변신 실험

버려진 것의
재발견,

마니와 真庭의
산촌 자본주의

버려진 톱밥이
지역 부활의 성공 힌트

현지조사는 힘들다. 넘어야 할 산이 많아 꽤 성가시고 번거롭다. 괜찮은 대상인지 찾는 것부터 고역이다. 한정된 자료에 의존하며 확인에 확인을 반복하는 것이 불안을 없애는 유일한 방법이다. 섭외는 더 어렵다. 반대급부가 그다지 없는데 선뜻 만나 줄 한가한 공무원·전문가·조직리더는 별로 없다. 빈틈을 이리저리 찌르며 호소와 설득을 해도 만나 줄지는 미지수다. 더 큰 이유는 내놓을 만한 뚜렷한 성과가 없다는 자아성찰이다. 알려진 바와 달리 내세울 뚜렷한 창출 가치가 없다는 이유다. 열정이 없는 파트너를 만나면 서로가 계면쩍을 따름이다.

그런데 마니와는 많이 달랐다. 사뭇 놀랄 정도였다. 완벽한 환대·준비

소멸 위기의 지방도시는 어떻게 명품도시가 되었나?

로 일행을 맞았다. 관계부처 합동이란 이런 것이란 걸 보여줬다. 업무도 많을 텐데 무려 5명[1]의 부처책임자 · 사업담당자가 동시에 대기했다. 말하지 않아도 공기에서 느껴지는 자신감의 발로다. PT자료는 물론 샘플까지 갖고 와 만만찮은 회의를 예고한다. 쌓아둔 관련자료만 파일로 수십 권에 달한다. 그간 연구팀이 다녀 온 수십여 곳의 현지조사 중에서 마니와만큼 인원 · 자료가 많았던 적은 손에 꼽을 정도다. 귀국 후 오간 자료도 신속하고 깔끔했다. 코로나19로 다들 힘든 시기인데도 추가요청에 최선을 다해 줬다. 공무원 사회가 갖는 특유의 시간지체 · 역할전가는 거의 없었다.

마니와시 당국에는 주력산업의 지원 · 발전을 위해 독특한 부서가 있다. 산업관광부 산하의 임업 · 바이오매스산업과다. 요컨대 지역사회의 돈 버는 핵심사업을 커버하는 부서다. 히루젠고원 · 혼욕노천탕砂湯을 필두로 반딧불이 · 도롱뇽 산지로 유명한 지역답게 낙농 · 힐링여행을 이끄는 관광자원이 한 축이면, 나머지 한 축은 일본 유수의 히노키(편백나무) 생산지에 걸맞은 풍부한 삼림자원을 토대로 한 목질바이오매스산업이다. 사양산업이라지만, 지금도 벌채사업 · 목재가공 등이 지역경제를 떠받친다.

정리하면 마니와시의 지역활성화는 '바이오매스Bio-mass'란 한 단어로 요약된다. 산촌지역에 으레 남아도는 방치자원인 나무에 새 생명을 불어 넣음으로써 화려한 부활작업의 첫발을 뗐다. 이른바 '마니와모델'의 성립이다. 2013년 발간된 책(『里山資本主義』)[2]이 지역재생 분야에서 초베스트셀러가 되며 유명해졌다. 시당국의 프로젝트도 책의 한 챕터로 다뤄졌다. 이후 일본언론이 주목하며 지역활성화의 모범사례로 인용하기 시작했다.

2015년 한국에서도『숲에서 자본주의를 껴안다』[3]란 제목으로 출간됐다. 이후 한국의 방문조사도 잇따랐다. 연구팀을 비롯해 다양한 기관·언론이 산골벽지 마니와로 향했다. 시당국의 훌륭한 응대 루틴이 정착된 배경이다.

위 | 마니와시 관계자가 준비한 제품화된 나무재료
아래 | 바이오매스 재료로 쓰이는 버려진 나무의 펠릿화

소멸 위기의 지방도시는 어떻게 명품도시가 되었나?

준비된 회의에 쉼표란 없다. 치열한 질문과 응답이 오가지만, 물 흐르듯 진행된다. 확인이 필요한 자료는 그때그때 대기한 직원이 사무실을 오가며 확인·전달해준다. 섭외가 어렵지 일단 만나면 회의는 꽤 알차고 풍성하다. 원하는 내용·자료가 없어도 기꺼이 손품을 팔아 최대한 근사치로 알려준다. 1시간 30분의 예정 시간은 어느새 2배 이상 길어졌지만, 물을 것도 답할 것도 여전하다. 그럼에도 행정만 대할 수는 없다. 재생주역은 역시 주민·민간조직이다. 현장을 봐야 현실을 정확히 알 수 있다. 주민에게 묻고, 현장에서 확인할 때 진실에 가까워지는 법이다.

마니와모델의 원류를 추적하면 '메이켄공업銘建工業'⁴이란 회사에 닿는다. 목재제작 중 발생하는 톱밥 등 부산물의 재활용이 마니와모델의 핵심기제다. 그들은 쓰레기로 버려졌던 톱밥에 주목했다. 톱밥을 펠릿Pellet으로 만들어 발전 원료로 변신시킨 것이다. 처음엔 제재소 에너지로만 충당했는데, 친환경·저비용·고효율이 맞물려 새로운 수익창출까지 기여한다. 공장은 물론 지역사회의 공급을 넘어 이젠 전력회사에 전기를 내다팔 정도다. 나무 빼곤 아무것도 없던, 무너지던 산골마을에 활력이 생긴이유다. 회사를 물려받은 3대 사장 나카지마 고이치로中島浩一郎의 역할이 컸다.

어느 회사의 작은 실험이
위대한 성과로

잊고 있지만, 사실 나무는 소용이 많다. 목조주택이 태반인 일본은 더 그렇다. 다만 옛말이 됐을 뿐이다. 해외의 값싼 목재가 대거 수입된 탓이다. 뒷산에만 가도 아름드리가 빽빽하지만, 빛 좋은 개살구다. 벌채해서 쓰기보다 수입해서 쓰는 게 채산성이 좋다. 봄철이면 삼나무 꽃가루로 일본인의 1/4이 고생한다고 하지만, 경제성 앞에서 숲은 방치될 수밖에 없다. 전후재건을 위해 생육이 빠른 삼나무를 대량으로 심은 결과다. 삼나무의 역습은 미세먼지보다 공포스럽다. 풍성한 숲과 나무가 골칫거리로 전락한 것이다.

임업은 가성비가 낮은 사양산업이다. 가격경쟁력 있는 새로운 특화목재를 제외하곤 그렇다. 메이켄공업도 침체터널에 갇혔었다. 가업을 이은 3대

사장은 활로가 시급했다. 건축자재만으로는 미래가 없어서다. 마니와모델은 1923년 작은 제재소로 창업한 회사의 변신스토리와 맥을 같이 한다. 기업의 생존전략이 마을의 부활동력이 됐다. 코로나19 이전에 2,000~3,000명이 견학한 CLT[5]공장은 임업의 성공적인 변신공간이다. 톱밥 날리는 제재소 느낌은 없다. 잘 생산·관리되고 돈 되는 나무만 켜켜이 쌓여 있다. 정확히는 나무라기보다 목질구조재다. 원목을 자르고 붙여 새롭게 만들어냈다.

인근의 거대한 바이오매스 발전소도 마찬가지다. 산 아래 위치한 아이보리색 건물은 특유의 철조배관만 아니면 발전소 같지 않다. 두메산골에 어울리지 않는 방대한 크기는 위화감마저 불러온다. 이곳이 톱밥 등 불용 찌꺼기에 새로운 생명을 불어넣는 혁신공간이다. 자동화된 흐름에 맞춰 쓰레기가 돈으로 바뀐다. 돈은 일을 만들고 사람을 부른다. 사람이 모이면 동네는 살아난다. 펠릿의 무한변신은 발전재료에서 건축자재로 확대된다. 바이오매스의 기적이다. 사장의 말이다.[6]

"제재소는 1989년 1만 7,000개에서 2020년 4,382개로 줄었습니다. 나무로 먹고산 마니와도 마찬가지로 힘들었습니다. 30여 지역제재소 모두 출구 없는 비상경영에 내몰렸죠. 안 되겠다 싶었어요. 1993년 20대부터 40대까지 젊은 경영자들을 모아 공부회를 만들었습니다. 엄청나게 많은 목재가 있는데 왜 풍요롭지 않을까 고민했죠. 공부 끝에 우리는 제재 때 나오는 껍질·찌꺼기·톱밥에 주목했습니다. 폐기물도 부산물도 아닌 가치물로 보자는 차원이죠. 그래서 각자 사업에 활용하기 시작했어요. 시멘트회사는 시멘트에 섞어 팔고, 저희는 나무에서 바이오에탄올을 뽑고 또 목질 바이오매스 발전이라는 실험까지 했죠. 그러다 1997년 바이오매스 발전소를 지었습니다. 적어도 우리 회사에서 쓰는 전기는 대체할 수 있다고 봤어요."

발상을 바꾸고 혁신을 넣으니 변화가 만들어졌다. 아이디어만 있으면 사양산업은 최첨단기업이 된다. 힌트는 단순하다. "팔리는 것을 만드는 게 핵심"이란 게 선구자의 지론이다. 버려지는 것, 흔한 것을 이용해 마이너스를 플러스로 바꾸는 발상이다. 그에 따르면 시골은 보물천지다. 메이켄 공업은 연간 4만 톤 이상의 나무쓰레기 재활용에 나섰고, 결국 성공했다. 갈 길은 멀다. 바이오매스 발전만으로는 쓰레기가 남는다. 그래서 원통형 펠릿으로 만들어 1kg 20엔에 내다판다. 저비용·고효율의 전용스토브는 가정뿐 아니라 농업하우스에서도 인기다. 물론 쉽지 않은 과정이다. 괜찮은 아이디어 창출도 어렵다. 개념도 낯설고 돈까지 필요하다. 그 역시 허들에 봉착했다.

"발전소 때문에 은행에 돈을 빌리러 갔어요. 10억 엔을 융자해달라 했죠. 그랬더니 이익전망을 물어요. 생각도 안 했지만, 임기응변으로 3,000만 엔 정도를 불렀죠. 월이냐고 묻더군요. 연간이라 했습니다. 10억 엔 융자로 연간 3,000만 엔 수익이면 말도 안 된다고 하더군요. 저라도 그랬을

1 | 마니와 지역활성화를 주도한 메이켄공업 본사전경

2 | 메이켄공업의 공장사진

3 | 메이켄공업 3대 사장인 나카지마 사장(회사제공)

CHAPTER 01 버려진 것의 재발견, 마니와真庭의 산촌 자본주의 수치죠. 그래도 설득했어요. 원가 없는 불용나무로 에너지를 자급하고, 이게 지역경제에 도움이 된다는 사회가치를 강조하고서야 겨우 받았습니다. 나중에 들은 얘긴데요. 그 은행과 거래하던 다른 사장에게 메이켄공업이 곧 망할 거라 전해들었답니다. 바이오매스 발전이라는 바보짓을 한다는 이유에서죠."

이때부터 메이켄공업은 유명해졌고 마니와도 바이오매스의 명소로 승격됐다. 한 회사의 작은 실험이 마을 전체의 돈 버는 사업으로 커졌다. 마니와가 자랑하는 관민공동의 바이오매스 발전사업으로의 확대발전이다. 메이켄공업을 비롯해 지역의 임업·제재회사조합 등 9개 단체가 공동출자했다. 2015년 가동을 시작해 출력 1만 킬로와트kw로 마니와시 전체세대를 커버한다. 운 좋게 동일본대지진 후 전기 매매가격이 급등한 것도 호재였다. 총사업비 41억 엔 중 18억 엔은 보조금, 23억 엔은 은행융자로 처리했다. 발전사업이 커나가자 고용창출과 소득증대로 지역경제가 조금씩 되살아났다. 타지인들도 이곳에 터를 잡았다. 메이켄공업은 연 7~8명의 신입을 뽑는데 지원자만 수백 명에 달한다. 2021년 3월 302명까지 사세가 커졌다. 코로나19로 주춤하는 모양세지만, 2020년 222억 엔의 매출을 올렸다. 코로나19 이전인 2019년에는 266억 엔까지 실적을 끌어올렸다.

나카지마 사장은 가업을 안정궤도에 올렸다. 주력품인 CLT는 일본 내 압도적인 시장점유율 1위로 올라섰다(77%·2017년). 목질펠릿 시장점유율(23%), 구조용집성재(18%)도 마찬가지로 1위다. 지금은 CLT(2016년 전용공장

완성)와 발전(2013년 발전회사 설립)이 회사성장의 양축이다. 결국 작은 제재소에서 출발해 목조자재, 건축시공을 넘어 발전사업까지 커버하는 성공스토리를 썼다.[7] 발상의 전환 덕분이다. 지하자원을 쓰던 시대에서 지상자원을 유효하게 활용하는 시대에 올라탄 결과다. 사장은 이를 '21세기 방식'이라 부르고, 언론은 이를 '산촌자본주의'라 칭한다. 원가제로의 지역부활은 이렇게 탄생했다. 돈으로 환산할 수 없는 지역가치의 힘이다.

소멸지역 조건을 다 갖춘
산골마을의 민낯

　　　　　　　　마니와시의 역사는 2005년부터 시작된
다. 넓은 지역에 띄엄띄엄 사는 고령인구에 투입되는 행정비용을 줄이고
자 기초지자체의 인수합병 이후 만들어졌다. 유명한 '헤이세이대합병平成
大合併[8]이다. 지방소멸에 직면한 한국에서도 행정효율을 내걸며 일본이
먼저 단행한 지자체 간 M&A가 불가피하다는 점에서 지역재생의 주요화
두가 아닐 수 없다. 당시 마니와군真庭郡의 9개 기초지자체町村가 합병해
마니와시가 탄생했다. 종합정책부 종합정책과 우에시마 요시히로上島芳
広 과장은 "합병지자체의 다양성을 살리는 자립적인 합병효과ひとつの真庭
가 목표"라고 했다. 다른 우산 아래 놓였던 9개 행정단위가 묶였으니 원심
력·구심력이 부딪힐 수밖에 없어서다.

커졌다고 좋은 건 아니다. 인센티브로 재정지원은 받지만, 행정서비스의 누수와 빈틈은 불가피하다. 즉 공공시설의 통폐합이 주민생활의 불편함을 초래한다. 합병특례채로 숨통은 틔었으나, 교부세 특례조치가 폐지된 것도 악재다. 무엇보다 인구감소가 발등의 불이다. 합쳤다고 인구가 늘어날 리는 없다. 되레 동시다발적인 과소위험만 드러난다. 와중에 고령화율은 37%를 웃돈다(2040년 43%). 버틸 만한 경제기반도 없다. 어디를 봐도 숲과 나무만 보이는 산림(79.2%)지역답게 제조·서비스업은 자생하기 어렵다. 산업인구(특화계수[9] 1 이상)는 남녀불문 광업·농업·임업 등에 특화된다. 산촌지역의 딜레마다.[10] 이로써 한계취락의 조건을 두루 갖췄다. 지역활성화의 출발배경이다.

인구와 경제는 밀접하고, 사람과 돈은 함께 움직인다. 돈벌이가 힘들면 사람은 떠나간다. 사양산업인 나무기반 산촌경제의 몰락은 그래서 자연스럽다. 마니와도 그렇다. 거주인구는 감소세다. "늘리는 게 아니라 덜 감소되도록 하는 게 핵심"[11]이란 인터뷰이들의 공통발언처럼 브레이크를 거는 게 먼저다. 인구증가의 기대감은 사실상 내려놓은 분위기다. 1960년 76,100명에서 지금은 43,094명(2022년 4월 1일)까지 줄었다. 그나마 매년 낙폭을 줄여 최근 5년은 연간 1,000명대 이하로 하방경직성을 유지했다. 같은 인구감소라도 지역활성화가 그저 그런 기타지역보다는 하락세가 완만하다. 이 정도면 인구정책에 성공했다는 평가가 일반적이다.

다만 추세대로라면 2040년 3만 2,000명대까지 줄어든다. 출산아는 줄고, 유출자는 많아졌기 때문이다. 2018년 기준 자연감소는 537명(출생수

279명, 사망수 816명), 사회감소는 264명(전입수 847명, 전출수 1,111명)을 기록해 모두 마이너스 인구성장세다. 역내취업이 힘들어 청년인구를 중심으로 사회전출·자연감소가 반복된 결과다. 그나마 출산율이 높아(2017년 1.81명) 다행이지만, 자녀를 낳을 가임기여성의 숫자 자체가 줄면 큰 의미는 없다. 2000년대 이후 사망수와 출산수의 격차는 커진다. 사망은 위로, 출

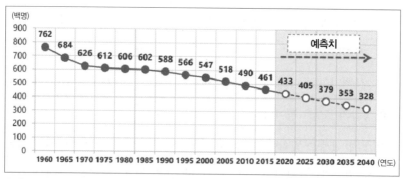

총인구 감소추이

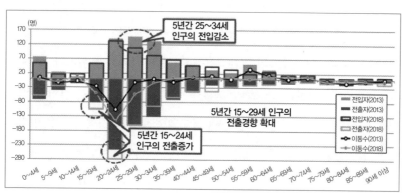

전입·전출상황(2013~18년)

■■■ 마니와시의 인구비전 추이

자료: 마니와시(2020), '마니와시 인구비전', p.4, 8

소멸 위기의 지방도시는 어떻게 명품도시가 되었나?

산은 아래로 향하는 악어입 그래프다. 전입·전출도 마찬가지다. 특징적인 건 20대가 전출·전입 모두를 주도한다는 점이다. 우에시마 과장은 "진학·취업의 유출과 U턴형 전입이 마니와 인구이동의 특징"이라고 했다. 많이 나가지만, 또 많이 들어온다는 의미다. 실제 사회이동은 지역활성화가 본격화된 2000년대 중반이후 현상유지에 들어갔다. 과다전출로 연평균 ±200명씩 뺏기지만, 격차가 확대되지는 않는다.

다시 합병 당시로 돌아가자. 행정서비스의 공급악화로 합병이후 소멸속도가 더 빨라질 것이란 전망도 많았다. 지역활성화만이 당면과제를 풀 유일한 방책으로 떠올랐다. 방치하면 산업쇠락·인구감소·취약행정·빈곤생활·활력저하 등이 반복되어 한계취락화는 불가피할 것이다. 합병 시당국은 활로를 찾아나섰다. 돈 버는 뭔가가 절실했지만 가용자원은 눈에 띄지 않았다. 전국평균(4%)보다 월등히 높은 1차산업(14.5%)에 주목했으나, 사업포기가 잇따랐다. 주민의 부활의지도 그만그만했다. 이대로라면 지역유지는 곤란하고(커뮤니티 상실), 경제활동은 쇠퇴되며(노동·소비감소), 재정악화는 심화(사회보장비 증대)될 수밖에 없었다.

시당국의 위기감은 목에 찼다. 행정주도로 사업을 펼칠 만한 여력·능력은 제한적이었다. 고민은 한 모임에서 풀렸다. 민간차원에서 자조적인 활력창조를 위해 뭔가를 꾸렸다는 제보였다. 1993년 지역기업가·청년리더 등이 결성한 연구조직21世紀眞庭塾이다. 지역활성화라는 거창한 슬로건은 아니었지만, 본인사업의 자생모델이라는 공통숙제를 껴안은 이들로 구성되었다. 상황악화에 내몰린 민간의 자조그룹이 지역활성화라는 빅픽처로 연결된 셈이다. 연구회는 치열한 내부고민과 적극적인 외부자문을 반복했다. 대도시의 전문가를 모셔와 공부하기도 했다.

소문은 퍼지게 마련이다. 마니와는 합병이후 이들과 머리를 맞댔다. 관료조직은 연구회 등 많은 민간주체와 적극적으로 협력했다. 선후배로 엮인 지역출신 공무원이 많아 공동체적인 이해일치에 도움이 됐다. 관민협력의 청사진은 2020년 미래비전真庭ライフスタイル으로 구체화됐다. 실행수단은 전출억제(취업증대), 이주증대, 창업·신제품 개발지원, 역외로부터 소득확보·반출감소 등이다. 정통관료로 교토부지사를 역임한 고향출신 현직시장(오타 노보루, 太田昇)의 취임(2013년)도 힘을 실었다. 그는 2021년 4월 연임(3기)에 성공했으며 2025년까지가 임기다.

작은 공부회에서 시작된
마니와의 지역활성화

"지금의 마니와시가 존재하는 것은 1993년 만들어진 민간조직 21세기마니와주쿠21世紀真庭塾 덕분입니다. 이들의 튼튼한 뿌리조직이 지속가능한 마을을 위해 고민하고 또 지켜줬기 때문이죠. 마니와가 지속가능한 미래를 말할 수 있게 된 출발이에요. 그들의 애정 어린 기획과 치열한 실행이 사양화된 산골마을에 새로운 발전은 물론 돈 버는 산업으로까지 연결시켜줬죠. 덕분에 다채로운 마니와를 후세대에 물려줄 수 있어 다행입니다."[12]

2019년 3월 10일 오후 3시. SDGs미래도시마니와포럼에서 오타 시장이 발언한 내용이다. 마니와시 지역활성화의 원류이자 축으로 민간모임(NPO

법인)을 규정한 것이다. 공치사가 아니라 다른 소회에서도 늘 이렇듯 밝혀왔다. 공무원인 인터뷰이들도 동의한다. 관민협치란 단어를 쓰지만, 결과적 거버넌스일 뿐 핵심역량은 민간주체라는 것이다. 쉽지 않은 판단이다. 행정주도성이 강했던 관성 · 타성을 보건대 더 그렇다. 민간조직이 지역활성화의 힘이었다는 것은 행정으로선 인정하기 어려운 예외사례에 가깝다.

그렇다고 지자체가 손을 놓은 건 아니다. 합병이후 새로운 마니와를 위한 절박한 위기감은 갈수록 높아졌다. 마을이 사라지면 공무원도 괴롭긴 매한가지다. 지방자치로 지역출신 공무원이 많아진 것도 이해합치의 동력이 됐다. "정확하진 않지만, 대략 50~60%는 이곳 마니와 출신 직원"이란 것이 교류정주추진과 도다 노리히로戸田典宏 과장의 분석이다. 5명의 마니와시 인터뷰이 중 3명이 고향 선후배였다. 일종의 U턴을 택한 오타 시장도 운명공동체로서 마니와에 귀향한 경우다. 21세기마니와주쿠라는 민간연구회의 다양한 재생실험이 자연스레 지역정책에 연결될 수밖에 없는 이유다.

손바닥도 마주쳐야 소리가 나는 법이다. 시당국은 선도적인 민간행보에 주목하며 적극적인 사업파트너로서 임했다. 21세기마니와주쿠로서는 천군만마를 얻은 셈이다. 제아무리 민간단위에서 활발하게 움직여도 정책당국이 어깃장을 놓으면 될 일도 안 된다. 재생사업의 주요뼈대가 방치된 지역자원의 재활용이란 점에서 관민 양자의 이해관계도 맞아떨어진다. 단순한 경제가치의 복원을 넘어 버려진 지역자원에 새로운 부가가치를 창출한다면 결국 마을회복이라는 사회가치에 닿는다. 관은 관대로, 민은 민대로 남는 장사다. 관민소통이 관계증진을 낳고, 활력조성이 이뤄지면 궁극적인 인구문제까지 해소된다.

'민간주도 → 행정가세'의 협력행보는 공동체 전체의 관계자본을 엮어내는 데 의미가 있다. 소수의 인적자원이 다수의 관계자본으로 연결될 때 추진력이 강화된다. 이런 점에서 자칫 재생사업의 주도권을 상실해 뒷북을 치거나 심지어 걸림돌로 작용할 수 있는 행정당국과의 이해일치는 지역재생이라는 동일목적을 위한 추진동력과 자원결합의 우호적인 환경기반이 된다. 덕분에 마니와모델은 현재 관민협력[13]의 성공사례로 평가되며, 자본주의의 제도실패를 극복할 대안里山資本主義으로 불린다. 관의 적극적인 지원체계가 구축된 게 결정적인 촉발점으로 작용했다.

사람과 고민을 농익혀 낸
브레인스토밍의 공부회

결국 사람이다. 지역활성화는 더 그렇
다. 주민의 힘이 건강한 마을을 낳는다. 마을이 아이를 기르듯 주민이 동
네를 가꾼다. 주민을 뺀 지역재생은 무의미하다. 따라서 주민이 행정주도
적 하향정책의 대상·객체로만 남으면 희망은 없다. 되레 주민의 적극적
인 참여와 역할로 지역문제를 바라볼 때 구체적이고 실효적인 성과로 연
결된다. 문제는 주민의 발굴과 참여 및 실천과 검증에 있다. 이 과정에 최
대한 많은 주민이 참여해야 한다. 내발적이고 협력적이며 체계적인 연결
고리는 당연지사다.

마니와의 지역활성화는 한 사람의 열정에서 비롯된다. 앞서 언급한 메
이켄공업 나카지마 사장이다. 초기단계 핵심적인 인적자원인 셈이다. 다

만 혼자는 힘들다. 그래서 결성된 것이 뜻을 함께 나눈 사적결사체인 21세기마니와주쿠다. 이를 토대로 마니와란 지역공동체는 '인적자본+관계자본'의 토대를 꾸렸다. 탄탄한 연대성과 확장적 네트워크를 무기로 종국엔 관민협력까지 완성했다. 모임은 1993년 4월 시작돼 2002년 10월엔 NPO 법인격까지 취득했다. '거리재생 및 순환형 사회창출 등의 활동을 통해 건강하고 개성 있는 지역만들기에 기여함'이 목적(정관)이다. 세간의 주목과 관심이 집중되자 NPO는 그들의 기록집[14]까지 제작·판매한다.

모임은 최초 핵심멤버인 청년그룹 중견경영자 등 23명으로 결성됐다. 마니와를 둘러싼 고속도로 건설로 산업쇠퇴가 불가피할 것이란 위기감에서 비롯됐다. 처음부터 바이오매스를 생각한 건 아니었다. 목적은 공부였다. 중앙관료는 물론 정부계열 금융기관 임직원, 싱크탱크 연구자 등을 불러 다양한 논의를 전개했다. 이 과정에서 지식축적·문제공감이 강화됐고, 외부지역과의 네크워크도 형성됐다. 존재감을 알린 최초 이벤트는 1997년 10월 '환경마을만들기심포지엄'이었다. 이후 유명해진 '2010년 마니와인의 하루2010年の真庭人の1日'는 이때 채택된 헌장이다. 산업과 환경의 공존을 위한 심포지엄답게 3년 후인 2010년의 하루를 다양하게 묘사했다. 목재의 가공공정에서 나오는 폐기목재를 재활용한 바이오매스 발전과 발전설비 견학회 등이 그려졌다. 1997년 당시 이 묘사를 둘러싸고 과장된 게 아니냐는 의견도 적잖았다. 상상이 심했다는 뜻이다. 인터뷰이 한 명은 "그랬던 것이 지금은 거의 실현되고 있다"라고 했다.

심포지엄 후 공부회는 양갈래로 나눠 심화연구에 들어갔다. 'Zero

Emission부회'와 '거리町並재생부회'다. 관심은 기반산업인 임업과 관련된 Zero Emission부회다. 둘로 쪼개지기 이전부터 메이켄공업은 사내에 바이오매스 발전을 시작했다. 21세기마니와주쿠에서의 배움을 실천한 결과다. 이런 인연으로 나카지마 사장은 NPO의 대표로도 활동했다. 선행경험은 부회활동을 통해 확산된다. '지역특산품에 관한 마케팅조사'와 '마니와 지역의 목질자원산업화검토조사' 등도 구체화된다. 지역기업 · 마니와시는 물론 광역지자체(오카야마현) · 신에너지종합개발기구NEDO 등과도 협력했다. 목재 리사이클 사업화에 불가결한 민간 싱크탱크의 충고도 받아들였다. 2004년 멤버들은 스스로 출자해 회사를 세웠다. 마니와바이오에너지㈜와 마니와바이오머티어리얼(유)이 그렇다. 이로써 바이오매스 산업창출은 새로운 사업단계로 접어들었다.

21세기마니와주쿠는 지역재생을 위한 인재의 산실이었다. 지금은 부회 및 개별회사로 쪼개져 공식적인 공부모임은 중단됐지만, 여전히 멤버들

■ 21세기 마니와주쿠의 인적자본 육성조직

육성목표		'미래비전=인재배출'로 요약. 최우선적인 중점과제는 인재육성. 내외에서 활약하는 고도의 개성 넘치는 인재육성과 새로운 기업배출이 핵심목표.
교육조직	**Zero Emission부회**	목질 바이오매스 산업관련 기술보유 청년인재 육성. 관련세미나 실시. 지역고용 증대, 연수 · 연구개발 거점형성, 바이오매스 기술교류, 관련산업 집적증대 등 기대효과
	거리町並 재생부회	지역 전통산업 및 지역관광 담당인재 육성. 영상 · 음성 등 청소년 지역자원의 재발견 활동실시. 지역애착 배양, U턴 예비군 육성, U턴의 신규창업, 재생지역의 환경 · 관광 · 문화의 산업화 등 기대효과

의 영향력과 실천력은 상당하다. 모두 공부회를 통해 다져진 지식·노하우의 축적 덕분이다. 인터뷰 당시 기준 통산 160회(약 600시간)의 연구회가 개최됐을 정도다. 이들이 방치된 삼림자원에 새로운 부가가치를 연결시키는 혁신과 창조를 주도했다. 단 모임의 트리거(촉진자)는 나카지마 사장이 아니었다. 모임결성의 첫 목소리를 던진 건 다른 인물이다. 당시 마니와시 구세지국久世支局 국장이던 니에다 쇼仁枝章 씨다. 그가 지역의 젊은 경영자들에게 공부회를 만들자고 제안했다. 이후 사무국장도 맡았다. 나카지마 사장 등의 술회다.

"어느 날 갑자기 니에다仁枝 씨가 와서 젊은 경영자를 모아 공부모임을 하고 싶다고 했습니다. 처음엔 놀랐죠. 지역의 미래를 걱정하는 마음은 모두 마찬가지지만, 공무원이 제안하리라고는 생각도 못 했어요. 이후 향토기업 후계자 등 유지로 불리는 20여 명이 찬성해줬습니다. 아무리 바빠도 새벽 2~3시까지 신중한 회의를 계속했죠. 지금 생각해도 뜨거운 시간이었습니다. 당초 공부모임은 1년 기한이었는데 모두들 계속하자고 뜻을 모았죠. 이 공부를 통해 사회와 시대의 방향성을 알 수 있었어요. 니에다 씨는 행정맨의 입장보다 주민으로 참가해줘 고마웠습니다. 당시만 해도 행정의 사고방식과 세부정책은 누구도 몰랐거든요. 그랬는데 대등한 관계에서 얘기가 가능해졌죠. 가치관의 차이를 이해하고 목표를 공유해 행정과의 협력도 수월해졌습니다. 지역활성화엔 토착기업의 힘이 불가결하다는 것도 알았죠."[15]

초기단계에서 재생사업을 선도·확산하는 소수의 인적자본은 대단히 중요하다. 그들의 존재와 역할이 재생사업을 성공리에 안착시키는 중대변수다. 추가적이고 확장지향적인 관계자본의 결집·협력의 출발로서도 소중하다. 결국 마니와의 성공인자는 '인적자본+관계자본'의 탄생·결합으로 정리된다. 개별차원의 인적자원에 그치지 않고 유기적인 네트워크를 구축해 조직·조율된 공통의제와 자원배분의 우선순위를 만들어냈다는 점에서 완성된 관계자본의 파워를 설명해준다. 지금은 '인적자본+관계자본'의 선순환을 넘어 후속세대 인재육성에 매진한다. '미래비전=인재배출'인 까닭이다.

마니와모델과 직간접적인 연결고리를 갖는 자립·협력·연대조직으로서 민간중심의 NPO법인만 현재 16개에 달한다. 바이오매스란 아이디어가 생존압박에 직면한 일부 유지의 제안이라면, 이후 탄생한 다양한 민간조직은 지역에 뿌리내린 행정과 산학연대를 통한 실천체제로 발전한다. 가령 바이오매스연구소는 마니와시·중앙정부国·縣·NPO·지역기업·삼림조합·대학 등 숱한 이해관계자의 연대·지원구조로 형성된다. 이는 산업창출을 넘어 지역문제를 해결하는 파생사업으로도 연결된다. 빈집을 활용해 쉐어하우스로 지역매력을 발신하고 정주인구를 유입하기 위한 사업 コスモポリタン田舎つくり[16]이 대표적이다. 지역재생을 위한 유기적인 생태계멤버가 조성됐다는 의미다.

흔해빠진 자원을
돈 되는 사업으로

마니와모델의 또 다른 성공변수는 지역
자원의 충분한 활용이다. 마니와는 "어디든 볼 수 있는 방치된 숲·나무를
재활용하자"라는 지역특수적인 자연자원에 주목했다. 후보군에 오른 지역
자원은 역사자산, 관광자원, 삼림자원 등이다.[17] 우선순위는 삼림자원으로
요약됐다. 사양화로 부담스러운 지역흉물로 전락한 삼림을 적극적으로 재
검토·부가가치화하자는 차원이다. 여기에 역사자산·관광자원을 연결해
순환경제의 윤활유로 삼는 추가사업이 더해졌다. 출발은 삼림자원을 활용
한 바이오매스사업이다. 지역내부의 고민·연대로 출발해 지역자원에서
부활계기를 찾았다는 점에서 차별적(All마니와방식)이다. 임업·목재산업의
진흥으로 신규산업(바이오매스)을 만들고, 이것이 결과적으로 고용확대와

지역재생으로 확산됐다.

반대로 판에 박힌 듯한 구태의연한 방식과는 결별을 선언했다. 즉 교부·지원금 등 혈세재원으로 유형화된 SOC형 건물·인프라를 짓던 방식을 지양했다. 애초부터 민간단위에서 제안됐기에 가능했다. 지역사정에 밝을 수밖에 없는 토착기업 후계경영자들의 위기공유와 참여 덕분이다. 그러니 지역맞춤형 아이디어가 나왔다. 그들은 주변부터 살펴봤고, 방치된 문제가 새로운 가치자원으로 재조명됐다. '악재 → 호재'로의 발상전환을 위한 시도였다.

'풍부한 목재가 왜 지역발전에 활용되지 못하는가'의 문제제기는 결과적으로 옳았다. 흔해빠진 자연자원이 주민생활의 품질향상으로 재활용될 수 있다는 아이디어는 평범하되 신선했다. 인적자본과 관계자본이 숱한 브레인스토밍을 거쳐 구체화했다. 지역자원의 화려한 변신시도였다. 재조명의 방향은 돈 버는 사업모델로의 연결이다. 흘러넘쳐도 돈이 안 되면 무의미하다. 이들은 지역특수성을 충분히 활용한 나무(지역자본)에 새로운 생명을 불어넣는 비즈니스(사업자본)를 찾아나섰다. '지역자본→사업자본'의 연결이다. 쓰레기 취급을 받던 톱밥 등 골칫덩이 폐기물을 새로운 돈벌이를 위한 원재료로 기획했다. 그 결과물이 마니와모델의 키워드인 바이오매스다.

방향과 방법을 정한 후엔 속도가 중요하다. 지금은 '폐기물 → 부산물 → 나무전체'로 시선을 넓히며 100% 활용 그 이상을 도모한다. 내외부의 전문인력과 장기간 교류해온 21세기마니와주쿠의 경쟁력은 이때 부각된

소멸 위기의 지방도시는 어떻게 명품도시가 되었나?

위 | 동네식당에 설치한 펠릿 난로
아래 | 마니와 시내 식당 한 켠에 전시된 나무재료들

다. 1990년대 후반만 해도 지역활성화의 작은 후보군에 불과했던 바이오매스가 본격적인 미래산업으로 성장한 배경이다. 지속된 수익창출로 유력한 사업모델로 진화했다. 이 과정에서 효율성은 강화된다. 단순한 공부모임에서 법인화NPO를 거쳐 관계자본이 중심이 되어 마니와바이오매스발전회사[18] 등 기업까지 개업했다. 방치된 지역자원이 짭짤한 영리창출의 주요 자본이 된 것이다. 덕분에 벤치마킹용 범용·확장성까지 확보한 상태다.

지역활성화는 다양한 기대효과를 갖는다. 직접적인 경제효과는 물론 파생적인 연관효과가 기대된다. 바이오매스로의 사업화는 2009년부터 신규 고용을 창출한다. 일자리가 생겨나면 인구유출을 낮출 뿐만 아니라 외부 청년의 전입도 기대할 수 있다. 지속가능한 내발적·토착적인 사업모델이란 점에서 자본유출도 억제된다. 바이오매스의 확장성은 새로운 비즈니스 모델의 기회를 제공한다. 선점효과와 연관효과로 시내외의 산관민학이 연대한 바이오매스 공동연구·기술개발이 그 씨앗을 뿌린다. 삼림자원(지역자본)을 바이오매스(사업자본)로 엮어낸 작은 아이디어의 큰 파급효과인 셈이다.

뒷심을 불어넣은 행정지원과
금융조달의 마침표

'누가 무엇을'이란 질문은 지역활성화
의 주요화두다. 주체와 대상이야말로 사업성공의 관건일 수밖에 없다. 그
럼에도 마침표를 찍기엔 부족하다. 그만큼 사업완성을 위한 다양한 협력
체계가 필요하다. 대표적인 게 행정자본과 금융자본이다. 사람(인적+관계
자본)과 내용(지역+사업자본)이 필수변수라면 '행정+금융자본'은 일종의 지
원변수다. 없다고 결정적인 문제가 생기지는 않지만, 있으면 사업진행이
한결 부드러워진다. 특히 행정자본은 중앙주도의 하향식 재정투입을 통한
지역재생보다 지역기반의 민간 착근적인 사업모델이 유효하다. 정부사업
의 새로운 수행주체(전달체계)로 부각된 재정기반 위탁사업(사회적경제조직
등)이 지역자립보다 행정의존을 심화시킨다는 우려와도 연결된다.

지역활성화를 하고 싶어도 돈이 없어 못 한다는 생각은 마니와를 보면 착각에 가깝다. 금융자본의 지원에 지나친 의미부여일 수 있어서다. 실제 2013년 발전회사 설립 전까지 정부재정 등 외부조달을 통한 금전자본의 투입은 없다. 공부모임 결성 후 메이켄공업의 시범사업 추진 때 자금조달 (은행융자)에 난관을 겪었지만, 결정적인 변수는 아니었다. 즉 '행정자본+금전자본'은 재생사업의 성공안착을 위한 윤활유이지 에너지원은 아니다. 때문에 행정과 돈이 주도권을 잡는 지금까지의 방법론은 편견일 수 있다. 사람과 내용을 지지・응원하는 협조・보조적 위치가 바람직하다.

　그럼에도 행정자본의 측면지원은 마니와모델의 특징 중 하나다. 훗날 관민협치로 불리지만 초기단계의 행정은 철저히 주변인에 머물렀다. 즉 마니와의 행정자본은 선행적 주도가 아닌 후행적 결합이다. 민간차원의 내발적인 사업고민(주민중심 사업제안)이 확인되고서도 10여 년이 흐른 2005년 합병당국의 출범전후에야 본격화된다. 사업모델로서 바이오매스의 효과성이 검증되고, 대내외의 관심을 받는 상황과 맞물려 합병지자체의 지원・협력 등 사업고도화가 진행된다. 마니와시의 지역재생 연대기[19]를 봐도 성장후반기가 되어서야 행정과의 결합・지원이 빈번해지고 조직결성도 활발해진다.

　물론 행정지원이 빈약했거나 허울에 그치지는 않았다. 관계자본의 유효성에서 확인되듯 행정역할은 지대했다. 지역재생을 향한 운명공동체라는 인식하에 유무형적인 행정지원이 뒷받침됐으며, 사업확장에 필요한 추가적인 기업설립 등에 적극적이었다. 안정기에 접어든 현재는 마니와모델의 확대보급·지지확보를 위해 각종 정부인증 등 행정차원에서의 구체적 지지활동을 하고 있다. 2014년 바이오매스 산업도시 인정이 대표적이다. 관이 나섰기에 비로소 가능한 영광의 결과였다. 행정자본이 결합·지지하니 또 다른 선택자본인 금전자본도 신용확충 등 거래비용을 낮춰 사업성공을 추동했다.

선택자본이긴 하지만 '행정자본+금전자본'이라는 든든한 뒷배를 확보한 마니와모델은 사업추진의 탄력성을 굳건히 확보했다. 물론 쉽지만은 않다. 이때 필요한 게 중장기적인 그랜드비전의 확보·전파다. 이를 통해 투입대비 산출효과를 높여놓아야 추가적인 외부지원이 한층 수월해지기 때문이다. 반대로 갈등은 최소화가 필수다. 이때 관민·민민民民 이해의 조율은 행정당국의 역할일 수밖에 없다. 이로써 마니와모델의 지속가능성은 커진다. 최종지향은 2020년 인구의 사회증가를 목적으로 한 '마니와 라이프스타일真庭ライフスタイル'[20]의 제안으로 압축된다. 즉 '바이오매스 산업도시(杜市=都市와 동일발음)'의 실현으로 마니와모델의 특수성과 브랜드를 선점하겠다는 전략이다.

자료: 真庭市(2016), '里山資本主義真庭の挑戰', p.23

바이오매스 산업도시(杜市)[21]			
마니와 바이오매스 발전사업	목질바이오매스 리파이너리 사업	유기폐기물의 자원화 사업	산업관광 확대사업
2015년 4월 가동	고부가가치 신소재의 개발 등	음식물쓰레기 자원화 사업과 농업과의 연대	바이오매스 투어 및 펠릿쿠키, CLT초콜릿 제조판매

■■■ 바이오매스 산업도시(杜市) 구상실현을 위한 4대 프로젝트

마니와가 얻어낸
지역활성화의 직접 성과

성과는 숫자로 말하는 것이 좋다. 단순·명쾌하기 때문이다. 다만 논란은 많다. 지역활성화의 성공여부를 판단하기 어렵기 때문이다. 성공기준이 뭔지도, 어디까지 넣을지도 관건이다. 사실상 이현령비현령耳懸鈴鼻懸鈴이다. 그럼에도 성과는 측정되는 게 옳다. 내부적 동기부여와 외부적 사업설명을 위해서다. 마니와모델의 사업성과는 대놓고 자랑할 만한 수준은 아니다. 하지만 사업 이전과 비교해보면 뚜렷한 가치창출이 목격된다. 무엇보다 패배감 대신 자신감을 얻어냈다. 구체적으로는 ◆새로운 고용기회 및 취업선택지 창출 ◆지역기반의 다채로운 복합형 산업창조 및 창업촉진 ◆적극적인 청년정주 및 UJI턴의 촉진 등이 그렇다. 바이오매스가 아니었다면 없었을 성과다.

소멸 위기의 지방도시는 어떻게 명품도시가 되었나?

지역활성화의 가치평가는 다양하게 체크된다. 연구팀은 GRDP(지역총생산), 인구증감(출산율), NPO, 관광객, 고용창출, 세금증감 등 입수 가능한 경제가치에 주목했다. 바이오매스에 한정할 경우 직접효과 및 간접효과도 일정부분 확인된다. 다만 통계확보에 문제가 있는 항목은 제외했다. 문제는 2~3차 파급효과인 사회가치를 정량화하는 것인데, 생활만족도·지역

자료: 真庭市(2016), '里山資本主義真庭の挑戦', p.24

직접효과	임업·목재산업 진흥	발전사업으로 13.7조 엔의 연료구입/이용목재 배출량 증가(12.4만㎥→16만㎥)/제재제품 출하량 증가(11만㎥→11.8만㎥)/간벌 및 육림촉진, 본류가치 향상
	에너지 자급률 향상	에너지 자급률 11.6%→약 40%/에너지 자급에 따른 화석연료 대체량: 약 3만kl(年)/지역경제 순환액: 약 24억 엔(年)(중유 80엔/L 환산)
	고용확대	발전플랜트 가동에 따른 15명 직접 신규고용/연료공급협의회 운영 등에 따른 신규고용/임업종사자 및 가공업자, 운송업자 등 고용확대
	이산화탄소 배출억제	바이오매스 에너지 CO_2 삭감량: 약 15만t-CO_2(年)/임업정비 따른 CO_2 흡수량 증가
	바이오매스 신산업	바이오매스 신산업 창출
	삼림기능의 회복	토사재해 억제/수원관리의 촉진/생물다양성보전 등
간접효과	지역관광 진흥	바이오매스투어 등 집객효과: 2,000~2,500명(年)/관련경제(숙박/선물/음식 등) 파급: 역 600만 엔(年)
	지역력의 향상	관계자연대 및 지역구조 모색/에너지 관련 등 기술 및 각종정보 축적/친환경 지역브랜드 형성/가치관의 공유·공감형성 및 협동·연대강화/지역의 풍부함(자신감·연대·만족도 등)/정주촉진 효과/지역내외의 다양한 교류촉진/순환형 사회형성
	지역인재 육성	전문기술의 축적·이용·계승
	환경교육	환경을 되살린 전문기술·노하우 교육활용/교육현장에 바이오매스 산업 효과 보급
	지역의 보급계발	바이오매스 이용발신에 따른 지역홍보/바이오매스투어 등 지역외부로의 보급계몽

■■■ 바이오매스 활용효과

브랜드 등의 확인이 한계다. 마니와모델은 단일사업이 아닌 데다, 특히 사회가치는 시계열(Before-After분석) 통계확보가 힘들어 인터뷰에서 가치존재의 확인유무만 체크했다. 결과적으로 인터뷰이들의 절대다수는 마니와모델의 사업시행 전후로 정성적인 만족도와 심리적인 기대감이 높아졌다는 데 동의했다.

먼저 확인이 가능한 인구문제부터 보자. 인구감소에 따른 위기감은 실제적인데 자연감소·사회감소 모두 발생한다. 출산율이 광역지자체보다는 높아도[22] 지금처럼 청년인구의 직주환경 및 양육환경이 악화되면 한계취락으로 빠질 것이란 공포감이 짙다. 특히 고용구조·생활환경이 양호한 외부지역을 향한 20대 초중반 여성전출이 반복, 출산제고와 전입촉진이 중요한 정책이슈로 부각된다. 실제 마니와시는 연간목표로 출산증가(40명), 15~24세 전출억제(10명), 25~34세 전입촉진(15명), 양육세대(3040세대) 전입촉진(3~5명) 등의 2040년 목표를 세웠다. 전출감소와 전입증가를 꾀하려는 대응조직은 교류정주센터로 창구를 단일화해 정보발신·상담역할을 주도한다. 관(6개 진흥국·본청)민이 협력해 인구증가를 위한 네트워크를 한데 묶어 효율적인 정보제공·매력발신·자료조사 등이 가능해졌다.

덕분에 일시적이나마 우호적인 흐름도 있다. 자연증감이야 되돌릴 길이 없으니 사회증감만 보자. 가령 월별로 봐서 반짝 사회전출입이 플러스를 찍을 때가 있다. 가령 2016년 7월은 전입(70명)이 전출(50명)을 초과했다. 단 추세적인 일관성은 없으며, 여전히 매월통계에서 사회감소가 압도적이다. 전체추세로는 여전히 빠져나가는 인구가 더 많다는 얘기다. 최근 통계

에서 2018년 마니와시는 출생(279명)보다 사망(816명)이 압도적이다. 사회
증감의 경우 브레이크를 걸긴 했다지만, 전입(847명)보다는 전출(1,111명)
이 많다. 인구비전에 따르면 대학진학 후 취업시점의 전출과 U턴 전입이
특징적이다. 20~24세 전출이 지배적이며, 기타연령에서는 격차(전출-전
입)가 줄어든다. 당국은 마니와모델의 성공안착을 통해 청년직주를 실현,
2040년 34,000명을 유지할 계획이다. 포인트는 사회증가를 통한 출산율
제고(2.07)로 요약된다.

지지부진한 인구항목을 뛰어넘는 가시적인 경제가치 실현부분은 산업
창출이다. 각종통계가 이를 뒷받침한다. 새롭게 창출된 바이오매스를 토
대로 한 직간접효과가 이를 잘 보여준다. 실제 바이오매스 발전을 통한 금
전적 경제효과는 상당하다. 폐기물 처리비용의 절감, 에너지발전의 자체
조달을 통한 전기료 하락, 남는 전기를 판매해 생기는 추가수익, 친환경
발전을 통한 환경오염의 방지효과 등[23]이 해당된다. 지역재생을 평가할 때
경제가치의 최소공배수인 고용창출의 경우 2016년 기준 발전소(15명) · 임
업소재(33명) 등 약 50명의 일자리가 신설됐다. 이밖에 바이오매스만의 직
접효과로 에너지 자급율 향상(11.6% → 33%)과 CO_2 삭감량(67,000t-CO_2)도
실현했다. 여세를 몰아 관계당국은 경제적 및 사회적 파급효과 목표치를
제시해 지속가능성을 높일 계획이다.

고용창출 등 1차적인 경제가치(Input → Output)만으로 재생사업을 평가
하면 의미부여는 작아진다. 주주중심Stockholder적 영리추구 민간기업도
그 정도 산출효과는 낸다. 지역복원이라는 내발적 · 이타적인 공동목표를

자료: 真庭市(2014), '真庭バイオマス産業杜市構想', p.25

목표 바이오매스 이용량	약 34만 9,000톤(年)
원유 대체량	약 11만 3,000kL(年), 금액으로 114억 엔
CO_2 삭감효과	약 29만 9,000t-CO_2(年) 달성
고용효과	약 250명 달성

■ 바이오매스 이용 및 활용 기대효과(목표)

지닌 재생사업의 경우 최소공배수(고용창출)를 통한 추가적인 선순환의 가치창출에 주목하는 게 옳다. 1차만으로는 설명되지 못하는 다양한 경제·사회가치가 2~3차 파급효과를 통한 지역재생의 최종적인 목표이자 지역공동체의 지속가능성에 직결하는 법이다.

즉 바이오매스(1차)에서 비롯되는 추가적인 산업증대 및 지역경제의 활로모색에 대한 의미부여다. 일례로 재생사업이 본격화되면서 사회유출이 반복되던 전형적인 산촌지역에서 뚜렷한 지역내총생산GRDP 증가가 확인된다. 산업총액은 2009년 1,586억 엔에서 2013년 1,665억 엔으로 증가했다. 이후 사업이 일단락되면서 큰 폭의 증가는 없지만, 미약하나마 늘어났다는 평가다. 특히 바이오매스 등 산림자원을 재생사업의 핵심재료로 됐기에 관련된 목재제조 등의 2차 산업 성장세가 두드러진다. 1차인 임업이 늘었고, 지역에서의 순환경제 확인 이후 승수효과와 관련된 임업기반 3차 산업 파급성장도 확인된다.

소멸 위기의 지방도시는 어떻게 명품도시가 되었나?

마니와가 얻어낸
지역활성화의 파급 성과

　　　　　　　　　　지역활성화의 궁극적인 창출성과는 사
회가치의 지속발현으로 확인된다. 고용창출·산업부각으로 정리되는 경
제가치인 직접성과가 지역내부에서 순환·확장돼 생활품질의 향상체계
를 만들어낼 때 사회가치로 정리된다. 주변산업의 파급성과도 기대된다.
따라서 사회가치의 정확한 측정은 어렵지만, 적어도 경제가치를 월등히
초과할 수밖에 없다. 마니와의 경우 바이오매스가 주변산업인 관광증대
로 연결되는 효과가 확인된다. 재생사업이 없었다면 단순히 관광 붐 등에
따른 외부의존적인 관광수입이 전부였을 것이다. 그런데 바이오매스를
토대로 한 마니와모델이 홍보·전파되면서 '자연관광+산업시찰'의 새로
운 관광루트가 개발됐다. 당국과 관광연맹이 연대해 급증하는 바이오매

스 시찰인구 및 관광인구에 대응하는 투어코스가 2006년 시작돼 인기리에 진행된다.

코스개발 이후 시찰인구는 2019년 목표치였던 연간 3,000명을 달성했다. 특히 인연을 만들어 지속적인 방문을 기대하는 관계인구 3,800명도 데이터베이스화를 끝냈다(2019년). 이는 자연스레 소비증가로 연결된다. 3차산업 중 서비스업은 최근 10년간 증가했는데(308억 6,500만 → 321억 5,400만 엔), 사실상 방문객의 체류소비가 한몫했다. 당연히 숙박·식당 등 지역상점가의 매출증진으로 연결된다는 의미다. 바이오매스 견학인구와 투어여행자가 지속적으로 방문해준 성과다. 물론 코로나19 이후 관광객은 줄어들었다. 추가로 확인하니 그나마 기타지역보다 적은 감소세라는 회신이다.

지자체 재정상황은 개선된다. 재정수지는 플러스로 돌아섰다. 지역재생이 없었다면 재정악화에 따른 부채증대 및 중앙정부 지원압박 등 환수불능의 매몰비용Sunk Cost이 생길 텐데 그것이 절감됐다. 미약하나마 지방세는 증가했다(2011년 49억 4,400만 엔 → 2014년 50억 81만 엔). 물론 장기적으로는 안심하기 어렵다. 교부·지원금이 인구감소로 줄어들 전망인 가운데 사회보장을 위한 부조비용의 증가 및 공공시설 유지보수 부담압박은 구체적이다. 2015년부터 합병특례조치에 따른 보통교부세 축소도 시작돼 향후 재정은 안심하기 어렵다. 시당국은 가속되고 있는 마니와모델의 전파확대로 세원추가 및 사업성과에 힘입은 재정건전화를 도모할 계획이다. 균형재정의 루트를 확보해 지속가능성을 높인다는 전략이다. 요컨대 '외부불경

소멸 위기의 지방도시는 어떻게 명품도시가 되었나?

'나무의 역'이란 이름의 휴게소 식당 외부

제 → 외부경제'로의 전환시도다.

현장한계와 통계부족 등으로 면밀한 가치평가 금액산출은 힘들다. 그럼에도 마니와모델의 경우 다양한 사회가치(Impact) 창출이 확인된다. 심층인터뷰에서 재생전후를 비교한 생활만족도·행복수준·지역브랜드·지역분위기 등을 단순히 가부(OX)로 질문했더니(사전인터뷰 및 현장인터뷰 중복확인) 긍정(O) 응답이 압도적이었다. 직접적인 금전투입 이후 해당사업의 흑자전환(비용절감) 및 직접고용뿐 아니라 2~3차의 추가산업이 발전했다는 것을 체감하기 때문이다. 순환경제의 확산체감이 지역주민·행정당국 등 이해관계자의 생활만족도로 연결된 것이다. 이런 분위기와 에너지는, 비록 정량·금액환산은 힘들지라도, 지역재생을 위한 또 다른 활력으로 집결된다. 지역문제를 해결하는 가치접점의 기대효과 덕이다. 다양한 파급효과에서 확인된 이해관계자의 성공모델 경험공유는 지역재생의 최종목표인 건강한 공동체복원에 결정적인 변수로 작용한다.

전망은 밝다. 마니와모델의 출발점이 된 바이오매스산업은 성장세가 뚜렷하다. 재생이 가능해 고갈되지 않으며 온실가스 배출량을 제로수준으로 낮춰(Carbon neutral) 지구온난화는 물론 미래에너지로 주목받는다. 일본정부도 '바이오매스일본종합전략'을 채택해 전략사업으로 편입했다. 그 일환으로 바이오매스타운을 추진 중이며, 2017년 기준 79개 기초지자체가 바이오매스산업도시로 선정됐다. 바이오매스 시장규모는 2010년 1,200억 엔에서 2015년 3,500억 엔으로 성장했으며 2025년 5,000억 엔대까지 기대된다. 이 경우 마니와란 지역공간의 활력과 에너지는 보다 뚜렷한 사업성과로 직결된다. 마니와모델은 정량성과뿐 아니라 정성성과[24]까지 챙겨볼 때 더 의미심장하다. 또 이를 검증해야 지속가능성도 높아진다. 마니와시는 2023년 끝나는 종합계획 결과도 엄밀하게 검증할 방침이다.[25]

소멸 위기의 지방도시는 어떻게 명품도시가 되었나?

마니와 모델로 본 지역활성화에
필요한 6가지 자본

마니와모델은 일본정부가 지역활성화를 위한 표준적인 가이드라인을 만드는 데 일조했다. 성공사례를 통한 공통분모의 도출은 일본정부로서도 시급한 과제인 까닭이다. 이를 통해 내놓은 게 지역활성화 5대 정책원칙이다. 자립성, 장래성, 지역성, 직접성, 결과중시 등이다. 이를 마니와에 투영해보면 하나하나 의미심장한 실행경로에 놓여진다. 그렇다면 지역활성화의 성공조건은 무엇일까? 워낙 지역특수성이 제각각이라 일관된 공통요건을 추출하는 것은 어렵다. 그럼에도 반드시 포함되는 것들도 있다. 가용가능한 많은 자원 중 특히 설명력이 높은 분야가 있기 때문이다.

이런 차원에서 일반적인 지역재생에서 고려·활용되는 다양한 개별인

자를 일종의 자본Capital개념으로 보는 관점이 제안된다. 특정사례의 성공여부에 기여한 개별자본의 우선순위, 영향력, 정합성 등을 분석해보면 범용시스템을 추출할 수 있기 때문이다. 이런 분석틀을 반복하면 개별자본을 필수자본과 선택자본으로 나눠 벤치마킹의 우선순위를 선정할 수도 있다. 구체적인 항목으로는 크게 3가지로 구분된다. ◆누가 하는가(사람) ◆어떤 사업인가(내용) ◆잘 도와주는가(지원) 등이다.

이를 성격별로 세분화하면 모두 6개의 세부자본으로 나뉜다. 사람과 관련해서는 인적자본Human과 관계자본Relation, 내용과 관련해서는 지역자본Region과 사업자본Contents, 지원여부와 관련해서는 행정자본 Administration과 금전자본Finance 등이 그렇다. 특정사례가 성공하기 위해

자료: 필자 제안 및 구분법

누가 하는가? (사람)	인적자본 (Human Capital)	선도인재/경험보유/열정필요/행정관계/지역애정
	관계자본 (Relational Capital)	인적연결/공동체의식/선도그룹/토종호족/통치체제
어떤 사업인가? (내용)	지역자본 (Regional Capital)	지역특징/모델사례/순위합의/주민참가/기반역사
	사업자본 (Contents Capital)	모델선정/사업성과/관심유도/참가열의/지속여부/주체세력
잘 도와주는가? (지원)	행정자본 (Administrational Capital)	중앙·지방정부/전달체계/관료수준/관심수준/의사결정
	금전자본 (Financing Capital)	자금조달/지원체제/운영방식/정부사업/펀딩채널/금전결합

■■■ 사업성패를 가르는 개별자원의 개념과 내용

소멸 위기의 지방도시는 어떻게 명품도시가 되었나?

위 | 흔한 지역자원을 돈 되는 사업자원으로 전환한 마니와
아래 | 마니와 곳곳에서 전시되고 강조되는 나무의 변신모습

6개 개별자원 모두가 필요하지는 않다. 모두 역할을 맡아 가동되면 성공확률은 높겠지만, 그만큼 많은 시간과 노력이 전제된다. 때문에 제한된 조건에서 지역재생의 효과성을 확보하자면 이중 우선순위를 정해 단계별로 필

수자본, 선택자본 등의 순서로 접근하는 것이 바람직하다.

결과적으로 마니와모델은 필수자본(인적+관계자본, 지역+사업자본)과 선택자본(금전+행정자본)의 유기적이고 협력적인 결합사례로 이해된다. 필수자본은 지역재생의 핵심적인 성공조건일 수밖에 없다. 또한 선택변수는 결정적이지는 않지만, 기능하면 성공확률을 높여주는 부가항목으로 정리된다. 이때 마니와모델은 적잖은 함의를 제공한다. 통상적으로 금전자본과 행정자본이 사업성패를 결정짓는 대단히 중요한 변수로 이해되지만, 실제로는 그렇지 않을 수 있다는 문제제기다. 정부가 도와주지 않더라도, 금전조달이 무난하지 않더라도 사람의 힘과 내용의 탄탄함만으로 극복할 수 있기 때문이다. 즉 행정 · 금전자본은 재생사업의 지속가능, 내용확대, 여론지지 등에 결정적인 변수가 아니다.

마니와가 알려주는
지역활성화의 힌트

           지역이 신음한다. 심화되는 도시화 · 공업화 · 현대화의 파고에 휩쓸린 열위공간답게 지역농촌의 존속기반은 악화된다. 최근엔 성장감속과 재정악화까지 가속화되면서 생존담보를 위한 사회이동(농촌 → 도시)마저 일상적이다. 이는 각종 사회비용으로 전가된다. 대도시(수도권)로의 인구 · 산업 · 자금 등 생산요소의 일극집중은 국토발전을 저해한다. 도농격차로 인해 지역소멸은 물론 도시문제까지 야기된다. 지역은 '청년유출 → 활력저하 → 세원감소 → 재정악화 → 행정틈새 → 인구유출 → 생존갈등'의 악순환이 심화된다. 빠르게 한계취락 후보지로 전락할 수밖에 없다. 도시권역은 한정자원의 확보경쟁이 한층 치열해진다. '성장감퇴 → 도시유입 → 자원부족(실업발생) → 원가압박 → 거주부담 →

도시추방 → 직주괴리'로 생활품질이 악화된다. 개별적으로는 합리적인 선택(사회이동)이지만 사회전체로는 비효율과 불경제로 연결된다. 도농격차라는 딜레마는 한국사회의 건강한 지속가능성을 약화시킨다.

지역활성화의 배경과 필요는 한일 양국의 공통점이다. 다소간의 시차는 있지만, 거시환경의 변화로 과소지역이 한계취락으로 전락하는 경우는 심히 위협적이다. 자원을 독점한 중앙집권적 국토균형발전이 추진됐다는 점도 비슷하다. 차이라면 2015년부터 일본이 지방재생의 사업관점을 전환해, 적으나마 '중앙 → 지방'으로 권한이양을 추진한다는 점이다. 동시에 자연재해 등 빈번한 지역파괴 탓에 지역재생의 시행경험이 그간 축적됐다는 점도 일본적인 특징이다. 즉 정책변화와 경험축적은 최근 일본의 지역활성화 패러다임을 전환시키는 데 일정부분 기여했다. 마니와모델의 출현도 이와 관련이 있다. 그만큼 일본사례의 비교분석을 통한 반면교사 · 벤치마킹의 경험적 실효성이 필요하다. 자원낭비와 실패갈등을 줄이고, 한국적 성공루트를 찾는 데 도움이 되는 것이다.

대표적인 교훈이 '중앙 → 지방'으로의 무게이동이다. 중앙행정의 전달체계를 개선하는 차원에서 예산 · 사무 · 권한권력을 지자체로 넘기는 것이 필요하다. 한국은 지방분권 20년을 훌쩍 넘겼지만, 여전히 중앙의존적인 지자체가 존재한다. 예산권 · 결정권의 상당부분이 중앙독점적이기 때문이다. 자치권의 확대 · 이양에 걸맞게 책임과 의무를 명확히 한 상태에서 지자체가 움직이면 활성화는 한층 탄력을 받는다. 물론 중앙정부의 감시 · 통제는 필요하다. 지역재생을 위한 성공자본을 효율적으로 공급하는

사양산업(제재소)을 성장산업(바이오매스)으로 변신시킨 마니와

인재육성도 시급하다. 열정·능력을 보유한 선도인재를 기르고, 이들이 지역사회에 착근해 자신의 문제를 주도적으로 해결하도록 기반환경을 갖추어야 한다. 리더십이 발굴되면 관계자본으로의 발굴·확장도 자연스럽다. 천편일률적인 사업보다는 특정지역에 특화된 사업모델, 즉 지역자원을 최대한 활용해 비즈니스 모델화하는 콘텐츠도 중요하다. 지역에 흘러넘치고, 지역민이 꿰뚫어보는 흔하디흔한 자원에 혁신적인 부가가치를 얹는 구조가 마니와모델의 핵심이다. 지역을 가장 잘 아는 것은 지역일 수밖에 없고, 지역이 살아야 주민이 산다는 게 그들의 교훈이다.

중앙정부가 지역활성화에 적극적이란 점도 배움직하다. 도농격차·인구이동이 정책의 변수變數에서 상수常數로 올라섰다. '중앙 → 지방'으로의 낙수효과와 SOC 투자를 통한 재정적인 승수효과가 미약했음을 인정한 연후에 벌어진 일이다. 소홀했던 지역으로의 자원배치를 우선순위로 올리도록 정책전환도 이뤄졌다. 물론 힘들고 시간도 많이 걸린다. 성과도 생각보다 적다. 실제로 2000년대부터 다수의 법률제정으로 지역재생의 애드벌룬을 띄웠다. 이후 실현의지와 자원배분이 힘을 받은 것은 2014년 종합적인 장기비전 및 2015년 세부전략 등의 발표가 이루어지고 나서다. 이때 지역재생을 선도할 중앙부처 및 주무장관을 배치해 실행의지를 높였다. 핵심은 토목건설道橋적인 재정정책에서 벗어나 지역자체의 고민을 포함한 지역맞춤형 재생계획의 수립과 실천의 주문이다. 중앙단어(지방창생)가 지역단어(지역재생)로 하향·구체화되는 사업이 본격적인 경로에 올라탄 셈이다. 최근 일본정부는 지역활성화를 확산하고자 성공모델의 취합·홍보에 적극적이다. 개별부처는 사업연관성에 맞는 성공모델을 범주화하고 시상하는 등 지역특수성의 일반화에 열심이다. 한국에도 시사하는 바가 크다.

1. 마니와시 종합정책부 종합정책과의 우에시마 요시히로(上島芳広) 과장, 이시다 아키요시(石田明義) 주간, 고타니 요시츠구(小谷佳嗣) 주사 및 교류정주추진과 도다 노리히로(戸田典宏) 과장, 임업·바이오매스산업과 후쿠시마 유키오(福島幸男) 주임 등 5명이다.

2. 藻谷浩介·NHK広島取材班(2013),『里山資本主義:日本経済は「安心の原理」で動く』, 角川oneテーマ21, pp.27-45

3. 모타니 고스케 저, 김영주 역,『숲에서 자본주의를 껴안다: 산촌자본주의, 가능한 대안인가 유토피아인가?』, 동아시아, 2015.07.29

4. 藻谷浩介·NHK広島取材班(2013), 前揭書, pp.27-34. 메이켄(銘建)공업은 마니와모델의 출발지점이며 이 회사 대표(中島浩一郎)가 인적자본의 중심에 위치한다. 연간 25만㎥의 목재를 가공·판매하는데, 시내의 최대회사이며 서일본에서도 상위권에 랭크된 제재회사 중 하나다.

5. CLT(Cross Laminated Timber)는 두꺼운 집성판을 합판처럼 교차시켜 접착한 구조용 목재로 다양한 두께·길이로 재단할 수 있어 유럽에서는 철·콘크리트를 대체하는 건축구조재료로 인기다. 친환경소재, 공기단축, 내진성, 내화성, 단열성 등이 좋아 목조고층 빌딩의 재료로 사용된다. 집성재(集成材)는 원목을 잘라 만든 판재인 제재목을 섬유방향으로 평행하게 여러 겹 접착한 가공목재다.

6. http://www.hidokeilife.com/m/inochinowa(검색일: 2019.09.24.) 인터뷰 내용의 재구성.

7. 소단면·중단면 집성재로는 일본 내 점유율 1위다. 2004년부터 목질펠릿을 생산하

며 국내생산량 6만 톤 중 1/3을 맡으며 1위로 올라섰다. 2010년부터 신소재(CLT)를 개발, 5층건물 상당의 내진실험에서 강도를 인정받으며 고층건축재를 생산한다. 2017년 중소기업연구센터주최 '굿 컴퍼니 대상'인 그랑프리를 수상했고, 경제산업성은 '지역미래견인기업'으로 선정했다.

8. 1995년 합병특례법 이후 2005~06년에 피크를 찍은 대규모 기초지자체의 합종연횡을 의미한다. 공식적으로는 중앙주도의 3차 대합병이다. 당시 약 3,300개에서 1,800여 개로 줄어든 데 이어 지금은 1,700여 초반대로 숫자가 줄어들었다. 정부목표는 약 1,000개다. 인위적인 M&A가 아닌 자주적 결정이며, 합병에 응하면 중앙정부가 70%를 갚아주는 최대 15년 기한의 합병특례채를 발행할 수 있다. 예산부족에 시달리는 기초지자체로서는 상당한 인센티브로 평가된다.

9. 특화계수란 지역의 어떤 산업이 얼마나 특화됐는지를 보여주는 지표다. 산식은 '특화계수=특정지역 A산업 비율/전국의 A산업 비율'이다. 1 이상이면 전국평균보다 특화된 산업이라 할 수 있다.

10. 지역산업은 삼림자원에 의존하는데, 제조업출하액(95억 6,700만 엔) 중 목재·목제품제조업(가구제외)이 22.4%(21억 4,500만 엔)로 압도적이다.

11. 真庭市(2015), '真庭市人口ビジョン', p.10

12. https://blog.goo.ne.jp/nobunobu5220141001/e/dbff25e7eb4c2ffdbd4c3ff3a5913e09(검색일:2019.09.28)

13. 행정지원을 통한 관민협력이 주요특징 중 하나다. 시청에 바이오매스 전문부서(바이오매스정책과)를 배치했다. 민간주도로 시작한 사업을 지원, 삼림 이외의 이렇다 할 산업이 없는 지역답게 목재활로가 지역재생의 유일방책이라는 공감대에 다다랐다. 학교·시청·수영장 등 공공시설이 앞장서서 팰릿보일러를 도입했고, 시청청사를 지역명물인 삼나무를 활용해 치장하고 팰릿으로 냉난방을 처리했다. 가격대가 있는 팰릿전용 보일러·스토브의 보급을 위해 보조금도 지급한다. 개인주택 스토브의 경우 최고 13만 엔, 농업용은 최고 50만 엔을 지원한다. 민간주도 아이템에 행정이 사후·유기적으로 예산배치 등의 지원책을 쓰는 경우는 희귀한 사례다.

14. http://biomass-tour-maniwa.jp/topics/964/(검색일: 2019.10.01), 2017년 8월 1일 『2010年の真庭人の1日への軌跡』이란 제목으로(부제 『21世紀の真庭塾』 기록집) 세상에 나왔다. 마니와의 바이오매스 사업은 여기서 시작됐다는 설명과 함께 바이오매스를 말할 때 21세기마니와주쿠는 결코 빼놓을 수 없다는 자신감이 곳곳에 묻어 있다.

15. 電源地域振興センター(2012), '木とともに生きる21世紀の真庭塾', pp.1-4. 코멘트는 나카지마 사장 및 Zero Emission부회 초대회장을 맡은 목질콘크리트 제품제조사 ㈜란데스(ランデス)의 오츠키 다카유키(大月隆行) 사장이 인터뷰한 내용을 재구성한 것이다.

16. 고향납세(ふるさと納税)와 크라우드 펀딩으로 자금을 조달, 외국인에 초점을 맞춘 창작활동을 위한 예술가·청년 등 총 7명이 입주할 계획이다. 특히 이 사업은 해당권역 지역이전협력대의 대원 10명 중 1명인 한국인(강윤수)이 주도, 해외로의 매력발신에 공을 들인다.

17. http://www.city.maniwa.lg.jp/webapps/www/index.jsp(검색일: 2020.08.20)

18. 2013년 설립된 마니와(真庭)바이오매스발전주식회사는 관계자본의 연결고리(銘建工業+真庭市+임업·제재업조합 등 9단체 출자)가 일체화된 지역 대표적인 바이오매스 사업주체다. 2015년 출력 1만kw 목재를 원료로 하는 발전소를 건설했다. 시대상황과 맞는 사업모델의 시의성도 확인했으며(2011년 재생가능에너지특별조치법 후 민간전력 구매단가 상승 등 우호적인 환경조성), 총사업비 41억 엔은 보조금(18억 엔)과 은행융자(23억 엔)로 충당했다.

19. 真庭市(2014), '真庭バイオマス産業杜市構想', pp.5-12. ①태동기: 지역 청년리더에 의한 연구회 결성 ②성장기: 真庭시목질자원활용산업클러스터구상 책정 및 21世紀真庭塾의 NPO법인화에 따른 추진체제 강화시기 ③확장기: 사업화 조직인 真庭바이오에너지(주), 真庭바이오머티어리얼(유) 등 설립에 따른 사업확대기반의 정비시기 ④안정기: 바이오매스타운구상의 책정과 함께 '真庭시 목질바이오매스활용 지역에너지 순환시스템화 실험사업'을 기폭제로 한 바이오매스 에너지 활용의 확대를 추진하고 있는 현재 상황(바이오매스 활용의 다면적 전개와 파생사업 확대) 등 4대 시기별로 구분된다. 행정은 2단계부터 본격적인 관민협력 체제에 순응한 것으로 파악된다.

20. 홈페이지 및 현장인터뷰 제공팸플릿의 취합·정리에 따르면 행정당국은 4대 지역전략(5대 키워드: 자연/연대/류/순환/협동)을 선정했다. 중산간의 지역자원 활용이 포인트인데 바이오매스 등 지역특화적인 민간주도 사업모델을 적극적으로 후원하는 형태다. △지역자원을 활용한 일자리 창출─순환경제(거대한 산촌자본주의) △시민의 힘에 의한 지역재생─누구든 지역재산(지역민의 손으로 만드는 작은 사업) △외부도시와 연대에 의한 매력조성(중산간과 도시가 함께 지속가능성을 만들어내는 연대와 교류) △시의 매력을 전략적으로 발신─시티 프로모션(시의 지역자원을 재발견해 자신감

을 갖는 계기로 함) 등의 4대 전략이다. 2005~24년의 종합계획(지역창생종합전략 등)으로 중심에는 목재·삼림자원이 위치한다. 지역자원의 순환과 연대를 통해 산업발전, 고용창출, 지역매력 등을 확산하는 게 목적이다. 상류(수집·공급)+중류(관리·가공)+하류(목재이용·바이오매스) 등의 순환전략으로 이익환원 및 배분유도를 도모한다.

21. 杜市란 단어의 의미는 都市와 같은 발음의 일본어를 빌려와 '풍부한 자연과 지역자원을 활용한 사람과 환경에 우호적인 마을만들기'를 지향하는 마니와모델을 상징하는 신조어다(인터뷰 당시 담당공무원의 설명).

22. 2017년 출산율 1.81명은 소속된 광역평균(1.52명)보다 높은데, △낮은 비정규직 및 실업률 △풍요로운 자연혜택 및 농업겸업 △지역공동체 및 커뮤니티 기능유지 △대가족주의 및 부모의 육아지원 △잔존하는 남아선호 등의 이유가 거론된다.

23. 현재 발전소는 지역소재 임업·목재업 관련자와 시가 회사를 설립·운영 중인데 목질바이오매스(약 10만 6,000톤/연간)를 활용해 매출액(22억 엔), 연료구입(12억 7,000만 엔), 석유대체(약 18억 엔) 등의 실적을 냈다. 동시에 이용방치 및 산업폐기처리(처리비용 1억 엔 이상)되던 것이 유가자원으로 변신, 소재업자(20사)·제재회사(30사)의 이익향상으로 연결됐을 뿐만 아니라 산림소유자에게 연료비 중 일부(500엔/1톤)를 환원하기도 한다. 환원총액은 2,800만 엔이다.

24. 형식적인 슬로건이 아닌 실체적인 행동자세·사업모델·사후평가 등에서의 공통적인 자신감과 연대감의 표출이다. 대개의 행정목표가 실현여부와는 별개로 추상적이고 낙관적인 수치제시로 끝나는 경우가 많지만 마니와모델은 정성적인 사회가치에도 주목, 이를 위한 구체적인 목표치를 제시한다.

25. 일례로 행정당국은 2023년 진척상황에 맞는 평가지표별 효과측정 및 종합평가를 진행할 계획이다. 각각 폐기물처리량 및 비용절감(시의 쓰레기처리시설의 소각물량 및 화석연료 대체물량), 화석연료 대체효과(바이오매스 활용을 통한 화석연료의 양과 가격 및 삭감비율), 고용창출(기간 내 신설된 작업장의 고용자 숫자), 이산화탄소 삭감효과(삭감물량의 환산치), 관광산업 참가지수(여행참가 인원파악) 등 구체화된 평가방법의 자발적인 제안을 통해 재생사업의 구체성을 담보하려는 것이 특징적이다.

사람을 불러모은
산골 벽지

시와의
희망 스토리

산 넘고 물 건너
시골산촌을 찾은 이유

　　시와쵸紫波町의 첫인상은 흔히 보는 시골농촌 풍경이다. 자줏빛紫 파도波란 뜻의 예쁜 이름에 걸맞은 아름다운 경치는 과도한 기대였을까? 센다이仙台공항에서 고속도로로 3시간을 내달린 고생은 헛된 것일까? 인터체인지를 내려와 만난 국도변 전경은 '도대체 이곳이 왜?'란 생각만 증폭시킨다. 평범하기 그지없는 시골방문은 이렇게 시작됐다. 머릿속이 복잡해진다. 지역활성화 모범사례란 사전판단은 잘못된 것일까?

　　네비의 도착정보에 따르면 곧 시와쵸청사紫波町庁舎다. 약 20분 국도를 달리자 저편에 독특한 건물이 시야에 들어온다. 시골도로변에서는 보기 힘든 널찍한 공간에 여러 개의 집합건물이 시선을 잡는다. 높지 않고 옆으로 길쭉한 갈색건물 여러 동 사이의 왕복 2차선을 네비가 어지럽게 안내한다. 도로도, 갓길도, 안내판도 만들어진 지 얼마 되지 않는 듯 모두 새것이다. 네비가 도착을 알렸지만, 도통 청사로는 여겨지지 않는다. 내려서도 의문과 불안은 가시지 않는다. 반신반의하며 건물출입구로 보이는 곳으로 발길을 옮긴다. 세로로 걸린 현판을 보고서야 안도의 숨을 쉰다. 이와테현 岩手県 시와쵸청사. 아름드리 나무를 그대로 살려 출입구의 기둥과 천장을 둘러싸도록 했다. 일본을 대표하는 삼림자원인 삼나무다. 1층으로 들어가 안내판을 확인한 후에야 이곳이 지자체의 행정본부임을 실감한다.

놀랍고 신기했다. 이런 변두리에 기초지자체의 총본산이 있을 것이라 생각하지 못했다. 위치도 그랬지만, 건물은 더 그랬다. 아무리 둘러봐도 지역주민과 붙어 있어야 할 행정기관이란 느낌은 없다. 사람도 자동차도 별로 없다. 퇴근시간대여서일까? 건물은 잘 정리된 현대식 계획구역의 한 가운데에 독특한 자재와 색다른 외관으로 서있다. 시골산촌의 이미지는 없다. 방대한 크기의 세련된 목조양식은 위화감마저 불러일으킨다.

퇴근시간 즈음이어서 그런지 청사내부는 업무마감으로 분주하다. 몇몇 주민이 서로 얘기를 나누는 모습은 어디서나 봄직한 행정공간의 익숙함이다. 다만 사무실 배경만큼은 눈길이 갈 만큼 생소하다. 넓은 개방형 사무공간과 민원창구는 물론 기둥·천장까지 나무색깔 원형을 그대로 살렸다. 설계상 제약으로 천장이 꽤 낮다고는 하지만, 거꾸로 안정된 분위기가 한껏 살아난다. 이방인에겐 꽤 낯설고 특이한 분위기다. 적어도 이 공간에서 시골마을의 쇠락조짐은 없다. 신청사다운 면모다. 일본최대급 목조골조

위 | 시와쵸 지역활성화를 주도한 카마다 센이치 씨의 설명 모습
아래 | 지역자원인 목재로 만든 일본최대급 목조구조물 시와쵸청사

구조물로 알려진 시와쵸청사와의 첫 만남이다.

인터뷰 담당자를 찾아야 할 텐데 1층 안내판부터 난관이다. 으레 과별로 안내하는 것이 일반적인데, 여긴 다르다. 지도에 번호를 붙여 업무별로 공간을 소개한다. 자녀양육 · 장애복지 · 생활곤궁이면 3번 창구로 가라는 식이다. 대민창구를 부서가 아닌 내용으로 나눴다. 독특하고 기발하다. 고령자 · 장애인 등은 1층에서 업무가 처리된다. 프라이버시가 염려되면 별도상담실로 안내된다. 민원용 창구 높이는 꽤 낮다. 시선에 맞춰 서비스를 제공하겠다는 의지다. 잠시 후 인터넷으로 얼굴을 봤고, 메일 · 전화로 여러 번 연락을 주고받던 담당자가 2층에서 뛰어내려온다. 시와에서는 엘리트로 유명한 중년공무원[1], 카마다 센이치鎌田千市 기획주간이다.

CHAPTER 02 사람을 불러모은 산골 벽지 시와의 희망 스토리

시와쵸의 첫인상, 독특하고 색다른
'이건 뭐지?'

겉과 속은 사뭇 다르다. 겉은 번지르르해도 속이 빈 지역활성화도 숱하게 많다. 의외로 찾아보면 성공모델이 드문 이유다. 시와쵸 역시 이 의심에서 자유로울 수 없다. 산 넘고 물 건너 찾아갔더니 외화내빈外華內貧의 허울뿐인 지역활성화였던 경험이 적잖았기에 당연한 문제제기가 아닐 수 없다. 행정시설만 좋아지고 정작 주민은 배제된 경우를 한국뿐 아니라 일본에서도 자주 봤기 때문이다.

만나줘서 고맙지만 물어야 할 건 확실히 묻는 게 먼저다. 2층 회의실로 들어서자 곧 일행의 현지방문을 환영하는 입간판이 보인다. 많이 해본 솜씨로 시와를 찾는 외부시찰단이 잦다는 의미로 해석된다. 질문이 시작된다. 질의서는 제쳐두고 처음 본 낯선 풍경부터 질문한다. "왜 이곳에 청사

가 있는가?"이다. 예상했다는 듯이 "오늘 할 얘기가 바로 그것"이라 단언하는 말투에선 자신감이 묻어난다. 포문을 연 카마다 씨는 "공민연대를 위해 방치된 공유지를 지역활성화의 유효거점으로 만들어낸 오갈프로젝트의 성과물"이라 설명한다. 책상에 놓인 시찰자료의 제목共有地における公民連帯: 紫波町オガールプロジェクト과 정확히 일치한다.

출발 전 사전조사에 따르면 그는 시와쵸의 지역재생 프로그램(오갈프로젝트)에 깊숙이 관여한 핵심주체다. 인터뷰 당시 기획총무부의 기획주간과 지역개발실장을 겸하는 핵심관료였는데, 2022년 현재는 기획과장으로 영전했다. 이후 지역활성화 전문가이자 시와모델의 정보발신을 전담하는 행정맨으로 활동한다. 코로나19 이후에도 시와모델의 확산을 위한 다양한 세미나·발표회에 불려나간다고 전해왔다. 국경폐쇄 등으로 해외방문자는 거의 없지만, 국내에서의 관심은 여전하다는 것이다.

한국에도 높은 관심을 보였다. 2018년 한국의 다른 팀이 방문해 시와쵸의 이모저모를 논의했다고 한다. 인사치레라 여겼는데 의외로 한국 사정에 밝다. 그의 입에서 불쑥 강원도란 단어까지 튀어나왔다.[2] 강원도와 시와쵸가 유사한 제반조건을 갖췄다고 했다. 그도 그럴 것이 시와쵸의 입지조건은 열도 본토의 동북지방에 위치한 전형적인 농산간지역이다. 당연히 인구감소·경기침체로 지역소멸 우려가 높다. 산 높고 물 맑아 농산물이 좋은 건 불문가지다. 쌀·메밀·보리를 비롯해 사과·포도·서양배 등 과일과 야채의 주산지로 유명하다. 그나마 입지적 우위는 동북권역과 수도권을 연결하는 국도(6개선)를 비롯해 역(3개) 등을 갖춘 교통요충지란 점 정

위 | 오갈프로젝트를 설명하는 카마다 씨
아래 | 한때 인구쟁탈전의 패배공간이 된 시와쵸

도뿐이다.

그렇다고 살 만하냐 하면 그건 아닌 듯하다. 교통만으로 인구를 유지·
확대하기란 어렵기 때문이다. 편리한 교통은 인구유출을 한층 부추기는
게 현실이다. 잘 닦인 길은 돈과 사람을 수도권으로 더 빨리 더 싸게 이동

소멸 위기의 지방도시는 어떻게 명품도시가 되었나?

시킨다. 수도권도 모자라 인근의 광역지자체인 모리오카시盛岡市와 벌인 인구쟁탈전은 완패로 끝났다. 수도권에 뺏기고 광역에 뺏기며 이중의 인구유출이 반복됐다. 뛰어난 지리적 접근성과 토산물·문화자산 등 뚜렷한 지역색에도 불구하고 시와의 불안감은 높아졌다. 모리오카시의 베드타운으로 그나마 버텨냈지만, 2000년대 중반 이후 처지는 더 꼬였다.

하지만 상황은 반전되었다. 십수 년이 흐른 지금 시와는 환골탈태에 성공했다. 연구팀이 시골벽촌을 찾은 이유다. 인구감소, 노후인프라, 재정압박 등 일반적인 지방권역의 공통적인 과소형 악재로부터 제법 벗어난 모습이다. 유사한 상황·입지조건을 지닌 인근 지자체와 비교할 때 가시적인 성과는 뚜렷하다. 지역활성화와 관련해 지속가능성을 겸비한 선구·성공적인 대표사례답다. 한때(2016년) 지자체 시찰건수 1위(시와쵸 오갈프로젝트)에도 올랐다. 2016년 270건을 기록해 2위(구마모토성 공원)의 114건보다 월등히 높다.[3] 2020년 10월 발표에서는 3위 115건으로 떨어졌지만, 여전히 상위권에 안착한 모습이다.

인터뷰 후 둘러본 오갈프로젝트의 구현 공간은 넓지만, 압축적인 인상이었다. 길어진 회의 탓에 겉핥기로만 살펴봤지만, 방대함과 조밀함은 누가 봐도 행정·주민 모두를 위한 수요에 맞춘 고도의 계획공간이란 느낌이다. 예정시간을 훌쩍 넘긴 빠듯한 시찰이었지만, 왜 시와쵸를 성공모델로 평가하는지 충분히 알 수 있었다. 어둑해지자 하나둘 찾아오는 주민의 면면에서 왜 행정이 주민과 함께여야 하는지, 왜 주민이 빠진 활성화가 실패하는지를 곱씹을 수 있었다.

야마모토 교수가 말한
"밥은 꼭 먹어라"의 속뜻

저녁 7시. 사방이 캄캄한 저녁, 연구팀은 겨우 예약한 레스토랑에 도착했다. 현지조사 선정과 섭외를 도와준 일본팀과의 저녁약속을 위해서다. 역시 네비는 식당이 없을 것 같은 주택가 구석으로 안내한다. 도착을 알리는데 불빛이 거의 없다. 골목마저 좁아 운전은 곡예 수준이다. 차에서 내려서 가까스로 입구를 찾았다. '왜 굳이 이런 데서 만나자 할까?'

멤버는 7명인데, 5명은 이날 일본 도착 후 첫 숙제를 끝낸 한국인이다. 나머지는 7개 제국대학 중 하나로 출발해 지방의 명문학교가 된 이와테대학岩手大学의 야마모토 신지山本信次[4] 교수와 한국인 유학생 Y씨다. Y씨와 야마모토 교수가 네트워크를 동원해 시와쵸 등 이와테지역의 지역재생 성공지역을 섭외해줬다. 3~4개월에 걸쳐 긴밀하게 연락한 덕이다. 문을 닫는 폐점시간까지 일본어·영어에 통역까지 뒤섞으며 첫날을 정리한다.

사실 야마모토 교수와는 감정이 복잡했다. 수십 번 메일을 주고받으며 교류했지만, 정작 막판에 일이 좀 꼬인 탓이다. 묵을 장소야 워낙 산골지역이라 한두 곳으로 압축됐지만, 정작 식사 문제로 얼굴을 붉혔다. 1박 후 오전 내내 다른 현장의 관官과 민民을 방문하는 계획까지는 괜찮았다. 문제는 점심식사 전 다음 장소로 이동하는 일정에서 불거졌다. 교수는 적어도 점심까지는 이곳에서 먹고 가라는 쪽이었고, 우리는 시간이 없어 곧바로 이동하겠다고 주장했다. 별것 아닌데, 섭섭했음을 부인하기 어렵다. 짜증은 메일 속의 행간을 넘나들며 표출됐다.

길어진 저녁은 갈등을 재소환했다. 결론은 그의 판단이 옳았다. 점심을 먹고 가라는 권유 아닌 권유는 그를 달리 보게 했다. 그게 지역활성화에 기여하기 때문이란다. 훌쩍 왔다 가버리면 현지로선 남는 게 없다. 누구든 왔을 때 돈을 쓰도록 하는 게 지역사회에 도움이 된다. 그것도 같은 값이면 지역주체에 지불하는 것이 좋다. 그는 전국체인의 호텔이 아닌 지역농장의 별장에서 묵어 주어 고맙다고 했다. 외지인이 돈을 써야 그 돈이 돌고돌아 활성화의 윤활유가 된다고 강조한다. 지역재생의 숨겨진 힌트가 엿보인다.

"밥 한끼가 중요한 게 아닙니다. 지역재생에 동의해 방문했다면 적으나마 기여해달라는 주문이라 여겨주세요. 이런 작은 마음과 실천이 지역을

현장섭외를 도와준 야마모토 교수(오른쪽 세 번째)와의 식사장면

되살리는 힘이 됩니다. 결정적인 역할을 할 지역주민을 응원하는 것이죠. 그래야 자발적인 주민·조직과 적극적인 참여·행동이 탄탄해집니다. 물론 돈 많은 중앙정부가 도와줄 수는 있어요. 하지만 끝까지 행정주도로 진행되면 돈은 돈대로 낭비되고 지역은 지역대로 황량해질 겁니다. 독점과 배제는 옳지 못해요. 각종 사업을 둘러싼 의심·갈등만 초래하고 결국 분열·피폐해집니다. 잘하는 민간도 많아요. 지역주민이 주도해 실질적인 지속가능성을 확보하는 게 중요하죠. 공공사업이 보조금 퍼주기식 관행에 머물면 곤란해요. 시와쵸처럼 누가, 무엇을, 어떤 방향으로 할지 많은 고민을 해야 하는 이유죠. 아직 갈 길이 멀지만 꽤 차별적인 성과를 내고 있다고 봅니다."

실제로 시와 사례는 돋보인다. 방문 전 한국에서 찾은 기초자료에서도 시와는 자주 걸려들었다. 일본에서 가장 성공적이며 차별화된 지역활성화 프로그램 중 하나로 평가받기 때문이다.[5] 때문에 추진구조·지향지점을 배우려는 움직임이 활발하다. 시와의 지역활성화는 인구감소·산업쇠퇴·직주불능·재정악화 등 제반위기에 봉착한 평범한 지자체에겐 부러움의 대상이다. 연구팀이 이곳을 보겠다고 한 이유도 여기에 있다. 한국의 인구변화의 속도·범위를 볼 때 일본보다 훨씬 심각한 상황이다. 곧 소멸위기에 들어갈 지자체가 수두룩하다. 시와는 여느 지자체와 다른 길을 택했다. 지역활성화의 추진주체를 적절하게 교체했고, 무엇보다 돈을 버는 영리구조에 사활을 걸었다. 돈이 돌고 돌아야 지역환류적인 순환경제를 실현하기 때문이다.

CHAPTER 02 사람을 불러모은 산골 벽지 시와의 희망 스토리

인구감소 막아낸
베드타운의 변신

다시 카마다와의 인터뷰로 되돌아가자. 그는 인구변화부터 설명했다. 사실 지금껏 방문한 어떤 지자체도 예외는 아니다. 어디든 살벌한 인구위기가 절실한 지역재생의 필요성과 직결되기 때문이다. 2015년 일본정부가 지방판 창생創生전략보고서를 제출토록 요구한 때부터 체감위기는 높아졌다. 이 보고서의 서두에 인구비전을 싣도록 했고, 시와쵸도 이를 따랐다. 그러니 설명도 여기부터다. 결론은 '자연감소+사회감소'의 우울한 미래추계다. 특별할 것이라곤 없다. 기초지자체 중 이 흐름이 아닌 곳은 거의 없다.

시와도 전형적인 과소지역의 특징을 두루 갖고 있다. 고도성장 후 도심 중심의 선택 · 집중전략으로 인구유출이 반복됐다. 사람이 줄어드니 공동

체는 쇠락하고 지방경제는 침체되는 악순환에 빠졌다. '인구유출 → 상권
몰락 → 경제침체 → 재정악화 → 행정약화 → 인구유출'이다. 시끌벅적하
던 중심시가지 히즈메상점가는 도시기능을 잃었다. 사람도 돈도 없이 몰
락하기 시작했다. 구시가지만이 아니다. 1970년대부터 인근 광역대도시盛
岡의 베드타운으로 자리 잡은 뉴타운도 문제였다. 사람이 줄어 행정비용
이 감소하니 주거환경은 악화됐다. 교외지역 주택개발과 자동차에 의지한
서구형 대형할인점 등 유통망도 감소된 인구 앞에 갈 길을 잃었다. 활기
실종은 2000년대 초까지 계속됐다.

인구감소는 역내경제에 치명적이다. 생산·소비주체의 약화를 뜻한다.
시와도 그렇다. 자연감소(출산하락)와 사회감소(전출증가)가 맞물렸다. 지속
가능성에 위기경고가 울리는 건 당연지사다. 지역재생은 여기서 출발한
다. 다행히 사정은 좀 낫다. 지리적 입지 덕에 줄어드는 게 덜했다(하방경
직성). 인구정점은 2005년이다. 1955년 고도성장기부터 수도권 집단상경
으로 계속해 감소하다 1970년대 이후 주택개발·베드타운화로 2005년(3
만 4,564명)까지 늘었다. 이후 좀 줄었지만, 2021년 6월 현재 3만 3,111명을
유지한다. 2005~21년간 연평균 90명 감소란 얘기다. 이 정도면 꽤 성공적
인 흐름이다. 특이한 건 세대수다. 1965년(5,574호), 1992년(7,771호), 2018
년(1만 1,925호), 2022년(1만 2,711호) 등 매년 증가세다. 카마다는 "모리오카
시로 통근이 가능한 배후지답게 인구유출이 덜했고, 1인 가구가 늘어난 결
과"로 설명한다. 인구가 줄어도 세대가 늘어나는 인구학적 분화현상의 본
격화다.

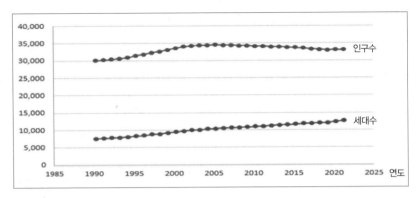

■ 시와쵸 인구 및 세대추이

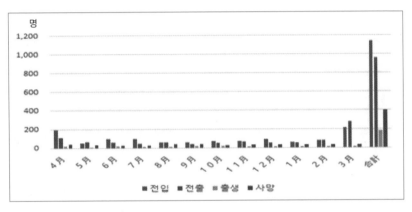

■ 2020년 시와쵸 월별 인구증감 추이

　그렇다고 인구위기가 경감되진 않는다. 충격이 덜할 뿐 통증은 만만찮다. 2005년부터 가시화된 인구감소, 특히 고령화비율의 증가와 맞물린 생산가능인구의 하락이 본격화돼서다. 인구감소는 양 측면에서 발생한다. 자연감소(출산수-사망수)와 사회감소(전입수-전출수)는 대부분의 기초지자체에서 동시다발적이다. 덜 태어나고 더 빠져나가 인구감소를 재촉한다. 하

소멸 위기의 지방도시는 어떻게 명품도시가 되었나?

지만 시와는 좀 다르다. 2005년까지 자연감소의 마이너스를 사회증가의 플러스가 매워줬다. 사회전입이 인구감소를 완화시킨 셈이다.

　문제는 거세지는 자연감소다.[6] 2005년부터 자연감소가 전입인구보다 더 많아지고 빨라졌다. 반면 전입증가는 횡보상태다. 교육·취업을 위한 15~24세 청년인구의 사회전출이 U턴을 포함한 25~45세의 사회전입보다 많아졌다.[7] 위기경고의 발동이다. 그러니 인구목표는 현실적이다. 카마다는 "인구증가로의 전환보다 인구감소를 줄이는 것, 특히 사회이동의 플러스를 늘리는 데 초점을 맞춘다"라고 했다. 적어도 인구감소에 브레이크를 거는 게 당면과제란 의미다. 성과는 확인된다. 2020년 전입수(1,138명)가 전출수(959명)보다 많아지며 사회증가를 달성했다. 2018년은 각각 936명·965명으로 사회감소였다.

지방 소멸 비켜섰지만
인구 유출은 골칫거리

2014년 5월 8일 오전. 놀라운 보고서가
발표됐다. 훗날 '마쓰다리포트增田レポート'로 불리며 일본정부의 인구정
책이 근본적으로 수정되는 데 현격한 영향을 미친 보고서다. 발표주체는
총리직속의 내각부에 속한 전문가그룹인 일본창성회의日本創生会議다. 발
표자는 좌장인 마쓰다 히로야增田寛也로 전 총무장관 · 지방분권개혁특명
장관을 지낸 정치거물이다. 이전엔 이와테현 지사를 3회 역임했다. 보고서
공개 후 열도언론은 모두 그의 입을 주목했다. 보도 내용은 제각각이라도
그의 발언 중 '소멸도시 896개'는 공통분모로 다뤄졌다. 이날부터 꽤 시간
이 흐른 지금까지도 숫자 '896'은 인구위기에 직면한 소멸열도의 상징으로
인식된다. 보고서의 정식타이틀은 몰라도 896개는 입이 기억할 정도다.

소멸 위기의 지방도시는 어떻게 명품도시가 되었나?

896개를 지도 한 장에 표시한 그래픽은 충격 그 자체였다.

마쓰다리포트는 '소멸리스트'란 말과 직결된다. 1,799개 기초지자체 중 소멸가능성 도시로 꼽힌 곳이 최종 896개로 정리·발표된 것이다. 절반 (49.8%)에 달하는 숫자다. 동북지방 5개현은 80%가 소멸경고장을 받았다. 인구 1만 이하의 523개는 특히 고위험지역으로 분류된다.[8] 지방지역은 사실상 예외 없이 사라질 운명에 오른 셈이다. 야마모토 교수는 "사실 여부를 떠나 당시 해당 지자체는 패닉상태에 빠졌다"라고 회고한다. 발표이후 해당 지자체는 정상업무가 마비될 정도로 엄청난 불만전화·항의방문에 시달렸다. 생각지도 못한 상태에서 거론된 일부 지자체에선 집단시위까지 발생했다. 파장은 지금껏 남아 있다. 현지조사 중 만난 이들에게 소멸리스트 운운하면 짜증·불만 수준이 하늘을 찌른다.

그렇다면 896개의 소멸리스트는 어떻게 도출됐을까? 후폭풍이 거셌던 만큼 신뢰도·신빙성을 의심하는 의견이 많다. 인구학적으로 소멸확률에

구분(2010~40년)	지자체 수	비중
50% 이상 감소(소멸가능성 도시)	896개	49.8%
30~50% 감소	619개	34.4%
30% 미만 감소	269개	15.0%
유지/증가	15개	0.8%
1만명 미만 감소	523개	29.1%
1만~5만명 감소	316개	17.6%
5만~10만명 감소	40개	2.2%
10만명 이상 감소	17개	0.9%

■■■ 20~39세 여성인구의 변화율로 본 지자체수(소멸리스트)

대한 정의는 없다. 소멸여부의 해석을 추정함직한 자의적인 통계모델을 수립해 설명할 수밖에 없다. 소멸리스트는 재생산력(20~39세의 여성인구)에 주목했다. 이들 인구집단이 2010년 대비 2040년 50% 이상 줄어드는 경우 '소멸'이란 개념을 적용했다. 인구추계에서 소외된 사회이동을 넣자는 차원으로 분석인구의 '지방 → 도시'로의 전출초과에 주목한 시도다. 재생산력이 유출되면 농촌지역의 고출산이 급감해 1세대(30년) 후 영향을 미친다는 전제다.

발표와 함께 공중파를 탄 지도 한 장의 힘은 대단했다. 기초지자체 중 0.8%에 불과한 15개의 인구유지·증가 지역은 한숨을 돌렸지만, 896개 소멸(예고)지역은 인구방어가 발등의 불로 떠올랐다. 중앙정부는 후속조치를 연이어 발표했다.[9] 소멸위험을 낮추는 다양한 방식을 총망라해 대응책을 내놨다. '로컬 아베노믹스'로 불리는 2단계 중앙전략의 제안이다. 이때 새롭게 등장한 키워드가 지방창생地方創生이다.[10] 창생정책은 인구이동, 직주완성, 내수중심, 지역경제, 산업특구 등으로 요약된다. 지도 한 장은 아베정권이 처음 채택한 대기업·수출배려의 낙수효과에서 중소기업·내수우선의 분수효과로 변심하는 계기로 작용했다. 이유는 간단하다. 소멸우려가 불거진 지자체야말로 보수·우익의 텃밭인 까닭이다. 해서 소멸은 곤란하다. 선거구를 지키자면 인구유지뿐이다. 지방청년의 사회전출을 막는 게 급선무라 그곳에서의 직주완성도 당연지사다.

다행히도 시와는 896개에서 비켜섰다. -43.3%의 소멸수치로, 선언기준인 -50%를 가까스로 벗어났다. 줄긴 줄지만, 적어도 더딘 감소율이란

소멸 위기의 지방도시는 어떻게 명품도시가 되었나?

의미다. 2010~40년 재생산력은 3,539명에서 2,006명으로 감소한다.[11] 단 이때 챙겨야 할 포인트는 정부의 공식추계(社人硏)와의 비교다. 자연증감을 위주로 하는 공식추계보다 사회이동까지 넣은 소멸리스트의 예측결과가 한층 심각해서다. 즉 기존추계는 재생산력의 감소가 994명인데 비해 소멸리스트는 1,533명으로 더 늘어난다. 실제 저출산에 큰 영향을 미치는 재생산력의 사회전출을 추가한 결과다. 사회전출을 감안하지 않은 봉쇄인구封鎖人口[12]와 현실의 빈번한 이동을 반영한 소멸리스트의 차이다. 결국 2040년 재생산력은 994명보다 1,533명 감소에 무게중심이 실린다. 539명의 예비엄마가 시와를 떠나면 출산율 1.40명을 반영할 경우 결국 775명의 신생아가 태어나지 않음을 뜻한다.[13] 만만찮은 미래일 수밖에 없다. "괴사하는 지방도시가 살아나도록 일의전심一意専心의 각오가 절실하다"라는 마쓰다의 평가처럼 평균보다 낮다는 시와도 이에 동의하지 않을 수 없는

■ 시와쵸의 인구추계(소멸리스트 vs. 장래인구추계)

구분	청년여성 (20~39세) 인구변화율(%)	2010년(명)		2040년(명)		2040년 기존추계 총인구 (社人研)
		청년여성인구	총인구	청년여성인구	총인구	
시와쵸 (紫波町 · 이와테)	−43.3	3,539	33,288	2,006	25,111	25,902 (2,545)*
난모쿠무라 (南牧村 · 군마)	−89.9 (상위 1위)	99	2,423	10	626	702
가와키타마치 (川北町 · 이시카와)	+15.8 (하위 1위)	864	6,147	1,001	7,906	7,672

주: 소멸리스트 결과 1,799개 지자체 중 최저치는 난모쿠무라(감소율 상위 1위), 최고치는 가와키타마치(감소율 하위 1위). 비교할 기존추계는 2013년 국립사회보장인구문제연구소의 '지역별장래인구추계' 결과치. *는 시와쵸 재생산력(청년여성)의 2040년 추계인구
주: 増田寛也(2014)와 国立社会保障 · 人口問題研究所(2013)의 발췌 · 재구성

CHAPTER 02 사람을 불러모은 산골 벽지 시와의 희망 스토리

1 | 일본열도를 충격에 빠트린 2014년의 소멸리스트 중 896개 지자체
2 | 마쓰다보고서를 발표한 연구팀의 좌장 마쓰다 히로야 전 장관
3 | 마쓰다보고서를 토대로 발표되어 일약 베스트셀러가 된 책(지방소멸)

소멸 위기의 지방도시는 어떻게 명품도시가 되었나?

이유다.

결국 시와도 여유롭지는 않다. 겨우 소멸경고에서 벗어났을 뿐이다. 정도차이만 있지 위기는 상존한다. 소멸리스트 상위 1위와 하위 1위를 비교해보자. 상위 1위(난모쿠무라)는 사실상 소멸확정이다.[14] 사회전출을 감안하면 재생산력은 99명에서 10명으로 급감한다. 15.8%로 15개 인구증가 기초지자체 중 1위인 가와키타마치(재생산력 30년 증감 864명→1,001명)와는 비교불가다. 시와조차 범접불가다. Pull형과 Push형 모두 인구증가로 작용하는 희귀사례. 반면 시와는 외부적 Pull형과 내부적 Push형이 바통을 이어받는 구조다. 처음엔 Pull형으로 대도시권에 인구를 뺏겼고, 이후엔 Push형으로 지역경제 쇠퇴가 인구를 내몰았다. 시기별 인구유출의 원인이 달랐다.

버블붕괴 후 2000년대까지 심화된 내부요인적인 Push형 사회전출은 시와만의 특수악재가 아니다. 카마다는 이를 4가지로 분석한다. 대도시권 비정규직 증가, 엔고발發 제조업의 해외이전, 공공사업 감소, 인구감소에 따른 소비저하 등이다. 즉 지역에 일자리가 없었다는 얘기다. 그중에서도 가임기여성을 뜻하는 재생산력의 인구유출이 특히 파장이 컸다. 시와에 잔류했다면 출산할 이들이 떠나가니 엄마(사회감소)와 아기(자연감소)가 동시에 줄어들기 때문이다. 2배의 인구감소인 셈이다. 국가 전체로도 안 좋은 게 지역은 도시보다 출산율이 높다. 거칠게 비유하면 지역에서 2명을 낳을 재생산력이 도시로 떠나면 0명으로 줄어든다. 주거 · 교육 등 고비용의 생활원가가 저출산의 원인이다.

공민 연대의 오갈 프로젝트로
시작된 부활 실험

예산(교부 · 지원금)을 쥔 중앙이 지방판 부활전략을 제출하라니 따를 수밖에 없다. 아니 엄밀하게는 더 주목받도록 만들어서 돈이라도 많이 따자는 게 지자체 속내다. 시와라고 예외는 아니다. 종합전략의 시와판紫波町まち·ひと·しごと創生人口ビジョン이 2016년 책정 · 발표된 배경이다.[15] 다만 어렵진 않았다. 시와쵸 다음에 방문한 이와테현 구즈마키쵸葛巻町 공무원까지 언급할 정도로, 시와는 그전부터 지역활성화의 핵심사업을 하나둘 실시하며 꽤 성공적인 평가를 받았다. 일찌감치 재생사업을 시작할 수 있었던 재정 · 인구 · 입지 등의 비교우위를 거론했다. 2000년대부터 본격화된 시와중앙역전지구의 재생필요와 그 추진체계로서 '오갈프로젝트オガールプロジェクト'의 등장이다. 그는 "시와

소멸 위기의 지방도시는 어떻게 명품도시가 되었나?

쵸의 PPP(관민협치 = Public Private Partnership) 방식을 통한 영리우선·수익 창출이 부럽다"라고 했다.

오갈프로젝트의 기본개념은 여타사례와 구분된다. 일단 과거관성에 맞섰다. 어디든 있어왔음직한, 그래서 실패평가가 많았던 경로를 거부했다. 당장 '지역활성화 = 정부보조금'의 연결고리를 끊었다. 대신 자생·자발적인 추진체계를 잡았다. 스스로 움직여 돈을 버는 활성화를 염두에 뒀다.

발주자	이와테현(岩手県) 시와쵸(紫波町)
시설개요	– 계획면적 21.2ha(시와중앙역전의 토지 10.7ha 포함) – 공공시설 ◆정보교류관(2,700㎡)　◆지자체청사(6,650㎡)　◆도로·공원·하수도 등
사업내용	– A지구: 오갈베이스(PPP: 토지대부) – B지구: 오갈플라자(PPP: 토지대부, 구분소유) – C지구: 청사(PFI) – D지구: 지역열공급시설, 보육소, 민간동 – 이와테현 축구센터(PPP: 토지대부) – 오갈타운(건축조건부 택지분양)
사업기간	오갈플라자: 총 32년 10개월(2010년 11월~2043년 8월) 등
사업비	52억 4,000만 엔(공공분, 민간투자별도) 중 오갈플라자 11억 엔, 청사정비분 34억 엔 등
특징	– 공유지를 활용해 공공시설·민간시설의 복합개발 기획 – B지구는 민간사업자가 주도해 시설정비, 완성 후 지자체가 공공시설부분을 구입 후 구분소유건물로 정리 – 오갈플라자·오갈베이스·청사는 현지목재 활용, 토종기업의 참여·건설 – 2014년 기준 약 170명 고용창출, 연간내방객 목표(30만명) 초과달성(80만명↑) 성과

■■■ 오갈프로젝트(紫波中央駅都市整備事業)의 개요와 특성

행정주도는 최소화했다. 판만 깔아주고 이후엔 제한적으로 개입했다. 그만큼 지역자원에 주목했다. 천편일률적인 재정투입형 건설부양은 반대다. 시와의 자산인 유기·삼림자원을 적극적으로 순환시키기로 했다. 해서 나온 게 부러움의 대상인 공민연대公民連帶란 추진체계다. 처음부터 이를 진행한 카마다는 "많은 시행착오 끝에 순환적이며 협동형인 연대모델을 만들었다"라고 했다. 조사자료를 내밀며 시와의 가장 특징적인 차별지점이 공민연대라고 강조했다.

"시와는 정부보조금에 의존하지 않는 자생적인 수익창출을 내걸었죠. 수익창출을 통한 지속가능성을 기본원칙으로 했습니다. 그래서 민간의 영리기반적인 경영감각에 주목했죠. 쓰기만 하는 행정주도형이 아니라 잘 버는 영리구조를 만들자고 했습니다. 이게 보조금을 통한 행정주도와의 차이점이죠. 논란과 갈등도 많았습니다. 오갈프로젝트가 본격화되면서 겨우 합의점을 찾았어요. 즉 먼저 순환형·협동형의 지역활성화를 진행하다가 이를 중앙역전지구와 엮어보자며 돌파구를 만들었죠.[16] 시와쵸의 지역자원을 순환시켜 우리만의 장점을 확보하고, 이를 적극적인 시민참여로 풀어내자는 방향이었습니다. 그게 공민연대죠. 이 과정에서 사업방식과 관련해 PPP가 선택됐습니다. 전에도 유사한 형태를 진행해봤고, 무엇보다 성과가 탁월할 걸로 기대했기 때문이죠."[17]

먼저 문제발굴에 나섰다. 문제를 정확히 읽어내야 헛물을 켜지 않고 해

위 | 중앙광장을 중심으로 다양한 공간배치로 완성된 오갈프로젝트
아래 | 관과 민이 함께 만든 메인 교류공간인 오갈 중앙광장

결에 집중할 수 있을 뿐 아니라 성과로 직결되기 때문이다. 시와의 당면
과제는 압축됐다. 3개의 행정과제다. ◆시와중앙역전의 토지町有地 10.7ha
활용 ◆청사노후화와 분산문제 ◆도서관 신설요망 등이다. 오갈 프로젝트

는 이 3가지 숙원을 푸는 방안으로 시작됐다. 미활용 땅에 청사와 도서관을 짓는 방안이다. 여기까지 새로운 건 없다. 독특한 건 건설·운영의 차별화다. 이때 등장한 개념이 PPPPublic Private Partnership다. 행정(지자체)과 민간의 파트너십이 전제된 관민합작투자사업이다. 그간 정부예산만 들어갔는데, 공적자금과 민간재원을 섞자는 개념이다. 시와로선 비교우위가 있다. ◆지자체 수장의 경영감각과 리더십 ◆PPP를 담당할 키맨오카자카 마사노부 岡崎正信의 존재 ◆2007년 실질공채비 23.3%의 재정문제 ◆PFI사업의 실적 ◆대학의 지식전수(도요대 대학원과 협정) 등이다. 시와만의 장점이다.

관건은 역할분담이다. 원래 PPP방식은 민간재원·민간주체의 결합으로 불확실성과 위험성을 경감·분담하는 구조다. 정책목적성은 같지만, 사업시행 때 관민이 사업설계·의사결정·사업운영·지분소유·자금조달 등을 분담한다. 사업키맨인 오카자키[18]는 강연회에서 PPP방식을 "위험Risk과 수익Return의 분담설계가 중요한데, 계약으로 거버넌스를 규정하는 게 기본원칙"이라고 했다.[19]

말은 이래도 주도권은 '행정 → 민간'으로 꽤 넘어간다는 걸 뜻한다. 웬만한 지자체로선 내리기 어려운 판단이다. 인구 3만이 안 되는 지자체로선 거대사업인데, 이권·결탁의 전통카르텔과 결별한다는 게 쉽지 않은 결정인 셈이다. 실제 행정주도의 전통방식과 달리, 인프라시설의 건설·운영관리에 민간의 창의·효율을 접목함으로써 민간이 계획부터 운영까지 일괄 책임지는 PPP방식은 복잡다단한 민간관계자와의 의견조율·이해조정이 필수다. 시와는 이 길을 택했다. 이후 다른 곳에서도 일종의 금융기법으로 공공시설의 재편 · 활용 등의 개념에 확대 · 적용하기 시작했다. 정부 재정은 줄이면서 새로운 민간영역에서의 사업기회를 만들고, 지역경제에 순환효과도 기대되기 때문이다.

첫째도 돈, 둘째도 돈,
돈 버는 인프라를 만들자!

변화는 힘들고 혁신은 어렵다. 반발도
불안도 많다. 시와의 선택이 주목받는 이유다. 그들은 숱하게 봐온 실패경
로의 답습을 거부했다. 반대로 사람을 불러모으고 지역을 되살리는 새로
운 실험에 착수했다. 아니면 미래가 없어서다. 국민 없는 정치가 무의미하
듯 주민 없는 지자체는 불필요하다. 주민을 내걸었지만, 사실 공무원·지
역기업 등 모두를 위한 선택카드였다. 소멸리스트까지 나온 마당에 지체
할 이유도 여유도 없는 불가피한 길이었다. 시와는 절실했고 담대했다. 시
와의 지속가능성이란 깔때기로 모아진 전체주민의 생존이슈가 이론異論
을 잠재웠다. PPP방식을 위해 기초지자체는 주도·통제권을 내려놓았다.
재정사업인데 민간위임을 선택했다. 이보 전진을 위한 일보 양보다. 그것

도 권력인데 힘을 뺐다면 반대급부가 전제된다. 내려놓음의 대가다. 즉 지속가능한 돈의 흐름에 대한 확보다. 믿고 맡겼으니 혈세낭비 운운의 행정보다 나은 구조로 지역을 되살리자는 얘기다. 대개는 시장이 정부보다 합리·효율적이기에 여기에 과감히 배팅한 셈이다. 그래서 오갈프로젝트는 처음부터 끝까지 '지속가능한 흑자경영'에 방점을 찍는다.

시와는 애초에 수익과 위험을 민간시선에 맞춰 구조적인 흑자경영을 지향했다. 지원이 끊겨도 영리추구로 자생·독립하는 운영시스템을 노렸다. 해서 민간논리를 적극적으로 도입했다. 여기서 지향성은 또 뒤틀린다. 부동산의 가치향상을 통한 지역활성화, 즉 건물을 내세운 관광유치의 포기다. 언제 끊길지 모를 외부의 소비인구에 의탁하지 않는 모델구축이다. 젠트리피케이션의 원천방어다. 소비트렌드의 변심이 상존하는 한 집객한계는 불거질 수밖에 없어서다. 그래서 소비만을 목적으로 하지 않는 집객규모에 주목했다. 관광객과 무관한 생활주민의 유입이 그렇다. 오갈프로젝트는 그 규모로 연 30만 명을 제안, 그 정도면 자생적인 상업시설이 굴러간다고 봤다. 부침이 있지만, 한때 100만 명이 찾아오는 초과성과엔 '관광객+거주민'의 동반집객이 한몫했다.

이를 통칭 '돈버는 인프라稼ぐインフラ'라고 부른다. PPP방식의 약점일 수 있는 건설이후 운영적자를 세금으로 메우지 않고 스스로 돈을 벌어 해소하는 차원이다. '인프라=세금'으로부터의 탈피선언이다. 운영주체는 오갈시와(주)[20]다. 2010년 조직체계를 재구축해 주식회사다운 민간시스템을 대폭 채택했다. 사회가치(활성화)의 지속창출을 위해 영리구조의 사업체계

자료: 內閣府 PPP/PFI推進室(2018) 및 鎌田千市(2018)을 통한 재구성

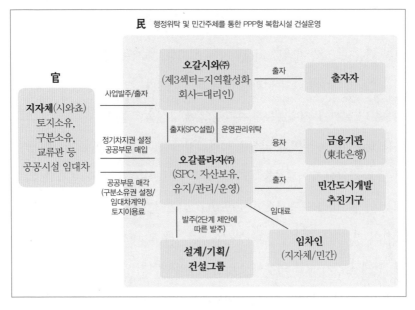

오갈프로젝트의 추진주체별 역할구조(PPP형 공민연대)

를 흡수한 셈이다. 사회혁신이자 사회적경제의 실현이다. 민간기업에 증자받고 대표자도 민간에 넘겼다. 제3섹터를 지향하는 사실상의 민간기업이 탄생했다. 오갈시와(주)는 일종의 지주회사로 PPP방식을 통한 건설·운영을 전담할 SPC(특수목적회사)로 오갈플라자(주)[21]를 설립했다. 키맨은 오카자키 마사노부로 2021년 현재 오갈플라자 대표다.

역할은 나눴다. 정비사업은 오갈시와(주)가 맡고 시설소유·유지관리는 오갈플라자(주)로 분리했다. 공공시설도 오갈플라자에 위탁해 민간감각을 채택했다. 돈 버는 구조는 단순하다. 토지는 소유권자인 지자체가 오갈플

라자에 임대(사업용 정기차지권 설정)해준다. 또 건물완성 이후에 공공공간은 지자체가 다시 매입한다. 지자체로서는 저가에 안정적인 시설취득이 가능하다. 또 민간시설의 임대료와 고정자산세 등 추가수입도 발생한다. 이는 건물에 들어선 공공시설 유지관리비로 사용해 세금지출을 아낀다. 지자체

자료: 홈페이지(매년 대차대조표 및 손익계산서를 토대로 발췌 · 정리, 단위: 천 엔)

	2009-2010년기	2017-2018년기
총자산	7,020	138,394
부채	2,829	74,587
순자산	4,191	63,807
이익잉여금	291	53,807
총수입	28,533	391,802
총수입 중 지자체 위탁금	28,494	0
경상손익	494	11,957
당기손익	291	9,517

■■■ 오갈시와(주)의 경영상황 추이

자료: 홈페이지(매년 대차대조표 및 손익계산서를 토대로 발췌 · 정리, 단위: 천 엔)

	2010-2011년기	2017-2018년기
총자산	6,060	230,239
부채	1,603	69,403
순자산	4,456	160,836
이익잉여금	△544	10,836
총수입	287	57,759
총수입 중 지자체 위탁금	0	0
경상손익	△544	5,690
당기손익	△544	4,073

■■■ 오갈플라자(주)의 경영상황 추이

좌ㅣ오갈플라자에 위치한 주민제공형 공공시설
우ㅣ오갈플라자에 입점한 소아과 병원 입간판

로서는 큰돈 들이지 않고 돈 버는 인프라를 확보한 것이다. 이렇듯 오갈시
와와 오갈플라자는 애초부터 영리추구에 목적을 뒀다. 덕분에 경영상황은
순조롭게 개선되면서 흑자규모를 확대·축적한다. 민간에 맡겨 세금을 아
끼고 새로운 수입까지 생기며, 입점점포는 '공공시설+민간점포'의 융합공
간답게 단순한 점포방문뿐 아니라 행정수요까지 확보해 안정적인 사업수
익을 실현한다.

　행정은 뒤로 빠지고 민간이 나설 때 사업감각은 더 좋아진다. 단 초기지

원과 지속감시가 전제될 때다. 정부가 손대면 안 망할 것도 망한다는 일각의 우려를 무시해선 곤란하다. 비즈니스는 행정보다 시장 역할에 가깝다. 지속가능한 지역활성화에 비즈니스가 필요하다면 행정은 최소한의 역할에 머무르는 게 좋다. 지금까지와는 다른 형태의 재생모델로 거론되는 오갈프로젝트는 그 교훈을 내포한다. 오갈프로젝트는 행정과 민간의 무게중심이 확연하다. 참여율·의사결정도 등 주도권은 민간·주민에 집중된다. 카마다의 설명이다.

"오갈프로젝트는 최대한 많은 주민의 뜻을 모으려 했습니다. 특정조직에 속하지 않는 주민까지 모셨죠. 19개의 NPO조직에도 일일이 참가를 독려했습니다. 중간지원조직은 물론 직역단체도 불렀고요. 심지어 이사온 전입인구까지 홍보 등 각종수단을 총동원해 의사결정구조에 넣었습니다. 이로써 시와만의 '지역창조회의(세부대상 1町8村)'가 만들어졌죠. 시와의 주민·민간의 대표성을 갖는 조직입니다. 덕분에 시민참가형이면서 행정과 대등한 파트너로 연대체계가 만들어졌습니다."

일본정부도 오갈프로젝트의 민간주도성에 주목한다. 독특하되 효과적인 방식일 수 있음을 강조한다. PPP구조로 지역재생을 해보라고 권하는 일본정부가 오갈프로젝트를 '민간사업자에의 공유지 대출사업으로 명명, 유일무이한 추천모델로 정리한 배경이다. 행정주도가 아닌 민간주도성에 대한 인정이다. 반대로 민간에 사업주도권을 넘겨주는 행정단위의 결심은 그만큼 전례를 찾기 어렵다. 투명성과 모니터링이 가능한 중앙사업도 아닌 정경유착의 결탁관행이 잦은 지방권역은 더 그렇다. 즉 위(중앙)에서 돈을 뿌리면 아래(지자체)가 대행하되, 거대·독점적인 사업시공사가 주도·재하청하고 건설종료 후 넘겨받아 사업운영의 채산성을 고민하던 실패한 재정사업의 전철은 지금도 반복된다. 계획·건설·운영이 분절된 전통방식과 달리 기획·자금·운영·소유 등을 연장된 일관체계로 두고 행정보다 민간이 종합·주도한 오갈프로젝트가 관심을 받는 이유다.

소멸 위기의 지방도시는 어떻게 명품도시가 되었나?

철저히 계산했어도
설득은 산 넘어 산

민간의 지혜·자금을 활용한 공민연대
의 지역활성화가 오갈프로젝트의 핵심포인트다. 민간지혜·시장자금은
수요조사와 예비타당성 검토부터 반영된다. 관건은 건물에 들어와 영업을
해서 흑자와 세금을 내줄 민간입주자의 치밀한 수요조사·유치전략일 수
밖에 없다. 발길을 끌 만한 내용이 없는데 사람도 돈도 찾아올 리가 없다.
오갈플라자는 철저한 수요조사에 나섰다. 개업시점에 입주율 100%를 맞
추고자 필요면적을 역산해 건축하며 사업위험을 낮추는 치밀한 비즈니스
마인드를 선보였다. 임차가치를 높여야 후속건물의 임차조건이 좋아져서
다. 비용을 낮춰 지속가능성을 높임으로써 사업위험을 원천적으로 제한했
다. 자기자본을 완비하고 출자구조를 안정적으로 만드니 지역은행의 융자

와 민간자금의 출자가 쉬워졌다. 지자체 출자 등 재정자금이 결합했지만, 영리적 채산성을 우선했기에 영리와의 연대도 가능해졌다. 직접적인 자본 조달은 물론 업무지원까지 증진됐다. 이쯤에서 시와의 행정수장町長인 후지와라 타카시藤原孝[22]의 말을 들어보지 않을 수 없다.

"오갈플라자는 관민융합의 복합시설입니다. 또 도시의 좋은 것과 농촌의 좋은 것을 함께 가진 병합시설이죠. 자녀도 고령자도 오는 교류시설이기도 하고, 행정과 쇼핑의 공통시설이기도 하죠. 동시에 공공과 주택이 합쳐진 연계시설로도 불립니다. 공민연대만으로 설명할 수 없는 융합시설·순환공간입니다. 완성과정에서도 수많은 이해관계자가 뒤섞여 연대·협력하며 성과를 냈죠. 출발은 공민연대를 택한 지자체와 PPP방식을 제안한 민간키맨의 만남이었습니다. 대학의 PPP 전문연구진과 협업(紫波町PPP可能性調査報告書)도 이뤄졌죠. 우연이되 확신이 거듭되는 기분 좋은 출발이었습니다."[23]

그럼에도 불구하고 버려진 공유지를 생소한 PPP방식으로 재생시키겠다는 아이디어는 곧 난관에 봉착했다.[24] 가능성은 확인했으나, 실효성은 글쎄였다. 관건은 지역사회로부터의 응원·지지였다. 설득·공감을 위해 지자체가 나섰다. 2007년 8월부터 PPP방식에 대한 설명과정이 반복됐다. 꽤 난해한 작업이었다. 23명(농상공관계자, 주민, 행정)의 추진협의회가 결성된 이후, 2년에 걸쳐 주민의견교환회를 무려 100회 이상 진행했다. 그래도

소멸 위기의 지방도시는 어떻게 명품도시가 되었나?

위 | 관민협치형 성공모델로 시와를 다룬 책자를 진열한 모습
아래 | 오갈플라자에 위치한 호텔 등을 설명하는 카마다 씨

PPP방식과 공민연대의 불안감은 컸다. 둘 다 듣도 보도 못한 실험인 까닭에서다. 개념인식이 없었을 뿐더러 공유지의 민간주도 개발사례마저 적어 반대·저항이 컸다.

묘책은 없었다. 낯설고 힘들되 시간을 갖고 지역사회와 호흡을 맞춰

갔다. PPP방식이 영리창출을 담보하는 최적모델이자 지역사회의 지속가능성에 직결된다는 것을 기획단계부터 주민·기업·행정의 역할분담으로 가시화했다. 사업은 유연함을 강조했다. 제로베이스로 두고 오픈마인드로 접근했다. 행정과 주민의 대립관계를 해소하고자 중도입장 조력자Facilitator도 적극 활용했다. 일관된 자세는 대화중시다. 지자체는 리더십의 결단으로 공식창구도 만들었다. 2007년 공민연대실을 설치해 지역사업가·경제단체·NPO·주민 등을 끌어안았다. 민간의 조직화를 위해 40여 지역기업을 설득, 연구회도 만들었다. 생소한 모델인데도 민간컨설팅의 의존 대신 자발적 연구로 계획초안(시와쵸공민연대기본계획)을 만든 것도 차별점이다. 이 고단한 작업을 관민의 접점주체인 오갈시와가 맡았다.

그럼에도 초기단계는 어쨌든 관이 주도했다. 2009년 지자체의 100% 출자회사(78주)로 오갈시와가 만들어진 배경이다. '행정대리인町の代理人'의 역할을 내걸며 '대표이사=지자체장'으로 했다. 다만 이후 공공지분을 줄였다. 2013년 조직체계 변경 이후 처음 한 것이 지자체 지분의 감소조치(39%=78주)였다. 대신 9개(개인 2명) 민간조직이 다수(61%=122주) 지분을 획득했다. 사업내용도 초기의 조사·연구에서 실질적인 사업수행으로 전환했다. 이 과정에서 핵심주체인 오갈플라자(SPC)를 민간출자자와 함께 만들었다. 오갈플라자에는 행정지분이 일부 있으나, 경영관여는 물론 배당참여도 하지 않는다.

민간영역에의 사업일임은 신속했고 적절했다. 민간은 한층 보강됐다. 지역토박이가 아닌 외부전문가도 적극 끌어당겼다. 가령 부동산의 유효활

소멸 위기의 지방도시는 어떻게 명품도시가 되었나?

용으로 지역활성화 프로젝트를 수행해본 민간전문가 등을 마스터플랜 수립조직(오갈디자인회의)에 결합시켰다. 경쟁에서 살아남은 민간의 노하우와 사업성 등을 흡수하기 위해서다. 사업과정은 프로 중의 프로라 불리는 외부·민간선수로 팀을 꾸려 진행했다. 건물은 부동산프로를, 거리·간판은 그래픽전문가를, 자금은 금융선수를 모셔왔다. 모두의 지향점은 단 하나, 사업성공을 위한 흑자경영이었다. 청사·도서관의 공공수요라면 부족할 수밖에 없는 집객한계를 민간수요 발굴·확대의 비즈니스로 풀어낸 셈이다. 이후에도 역할분담은 뚜렷하다. 지자체는 인프라정비에, 오갈시와·오갈플라자는 영리사업에 포커스를 맞춘다. 이로써 농촌과 도시의 중핵지점답게 오갈프로젝트의 시행공간은 사회적 공통자본을 구축해낸 상징적인 성공사례로 평가받는다.

지역 자원을 총동원한
'시와다움'의 강조

오갈프로젝트의 목표는 역내권역의 순환경제 달성에 있다. 그래서 처음부터 정부지원 등 외부의존 없이 내발적 자생력을 강조했다. 그 중심무대를 버려진 땅의 영리적 재활용으로 변신시켰다. 지금은 사회적 공통자본의 실현공간으로 자리매김했다. 공공방문과 민간수요를 함께 묶음으로써 관민복합시설이 만들어졌다. 이용시설은 광장을 포함해 모두 9개다. 지자체 소유인 청사·광장을 제외하면 기본적으로 민간주체가 개별건물을 소유한다. 토지는 민간이 장기차지권(장기간 빌릴 수 있는 권리)을 얻는 대신 영업공간인 만큼 토지임대료를 지자체에 제공하는 형태다(구분소유).

여기까지는 돈 버는 인프라의 하드웨어다. 이제부터는 소프트웨어다.

외부의 방문 · 소비인구보다 우선하는 건 생활하는 지역주민에의 집객전략이다. 지역주민의 향상된 생활수준을 뒷받침하는 소프트웨어의 본격적인 설치 · 가동이다. 이때 핵심전략은 역내자원의 총동원과 이를 통한 자체적인 순환경제의 달성이다. 즉 사회유출을 막고 자연증가를 늘리려면 지역주민을 위한 자생 · 편리한 생활기반을 갖추는 게 시급해진다. 이 결과가 시와쵸의 라이프스타일 제안으로 연결된다. 벤치마킹은 북유럽스타일이다. 유사환경을 갖춘 핀란드의 작은 지방도시(에코빗키시)를 지향한다. 대지주인 중앙 · 지자체가 아무도 살지 않는 지역개발을 고집하기보다는 처음부터 전문능력(Developer)을 중시해 민간경쟁방식으로 사업을 추진해 온 경험을 가진 지역이다. 공유지를 시민자산으로 인식해 그들이 살 땅을 그들 스스로 기획 · 개발하도록 했다. 순환경제를 위해 민간파워를 발휘토록 한 모델이다. 오갈프로젝트는 에코빗키의 라이프스타일을 연장선상에 두고 순환경제를 도모한다.

"사실 좀 더 늦은 시간이면 사람이 더 많아요. 아직 퇴근 전이잖아요. 그래서 지금은 거의 없는 편이죠. 날씨가 덥기도 하지만, 주중 업무시간이라 더 그래요. 좀 선선해지거나 주말이면 가족동반 방문인구가 상당합니다. 바비큐축제 할 때 오시면 좋은데 아쉽네요. 잔디밭에 발 디딜 틈조차 없는데…."

두 시간을 훌쩍 넘긴 인터뷰 후 카마다가 현장을 안내한다. 퇴근까지 미루며 이곳저곳을 하나하나 친절히 설명한다. 인터뷰 회의실은 오갈베이스로 불리는 청사다. 앞서 강조한 '공공시설+민간공간'이 합쳐진 곳은 오갈플라자다. 그 사이에 길이 100m, 폭 40m를 가볍게 넘기는 잔디공간(광장)이 자리한다. 잘 정비된 잔디와 그 사이에 배치된 보도블록 길은 이곳이 쇠퇴위기의 과소지역임을 잊게 한다. 조성초기라 아직 키 큰 나무는 없지만, 동선을 배려한 공간활용은 꽤 치밀해보였다. 오갈플라자를 향해 건너가던 중에 카마다는 "사람이 몰려드는 진면목을 못 봐서 아쉽다"라고 했다. 못 봐도 믿을 수밖에 없는 것이 연인원 80~100만 명이 찾고, 시찰인원만 연 600명을 웃돈다는 성공공간 아니던가.

오갈플라자의 육중한 유리문을 밀자 로비부터 사람 체취가 묻어난다. 먼저 안내해준 공간은 도서관이다. 숙원사업이던 신축도서관은 오갈플라자 중앙동에 있다. 외장도 돋보이나, 널찍한 배열과 산뜻한 진열이 눈길을 끈다. 듣던 대로 유명세를 치를 만한 도서관임에 분명했다. 실제 시와쵸도서관은 명성이 높다. 우리를 처음 맞은 건 주임사서 테즈카 미호手塚美希씨다. 언론에 자주 나오는 유명인(?)이다. 대표사서로 '사람을 모으고 지역을 알린다'라는 시와도서관의 취지를 도맡아 발신한다. 2019년 6월 워싱턴에서 열린 미국도서관협회의 연차대회에서 시와 사례를 발표했다. 자신감이 대단하다.

"우리 도서관은 지역밀착의 운영자세를 전면에 내세웁니다. 주민에게 사랑받는 지역거점이 목표예요. 도서관을 콤팩트한 라이프스타일이 시작되는 거점공간이자 중핵무대로 활용하는 전략입니다. 그래서 우리는 3가지를 강조합니다. 0세부터 고교생까지의 후속세대, 시와쵸 지역자료의 수집·보존, 그리고 시와쵸의 산업지원 등에 대한 배려죠. 동선에 맞춰 입구에 그림책 등 아동도서뿐 아니라 수유실·유아화장실도 설치했습니다. 안으로 들어갈수록 일반도서와 시와만을 위한 공간으로 배치되고, 시와쵸의 지역특성과 향토정보 등을 다양한 키워드로 소개합니다. 덕분에 갈수록 방문자는 물론 대출건수도 늘어나죠. 지자체 중 이런 도서관을 지닌 곳은 보기 드물 겁니다."

확실히 말한 그대로다. 둘러보니 지방색이 완연하다. 누가 봐도 이곳이 시와임을 알 수밖에 없는 독특하고 차별적인 안내문이 흘러넘친다. 가령 벽면 한 곳은 시와의 주요산업인 농업에 포인트를 맞춰 색을 입혔다. 전체세대의 40%가 농업을 생계로 한다는 점에서 농업지원도서관이란 별칭까지 붙는다. 중심부엔 농업관련 주요서적과 지역기반 농업보고서 등을 갖췄다. 인접한 정보교류관에 요리스튜디오를 만든 것도 동일맥락이다. 역시 지역농산물만 원자재로 쓴다는 게 기본원칙이다. 서클활동을 지원하는 개별공간과 열람실의 확충 덕분에 지역학생이 공부하는 모습도 확인된다. 자연스레 시와 출신임을 확인·자각하며 스스로 자부심을 갖도록 배려한 조치로 해석된다.

도서관은 책에서 끝나지 않는다. 카마다의 설명을 들을 때마다 '교묘한 전략'을 떠올리지 않을 수 없다. 도서관 반대편을 향하자 느닷없는 슈퍼마

1 | 지역민의 참여와 이벤트가 상시적으로 개최되는 관민협치의 공간
2 | 미국도서관협회 연차대회에서 성공사례로 발표된 시와쵸도서관
3 | 사람과 생활을 이어주는 장치로 인기를 얻은 신토불이 슈퍼마켓 오갈마르쉐
4 | 지역성에 특화된 배치와 운영으로 유명해진 도서관을 안내하는 테즈카 씨

소멸 위기의 지방도시는 어떻게 명품도시가 되었나?

켓이 시선을 잡는다. 그는 이를 두고 "사람과 생활을 이어주는 숨겨진 장치"라 정리했다. 도서관에 사람을 모은 후 바로 옆에 음식점·슈퍼마켓을 연결시켜 발길이 쉽게 떠나지 않도록 배치한 것이다. 이는 한 주민의 아이디어였다. 즉 민간임대는 도서관을 감싸는 형태로 배치돼 자연스레 방문동선을 확보했다. 이 정도면 민간임차인의 입점고민도 덜어준다. 영리사업을 지원하는 지속가능한 집객장치를 곳곳에 반영한 덕이다. 오갈플라자 임차인 중 지대·임대료를 못 내는 경우는 없다. 돈을 버니 세금은 부가수익이다. 영리한 지자체의 놀라운 생존전략이다. 공공시설을 혈세투입으로 운영하기보단 임대료·세금의 원천소득으로 유지·관리한다.

슈퍼마켓은 '오갈마르쉐'라 불리는 공간이다. 사단법인 시와쵸관광교류협회가 운영주체로 대규모 산지직판의 판매시설이다. 9개소의 주변부 직판체계와 연결해 매출증진·정보교류·수요발굴 등에 활용된다. 산지직판 쇼핑공간으로는 이와테현에서 최대규모(200평)다. 1~2층을 터 높이만 12m에 달하는 압도적인 개방감을 자랑한다. 아침에 수확한 신선야채부터 소시지·베이컨 등 축산가공품, 어패류, 반찬은 물론 도시락·향토과자 등이 진열·판매된다. 식당·카페도 병설해 취식·휴식이 가능하다. 실제 퇴근 후 장을 보는 주민이 상당수에 이른다. 빠진 물건을 납품하는 생산자도 보인다. 생활협동조합답게 생산자와 소비자를 직결해 순환경제를 달성하는 모습이다.

지역개발은 양극적이다. 중심부가 주변부를 갉아먹거나, 신 교외지가 구 시가지를 밀어내는 게 현실이다. 그런데 오갈플라자를 보니 부가가치가 연결·확대되는 힌트도 엿보인다. '발길 → 수요 → 정보 → 공급'의 네크워크 연결고리다. 멋진 발길공간이 만들어지니 고객이 찾아오고, 이게 또 새로운 집객신호로 해석돼 추가적인 방문인구와 공급라인으로 연결된다. 자연스런 후속개발은 덤이다. 오갈플라자가 집객에 성공하니 나머지 공간도 손쉽게 부가가치를 내는 잠재기회로 이해된다. 인근토지에 민간부문의 사업제안이 늘어나는 식이다. 이 과정에서 과소지역으로는 드물게 임대료와 지가가 상승한다. 관의 시설기능과 민의 영리기능이 융합되니 저투자·고효율의 경영시스템이 구축된 것이다.

소멸 위기의 지방도시는 어떻게 명품도시가 되었나?

시와쵸만의 차별적인
특화사업은 현재진행형

　　멈출 수는 없다. 공민연대의 추진주체인 오갈시와는 2022년 기준으로 13년째를 맞는다. 그간 사업은 나날이 확장됐다. 지속가능성을 보강하는 다양한 주민지혜 · 민간제안이 끝없이 이어진다. 차별화를 내세운 특화 프로젝트는 이렇듯 강도 · 순도를 높여간다. 배구체육관(오갈아리나)과 호텔(오갈인)을 민간제안으로 사업화한 게 대표적이다. 체육관은 일본최초의 배구전용관이다. 호텔은 170명 수용규모로 편의점 · 음식점 등 민간사업이 부가된 새로운 민간복합시설로 오픈했다. 특히 배구체육관은 관객석이 없는 세계수준의 연습전용구장으로 만들어져 배구인 등 외부인구를 유인한다. 소프트웨어도 구비해 아케데미사업을 전개한다. 배구에 있어, 차세대 인적자원을 육성하는 스포츠요람으로

위 | 일본최초의 배구전용관에서 운동 중인 지역의 후세대들
아래 | 에코타운을 내세워 새로운 주거단지로 주민에게 분양된 오갈타운

의 변신을 기대한다. 덕분에 국가대표팀 합숙지로 선정되며 경기개최·합

숙실적을 축적한다.

　연구팀이 방문한 날도 쩌렁쩌렁 체육관이 울린다. 신발을 벗고 들어서

니 초등학생 한 무리가 배구공을 주고받는다. 코치는 여자배구 일본대표

소멸 위기의 지방도시는 어떻게 명품도시가 되었나?

출신인 즈쿠모 히로코津雲博子 씨로 근처가 고향이다. 아카데미는 저녁시간에 열리는데, 들쑥날쑥해도 전용배구체육관의 명성 덕에 수강생이 적잖다. 인사를 나눈 즈쿠모 씨는 "지역에 전용구장을 만든다는 건 굉장히 어려운 결정일 수밖에 없는데 시와가 해냈다"라며 자랑스러워했다. 초등생 중에 유독 일행을 보면 싱글벙글하는 친구가 있었는데, 알고보니 카마다의 아들이다. 퇴근에 맞춰 수업이 끝나면 부자가 함께 집에 간단다. "좋겠다"라고 했더니 그가 말한다. "작은 동네라 애들은 물론 부모도 웬만하면 다 아는 사이인데 함께 만나 교류하니 만족스러울 수밖에요." 생활거점이란 말이 괜히 나온 게 아니다.

만나면 즐겁다. 소문도 난다. 알려지면 더 모인다. 그러니 더 쓴다. 쓰는 건 웬만하면 지역물건·서비스다. 외부지역으로 돈이 샐 여지가 적다. 일본판 신토불이인 지산지소地産地消의 실현이다. 역내자원의 순환경제인 셈이다. 그 만남을 공민연대로 풀어냈다. 지속적인 만남은 확대된다. 순환경제를 한층 탄탄히 구축하고자 멤버들은 에코타운 건설을 가속화했다. 오갈프로젝트의 인접공간에 새로운 주거단지를 만드는 아이디어다. 생활거점을 위해 아예 그곳에 살도록 집을 공급하는 차원이다. 천편일률적인 집은 거부한다. 역시 시와다움이 소환된다. 일본최초의 에코타운 표방이 그렇다. 나무가 많은 산지지형의 특성을 충분히 발휘해 환경보전과 생활편의를 동시에 꾀한다. 정식명칭 히즈메21구日詰二十一区인 오갈타운의 등장이다. 풍부한 녹지환경과 편리한 교통연결이 장점인 시와중앙역 앞에 입지, 공민연대로 생활전반의 기반시설(시와형 환경순환주택)을 갖춘 최신

주택가다.

건설과정도 순환경제를 따른다. 즉 건축조건부 토지매매가 전제다. 건축조건으로 시와쵸가 정한 사업자만 시공할 수 있도록 했다. 당연히 지역업자域內工務店다. 13개 건설사업자는 모두 시와쵸 지역기업이다. 건설관련 자금순환이 역내경제에 잔류해 선순환이 이루어지도록 유도하려는 차원이다. 토지판매로 끝나면 땅값만 지자체 수입으로 환원된다. 반면 지역업자가 시공하면 건축비의 70%가 역내자원으로 순환된다는 점을 염두에 뒀다. 일본최대 목조건물인 청사를 지을 때도 지역자재를 쓰도록 한 시와쵸다운 조치다. 열 공급도 지역 토대다. 지역기업의 에너지 스테이션이 지역 목재를 바이오매스로 만들어 쓴다는 점에 주목했다. 지역 기여형의 순환경제인 셈이다. 덕분에 오갈타운의 역내자원 이용률은 80%에 달한다. 순환경제를 위해 재정지원도 내걸었다.[25] 후속 건설까지 감안할 때 오갈타운의 사업기간은 2010년부터 2043년까지 이어진다. 확실한 성과측정은 힘들지만, 완료사업을 보건대 착실한 가치창출은 가능하다는 입장이다. 가치창출의 현재진행형이다.

시와쵸가 만들어낸
창출가치의 값어치

        사회혁신은 사회문제의 정확한 발굴과 지속가능한 해결이 관건이다. 시와는 문제지점과 해결방안을 잘 엮어내 완성차를 만들어냈다. 분리되기 십상인 사회가치(지역활성화)와 경제가치(영리시스템)를 융합해 바퀴 양축을 완성했다. 또 공민연대라는 관민파트너십을 운전석에 앉힘으로써 과거 관성을 탈피했다. 운전자는 민간에 내주고 행정은 조수석에 만족했다. 방치·소외됐던 다종·다양의 주민을 뒷자리에 앉혀 끊임없이 대화하고 조정한 것은 물론이다. 지역자원을 동력으로 삼은 것도 차별점이다. 적어도 지금까지의 성과는 좋다. 예상 외로 잘 굴러간다. 입소문도 상당하다.

    오갈프로젝트의 실적은 아직 사업경과 후 약 12년에 불과해 확정평가를 하기엔 이르다. 그럼에도 중간정산으로는 합격점을 훌쩍 넘긴 듯하다. 투입Input 단계에서는 '정부재정+민간자본'을 합침으로써 저비용을 실현했다. 활동Activity 단계에선 공민연대라는 새로운 추진주체를 선택해 '사회문제+민간방식'을 녹여냄으로써 지속적인 문제해결의 씨앗을 뿌렸다. 이제 남은 건 창출가치의 지속·확대다. 다양한 지역활성화의 가치창출 성과Output, Outcome, Impact는 이제 막 시작됐다.

시와가 창출한 재생가치는 다양하게 측정된다. 눈앞의 산출Output만 봐도 애초 목표치를 대부분 넘겼거나, 약간 부족한 상태다. 이용자수·매출액 등 수치적인 성과목표가 그렇다. 2016년보다 2017년 산출성과가 뚜렷한 증가세다. 즉 산출에서 비롯되는 결과Outcome는 고무적이다. 순환경제를 통한 소득증가가 기대되기 때문이다. 최종적인 영향Impact은 시와쵸의 생활품질 전반에 걸친다는 점에서 단순한 금액 이상의 유무형의 선순환적 파급효과를 낼 수밖에 없다.

신규의 창출가치뿐 아니라, 오갈프로젝트가 아니었다면 지불해야 할 비용절감까지 넣으면 엄청난 경제효과가 기대된다. 무형의 사회가치 창출행위를 산술·수치화할 때 그렇다. 과장할 필요는 없으나 축소할 근거도 없다. 이미 투입 대비 재무가치는 PPP방식과 민간주체(오갈플라자 등)의 채산성에서 충분히 확인된다. 단기간에 플러스로 전환해 영리적 지속가능성을 증명해냈다. 복합시설의 직접매출과 고용창출, 조세수입은 물론 지역주민이 체감하는 자부심과 기대감, 그리고 생활 만족이라는 정성효과는 산출·결과·영향을 넘어 충분한 사회가치Social Value 창출일 수밖에 없다.

소멸 위기의 지방도시는 어떻게 명품도시가 되었나?

만남과 소비공간으로 알려지며 발길이 끊이지 않는 오갈플라자

당장 정량화가 가능한 일부 성과만 보자. 이와테현축구센터는 2011년 오픈 이래 2017년 기준 4만 5,000명이 이용했다. 도서관시설 중 정보교류관은 2017년 32만 1,000명의 지역주민이 방문했다. 이에 힘입어 플라자의 연간방문객 목표치(30만 명)는 2014년 80만 명을 넘어 일찌감치 갱신했다. 버려진 공유지를 돈 버는 인프라로, 모이는 복합시설로 재구성한 덕분이다. 농업 등 지역색을 강조한 도서관은 2012년 오픈 이래 2017년 기준 1만 6,742명이 등록했고, 이용주민은 누계 18만 7,186명에 달한다(하루 641명). 잦아진 발길에 맞춰 응대인원도 늘어났다. 입점상권이 활발해지면서 2018년까지 250명의 신규고용이 창출됐다.

오갈광장은 만남과 소비공간으로 변신했다. 초기부터 시민참가를 위한

CHAPTER 02 사람을 불러모은 산골 벽지 시와의 희망 스토리

워크숍을 강조하며 입소문을 낸 결과다. 이후 2020년 기준 시민이벤트와 바비큐파티 등이 각각 100여 건 이상 증가하며 일상적인 시민행사 공간으로 재편됐다. 발걸음에 맞춰 상권은 강화된다. 아동센터, 소아과·아동환자보육실, 안과·치과, 음식·주점, 아웃도어점포, 등반타워, 카페·베이커리, 미용실, 영어학원, 사무소 등이 구비됐다. 공간자체가 지역주민을 부르는 생활수요망을 갖춘 셈이다. 민설민영民設民營의 보육원은 2017년 개원 후 2020년까지 200여 명의 아동을 길러냈다. 에너지 스테이션은 지역의 산림자원인 목재를 활용해 500kW의 에너지를 공급한다. 지역자원에 집중함으로써 역내자금의 역외유출을 최대한 차단한다는 청사진처럼, 자생적 순환경제를 통해 자금순환의 승수효과를 확보하는 중이다. 2018년 기준으로 정주인구 450명과 교류인구 96만 명을 끌어모으는 성과를 냈다.

팀 오갈의
선구안적 실험의 의미

           시와의 재생실험은 충분히 남다르고 재
미나다. 신선하고 독특하며, 때때로 파격적인 개발전략까지 흡수한다는
점에서 관심도 성과도 확인된다. 관제 주도의 관행·타성을 벗은 것만 봐
도 사뭇 다른 자세다. 말로만이 아닌 실체적인 관민융합의 연대체계를 갖
췄다는 건 더더욱 주목된다. 시와쵸를 통해 지자체의 각오와 민간의 아이
디어가 잘만 절충되면 유연한 결단과 외부자원의 적극적인 결합도 가능하
다는 것을 증명했다. 무엇보다 정책의 대상·객체로 전락한 지역주민을
끌어내 설명·설득하며 동참시킨 것은 쉽잖은 선택이다. 즉 소외를 없애
고 참여를 늘렸다. 그래서 시와쵸는 이해관계자 전원을 '팀오갈Team Ogal'
이라 부른다. 참여·연대·협력적 거버넌스의 강조다.

팀오갈은 달랐다. 결이 다른 십인십색의 다양한 플레이어가 팀을 짰지만, 목적과 지향은 하나로 정리됐다. 지역을 되살리는 순환경제의 구축에 힘을 합치는 게 결국 스스로를 살리는 길이란 명제에 동의했다. 그러니 눈앞의 이해다툼은 팀오갈 앞에서 무장해제된다. 포인트는 오직 하나, 돈 버는 시스템의 완성이다. 개별자원(핵심인력=Keyman)이 큰 역할은 했으나, 뒤이어 다양한 지역공동체가 주도권을 넘겨받으며, 그들만의 지역자본(유휴공유지)을 사업자본(영리형 부동산개발)으로 연결시킨 배경이다. 돈 되는 아이템에 금융자본(지역자금)이 결합 못 할 리는 없다. 또 행정자본(지자체)은 특유의 힘을 빼고 가능한 백업에 머물며 전체 과정을 지지·지원해준다. 어쩌면 중앙정부가 빠지고 거대기업이 없어도, 자생적인 순환경제가 가능하다는 경험이 가장 큰 수확일 수 있다.

다시 한국으로 눈을 돌려보자. 우리는 어떻게 해야 할까? 한국에도 지방권역의 소외 위기는 턱밑까지 다가왔다. 서울·수도권의 인구집중률이 51%에 달한다는 점은 반대로 88%의 땅을 지닌 지방권역은 과소·소멸 조짐이 뚜렷하다는 뜻이다. 실제 지방에 가보면 빈집·빈 점포는 물론 공공소유의 유휴부동산이 방치된 채 흉물스럽게 나뒹구는 전경을 쉽게 만난다. 그만큼 지역자원을 활용해 새로운 고용창출·관광진흥·산업부흥 등을 꾀하려는 시도도 많다. 다만 시와의 교훈처럼 정부기획·재정건설·세금운영의 방식은 경계대상이다. 소유와 이용, 그리고 운영을 철저히 분리해 돈 버는 구조를 갖추는 게 중요하다. 이때 잠자는 부동산은 사업화 유도는 물론 지역가치의 발굴지점으로 부각된다.

관제적 작동방식은 곤란하다. 임계치에 닿은 지역소멸의 위험경고를 감안하면 더 이상의 동일실수 · 유사패착은 허용되기 어렵다. 시대가 변했다. 내용도 달라졌다. 그간 기능했던 중앙주도의 균형발전론은 파기대상이다. 정책분절과 재정낭비, 그리고 도농불균형을 확대시켰다. 바꿔야 살고, 변해야 먹힌다. 중앙은 지방에 힘을 실어줘야 한다. 행정은 민간에 공을 넘겨줘야 한다. 지방분권 · 지방자치 20년을 훌쩍 넘긴 한국사회다. 아직도 중앙정부가 지역개발을 쥐락펴락해선 곤란하다. 자치분권에 걸맞게 지방에게 주민에게, 스스로 살아갈 땅에 대한 생존카드를 맡기는 게 좋다.

안타깝지만 갈 길이 멀다. 혁신실험이 한창인 시와의 재생프로젝트는 그래서 시사하는 바가 적잖다. 지속가능한 지역활성화를 위해 누가, 무엇을, 어떻게 해야 할지에 대한 재검토의 필요성을 던져준다. 일본사례를 그대로 갖고오자는 얘기가 아니다. 완벽한 벤치마킹은 먹혀들기 어렵다. 우리가 배울 것은 시와의 자세와 용기, 그리고 행동이다. 지금 한국의 지방권역은 고사 직전이다. 버스가 떠난 뒤 손 흔들어봤자 의미가 없다. 더 늦기 전에 한국판 시와의 혁신실험이 이루어지길 기대해본다.

1. 시와쵸의 현지조사 카운트파트는 카마다 센이치(鎌田千市)씨로, 민간이 보조금에서 벗어나 '돈 버는 인프라'로 성공한 시와 사례를 대내외에 알리는 전담공무원이다. 2018년 8월 8일 약 2시간에 걸쳐 인터뷰와 현장방문을 도와줬다. 지자체 요청을 받아 행정대리인으로 사업전체를 주도한 건설회사 CEO 출신의 오갈플라자 대표이사 오카자키 마사노부(岡崎正信)가 민(民)이라면, 카마다는 행정 측면에서 실무업무를 전담한 공무원이다.

2. 광주시도시재생공동체센터, '일본 이와테현 시와쵸에서 광주의 도시재생 방향을 찾다', 2018.06.01 및 한국지방행정연구원, '한일지역정책연구회 결과보고서', 2017 및 서울혁신센터 '활력을 만드는 공간의 비밀', 2016.12.07

3. 닛케이BP종합연구소의 웹사이트(新·公民連携最前線)가 전국지자체를 대상으로 행정시찰 신청건수를 조사(2016년 시찰건수 랭킹)한 결과, 시와쵸의 오갈프로젝트가 1위에 올랐다. 상위 30개 지자체 중 인구가 두 번째로 적은 소형지자체이지만, 관민협력의 도시정비로 호평을 받았다. 47개 광역 및 1,741개 기초지자체를 대상으로 2017년 조사한 결과다(https://project.nikkeibp.co.jp/ppp/: 검색일: 2022.05.04).

4. http://univdb.iwate-u.ac.jp/profile.php?userId=230&lang_kbn=ja(검색일: 2019.09.03) 야먀모토 교수는 지역자원관리학연구실을 운영하며 주로 임학과 관련된 전문분야로 지역활성화를 도모한다. 더불어 거버넌스와 NPO 등의 중요성을 강조하며 다양한 지역활동을 펼치고 있다. 관련해 40여 편의 논문과 20여 권의 저서를 갖고 있다. 시민참가형 및 지역자원발굴형의 모델발굴에 특화된 연구자다.

5. 週刊文春, '地方創生への本物の処方箋', 編集部, 2016.11.20, "지금까지 왜 다른

지자체가 따라하지 않을까 이상할 정도로 하나하나 정통의 활성화의 길을 걸었다. 시민의견을 확실히 듣고 사업에 반영했으며, 처음부터 틀에 가두지 않고 왜 민간임차인을 들일지 정밀하게 조사하고, 무리하지 않은 임대료를 설정하게끔 건축비를 설정했다. 철저하면서 세련된 계획이 아닐 수 없다"라는 서평을 실었다. 이 밖에도 시와쵸 사례를 내세워 "돈 버는 거리가 지방을 바꾼다"거나 "이익 없이는 활성화도 없다", "민간주도 · 행정지원의 공민연대의 교과서" 등의 평가가 적잖다.

6. 합계특수출산율은 2010년(1.36명)을 정점으로 전국평균(1.39명)은 물론 해당광역(1.45명)보다 낮아져 자연감소가 시와쵸의 인구변화에 큰 영향을 주는 것으로 나타났다. 그나마 2005년까지 사회증가가 전체인구를 지지해줬지만, 자연감소까지 얹어지면서 과소지역의 위기경고가 시작됐다.

7. 紫波町まち · ひと · しごと創生推進本部(2016), '紫波町まち · ひと · しごと創生人口ビジョン', 2016年2月, pp.2-28

8. 增田寬也(2014), 『地方消滅』, 中公新書 2282, pp.208-213, 청년여성(20~39세)의 인구감소율(2010년→2040년)이 50%를 넘어설 경우 소멸가능성도시로 지정된다. 특히 2040년 시점 전체인구가 1만 명을 밑도는 523개 지자체는 그중에서도 가능성이 높은 곳으로 분석된다.

9. 밑그림으로서 'まち · ひと · しごと創生長期ビジョン'과 실천전략으로서 'まち · ひと · しごと創生総合戦略'이 2014년 12월27일 발표됐다. 각의결정 이후 아베총리가 직접 나서 취지 · 내용을 설명하며 관심을 모았다. 참고로 각의결정은 전체장관이 합의해 정부방침을 결정하는 수순으로 법률 · 조약공포, 법률 · 예산안 등의 국회제출, 정령결정 등에 활용된다. 사실상 국가의 공식방침으로 이해된다.

10. 지역재생 · 지역활성화 · 마을만들기 등 기존의 산발적인 단어를 뛰어넘어 중앙정부가 핵심정책으로 띄워 새롭게 지방을 창조하겠다는 뜻을 녹여냈다.

11. 감소율 1위(난모쿠무라)의 -89.9%보다 인구감소세가 월등히 양호하다. 한편 가와키타마치는 재생산력이 증가한 15개 지자체 중 1위의 증가율(15.8%)을 기록했다. 인근지역(金沢市 · 小松市)으로의 통근가능성과 산업유치(저팬디스플레이 등)에 따른 재정안정 등이 인구유입의 성공배경으로 평가된다. 다만 선방사례이긴 하지만, 교육 · 취업을 이유로 청년그룹의 사회전출이 심화되면 안심하기는 어렵다.

12. 国立社会保障 · 人口問題研究所(2013), '日本の地域別将来推計人口(平成25年3月推計)'(http://www.ipss.go.jp/pp-shicyoson/j/shicyoson13/t-page.asp : 검색

일 2018.12.20.)

13. 종합하면 기존추계의 자연감소(3,539명-2,545명=994명)와 소멸리스트의 사회감소(2,545명-2,006명=539명)를 합한 1,533명의 재생산력이 30년간 증발됨을 뜻한다. 사회이동을 반영하니 시와쵸의 인구감소도 만만찮은 상황이란 얘기다. 단순추계이지만 여기에 2017년 합계특수출산율(1.40명)을 적용하면 시와쵸의 출산아도 2,146명[(3,539명×1.40명)-(2,006명×1.40명)]이 감소한다. 이중 자연감소를 빼고 사회전출로 빠져나갈 재생산력의 사회감소만으로 봐도, 755명(539명×1.40명)의 출산아가 유출되는 셈이다.

14. 東京新聞, '＜にっぽんルポ＞群馬・南牧 消えゆく村ともる光', 2019.02.16. 면적의 90%가 삼림인 이곳에선 2018년 단 2명의 신생아가 태어났다. 고령화비율은 62%다. 유일한 진료소조차 10년 전 폐쇄되며 기반시설은 붕괴됐다. 외부청년의 유입실험도 있지만, 기대도 상황도 쉽잖다. 단 1명을 위해 이동판매차량이 다닐 정도다. 소멸리스트 발표 이후 68년만에 공동온천이 개업하는 등 부활실험을 둘러싼 귀추도 주목된다.

15. 중앙정부는 인구문제를 극복하고 지방창생을 연결해 활력이 넘치는 일본사회를 유지하고자 2014년 지방창생법(まち・ひと・しごと創生法) 제정 후, 인구현상과 장래모습의 목적・방향을 제시한 장기비전(まち・ひと・しごと創生長期ビジョン) 및 5개년 목표・시책의 기본방향과 구체적인 내용을 담은 전략(まち・ひと・しごと創生総合戦略), 이른바 지방판 종합전략을 순차적으로 작성하도록 했다.

16. 시와의 지역활성화는 2000년 순환형(循環型まちづくり), 2005년 협동형(協働のまちづくり)에 이어 2007년 공민연대형(公民連携によるまちづくり)의 연결고리로 발전했다. 조례시행을 통해 2009년 오갈프로젝트가 본격 시행되면서 완성된다.

17. 鎌田千市(2018), '共有地における公民連帯: 紫波町オガールプロジェクト', 漢陽大視察資料, 2018年8月8日, p.5, PPP방식은 오갈프로젝트에서 처음 실행된 게 아니며, 2005년 관리형정화조정비(PFI사업)와 2006년 화장장정비(PFI사업), 2007년 수도시설정비・유지관리사업(DBO방식) 등 유사사례를 경험한 후 채택됐다.

18. 시와쵸 출신으로 도쿄에서 대학졸업 후 8년의 지역진흥정비공단(현재 UR도시기구)을 거쳐 귀향, 가업(岡崎建設)을 이어받아 활동하던 중 2016년 도요대학(東洋大)에서 공민연대전공으로 석사학위를 취득했다. 현재는 오갈시와 이사 및 오갈플라자・오갈베이스 대표이사, (사)공민연대사업기구 이사와 중앙정부의 지역활성화전도사로 활

소멸 위기의 지방도시는 어떻게 명품도시가 되었나?

동 중이다.

19. https://npo-aisa.com/2017/09/17/1382/(검색일: 2022.05.04)

20. 오갈시와(주)는 시와중앙역전도시정비사업에 따라 공민연대를 추진하기 위해 2009년 6월1일 설립됐으며, 설립당시 자본금은 3,900만 엔(시와쵸 출자비율 100%)이 었으나 2010년 1억 엔으로 증자(시와쵸 출자비율 39%)했다. 2019년 현재 임원은 2명 이며, 그중 1명은 시와쵸 행정경험자(出向·退職者)이다. 직원은 9명으로 민간출신이 며 직원전체의 평균연령은 46.3세로 젊은 편이다.

21. 오갈플라자(주)는 2012년 8월1일 자본금 1억 5,000만 엔으로 설립, 그중 7,000만 엔(7만 주)은 시와쵸의 우선주(2호)로 의결권이 없다. 시와쵸의 자본결합은 오갈플라 자에 입주하는 양육응원센터의 내장공사비 비용을 충당하는 차원에서 출자됐다. 오갈 플라자의 건설부터 유지·관리·운영 등 일체의 업무를 담당하며, 설립초기 1명의 임 원에서 출발했으나 지금은 확대·운영된다. 오갈플라자는 SPC임과 동시에 오갈프로 젝트의 실현공간 전체를 뜻하는 명사로도 쓰인다. 중앙역전지구에 조성된 새로운 건물 및 토지 등을 통칭한다.

22. 1998년 지자체장에 당선된 이래 4기 16년간(~2014년) 근무했다. 언론평가에 따 르면 지역주민의 시선에서 모든 걸 판단하는 일관된 지도자로, 특히 지역활성화는 공 무원이 아닌 지역주민이 주도하고 관은 지원한다는 입장을 고수했다. 후임(熊谷泉)은 2014년 취임했다.

23. http://town.ogal.jp/interview/149(검색일: 2019.09.11.) 인터뷰 내용을 발췌해 새롭게 재정리한 것임.

24. 지자체의 민간위탁은 관소유 공유지의 활용구조에서 확인된다. 행정주도의 사업 진행 루트였다면 건설재정이 없어 사실상 방치될 수밖에 없는 공유지를 민간의 기획· 설계·건축주도는 물론 완료이후 소유지배·운영관리까지 전권을 넘김으로써 이른바 민간위탁형 공민연대를 완성할 수 있었다. 지자체는 보유한 땅만 지역활성화의 무대로 제공하고 나머지는 민간조직이 모든 걸 결정하도록 일임했다. 핵심기제는 관민의 협치 실현을 위한 관의 내려놓음에 있었다는 게 특징적이다. 내려놓음이라 함은 지역정치· 토호경제·이권조정 등 전통적인 관치사업에 내포되기 마련인 금전·정치적 이해관계 를 스스로 포기했음을 의미한다. 상술했듯 권한·이해를 내려놓겠다고 결단한 지자체 수장(藤原孝)의 공익우선적인 리더십·마인드와 이를 영리적 사업모델로 받아낼 수 있었던 민간출신 핵심키맨(岡崎正信)의 기획력·열정이 동반됐기에 가능했다.

25. 최대 170만 7,500엔의 보조뿐 아니라 고정자산세를 5년에 걸쳐 최대 31만 8,500엔 감액해준다. 이중 137만 엔은 지역 열 공급을 활용하기에 중앙정부의 보조금이며, 지자체는 33만 7,500엔(시와쵸산 목재이용의 주택건설 장려사업보조금)을 부담한다.

방치된 빈집에 숨결을
불어넣은 재생공간

모든 때가 위기였다지만, 지금처럼 한국사회를 감싸는 암울한 분위기가 팽배했던 적은 없었던 듯하다. 성장은 멈춰섰고, 재정은 악화되고, 인구는 급변한다. 무차별적인 양극화가 극단에 달하며 승자와 패자의 간극을 벌려낸다. 농산어촌 시골뿐만 아니라 중소도시까지 지방권역은 그 대표적인 열등공간으로 전락했다. 돈도 사람도 없이 문 닫고 방치된 스산한 유령마을처럼 한계화된 과소지역 천지다.

서울·수도권은 블랙홀처럼 무엇이든 끌어당긴다. 교육·취업·소득·자산은 물론 기반시설까지 지방권역을 압도하며 강력한 흡수력을 자랑한다. 때문에 지역은 박탈감이 상당하다. 뭘 하고 싶어도 마땅한 수단·방법이 없다고 호소한다. 로컬리즘을 강조하지만 현실은 냉엄하다. 몇몇 지자체가 꽤 눈에 띄는 활성화 프로젝트를 추진 중이나, 평가하기엔 다소 이르다. 때문에 벤치마킹 대상을 찾아 복사하기 · 붙이기가 적잖이 횡행한다. 지역색은 반영하지 않은 채 소문난 잔칫집만 찾아나선다.

그래서는 곤란하다. 지역자원을 충실히 발굴 · 검토해 스스로의 자립형 사업모델이 지속되는 시스템이 중요하다. 선진사례의 공통힌트도 지역특화로 집중된다. 어디서든 흔히 발견되는 평범한 풍경과 돈이 안 돼 내버려둔 자원으로 지역활성화의 사업토대를 꾸리는 게 핵심적인 성공관건이다. 버려진 것의 재발견이야말로 지역만이 가진 고유한 특장점과 분위기를 활성화시키는 숨겨진 보물과 같다. 보물을 구슬로 꿰내면 과소와 한계라는 부정적인 수식어가 행복과 자립으로 교체된다.

연구팀이 효고현兵庫県 단바사사야마시丹波篠山市[1]를 주목한 이유가 여기에 있다. 간단히 정리하면, 이곳은 방치된 고민가古民家를 재생시키고 영리화해 관광객 · 외지인을 끌어당기고 파생산업으로 펼쳐낸 공간이다. 즉 오래된 빈집에 새로운 숨결을 불어넣음으로써 순환경제의 단초를 확보했다. 짧다면 짧은 1박 2일 내내 직접 만나 얘기를 나누고 관련현장을 확인한 결과도 비슷했다. 말만의 수치성과에서 벗어나 '한 번 찾으면 이 마을의 매력을 두고두고 느낄 수밖에 없음'을 체험했다. 역사 · 문화를 통해 지역을 되살리려는 관심과 애정이 상당했다. 생각해보면 한국의 농산어촌도 이런 곳이 수두룩하다. 묻혀서, 몰라서 그렇지 얼마든 가능성을 실험해볼 수 있음직했다.

시외곽의 마루야마지구丸山地区는 역사적 건축물인 고민가를 활용한 지역활성화의 발원지로 유명하다. 과소지역의 부흥수단으로 자주 언급되는 빈집·빈 점포 중에서도 역사·전통적 가치·의미가 부여된 고민가에 주목한 지역사례로서는 돋보이는 창출성과를 자랑한다. 방치된 유휴공간의 부활스토리 주역인 셈이다. 다만 방문 당시인 2016년만 해도 지금처럼 유명세를 떨치지는 못했다. 실험이 성공으로 변신하는 데에는 시간이 걸렸다. 방문 이후, 일본정부가 고민가 숙박시설로는 최초로 마루야마 사례를 규제완화 대상으로 지정하자 사업활기는 본격화됐다. 전국에서 훈수를 받으려는 행렬이 줄을 잇는다.

단바사사야마시는 2022년 현재 인구 4만여 명의 작은 도시다. 이곳의 이미지는 역사성으로 요약된다. 과거 일본의 수도였던 교토와 큐슈 등 중동남부를 연결하는 교통의 요지답게 역사흔적이 자욱한 동네다. 교토 덕에 번창을 반복하며 다양한 교토영향권의 축제가 상징처럼 익숙하다. 농업이 주된 산업이나 고령화로 인해 다른 과소지역처럼 산업적인 구조전환을 강요받는 처지로 전락했다. 관광·농업을 조합한 그린 투어리즘을 앞서 채택한 동네로도 알려졌다. 많진 않지만, 청년유입 등은 가시적이다.

예술을 사랑하고
자긍심이 높은 주민

어느 곳이든 옛 숨결이 배어지지 않은 마을은 없겠으나, 그중에서도 유난히 역사적 기억·잔영이 뚜렷한 공간은 있게 마련이다. 한국으로 치면 경주·전주 등 역사도시가 그렇다. 단바사사야마도 교토만큼은 아니지만, 역사의 지분을 올곧이 지닌 동네다. 시간이 흘렀어도 옛 정취는 마을 곳곳에 녹아있다. 전통과 현대가 조화롭게 혼재되며 거리풍경을 완성한다. 지금 대하사극을 찍어도 충분할 정도다. 잘 보전된 에도(江戸·1603~1868년)시대의 고민가는 시간여행을 안내하듯 정겹고 신선하다. 볏짚처럼 가야부키茅葺로 엮은 지붕과 고풍스런 격자무늬 창틀은 제각각의 돌을 깎아 평평하게 만든 거리와 만나 이곳이 오사카에 닿는 중심대로이자 교통요지임을 뒷받침한다. 드물게 고도성장기에도 철

CHAPTER 03 고민가古民家로 주민자립 실현한 단바사사야마

도가 들어오지 않은 것이 현재의 면면을 유지 · 계승하는 데 도움이 됐다.[2] 골목길에서 불쑥 에도시절 복장의 사람이 튀어나와도 이상하지 않을 만큼 소박한 기품이 충만한 공간이다.

단바사사야마의 부활스토리는 고민가를 활용해 사람을 불러모은 사업현장에서 시작된다. 사사야마성 바로 옆 상점가 입구에 위치한 도토안陶々菴이 그렇다. 이마무라 도시아키今村俊明라는 중년남성이 운영하는 지역활성화 프로젝트의 민간거점 중 하나다.[3] 고민가에 들어서자 옛 내음이 자욱하다. 다락방이 붙은 전형적인 주거공간으로 높은 천정에 나무로 만든 오래된 우산이 장식처럼 걸려 있다. 안쪽을 살피니 정원 한가운데 독특한 가마솥도 있다. 도자기를 굽던 곳이라고 설명한다. 그리고 보니 실물 도자기와 도자기 공정사진이 집안 곳곳에서 이방인을 반긴다.

도토안은 다목적건물이다. 갤러리부터 라이브공연장은 물론 게스트하우스로도 쓰인다. 문화교류 · 정보교환의 거점으로 과거의 공간에 현재의 사람이 융합돼 마을재건의 무대로 활용된다. 주인장 이마무라는 고향을 떠났다가 퇴직 후 귀향해 집을 물려받았다. 조부 때부터 도자기를 만들던 집안이다. 귀향 후에 방치했던 고민가를 두고 고민하다 리모델링 후 새로운 활용가치에 주목했다.[4] 전통마을답게 역사 · 예술을 내세워 사람이 북적대는 공간을 만들고 싶었다. 뜻에 동조한 주민 · 이웃을 찾아 모임까지 결성했다. 계절성에 맞게 다양한 이벤트를 기획해 주민단합부터 외지방문까지 일궈냈다. 그의 말이다.

"고민가가 얼마나 많은 활용가치가 있는지는 도토안을 통해 알 수 있습니다. 고민가만의 분위기는 어디에서도 찾을 수 없죠. 예술을 아낀다면 더더욱 차별적인 공간특성을 충분히 음미할 수 있어요. 이곳은 평소 도자기전시장이나 클래식공연장으로 개방합니다. 히나마쓰리雛まつり · 고이마쓰리鯉まつり 등 전통 문화행사도 개최하죠.[5] 옛 공연도 자주 갖습니다. 일례로 노能(전통가무극)는 외지인의 관람참가도 많습니다. 최고수준의 배우를 불러와 동네를 무대배경으로 펼치는 공연은 인근도시에서도 인기예요. 저처럼 퇴직한 주민 중 상당수는 어릴 적 이런 예술문화를 자주 경험해 익숙하기도 하죠. 해보자고 하니 많은 분들이 함께해줬습니다."

단바사사야마는 중앙정부(막부)와 지역권력(번주)의 교류 · 관통지역으로 예부터 다양한 열도문화가 집결된 곳이다. 제각각 향토색이 자욱한 지역문화를 자주 경험하며 자신들만의 전통예술로 만들어냈다. 2년에 1회씩 거대행렬의 번주일행이 교토를 오가는 산킨고타이参勤交代[6]의 수혜를 톡톡히 본 것이다. 때문에 많은 주민이 학문 · 무도는 물론 도자기 · 공예 · 예술 등에 밝은 편이다. 작은 동네이지만, 역사 · 전통에 대한 자부심과 이해도가 높은 이유다. 실제 도토안에서는 30명 이상의 합창공연부터 오케스트라 · 재즈 연주회가 자주 열린다. 음악 · 미술 · 스포츠 등 예술협회의 단체행사도 개최된다. 특히 단순 관객보다는 이벤트 주역으로 참가해 직접 퍼포먼스를 즐기는 경우가 일반적이다. 높은 참여의식이다. 지역과 전통 · 예술이란 타이틀로 많은 단체와 자원봉사가 움직이는 배경이다. 2005

CHAPTER 03 고민가古民家로 주민자립 실현한 단바사사야마

위 | 도토안 갤러리 앞에 놓인 환영팻말
아래 | 옛날 도자기 제작장면을 찍은 소개사진

소멸 위기의 지방도시는 어떻게 명품도시가 되었나?

년 고민가 재생운동으로 시작해 지금은 마을만들기의 다양한 성과도 창출하고 있다.

이곳은 명색이 시市이지만, 겨우 인구 4만인 소형마을이다. 긴 이름에서 확인되듯 지자체 인수합병으로 인구를 끌어모은 게 그 정도다. 하지만 시민활동은 꽤 적극적이다. 보건·복지, 환경·재해예방, 농업, 사회교육·인권·평화·국제, 스포츠·어린이 건전육성, 마을만들기·지역활동·관광, 식문화 계승, 음식 등 모두 126개 단체가 활동 중이다.[7] 이는 20세기 초부터 축적된 시민활동의 역사적 경험 덕이다. 당시 보건·복지를 필두로 다양한 시민활동이 지역사회의 차별지점으로 존재했었다. 공동체 유지를 위한 사회적 자본Social Capital이 다른 지역보다 낫다는 얘기다. 인구구조도 아직은 버틸 만하다. 28.5%의 고령화율을 보건대(2021년) 청년유입이 적으나마 비율상승을 저지하는 구조다. 기존노년과 유입청년의 조화된 시민활동이 강소마을 타이틀을 떠받친다. 이마무라의 설명이다.

"지역에 살면 누구든 함께할 수 있습니다. 가족과 이웃을 위한 활동인데 지켜만 볼 수는 없죠. 고민가 재생운동만 해도 스펙트럼이 꽤 넓습니다. 더 많은 참여와 활동을 위해 NPO법인[8]까지 만든 배경이에요. 다른 조직과의 연계성도 좋습니다. 최근에는 외국에서 온 사람도 늘어나, 이들이 지역사회에 적응하고 주체가 되도록 돕고 있어요. 국제이해센터에서 상담활동도 하죠. 저만 해도 5개 단체에서 활동 중입니다. 고민가나 예술활동 말고도 지역을 위한 중층적인 네트워크가 힘을 합치고 있죠."

중앙정부의 합병 제1호로
선전됐지만

순종이 전부는 아닌 듯하다. 정책에 따
른다고 항상 좋은 결과만 얻는 것은 아니다. 단바사사야마의 행정합병도
그랬다. 소형지자체 인수합병은 일장일단이 있다. 한계지역의 경영합리화
를 내걸었지만, 자원배분·주민생활을 한층 악화시킨 부작용도 있었다.
신중한 접근이 필요한데 당시상황에서는 합병유도를 위한 인센티브가 꽤
강력해 무분별한 결정이 많았고, 지금도 고생하는 지자체가 많다. 눈앞의
당근에 혹해 정부정책을 따랐다가 두고두고 후회하며 소멸터널에 들어선
경우가 적잖다.

1999년 인근지자체를 합병해 만들어진 단바사사야마시는 출범초기 큰
주목을 받았다. 중앙정부가 밀어붙인 정책답게 대대적인 선전에 활용됐

소멸 위기의 지방도시는 어떻게 명품도시가 되었나?

다. 일본정부는 이 사례를 대표적인 모범모델로 선정해 헤이세이平成 대합병[9] 제1호란 타이틀을 주며 후발주자를 독려했다. 지역으로서는 미래가 달린 중차대한 선택카드였기에 주저할 수밖에 없었으나, 금전적인 인센티브가 강력해 재정위기에 놓인 지자체로서는 암묵적 동의가 많았다. 중앙정부뿐 아니라 국회는 물론 관제학자의 부추김도 컸다. 요컨대 합병특례채[10]로 공공투자를 단행하면 금전부담을 줄이면서 지역에 필요한 각종시설을 만들 수 있다는 논리였다. 단바사사야마가 이 돈으로 어떻게 좋아졌는지 보기 위한 전국시찰도 늘어났다.[11]

단바사사야마는 합병특례채를 공공건설에 투여했다. 2006년까지 약 227억 엔의 특례채를 활용해 하드웨어 공사에 공을 들였다. 인구 6만을 상정한 그랜드디자인에 맞췄기에 규모는 광범위했다. 충분히 활용되지 못하는 건축구조물이라는 비난(하코모노건설)에도 불구하고, 공공서비스를 내세워 학교·도서관 등에 179억 엔을 투입했다. 주민을 위한 기획이 아닌, 이권을 노린 사업이 갖는 실패경로를 답습했다. 안 만들면 손해라는 인식에 필요하지도 않은 과잉투자를 곳곳에서 단행한 것이다. 잔치는 계속될 리 없다. 2003년을 피크로 지방채 잔고는 1,136억 엔에 달했다. 시 직원은 이렇게 회고한다.

"합병만 하면 재정지원이 숨통을 열어줄 것이라 여겼어요. 재정자립도가 낮아 변변한 사업을 하기가 어려웠거든요. 재원 대부분을 중앙정부가 보조금이나 교부세로 충당해주니 부담이 적었죠. 그동안 못했던 다양한

CHAPTER 03 고민가古民家로 주민자립 실현한 단바사사야마

공공건설로 방향을 틀었어요. 뭔가를 하지 않으면 안 될 상황이었거든요. 처음엔 좋았는데, 몇 년 후부터 상황이 완전히 역전됐습니다. 돈을 다 쓰고 나니 남는 건 부채뿐이었죠. 공무원을 비롯해 시장·시의원 등의 월급부터 줄였습니다. 인원도 대폭 조정했죠. 정부가 보조해줘도 공채원금과 이자지불로 대략 1/3로 축소됐습니다."

충격은 꽤 컸던 듯하다. 일본의 기초지자체 중 최초로 파산을 선언한 홋카이도 유바리시와 비슷한 대접(?)까지 받았다. 중앙정부로부터 유리되고 방치되며 버림을 받았다는 단바사사야마의 사례는 2008년 『버려진 지역地域切り捨て』이란 책으로 출판까지 됐다.[12] 민간논리 대신 공공투자로 만들어낸 공공시설답게 이후의 시설운영까지 부실해지면서 비용부담까지 없는 세금을 쪼개내야 하는 상황까지 전락한 셈이다. 유바리처럼 다행히 재정파탄으로 이어지지는 않았지만, 박탈감과 상실감은 대단했다. 중앙주도의 공공건설형 지역활성화는 따라서는 안 된다는 교훈의 대가는 실로 컸다.

의도가 엇나간 지역합병은 되레 심각한 재정악화를 낳았다. 이는 소멸시간을 더 앞당기는 결과가 됐다. 저출산·고령화와 맞물려 지역을 떠나가는 사람을 양산했다. 대학캠퍼스까지 학생을 찾아 옮겨갔다. 농산물을 생산하던 땅은 경작포기로 방치됐다. 빈집은 늘고 인적은 끊기고 마을은 소멸터널에 진입했다. 정부가 하라는 대로 했는데(무리수를 두기는 했지만), 유지불능의 폐해는 고스란히 지역에 떠넘겨졌다. 희망은 사라졌고 부채만 남았다. 관은 좌절했고 민은 낙담했다.

소멸 위기의 지방도시는 어떻게 명품도시가 되었나?

돌파구가 간절했다. 어떻게 해서든 나가는 사람을 막고, 찾아오는 이를 늘리기 위해서 활성화는 절체절명의 과제로 부각됐다. 지역·주민의 시선은 고민가로 쏠렸다. 다른 지역에서는 볼 수 없는 특유의 집락화된 고민가를 재구성해 부활의 숨결을 불어넣는 비즈니스가 구체화된 배경이다. 고민가의 뼈대는 잘 지켜내되 호텔·카페처럼 구성을 현대화하면 민박사업은 물론 예술사업까지 엮어낼 듯했다. 실험은 마루야마지구에서 시작됐다. '집락마루야마集落丸山'의 고민가를 활용한 숙박시설 운영사업이다. 이것이 히트를 치며 산 아래 집락마루야마를 넘어 원도심인 사사야마성 주변까지 확장됐다. 동네중심지를 하나의 호텔로 만들어 고용창출과 함께 상권확대의 실마리를 엮어낼 수 있었다.

보존지구답게 중심가는 개발·건축제한이 엄격하다. 역사도시에서 문화보호와 경제부흥이 왕왕 부딪히는 이유다. 둘의 접점을 찾기란 여간 어려운 게 아니다. 단바사사야마는 그 절충점을 찾아 일석이조의 사업모델을 구체화했다. 보존을 하되 활용도 하는 양수겸장의 승부수다. 한국이 배움직한 지점이다. 가령 전주·안동 등 한국의 보존지구는 관람위주다.[13] 상권도 마찬가지로 차별점이 없다. 한옥마을인데 관련기념품은 중국산이 태반이다. 어디서든 맛보는 무국적의 길거리음식이 흘러넘친다. 젠트리피케이션으로 정주인구는 떠나고 뒤늦게 들어온 외지상인은 월세를 걱정하는 악순환이 반복된다.

단바사사야마는 사뭇 다르다. 보존도 중요하나 활용도 포기하지 않는다. 단순관람에 그치지 않고 주민과 함께 호흡하는 경험관광을 제공한다.

CHAPTER 03 고민가古民家로 주민자립 실현한 단바사사야마

고민가에 숙박을 제공하고 식사를 준비해주고 인근안내까지 가능하다. 그들의 삶과 고민을 공유하는 경험을 소비하는 것이다. 서비스를 제공하는 이들도 모두 지역주민이니 고용창출을 통한 경제자립의 순환시스템이 자연스레 구축된다. 보존할 건 보존하되 살아 숨쉬는 공유경험을 제공함으로써 방문객은 묵어야 아는 고민가의 매력에 공감하게 된다.

사람이 없으면 마을은 사라진다. 삶이 없는 집도 똑같다. 보존도 좋지만 온기가 있어야 생명력이 길어진다. 그런 점에서 고민가 프로젝트는 여러모로 긍정적이다. 직접 체험한 집락마루야마의 고민가는 목전에 임박한 한국형 '한계마을'의 냉정한 현실과 고군분투하는 주민생활을 떠올리게 한다. 소멸될 수밖에 없는 과소공간의 주위풍경은 판박이처럼 닮았다. 너무 익숙해 데자뷔처럼 보일 정도다. 지금 당장 한국의 어느 농산어촌을 가도 손쉽게 접할 닮음꼴의 위기공간인 셈이다.

단바사사야마는 중앙정부의 제1호 모범합병 사례였지만, 이후 경로에서 지역활성화가 생각보다 쉽지 않다는 것을 보여준 또 다른 선행모델로 다가온다. 소멸리스트처럼 한계기준을 정하는 평가지표인 인구감소만 해도 막지 못했다. 또 인구가 줄면 보조금은 축소된다. 아무것도 안 하면 없어질 수밖에 없는 운명을 고민가 키워드로 맞섬으로써 최소한 시간은 벌었다고 평가된다. 집락마루야마를 비롯해 고민가 사업이 확장되었지만, 중심가 호텔거리를 조성한 2016년의 거주인구는 4만 2,696명인데 2021년(7월)에는 4만 494명까지 축소됐다. 다사사회多死社会답게 자연감소(사망)는 그만큼 추세적이다. 그나마 다른 소멸지역보다 나은 건 자연감소의 규모

■■■ 단바사사야마시 인구동태 (단위: 명)

연도	총인구	자연증감			사회증감		
		출생	사망	증감	전입자	전출자	증감
2008	45,766	313	550	△237	1,284	1,602	△318
2009	45,352	335	514	△179	1,248	1,503	△255
2010	44,955	312	580	△268	1,327	1,368	△41
2011	44,629	319	547	△228	1,309	1,436	△127
2012	44,340	311	544	△233	1,287	1,328	△41
2013	43,894	296	590	△294	1,281	1,418	△137
2014	43,421	316	570	△254	1,164	1,341	△177
2015	43,027	289	592	△303	1,215	1,317	△102
2016	42,696	323	550	△227	1,207	1,305	△98
2017	42,245	277	589	△312	1,161	1,332	△171
2018	41,857	250	539	△289	1,334	1,345	△11

자료: 丹波篠山市統計書(2018), https://www.city.tambasasayama.lg.jp/gyoseijoho/tokei/7204.html(검색일: 2021.01.30.) 재구성. 사회증감에 기타 증감은 포함시키지 않음.

를 벌충해주는 사회증가, 즉 청년유입이다. 비록 전입보다 전출이 근소하게 많지만, 유입인구 중 상당수가 청년이란 데 희망은 있다.

CHAPTER 03 고민가古民家로 주민자립 실현한 단바사사야마

주말은 목수로 변신하는
고민가 재생 주민들

　　　　　　　　　　고민가 재생모델은 마을전체의 합심에
서 시작됐다. 중앙의 정책·훈수가 아닌 주민의 제안·참여가 원동력이었
다. 여기엔 뼈저린 빚의 교훈과 절절한 위기감이 한몫했다. 마을리더를 중
심으로 주민들이 하나둘 모이기 시작했다. 고민가란 재생 키워드까지는
동의됐으나, 방법론이 문제였다. 어떻게 풀어낼지 좀체 방향을 잡기 어려
웠다. 경험도 없었고 아이디어는 더더욱 없었다. 실마리는 유연한 자세가
전제된 외부의견의 청취에서 얻어졌다. 노하우와 네트워크를 가진 외부전
문가에게 SOS를 쳤다. 고민가 디벨로퍼로 알려진 전문가를 불러와 사업을
본격궤도에 올린 것이다.[14]

　물론 고민가는 이전부터 마을의 주요관심사였다. 지속가능한 영리화

가 낯선 것이지, 운동차원의 접근은 집락마루야마 전에도 활발했다. 2005년 설립된 NPO법인 단바구미たんばぐみ가 대표적이다. 전통거리의 명맥을 보전하고 활성화시키려는 이들이 모여 비영리활동으로 고민가를 재생하는 작업에 뛰어들었다. 관심을 가진 출자자들이 펀드를 만들어 고민가를 구입한 후 함께 보수하는 자원봉사적인 협동작업을 시작했다. 리모델링을 통해 사람이 살지 않는 방치된 고민가를 주거용 혹은 상업용 공간으로 변신시켰다. 중심가의 1호 물건이 재생되면서 주민관심이 커졌다. 공사공정·리모델링과 관련된 자원봉사 양성강좌나 시민포럼 등으로 연결돼 든든한 뒷받침이 되었다.

문제는 사업의 지속과 확대이다. 가능성은 타진했지만, 지속성은 아무래도 비영리조직으로는 부족했다. 즉 활동의 폭이 넓어지면서 보수공사는 그런대로 시스템으로 안착했지만, 확대를 위한 재원확보가 허들로 다가왔다. 고민가에 특화된 재생펀드나 시민펀드가 있지만, 지역한정 등이 한계였다. 작은 시장인데다 신용부족 탓에 민간금융도 충분히 활용하기 어려웠다. 따라서 순환적인 영리구조를 갖추지 않고서는 사업지속이 힘들었다. 2010년 마치야연구소가 만들어진 배경이다. 단바구미에서 거리만들기 분과가 독립해 전통거리·고민가 보존·전승을 목적으로 설립됐다.

시행착오 끝에 고민가 재생사업의 지속성은 강화되기 시작했다. 외부의 전문조직과 연계해 자금조달의 루트를 넓혔다. 이른바 전대차를 뜻하는 서브리스Sub-Lease 방식의 매입시스템을 갖추기 시작한 것이다. 연구소는 구체적인 실행 화두를 하나둘 실천했다. 구입가능한 가격선을 맞추고자

자료: 藤本秀一(2012.08),「空家の再生・活用を通じた地域運営の事例」『オペレー・リサーチ』 p.5

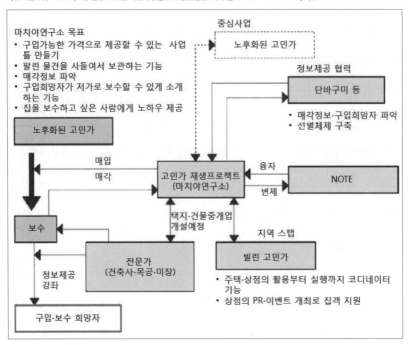

■ 마치야연구소 활동

사업틀을 구성했고, 팔린 물건을 사들여 보관하는 기능도 없었다. 매각정
보를 파악할 뿐 아니라 구입희망자가 저가로 보수하게끔 소개도 해준다.
본인의 고민가를 고치려는 수요에는 노하우도 제공한다. 특히 주택·상점
의 활용계획을 수립하고 실행까지 도와주는 코디네이터로도 역할한다. 상
점의 영업진작을 위한 PR·이벤트 개최도 거들어준다.[15] 고민가 활용의 전
방위적인 거점조직이 된 것이다.

연구소는 사업확대를 위한 인식개선·문제해결에도 적극적이다. 일반

소멸 위기의 지방도시는 어떻게 명품도시가 되었나?

주민뿐 아니라 자원봉사자와 전문가를 연결해 재생사업의 다양한 이슈를 논의·교육한다. 앞서 언급한 고민가 재생에 특화된 디벨로퍼인 일반사단 법인 NOTE와 대표자인 긴노 유키오金野幸雄[16]의 역할이 컸다. 집락마루 야마를 숙박시설로 완성해낸 주역이다. 대부분의 활동은 자원봉사 성격이다. 가르치든 배우든 '볼런티어'가 원칙이다. 보수과정의 전문지식·경험을 배우고 고민가의 의미와 역사를 지역자산으로 남기기 위함이다. 학습은 반복된다. 2005~2019년(10월)까지 총 322회의 관련회합이 보고될 정도다.[17] 보수활동은 격주 토요일에 모여 함께 진행한다. 누구나 참여해 고민가 재생을 위한 목수·미장으로 변신한다. 2019년까지 15건의 고민가가 재생됐다. 보수보고서(2016년 261회 보고서)를 보면 보람이 상당하다.[18]

"11월의 볼런티어, 날씨가 좋아 기분까지 좋습니다. 사사야마성 주변에서 이벤트를 개최 중입니다. 오늘의 워크숍은 지난번에 했던 판축 워크숍의 2회차입니다. 지난번 참가자들을 포함해 처음 오신 분도 강사 오쿠무라奥村 씨에게 미장하는 법 등 세밀한 지도를 받아 진행합니다. 우선 오늘의 작업은 흙벽의 뼈대 처리와 몰타르 기초작업입니다. 모두가 함께 벽에 몰타르 기초칠을 합니다. 우선 1층에서 벽토 만들기를 합니다. 모래색 흙, 석회, 간수를 넣고 반죽합니다. 마지막으로 프로 오쿠무라 씨가 반죽의 견고함, 끈기를 확인하고…. 보시다시피 이틀 간의 2차 공정을 거쳐 일곱 단의 흙색층을 완성했습니다. 매우 난이도가 높은 판축 벽이라 쉽게 속도가 나지 않네요. 완료까지 아직 시간이 걸릴 것 같습니다."

고민가재생 볼런티어 모집을 알리는 팜플렛

마치야연구소는 단바사사야마의 고민가 활동거점으로 안착했다. 매년 사업성과가 축적되며 다양한 시도가 확대된다. 고민가 보수를 통한 숙박시설뿐 아니라 이주촉진을 위한 사업까지 실행한다. NOTE와도 긴밀히 연계한다. 동시에 또 다른 일반사단법인인 ROOT까지 가세해 영향력을 확장한다. 사업무대를 넓혀서, 지금은 마치야연구소가 중심이 돼 대략 50여 채의 고민가 사업성과를 보유했다. 인근인 단바丹波·다지마但馬 지역까지 아우른다. 주민주거는 물론 숙박시설·민간점포로도 시선을 넓힌다. 재원한계를 넘어섰고, 자원봉사가 뒷받침되며 만들어낸 성과다. NOTE 대표인 긴노의 말이다.

소멸 위기의 지방도시는 어떻게 명품도시가 되었나?

"고민가를 보존하려 해도 은행에서는 담보가치가 없는 스톡으로 취급했죠. 또 고민가 보수전문가도 부족한 상태였고요. 이게 맞물려 기간은 길어지고 예산은 늘어나는 한계가 힘들었습니다. 그런데 역설적이게도 이런 물적한계가 주민참여의 재생운동에 활력을 줬어요. 마을재생을 위한 볼런티어적인 참여·지원이 없었다면 출발조차 못했을 겁니다. 제가 이 사업에 선뜻 나서게 된 것도 이 때문이죠. 마을을 바꿔보려는 주민의 강렬한 의지와 꾸준한 참여야말로 집락마루야마를 만들어낸 사업기반이 됐습니다. 주민조직인 단바구미와 마치야연구소가 없었다면 불가능했을 겁니다."

CHAPTER 03 고민가古民家로 주민자립 실현한 단바사사야마

마을 전체가
고급 호텔로 변신

도토안의 이마무라 대표는 인터뷰 이후 중심시가지 상점가를 안내해줬다. 고민가의 변신을 빠트리지 않고 보여주고 싶은 듯했다. 일본특유의 잘 정리된 깨끗한 거리를 감싸안으며 양옆으로 다양한 점포가 영업 중이다. 독특한 건 전통적인 하드웨어(고민가)와 현대적인 소프트웨어(점포업태)의 융합이다. 점포로 변신한 고민가에서 취급하는 내용은 현대적 취향의 프랑스식당 · 카페 · 빵집 등이 많다. 이마무라에 따르면 대부분 상점주인은 오사카 · 고베 등 인근도시에서 이곳으로 찾아온 청년 이주민이다. U턴이든 I턴이든 이 마을에서 새로운 삶을 살아가려는 청년유입이 상권부활로 연결된 것이다. 다소 이질적으로 보이지만, 전통과 현대의 적절한 랑데부로도 이해된다.

소멸 위기의 지방도시는 어떻게 명품도시가 되었나?

연구팀의 시선을 사로잡은 건 호텔 니포니아NIPPONIA다. 고즈넉한 분위기의 작은 호텔인데 상식을 깬 공간배치·운영방식이 특이하다. 이른바 분산형 호텔구조다. 즉 객실이 한데 모여있는 단일공간이 아니다. 거리 전체를 호텔화해 로비에서 키를 받으면 문을 나와 동떨어진 객실로 들어가는 식이다. 중심시가지 자체를 하나의 호텔처럼 활용하며 숙박동, 레스토랑, 카페, 공방, 쉐어하우스 등과 공존한다. 콤팩트한 기존호텔을 떠올리면 낯설 수밖에 없다. 이런 디테일한 차별지점은 단바사사야마가 2015년 국가전략특구로 지정되며 규제완화의 수혜를 입었기 때문에 가능했다.[19] 고민가를 활용한 분산형호텔은 간사이권 국가전략특구로 지정되어, 현행 법규에서 '간이숙박시설'로 분류된다. 각 동마다 프런트 설치가 의무화되지 않아 한 곳에만 설치해도 된다. 장점은 많다. 공간을 줄여 비용을 낮추고 객실을 늘리는 효과가 상징적이다. 이로써 호텔 니포니아는 고민가 활용의 성공모델로 알려졌다. 집락마루야마를 만든 긴노는 이렇게 설명한다.

"일본인만이 아니라 외국관광객이 단바사사야마를 찾아왔으면 합니다. 고풍스런 전통일본의 매력을 만끽하고 원풍경을 즐기는 프로그램이면 충분히 가능하다고 봐요. 호텔 니포니아는 마을 전체를 관광자원화한 시도입니다. 거리 전체를 고급 호텔로 만들면 어디서도 느낄 수 없는 차별화와 경쟁력이 발휘될 것으로 확신합니다."

성과는 조금씩 구체화되었다. 미슐랭가이드는 2016년 효고특별판에 단바사사야마의 몇몇 레스토랑·호텔을 추천했다. 집락마루야마도 여관·호텔부문에 이름을 올렸다. 세계적 매력기준을 통과했다는 뜻이다. 유네스코는 이곳을 일본유산으로 낙점했다. 유네스코 창조도시 네트워크로 지정되며 '창조농촌'의 브랜드를 내걸게 된 것이다. 전통유산으로 유명한 가나자와金沢市와 어깨를 나란히 함으로써 창조농촌 단바사사야마라는 수식을 완성했다. 창조농촌은 위성사무소로 유명한 가미야마神山町나 산촌자본주의의 마니와真庭市 등과 긴밀히 연계해 시너지를 창출한다. 고도성장형 마을만들기에서 벗어난 성숙사회형 지역활성화의 핵심기제로 혁신적 창조모델이 인정받은 것이다.

긴노는 고민가형 숙박공간을 통해 단바사사야마의 유토피아를 언급한다. 창조농촌의 실현공간으로 고민가가 많은 중심시가지를 지목한다. 마을에 산재한 관람형 역사시설, 체험형 카페·공방, 숙박형 고민가 등의 점點을 상점가가 선線으로 연결하면 그 자체가 창조농촌의 공간적 면面이 될 것이란 구상이다. 이를 실행할 선두주자가 호텔 니포니아다. 계획은 곧 실행된다. 창조농촌 유토피아에 공감한 인적·물적자원을 엮어 고민가를 계속해 구입·임차한다. 영리모델을 위해 주식회사(NOTE 리노베이션&디자인)도 만들었다. 집락마루야마의 성공경험이 호텔 니포니아로 연결됐고, 이는 또 창조농촌 유토피아를 향한다. 고민가 4채로 시작한 마을호텔 아이디어는 전국적으로 확장돼 체인 형태로 거듭났다. 2021년 다른 동네 이름에 니포니아 브랜드가 붙은 지역만 60여 개에 이른다. 단바사사야마의 호텔 니포니아만 해도 고민가를 추가해 10여 채에 육박한다. 긴노의 말이다.

"유토피아는 저절로 만들어지지 않아요. 빈집으로 방치된 고민가를 고급 호텔의 숙박시설로 만들어낸 건 많은 노력의 결과죠. 아무리 문화재가 있어도 빈집이 늘면 역사와 전통을 보전하기란 어렵죠. 역설적으로 빈 고민가가 문화재가 아닌 덕분에 자유롭고 다양하게 활용할 수 있었다고 봐요. 규제만이 능사가 아닙니다. 저평가된 곳에 다양한 현대수요를 반영해 재구성하면 승산은 있어요. 이곳만 해도 고민가에서 시작한 아이디어가 카페·공방을 넘어 위성사무소·복지시설로까지 활용도가 넓어지고 있습니다. 이곳에서 인생을 보내려는 청년인재가 모여드니 정주는 물론 고용·산업까지 만들어집니다."

그렇다면 니포니아는 어떻게 영리구조를 갖추게 됐을까? 자금조달부터 살펴보자. 사업기획자인 NOTE는 유휴화된 빈집의 소유주에게 고정자산세(재산세)를 내주는 조건으로 10년 무상으로 빌린다. 이후 리모델링에 들어가고 끝나면 사업희망자에게 빌려준다. 10년의 월세수입으로 자금이 회수된다. 서브리스 방식이다. 매입의 경우, 외부대출·출자를 받는 게 다를 뿐 기본구조는 유사하다. 지역활성화에 직결되는 프로젝트라 행재정자원도 결합된다. 가령 점포로 활용되면 지자체가 75만 엔, 상공회의소가 90만 엔을 갹출해 초기투자액의 상한 50%를 지원해준다. 최근 18년간 빈 점포 50여 곳이 새로 오픈했다. 창업비 일부지원은 정주촉진 차원에서도 적극적이다. 조건별로 큰 금액은 아니나 도움은 된다. 니포니아 관련시설로만 현재 20채에 육박하는 빈 점포가 새롭게 거듭났다. 창업은 곧 고용을 낳

CHAPTER 03 고민가古民家로 주민자립 실현한 단바사사야마

No	쵸나이카이	상점명	내용	사업자	이주수	정주수	사업방식	개업년월
1	가미나카이마치	사사야마 갤러리 KITA'S	전통공예 갤러리	□	0	2	전매 방식	2010.03
2		니포니아	숙박(1실)	No.9에 포함			서브리스 방식	2016.08
3		CASADEL'AMICI	이탈리아 요리	◎	0	3	(사업자 구입)	2014.11
4	시다니카이마치	내추럴 야드	목공	★	4	3	서브리스 방식	2012.10
5	우오야마치	구 폴라 화장품 마치야	주택	★	3	–	(개인 구입)	2013.05
6		구 스시야	주택	★	2	–	(개인 구입)	2015
7	시모타쓰마치	후쿠로	도예 갤러리	□	0	2	전매 방식	2008.02
8	니시마치	니시마치 양철 완구제작소	매장(쇼와 레트로)	◎	0	2	지역운영 방식	2009.07
9		니포니아	숙박(5실)+레스토랑	★	7	14	펀드 방식	2015.07
10		니포니아	숙박(3실)	No.9에 포함			펀드 방식	2015.07
11	니시신마치	이와찻집 단바코도리	카페	◎	0	4	서브리스 방식	2010.10
12	히가시신마치	자스민·티마	인형공방, 카페	★	2	–	(개인구입)	2011.03
13	시모카와라마치	구 아메야	와인숍, 카페 제품	★	2	3	(사업자구입)	2010.03
14		하쿠토야	앤티크 잡화	★	1	8	서브리스 방식	2010.04
15		사사야마의 집	관광교류거점	◎	0	3	서브리스 방식	2012.07
16	가미카와라마치	니포니아	숙박(1동 임대)	No.9에 포함			서브리스 방식	2015.07
17		오주세공소	금속공예·주얼리	★	1	1	서브리스 방식	2013.10
18		저녁밥집 요카초로	자연식 식당	★	2	4	서브리스 방식	2011.04
19		니포니아	숙박(2실)	No.9에 포함			서브리스 방식	2015.07

니포니아 운영사업자: 밸류 매니지먼트(주) ※마치야 연구소의 실적도 포함
자료: NOTE·金野幸雄(2017), 「歷史的資源を活用した観光まちづくりタスクフォース」 p.4
◎ 주민 ★ 이주 □ 통근

고, 고용은 또 지방이주를 부르는 순환효과로 이어진다.[20]

사업초기 종잣돈은 행정의 보조금이 큰 역할을 했다. 해보지 않은 사업이라 민간재원을 확보하기가 어려웠다. 지금은 전환기에 접어들었다. 보조금 의존형에서 벗어나 민간논리의 자립형 구조를 갖추기 위해서다. 자율·독립적인 마을만들기를 위해서는 자유도가 높은 민간금융으로 전환하는 게 시급하다. 다행스럽게도 취지·성과에 호응하는 금융도 생겨난

1

2

3

1 | 사사야마성 조카마치 호텔 니포니아 전경
2 | 단바사사야마 거리의 고민가 카페
3 | 단바사사야마 거리의 고민가 빵집

다. 가령 지역경제활성화지원기구와 일본정책투자은행 등이 설립한 관민
펀드(관광활성화 마더펀드)[21]가 고민가 프로젝트에 적극적이다. 지방은행인
다지마但馬은행도 협동융자에 나선다. 고민가는 담보가치가 낮아 한계가
있었지만, 투자금융·비즈니스로 확대되며 지속가능성을 높여간다. 사업
능력과 시민참여도 계속해 향상된다.

재생 발원지 마루야마
고민가에서의 하룻밤

초저녁 집락마루야마에 도착했다. 마을입구에 닿을 때까지 인적은 전혀 없다. 흔하디 흔한 편의점조차 검색해 찾아갈 정도로 어떤 기반시설도 없는, 사람이 살지 않는 곳의 전형을 보여주는 경로였다. 중심시가지에서 약 20분 거리인데 논밭을 빼면 멈춰선 듯 정적이고 한적한 취락지구다. 주차를 하자 인기척에 누군가 다가선다. NPO 집락마루야마 대표이자 주민자치회 회장인 사코다 나오자네佐古田直實 씨다. 그 뒤에 시설유지와 안내창구를 맡은 40대 여성이 섰다. 사코다의 딸로 인근도시에서 아르바이트를 하다 고향마을에 되돌아와 지금은 집락마루야마의 주민이자 직원으로 활동한다. 사코다는 "도시에 살 때보다 본인은 물론 자녀 등 가족의 만족도가 높다"라고 귀띔한다. 손님이 있을 때만 잠시 일하기에 소득은 높지 않지만, 농사를 지으며 겸업하기엔 좋다고 한다.

"우리는 누가 와도 똑같이 말합니다. 짐을 풀기 전에 잠시 논둑길을 걸으며 이곳이 어떤 환경인지 느껴보시라고요. 해가 떨어지면 숲 초입의 반딧불이 장관이에요. 누구에게든 고향의 푸근함을 안겨주죠. 마을주민도 그 풍경 중 하나예요. 다 함께 숙박시설을 경영·관리하니 일의 구분이 없죠. 농사일 하다가도 손님이 오면 찾아와요. 아르바이트 주민도 있지만, 모두 자원봉사예요. 동네 일이란 의미죠. 손님접객·시설보수·잡초제거 등도 대부분 주민이 자발적으로 합니다."

풍경만으로 판단하면 이곳은 인구감소형 지속불능이 불을 보듯 뻔한 동네. 사람은 없고 집은 띄엄띄엄 나무에 가려있는 전형적인 한계취락이다. 고민가의 숙박시설화가 아니었다면 희망도 미래도 없는, 수많은 농산어촌 중 하나에 불과했다. 아이디어 하나의 실행이 얼마나 소중한지 단적으로 확인되는 대목이다. 사업이 아니면 몰락은 기정사실이었다. 또 사업도 문화재처럼 보존이 아닌 활용이란 카드로 엮어냈다. 세금을 넣어 경관지구로 보존만 해서는 지역과 문화를 지킬 수 없어서다. 가야부키 풀로 엮은 거대한 지붕의 고민가란 하드웨어만으로는 부족했던 것이다.

사업초기였던 2009년 마을에는 모두 12채의 고민가가 있었다. 이중 7채는 빈집인 한계취락이었다. 주민을 불러모아 워크숍을 진행했다. 연구자·공무원과 함께 다양한 이슈를 공감했다. 남은 5채의 주민 19명이 빈 집을 숙박시설·레스토랑으로 활용하는 계획에 동의했다. 특히 오베르쥬 Auberge 스타일이 채용됐다. 숙박시설을 갖춘 레스토랑으로 신토불이형 지역산 제철 식재료로 손님을 맞겠다는 전략이다. 철저히 지역공간을 체험하기 위해서다. 숙박은 건축 150년을 넘긴 고민가를 빌려 리모델링 후 제공한다. 서비스는 지역주민이 도맡는다. 운영주체가 지역주민이란 얘기다.

비용은 최대한 억제된다. 손익분기점을 낮춰 잡기 위해서다. 그래야 영리적 지속가능성이 미래를 담보한다고 봤다. 마을의 자치회는 그대로 NPO로 법인화했다. NOTE와는 10년 계약을 맺어 협력체계를 구축했다. 운영철학은 꽤 차별적이다. 여전히 농사를 지으며 사는 잔류주민을 고려해 가동률은 50%를 넘기지 않도록 했다. 농번기엔 손길이 달려 어쩔 수 없기 때문이다. 때문에 애초부터 집락마루야마는 가동률 30%라도 흑자가 되도록 설계했다. 리모델링은 최소화했다. 낡은 흔적 그대로를 체험하는 게 중요하기에 '생활하듯 묵는다'를 실현하기 위함이다. 일일 주민이 되자는 발상이다. 동시에 인건비는 최소화된다. NOTE를 비롯해 관여자 절대다수가 무급의 자원봉사로 이뤄진다.

이곳은 연구팀이 하루를 묵을 장소이자 NOTE의 긴노 대표는 물론 이주해온 청년대표와의 인터뷰가 예정된 장소다. 에도시대 중산층이 살았음직한 웅장한 고민가를 소개받았다. 거실과 주방·욕실로 나뉜 널찍한 공간에 고급여관에서나 볼 수 있는 전통공간인 도코노마床の間(꽃과 그림 등의

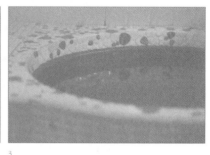

1 | 집락마루야마 전경
2 | 사코다 나오자네 NPO집락 대표
3 | 전통식 고에몬 욕조

장식공간)까지 구비된 옛집이다. 이미 부엌에서는 사전에 섭외한 청년대표
이자 요리사 두 명이 두건을 두른 채 음식을 준비 중이다. 추후 함께 식사
하며 얘기하기로 했으니 먼저 단바사사야마 고민가 프로젝트의 키맨인 긴
노 씨와의 인터뷰에 집중한다. 이곳의 부시장 출신으로 행정과 지역에 두

루 밝은 인적자원이다.

"행정경험이 컸죠. 부시장을 하면서 정책의 한계와 지역의 위기를 느꼈습니다. 합병당시의 오판도 뼈저린 경험이었죠. 합병해야 중앙으로부터 교부금·보조금을 받는다는 생각에 매몰돼 인구규모에 맞지 않는 방대한 공공건설에 뛰어들었어요. 홋카이도 유바리시처럼 재정파탄의 그림자가 자욱했죠. 방법을 찾아야 했습니다. 효과적인 마을만들기였죠. 인구감소를 저지하면서도 차별적이고 지속적인 해법이 필요했어요. 그러다 발견한 게 흔하게 있으되 방치한 결과 사회문제로 불거진 고민가였어요. 빈집이 된 고민가를 재생하는 아이디어에 공감하는 분들이 많았죠."

그는 단바사사야마시 재정파탄의 우려가 한창일 때 부시장을 역임했다. 잘못된 선택으로 비대해진 공공시설을 유지·관리하는 게 결국 지자체·주민의 부담으로 넘어올 수밖에 없다는 걸 절감했다. 때문에 지역의 운명을 가를 결정주체는 주민이어야 한다는 점을 인정하지 않을 수 없었다. 이런 문제의식에서 출발한 게 철거대상이던 빈집을 수리해 지역만의 역사성과 원풍경을 재현하는 아이디어였다. 고민가를 넘어 그의 시선은 인구변화로까지 확대된다. 저출산·고령화도 지역해결이 우선되어야 한다는 입장이다. 결국 마을은 주민이 주도할 때 성공한다는 취지를 강조한다.

"다양한 사회문제의 해결공간은 결국 지역입니다. 또 주민이 직접 할 때 해결할 수 있죠. 모든 문제는 지역에서 해결하자는 겁니다. 지역의 사람을 만들고, 이를 통해 커뮤니티를 회복할 때 문제해결은 시작됩니다. 주민은 정책을 정할 때 찬반에 동원되는 대상이 아니에요. 커뮤니티 비즈니스의 주체입니다. 물론 사업초기에는 행정과 중간조직이 도와줄 수 있겠죠. 다만 최종성과는 주민자립과 지속사업에 달렸어요. 재생활동이 어느 정도 궤도에 오르면 마을주민이 자립적으로 관리·담당하는 능력을 길러야 합니다. 행정과 전문가는 한걸음 물러나 협력하는 게 좋죠."[22]

고민가의 하룻밤은 꽤 훌륭했다. 숙박공간의 이국적·전통적 체험도 좋았고, 함께한 청년이주민과의 속내 교류도 신선했다. 이주 후 요리로 밥벌이를 하는 20대의 아다치 아카야安達鷹矢와 하야시 겐지林建二, 그리고 IT 회사를 창업한 귀향자 니시모토 가즈시西本和史도 청년의 시선에서 단바사사야마의 이모저모를 풀어내줬다. 이곳의 특산물로 만든 향토요리는 일본이 그토록 자랑하는 대접·접대서비스의 핵심을 보여줬다. 요컨대 '대접받는다おもてなし'[23]라는 느낌을 받았다. 청년들의 스토리는 진솔했다. 왜 이곳에 왔으며, 왜 지역이 되살아나야 하는지를 각자 경험을 토대로 자연스레 풀어냈다. 간절함과 설렘이 교차되는 지점에서 결국 지역일 수밖에 없는 정당성이 드러난다. 지역에서 산다는 것의 의미는 시공간을 뛰어넘어 한국의 지역·청년의 실험과도 일맥상통한다. 집락마루야마에서의 하룻밤은 과거의 공간에서 미래의 시간을 공유하는 기회였다.

한계취락에 모여드는
젊은이들

지역의 미래는 오늘의 청년에 달렸다. 청년이 떠난 지역은 희망이 없다. 청년인구의 교육·취업을 위한 수도권 일극집중이 낳은 도농불균형의 심화와 한국사회의 지속불능이 떠오르는 건 자연스럽다. 이곳도 예전엔 그랬다. 지금도 근소하지만 인구유출이 사회전입보다 많다. 그럼에도 희망을 운운하는 건 청년유입 때문이다. 도시로 떠났다가 되돌아오거나, 도시출신의 지역이주 등 U·I·J턴[24]이 본격적이다. 밤새 나눈 이런저런 얘기를 종합하면 단바사사야마는 도시청년에게 핫플레이스 중 하나로 인식된다. 입소문이 나면서 이곳에 정주하려는 청년수요는 꾸준하게 증가한다.

중요한 건 일자리다. 취업·창업 등 먹고 살 것이 있을 때 정주는 완성

소멸 위기의 지방도시는 어떻게 명품도시가 되었나?

된다. 이주청년에 따르면 호구지책은 다종다양하다. 도시처럼 고연봉은 아니나, 찾아보면 일자리는 생각보다 많다는 게 공통의견이다. 요약하면 상권부활과 직결되는 카페·주점 등 음식료업이 한 부류다. 친숙한 IT경험을 토대로 회사를 차리기도 한다. 그러면서도 공통적인 건 지역과 외부를 연결하는 현장창구로서의 역할이다. 또 지역사회의 기존조직과도 네트워크 형성에 열심이다. 도움을 받을 뿐만 아니라 협업할 수 있어서다. 행정은 거들어준다. 시 홈페이지에 이주민의 이주시기·동기·직업 등 프로필·인터뷰를 소개하며 힘을 싣는다. 5년 전 방문당시보다 지금(2021년)은 2배나 관련자료가 증가했다.

이나카노마도いなかの窓라는 IT회사를 창업한 니시모토는 전형적인 회귀청년이다. 고교졸업 후 대도시로 나가 대학을 마쳤고, 독특하게도 한국에서의 연수경험도 갖췄다. 평범했다면 대학졸업 후 도시생활을 했을 확률이 높았다. 고향인 이곳에서 할 수 있는 일이란 거의 없었던 것이다. 그런 그가 왜 귀향했을까?

"거창한 이유는 아닌데요. 고향에 부모님이 계셔서 자주 찾아뵀죠. 친구들도 좀 남아 있었고요. 그런데 올 때마다 좋았어요. 도시에 살 때는 몰랐는데 뭔가 나다운 생활이 이뤄졌죠. 무엇보다 지금까지 저를 길러준 고향이 잘 됐으면 좋겠다고 생각했습니다. 큰 탈 없이 사회인으로 성장한 것에 대한 보답도 하고 싶었고요. 그래서 '시골의 창'이란 이름으로 IT회사를 세웠습니다. 인터넷으로 고향정보를 모으고 지역제품을 유통하는 사

이주청년의 출장요리 세팅모습

업모델이죠. 한국도 떠나온 고향으로 되돌아가는 청년이 많지 않나요?"

예로부터 느슨한 연방제였던 막부형 자치분권의 역사를 지녀서인지 일본인의 고향의식은 높은 편이다. 고향이 어디냐고 물을 때 쿠니国란 단어를 쓸 정도로 지역색이 강한 일본답다. 중앙집권성이 강력했던 한국과는 사뭇 다르다. 고향납세라는 기부제도가 대히트를 한 것도 떠나온 이들의 애향심에 호소한 결과다. 낳아주고 길러준 고향에 대한 은혜갚음恩返し이 청년 니시모토를 다시 불러들인 것이다. 실제 일본청년의 고향을 향한 자부심과 애착심은 높다. 『농산촌은 소멸하지 않는다農山村は消滅しない』란

책은 중앙정책보다 지역착근적인 청년회귀와 자립사업이 더 중요하다고
했다.[25]

요리사 하야시는 학교졸업 후 프랑스 레스토랑을 운영하며 평범한 생활
을 영위하다가, 고향이 아닌데도 이곳에 왔다. 그의 아내가 단바사사야마
출신이기 때문이다. 레스토랑을 접고 2010년 처갓집이 있는 이곳에 정주
했다. 그는 NOTE와 연계한 네트워크에 밀접하게 연결되어 있으며, 지역
행사나 호텔초빙의 출장요리로 먹고산다. 그의 이주동기다.[26]

"도시에서 일할 때는 늘 급했어요. 성과도 별로 없는데 높은 목표 탓에
시달렸죠. 매출지상주의로 빠르게 결과를 내지 않으면 안 된다고 생각하
며 쫓기듯 살았습니다. 스트레스가 심했어요. 그래서 아내와 함께 내려왔
습니다. 이주초기에는 경제적으로 힘들었어요. 프랑스 요리 수요가 별로
없었거든요. 그래서 이리저리 활동도 많이 했습니다. 지금은 뜻을 같이
하는 친구가 많이 생겼죠. 스스로 뭔가를 해결하고 싶은 사람에게 도전하
기 좋은 마을입니다."

또 한 명의 요리사인 아다치는 외모와 말투에서 결이 다른 현대청년의
면면을 보여준다. 긴 머리를 묶은 채 바쁜 손놀림으로 요리를 하다가도 대
화를 할 때는 당당한 카리스마가 온몸에 투영된다. 아다치는 인근 대도시
인 오사카 출신이다. 고교졸업 후 대기업계열의 IT회사에 다니며 20대를
보냈다. 반복된 야근과 압박은 삶의 수준을 떨어뜨렸다. 그러다 우연한 기

회에 무모한(?) 타향의 시골살이를 택했다. 당시 NOTE의 기사를 보고 바로 회사를 그만두고 이곳에 왔다. 얼마 남지 않은 돈조차 독립된 자유를 위해 모두 기부하고 무일푼으로 온 것이다. NOTE에서 6개월 완충시절을 보냈다.[27]

"무모했죠. 그래도 뭔가 새로운 길이 필요했어요. 처음엔 솔직히 힘들었습니다. 낯설고 답답한 일도 많았죠. 그러다 고민가를 빌려 일본 전통주를 파는 가게를 열었습니다. 거점이 생기니 하나둘 인연이 늘기 시작했어요. 지역의 할아버지·할머니와 물물교환을 하거나 친구들을 불러 월 1회 정도 바비큐 파티도 엽니다. 물물교환은 생활비는 낮추고 효능감은 높이는 일석이조 아이디어죠. 지역의 커뮤니티가 남아 있어 가능한 일입니다. 나중에는 크로아티아에 가서 이런 삶을 살고 싶어요. 돈을 많이 벌면 아예 사사야마성을 사서 교류거점으로 만들고 싶습니다."

이주청년들과의 미팅은 유쾌한 추억으로 남는다. 지금도 안부를 물으며 자신들의 행보를 그때그때 알려준다. 다음날 아침 고민가의 풍경은 또 달랐다. 고민가와 안개·이슬이 자욱한 공간을 오가며 아침을 준비하는 스탭과 인사를 나눈다. 자치회장의 딸인 사코다 준코佐古田純子가 활발한 도마 소리를 내며 아침식사를 내온다. 외지에서 대학졸업 후 근근이 살아가다, 아침에 눈뜰 때마다 고향이 그리워 돌아왔다고 했다. 집락마루야마의 사무국장으로 살림살이부터 온갖 주변 잡일을 전담한다. 그녀의 말이다.

소멸 위기의 지방도시는 어떻게 명품도시가 되었나?

"숙박시설이 오픈된 후 동네가 살아났어요. 숙박객을 비롯해 다양한 사람들과의 교류가 많이 늘었죠. 날마다 멋지고 기분 좋은 일이 생겨나고 있습니다. 다음 세대도 이런 일을 통해 만족감을 느끼도록 해주고 싶어요. 좀 더 체계화해서 지속적인 사업이 되도록 돕고 싶습니다."

청년 시선에 맞춘
이주 유인책

단바사사야마시 공무원과의 인터뷰는 시종일관 이주촉진 · 정주유인의 인구해법에 초점이 맞춰졌다. 배석멤버도 총괄인 정책부를 비롯해 정주촉진계 등을 중심으로 구성됐다. '고향에 돌아와 살자帰ろう住もう運動'처럼 지역부활의 핵심의제는 사회전입 · 청년유입으로 정리된다. 주무부처 중 이주 · 정주가 들어간 조직도 많다. 지역경영의 유력힌트인 이주지원센터는 방계가 아닌 직계의 중심부처로 기능한다. 시청의 벽면 곳곳에는 창조도시 · 일본유산 등 자부심이 담긴 관련 문구로 도배됐다.

이곳의 행정과제는 산적한 상태다. 일부 성과를 내고는 있지만, 만족할 수준은 아닌데다 지속될지도 미지수다. 행정의 위기감과 절실함이 인터뷰 내내 확인된다. 선택이 아닌 필수의 실천과업이다. 공무원 절대다수도 이곳 출신인 까닭이다. 인구감소 · 청년유출 · 고령심화는 물론 재정악화 · 빈집증가 등 과제는 수두룩하다. 특히 재정과 빈집 이슈가 시급하다. 둘은 연결 이슈로 인구가 늘면 자연스레 해결될 과제다. 때문에 민간의 고민가 재생운동과 연계해 행정은 2005년부터 지속가능한 마을조성을 시작했다. U · J · I턴 촉진운동이다. 간사이권 대도시와 1시간 거리에 교통이 편리하고 자연재해도 적어 안심하고 살 수 있는 동네로 홍보한다. 이곳만큼 좋은 곳이 없다거나 도시보다 단바사사야마의 시대라는 캐치프레이즈를 내건다. 일과성 이벤트가 아닌 지속가능한 동네 재생이 목적이다.

다행스럽게도 귀촌 · 귀향 청년인구는 조금씩 증가세다. 행정은 이들이 찾아오도록 기반조건 업그레이드에 정책자원을 집중한다. 정주기반인 일자리, 집, 직장, 네트워크 등을 갖춰주기 위해서다. 가시권에 드는 우선순위는 빈집활용이다. 고민가까지는 아니라도 빈집뱅크를 통해 정보를 알려주고 지원을 해준다. 빈집은 철거대상이 아닌 재생사업의 주요자산으로 인식되므로 활용하도록 직간접적으로 도와준다. 빈집활용으로 정주장려와 지역활기를 도모할 수 있어서다. 빈집뱅크는 사실 국가적 사업의제다. 2018년부터 전국판 빈집뱅크를 운영한다. 2021년 3월 현재 802개 지자체가 참가해 543개 지자체가 정보를 게재한다. 빈집 계약도 7,600건이나 이뤄졌다.[28] 이곳은 한발 앞선 2016년에 빈집대책으로 '빈집을 유효하게 활용하자(거주지원형, 창업지원형, 지역활성화 지원형)', '지금 이대로 이곳에 계속 살자(빈집발생 예방대책)', '빈집을 소중하게 관리하자(빈집 적정관리대책)' 등을

	보조금명(사업명)	내용	보조율(한도액)
① 거주지원형	빈집보수보조금 (거주형) (빈집활용촉진사업)	빈집뱅크에 등록한 소유자, 이주 · 정주하는 구입자, 임차인이 빈집을 보수하는 비용 일부를 보조(매매, 임대차계약 이후 2년 이내)	1/2 (상한: 50만 엔)
	가재도구 철거비 보조금 (빈집뱅크 활용촉진사업)	빈집뱅크에 등록한 소유자가 가재도구 등을 처분하는 비용 일부를 보조	1/2 (상한: 10만 엔)
	중개수수료 보조금 (빈집뱅크 활용촉진사업)	빈집뱅크에 등록한 소유자가 매각한 경우에 택지건물거래업자에게 지불한 중개수수료 일부를 보조	1/2 (상한: 5만 엔)
② 창업지원형	빈집보수보조금 (창업형) (빈집활용촉진사업)	빈집뱅크에 등록된 물건 구입자 또는 임대자가 창업하기 위해 빈집을 보수하는 비용 일부를 보조(매매나 임대차계약 이후 2년 이내)	-거주 1/2(상한: 50만 엔) -창업 1/2(상한: 50만 엔)
③ 지역활성화 지원형	고민가재생 촉진지원사업 보조금	고민가를 재생하여 지역활동이나 교류거점, 숙박체험시설 및 상점 등 지역활성화를 위하여 활용하는 사람에게 보수비용 일부 보조	1/3 보조대상경비 -500만 엔에서 1,000만 엔 미만 (상한: 250만 엔) -1,000만 엔 이상 (상한: 333만 엔)

자료: 篠山市(2016年), 『空家対策に係る施策一覧』, pp.1-2

운영한 바 있다.[29]

　시당국은 빈집활용을 위해 민간과의 긴밀한 협력체계를 구축했다. 최초 빈집 이슈에 주목했던 약 10년 전만 해도 중심시내에만 700채에 육박하는 물량이 있었기 때문이다. 행정의 정보제공 · 금전지원만으로 정확한 수급 매칭은 어렵다고 생각해 시민조직에 손을 내밀었다. 고령화 추세를 볼 때 방치되는 빈집은 급증할 수밖에 없어서다. 또 시민플라자를 통해 시민활동의 거점공간을 설치해 활발한 민간활동을 지원한다. 다양한 시민활동[30] 자체가 결과적으로 빈집해결과 마을만들기 성과로 연결되기 때문이다.

　행정이 빈집사업에 나선 건 2010년부터다. 정주·이주촉진을 위해 확대된 빈집뱅크가 운영되는 비결이다. 다만 갈 길은 멀다. 아직은 빈집뱅크의 등록건수가 적다. 빈집이 생기는 이유도 각양각색이라 행정이 나선들 한계가 있다. 그래서 정주촉진과를 중심으로 새로운 동력을 채택했다. 지역을 19개로 나눠 정주 상담사를 둔 것이다. 정책이 실효를 내도록 전문인력을 배치해 출장상담·체험투어 등을 실시한다. 후속조치는 탄탄하다. 정주 상담사와 이주민은 정기간담회에서 만난다. 하드웨어(빈집)와 소프트웨어(교류)를 엮기 위해서다. 이때 정주 상담사는 이주민·소유자·주민대표 모두를 불러 화학적으로 녹아드는 정주화를 도모한다. 이주자 중 몇몇은 관련법인을 만들거나 정주 상담사로도 변신한다. 담당 공무원의 말이다.

　　"사실 인구감소를 멈출 방법은 없습니다. 대단히 어려운 과제죠. 때문에 지역·주민의 가치를 발굴하고 전환해 우리 지역만의 강점을 이해하고 공감하도록 정책을 만듭니다. 이런 분들을 모아서 네트워크로 묶어내는 정책이죠. 이주사례도 꾸준히 인터뷰해 외부로 발신합니다. 홍보차원인데 이게 효과가 좀 있습니다. 그 과정에서 지역주민의 자부심도 커지죠. 정주지원과 이후의 생활안착 등은 최대한 맞춤식으로 제공하려 합니다. 특히 정주 촉진 중점지구에 외지청년을 불러오도록 다양한 지원대책을 마련하고 있습니다. 인구가 줄어도 청년이 늘면 희망이 있기 때문이죠."

자료: 단바사사야마시 제공 자료

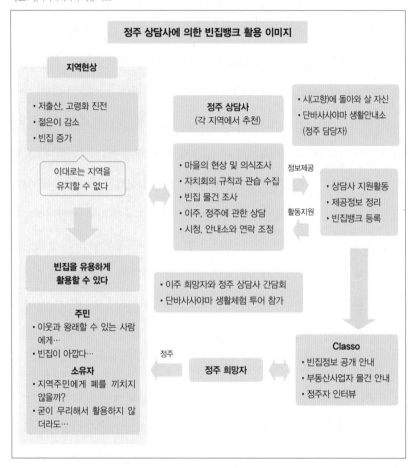

정주 상담사에 의한 빈집뱅크 활용 이미지

지역현상

- 저출산, 고령화 진전
- 젊은이 감소
- 빈집 증가

이대로는 지역을
유지할 수 없다

**빈집을 유용하게
활용할 수 있다**

주민
- 이웃과 왕래할 수 있는 사람에게…
- 빈집이 아깝다…

소유자
- 지역주민에게 폐를 끼치지 않을까?
- 굳이 무리해서 활용하지 않더라도…

정주 상담사
(각 지역에서 추천)

- 마을의 현상 및 의식조사
- 자치회의 규칙과 관습 수집
- 빈집 물건 조사
- 이주, 정주에 관한 상담
- 시청, 안내소와 연락 조정

정보제공

활동지원

- 이주 희망자와 정주 상담사 간담회
- 단바사사야마 생활체험 투어 참가

- 시(고향)에 돌아와 살 자신
- 단바사사야마 생활안내소
  (정주 담당자)

- 상담사 지원활동
- 제공정보 정리
- 빈집뱅크 등록

Classo
- 빈집정보 공개 안내
- 부동산사업자 물건 안내
- 정주자 인터뷰

정주

정주 희망자

■■ 빈집뱅크와 정주 상담사 연계에 의한 정주 시스템

    빈집의 유효활용은 골칫거리였던 재정문제 개선에도 효과적이다. 빈집을 보수해 활용하면 순환경제를 통한 재정확충이 기대된다. 동시에 고민가 재생운동과의 시너지효과도 충분히 예상된다. 상당수 지자체가 빈집

활용을 지역활성화의 주요메뉴로 두는 이유다. 장기적으로는 창조도시라는 슬로건과도 맞아떨어진다. 빈집활용으로 시민의 창조적인 참여활동이 확대되면 문화·산업이 유지될 뿐만 아니라 유연한 마을시스템을 통해 환경·지역문제를 혁신적으로 해결할 수 있기 때문이다.[31] 기대대로 이루어진다면, 빈집활용은 마을의 산업토대로 활용되어 전통·역사를 지켜내는 미래사업으로 손색이 없다.

주민과 행정이 함께
경영하는 마을

고민가(민간)와 빈집(행정)은 애초에 사업주체가 구분되지만, 단바사사야마가 재생실험의 모범모델로 평가되는 비결은 관민협치일 수밖에 없다. 각각의 장점을 충분히 발휘하되 발맞춰 참여·실행하는 협업구조가 만들어낸 성과다. 고민가 재생사업의 경우 민간에 자율적인 사업권을 대폭 이양했다. 원래 지정관리자제도[32]에 따라 고민가 재생사업을 맡은 주식회사(프로비시 단바사사야마)에서 2009년 NOTE로 변경된 것이다. 전자는 시가 100% 출자한 데 비해 NOTE는 50%에 머문다. 나머지는 기금으로 조성됐다. 즉 주민과 행정이 함께 마을을 경영하도록 권한을 내려놓은 것이다. 사업초기에는 행정이 주도해도 이후엔 과감하게 주민주도형이 되도록 했다. 행정개입의 최소화장치다. 긴노는 주

소멸 위기의 지방도시는 어떻게 명품도시가 되었나?

민주도에 따른 상향식Bottom-up 사업의 취지를 이렇게 설명한다.

"시에서는 무슨 무슨 협의회를 만들라고 합니다. 마치야연구소, ROOT 같은 단체를 하나로 만들어 협의하라는 것이죠. 될 리가 없습니다. 자유롭게 활동하는 민간에게 행정이 사업을 하라고 하면 모일 리가 없습니다. 예를 들면 관광마을만들기 협의회(주민단체 · 전문가 · NPO법인 등 참가)가 있습니다. 행정이 보조금을 주며 사업범위를 정하죠. 하지만 협의회 내에서 각각은 잘 어울리지 않아요. 형식적이죠. 결국 지역주민이 스스로 모여 지역 현안을 서로 의논하는 게 최선입니다."

NOTE로 일원화되면서 상황은 달라졌다. 주민과 행정이 함께 참여하는 마을경영이 적으나마 가능해졌다는 평가다. 민관출자형의 사업조직인 NOTE의 활동은 광범위하다. 고민가 재생은 물론 관광 · 음식 · 이벤트 등 전문가 파견부터 시민펀드 기금창설 · 운영, 민간은행 자금조달에 이르기까지 고민가 프로젝트의 운영전반을 다룬다. 사업초기에는 중앙정부에 직접 사업계획서를 제출해 보조금도 유치했다. 갈수록 민간의 자체사업 비중이 높아진다. 시민실행위원회를 만들어 다양한 시민제안형 참여사업을 진행한다. 마을전체의 재생사업을 거의 커버하는 상황이다. 집락마루야마처럼 유한책임사업조합LLP을 만들어, 역할규정 · 비용분담 · 수익배분 등을 영리조직처럼 구체화하니 지속성이 높아진다. 행정은 이런 성과를 그들이 할 수 있는 최적의 정책단위에 넣어 지원하고 독려한다.

이로써 집락마루야마는 유력한 공유자산으로 거듭난다. 지역주민은 모두 자치조직의 회원이면서 동시에 사업주체로 활약한다. 전문역량을 갖춘 키맨의 리더십과 노하우가 결정적인 역할을 했지만, 이를 뒷받침해준 지역자체의 커뮤니티도 중요한 결합자원이었다. 긴노의 말처럼 이해관계가 일치된 지역주민의 열정·참여가 있었기에 사업이 완성될 수 있었다. 12채 중 빈집이던 7채가 사업기반이 된 건 개인자본이지만 공유자산이 될 수 있도록 참여해준 주민이 있었기에 가능했다. 이를 선두에서 진두지휘한 집락마루야마의 대표 사코다가 전해준 설립취지서를 보면 가족은 집락이며, 삶은 보람이고, 공유자산은 공동관리라는 마을의 이념과 비전을 확인할 수 있다.[33]

현재 마루야마 마을은 12채의 가야부키 고민가가 있다. 12채 가운데 7채가 빈집이고 남은 5채에서 19명이 사이좋게 살고 있다…(중략). 마을길은 자연산책로로 지정됐고, 길을 따라 농지가 펼쳐져있다…(중략). 우리들은 지금까지 가꿔온 풍부한 커뮤니티를 배경으로, 사용할 수 없게 된 개인자산은 지역의 공유자산이라는 인식하에 다른 지역에 사는 재산상속자를 대신해 개인자산을 협동해 관리함으로써 삶의 보람을 가질 수 있는 자율적인 지역경영을 창조한다. 이를 위해 체제정비에 나서기로 했다…(중략). 집락마루야마는 조카마치城下町에서 차로 7분 거리에 있으면서도 향수를 불러일으키는 일본적 풍경이 그대로 보존돼 있다. 마루야마의 재산을 모두가 유지·관리해 되살리고자 한다. 여기에 무한한 가능성이 있다고 우리는 믿는다. 집락은 가족이다. 조상을 생각하며, 미래를 만드는 마을만들기 추진을 결의한다.

2009년 9월 4일, NPO법인 집락마루야마 대표 사코다 나오자네

설립취지에서 확인되듯 이전부터 있었던 것, 낡은 것, 소멸돼 가는 것을 소중하게 여기는 가치가 마루야마모델로 완성됐다. 이런 가치 매력이 문화가 되어 외지의 젊은이들을 단바사사야마로 불러모으고 있는 것이다. 집락마루유마가 숙박시설로 변신하는 과정에서 동네주민은 커뮤니티 비즈니스의 강력한 주체가 될 수 있음을 증명했다. 그들은 일상적인 주민조직을 함께 하며 NPO집락의 일원으로 성장했고, 외부의 전문조직(NOTE)과 힘을 합쳐 LLP를 만들어냈다. 마루야마 모델이 추구하는 마을에 대한 이미지는 프로젝트 계획서에 잘 설명돼 있다.

마을이란 소우주로 모인 공간이다. 평온한 것, 함께 사는 것. 결정과 각오, 풍요로움, 토방, 툇마루, 다다미, 굴뚝, 마을거리, 마쓰리(축제), 목공예, 산촌, 시냇물, 새소리, 어스레한 저녁, 벌레, 별, 대지의 신, 가족…. 일본인이 일본인으로서의 삶을 잃어버리고 있는 요즘, 우리들은 소멸되려는 것을 다시 발견하고자 한다.

관민협치가 말처럼 쉽지 않은 건 행정·민간이 처한 입장 차이 때문이다. 공공성과 효율성이 갖는 갈등구도다. 하물며 민민의 공동사업은 필연

	빈집	숙박동	세대수	인구	경작지	경작포기지	합계
2009년	7호	0호	5호	19명	2.1ha	2.1ha	4.2ha
2017년	3호	2호	7호	26명	4.2ha	0.0ha	4.2ha
2020년 계획	0호	3호	9호	30명	5.0ha	0.0ha	5.0ha
연간매출 실적	10만 엔 × 2동 × 365일 × 30%(가동율) = 2,200만 엔						
2020년 매출계획	16만 엔 × 3동 × 365일 × 50%(가동율) = 8,800만 엔						

자료: 未来開墾, '兵庫県篠山市「集落丸山」に見る農泊の成功法則', 2018.06.29
(https://special.nikkeibp.co.jp/NBO/businessfarm/bizseed/12/?P=1)(검색일: 2019.10.27)

적인 갈등이 유발된다. 그런데 집락마루야마에서는 찾기 어렵다. 애초부터 서로가 잘하는 것에 특화된 형태로 역할분담을 했기 때문이다. 분명한 계약서로도 남겼다. 가령 보수적일 수밖에 없는 농촌지역에서 관광객일지언정 외지인을 들이는 건 분명 쉽지 않은 결정이다. 마을 · 주민에게 민폐를 끼칠 수 있어서다. 그렇다면 빈집으로 놔둘지언정 사업은 어렵다. 그런데 계약을 통해 이런 정성적인 잠재갈등을 원천적으로 제거했다. 마을로서는 혁신적인 실험이었다. 대신 주민을 사업에 참여해 스스로 변하도록 강구했다. 상주직원 1명을 빼고 여성주민에게 파트타임으로 관리업무를 맡기고, 직업을 가진 남성주민은 휴일에 무상으로 봉사하도록 했다.

주민이 움직인 데는 가시적인 성과도 적잖게 기여했다. 막상 해보니 동네활력은 물론 금전수익까지 생겨 좋은 일로 받아들여진 것이다. 집락마루야마가 초기단계 보수한 고민가 3채 중 1채에 소유자(1세대 4명)가 U턴 회귀하기도 했다. 20명의 고용창출에 연간 800명의 숙박 고객이 찾아온다. 1박당 2~3만 엔의 고가이지만, 체험하려는 문의가 줄을 잇는다. 단순

집락마루야마로 지역활성화에 나선 사람들

방문객·시찰자는 수천 명에 이른다. 경작 포기지는 줄어든다. 농사를 다시 짓게 되면서 지금은 방치공간이 없다.

행정 출신 키맨이 주도한
학습 강화와 비전 공유

　　　　　　　　　　『미래개간未来開墾』이라는 잡지에서 키
맨인 긴노와 주민대표 사코다가 처음 만났을 때 나눈 대화를 확인할 수 있
다.[34] 당시 단바사사야마시 부시장으로 경관마을 조성 등에 관여했던 긴노
가 집락마루야마 지구와 만난 것이다. 일본의 원풍경을 떠올리게 하는 아
름다운 향촌의 경치를 보며 '고민가가 있는 마을을 경관지구로 지정할 수
없을까'라고 생각한 긴노가 주민대표인 사코다를 찾아와 만난 순간이다.

　긴노 여기는 한계마을이군요.

　사코다 무슨 말을 하시는 겁니까? 소멸마을이지요. 이대로 소멸돼 가겠
지요. 어쩔 수 없습니다. 그저 소멸을 받아들일 수밖에요.

짧지만, 충격적인 대화다. 그만큼 당시 주민에게 집락마루야마는 희망과 비전이 전혀 없는 버려진 포기공간이었다. 자포자기였을 정도다. 이후 긴노가 고민가 재생사업을 제안했을 때에도 마을주민 대부분은 소멸을 지켜보는 수준에 있었다. 절반 이상이 낡은 빈집으로 방치된 채 유휴화된 마을에 미래가 있을 리 없었다. 긴노의 고민도 깊어갔다. 당시 중앙정부가 내건 경관지구 지정제도로 선정된다 한들 이 마을을 지키기란 어렵다고 회고했다. 보존은 될지언정 활력은 없는 유령마을로 전락할 처지였다.

긴노는 우선 문제공유 · 학습강화를 통한 우군확보에 나섰다. 공무원이던 요코야마 노부요시橫山宜致[35]와 함께 의기투합했다. 2008년부터 1년간 마을주민, 전출자, 대학생(관서학원) 등과 마을만들기 방향성, 경관정비 계획책정 등을 위해 7회의 워크숍을 열었다. 또 고민가 재생 전문강사를 초빙해 주민대상으로 농가민박, 야생동물 피해대책 등 5회의 마을만들기 학습회도 병행했다.[36] 워크숍 · 학습회는 지역재생 워크숍(집락경관정비계획), 고민가조사 워크숍(빈집활용 시스템 계획제안), 농가민박 서비스 강좌로 이뤄졌다. 과정을 통해 주민들은 자발적으로 고민가 민박사업에 익숙해졌다. 계획을 세우고 NPO집락을 조직해서 빈집이 된 고민가를 빌려 재생한 후 숙박사업을 시작한 것이다.

워크숍 · 학습회에서 긴노와 요코야마는 강사와 상담가로서 주도적 역할을 했다.[37] 그때그때 이슈에 맞춰 외부전문가를 초청해 빈집활용과 경작포기지 등의 활용방안을 논의했다. 마을의 문제를 정확히 발굴하고, 강점 · 단점을 재평가하는 과정도 반복됐다. 소프트웨어로는 고민가를 토대로 한 농촌·농업체험은 물론 문화체험(차도·서도) 등의 가능성을 타진했다. 운영메뉴의 업그레이드는 물론이다. 골칫거리였던 재원확보는 행정경험을 갖춘 긴노를 중심으로 보조금·융자·출자 등 다각적인 접근에 나섰다. 처음에는 행정예산에 의존했지만, 지금은 시민펀드·은행대출 등으로 확대됐다.

긴노의 등장과 역할은 공무원으로서 재정파탄의 충격에 그대로 노출된 결과였다. 빚잔치가 계속되면서 인원·급여삭감은 물론 보조금 폐지 등 행재정계획을 해야 할 입장이었다. 후배들에게 퇴직을 강요하고 예산을 줄이는 결정을 하기는 죽기보다 싫었다. 실제 600명 공무원 중 1년 만에 100명이 구조조정의 피해를 입었다. 구조조정으로 재정파탄은 면했지만, 긴축재정은 계속됐다. 작은 지자체로의 압력은 구체화된다. 제3섹터의 통폐합부터 민영화가 진행되면서 긴노 역시 5개 제3섹터 조직의 임원을 맡을 수밖에 없었다. 특별공무직이면서 정리통합의 당사자로 내몰린 것이

■■ LLP 마루야마 프로젝트 건설비(단위: 천 엔)

전입자	전출자	비고
정부 보조금	35,800	고향과 원풍경 재생 매니지먼트 사업
효고현 보조금	3,000	소규모 집락활성화 사업
C동 부담액	9,000	소유자 부담
은행융자	14,000	다지마 은행
자기자금	7,000	
시민펀드	2,500	기금: 10만 엔×25구좌
합계	71,300	

자료: NPO集落丸山・一社ノオト(2009), 「LLPプロジェクトの概要」, p.7

소멸 위기의 지방도시는 어떻게 명품도시가 되었나?

다. 오전에 시에서 사업폐지를 결정하고, 오후에 회사로 와 직원해고를 통보하는 잔인한 역할이었다.

계속할 수는 없었다. 재정절감을 위해 공익사업을 하던 이들이 민간법인으로 신분이 바뀌면서 급여는 줄고 좌절은 늘었다. 구조조정도 좋지만, 이들 역시 지역주민이기에 새로운 유력사업을 통해 수익을 내는 특단의 묘책이 필요했다. 처음에는 직원처우를 개선하겠다는 의지로 대표를 계속 맡았지만, 상황은 쉽잖았다. 그 돌파구가 집락마루야마에서 비롯됐다는 점에서 그만큼 각별한 애정이 느껴진다. 그의 회상이다.[38]

"부시장으로 안주하며 10여 년을 꾹 참고 사는 것만으로는 단바사사야마시의 미래를 그릴 수 없다는 생각이 들었습니다. 어떻게든 새로운 도시를 만들려고 생각했습니다. 긴축 분위기라 예산을 배정해 신규사업을 할수는 없었지만, 2009년을 기점으로 새로운 마을만들기 사업을 벌이기로 했습니다…(중략). 일본의 현실을 보면 중간지원단체가 절실합니다. 그 결과 2009년 10월 우리의 최초작품 '집락마루야마'가 개업했습니다…(중략). NPO를 설립해 빈집의 고민가를 재생하는 사업입니다. NOTE에 참가하고 있는 후지와라 다케시藤原岳史(현 NOTE 대표)가 집락마루야마 웹사이트를 만들어주었습니다. 그러고 보니 제작비를 주었는지 안 주었는지 기억조차 나지 않습니다."

마루야마모델로 불리는 집락마루야마의 고민가 숙박사업은 이렇게 만들어졌다. 직원처우를 높이고자 제안한 아이디어가 학습을 통한 주민참여 등 다양한 자원결합으로 구체화되며 지역을 되살리는 모범모델이 된 것이다. 이 사업은 특히 2005년 설립된 주민결합체인 마치야연구소의 전문성과 노하우 속에서 현실화됐다. 자원봉사활동에 따른 재생운동이 영리적 지속시스템으로 안착한 것이다. 마루야마모델은 이후 마을전체를 아우르는 분산형 호텔 니포니아를 만들어낸 계기가 됐다. 동시에 호텔 니포니아의 경험은 이제 관서지역을 넘어 전국체인처럼 확장되며 고민가 재생사업의 범용성을 확인시켜준다. 고민가 재생사업자의 전국 네트워크인 '니포니아협회'가 설립된 배경이다.[39]

다시 확인한
지역활성화의 비밀

집락마루야마의 고민가에서 보낸 하룻밤의 여운은 2년 후 다시 소환됐다. 2018년이 끝나가던 겨울에 만났던 이주청년 중 2명이 한국을 찾아 함께 식사했다. 프랑스 요리사였던 하야시는 사단법인 쓰무기TSUMUGI를 설립해 행정과 연계해 이주 · 정주 · 빈집에 대한 상담 역할로 직업을 바꿨다. 니시모토는 그새 회사를 더 키워 동료까지 데려왔다. 지역활성화로 영역을 넓히며 마치야연구소와도 사업을 함께한다고 덧붙인다. 인터뷰 때만 해도 계속해 정착할지 반신반의했지만 착각이었다. 재회한 청년들은 어느덧 마을만들기의 리더가 돼 새로운 이주자를 위한 안내자와 동료 역할로 성장해 있었다.

사사야마성을 사고 싶다던 아다치는 결혼 소식과 함께 사진을 보내왔다. 호텔 니포니아와 사사야마성이 그들의 결혼식장이었다. 아다치는 지역활성화 전문가(에리어 매니지먼트)로 변신했다. 3인의 귀촌스토리는 중앙정부의 보조금이나 정책배려만으로 구성되지 않는다. 후속세대답게 다양성을 존중하는 가치관과 NOTE의 긴노를 비롯한 지역 커뮤니티의 애정·지원이 결정적이었다. 관민협치처럼 지역 전체가 청년정주를 위해 아낌없는 응원과 지지를 해준 결과다. 긴노의 말이다.[40]

"마을만들기는 '깨달은 사람이 한다'라는 철칙이 있습니다. 깨달으면 실행해야 합니다. 세상에는 문제점만 논하고 '나는 안다'라고 하는 무리들이 많지만, 별로 도움이 되지 않습니다. 문제점만 지적하고 행동하지 않는 것은 문제를 더 고착화시켜 오히려 사회적으로 마이너스가 됩니다…(중략). 누구도 자각하지 못한 길을 발견했을 때, 그 길을 비집고 들어가는 것은 자연스런 행동입니다…(중략). 저는 지역재생의 현장에 전념하기로 했습니다. 아마도 가시밭길이겠지만요."

키맨인 긴노는 NOTE를 설립한 지 10년째인 2019년, 설립초기부터 같이 활동했던 후배에게 대표이사직을 물려주고 자문 역할을 하고 있다. 2020년부터 중요문화재건축물 활용사업을 하는 일반사단법인 창조유산기구HERITA의 이사로도 활동 중이다. 긴노가 NOTE를 나온 이유도 독특하다. 사업이 커지자 시당국이 조례를 무시하고 무분별한 호텔개발에 나선 것을 행정소송으로 막아보기 위해서다.[41] 그는 부시장을 그만두고 효고

소멸 위기의 지방도시는 어떻게 명품도시가 되었나?

현으로 복귀해 하고 싶던 일을 하며 안정된 정년퇴직을 할 수 있었지만, NOTE의 대표를 맡은 인물이다. 때문에 NOTE를 떠나, 경관·토지이용과 관련해 행정을 상대로 시민의 문제제기 권리와 제대로 된 마을만들기를 위해 기꺼이 가시밭길을 택했다.

과연 단바사사야마가 걸어온 지역활성화의 비밀은 무엇일까? 누가 추진 주체인가의 관점에서라면 확실히 혁신적이고 전략적인 괴짜 리더가 있었다. 마을의 미래를 논하며 유토피아를 거론하는 핵심인재가 행정·민간의 양측을 아우르며 사업실행의 속도를 높였다. 동시에 지역문제일수록 당사자인 지역주민이 스스로 해결해야 한다는 내발적 성장론이 유효했다. 관찰자로 전락했던 주민을 찾아내 고민을 공감하며 우군으로 만드는 학습경험도 중요하다. 이런 개별적인 인적자원이 네트워크로 엮일 때 내외부 전문가와의 협업시너지가 발휘된다. 열린 마음으로 낯선 시선과 평가를 흡수하고 객관성을 유지하면 고정관념에서 벗어날 수 있다. 철저한 지역성으로의 회귀인 것이다.

사람이 있어도 사업이 안 되면 무용지물이다. 단바사사야마의 경우 지역자산을 확실한 사업모델로 엮어내는 기지를 발휘했다. 이곳에서는 흔할 뿐만 아니라 문제까지 낳고 있는 유휴자원인 고민가를 돈으로 변신시킨 아이디어의 힘이다. 해체·보존이 아닌 활용·사업 대상으로 재발견함으로써 영리모델을 구축했다. 재평가된 지역자산에 대한 주민의 공적共的 활용을 위한 행정의지도 중요하다. LLP와 서브리스로 주민이 직접 현장관리, 사업경영, 노동제공을 담당하고, 중간지원조직은 금융·세제 등 전문

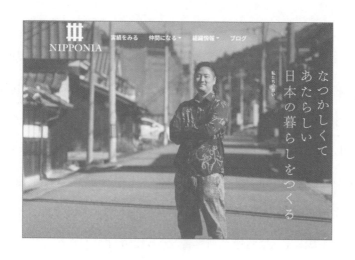

なつかしくてあたらしい日本の暮らしをつくる

에리어 매니지먼트로 활동 중인 아다치 아카야(安達鷹矢)

역할을 담당했다. 이런 분리를 통해 내발적이되 협치형인 마을경영이 가능해졌다.

중요한 건 지속가능성이다. 아직 단바사사야마의 지역활성화가 완결된 것은 아니다. 모범적인 경로를 걷는 건 분명하나 계속해서 사업이 유지될지는 앞에서 말한 행정소송처럼 쉽잖다. 특히 긴노라는 핵심인재의 개인적인 리더십에 의지한 측면도 고려대상이다. 그의 신념에 동의하는 후속인재가 등장하고 있지만, 그만큼의 갈등과 분쟁도 예상된다. 일부의 일이지만, 청년이주민과 고령 원주민의 대결구도도 목격된다. 일본처럼 민폐와 눈치를 중시하는 공간에서 가치관의 대결은 마을 전체에 위협거리로

소멸 위기의 지방도시는 어떻게 명품도시가 되었나?

작용한다. 계속해서 청년인구가 유입되는 것은 고무적이다. 따뜻한 커뮤
니티가 건재한 것도 좋다. 단바사사야마의 지역활성화는 현재진행형이다.
장점은 살리고 약점은 뒤집는 접근법에 재생힌트가 숨겨져 있는 듯하다.

CHAPTER 03 고민가古民家로 주민자립 실현한 단바사사야마

1. 방문 당시엔 사사야마시(篠山市)였는데, 2019년 5월 단바사사야마시(丹波篠山市)로 변경됐다. 합병 이전처럼 고대 단바국(丹波国)의 지명을 되찾은 셈이다. 단바시(丹波市), 교토(京都)와 함께 경관이 수려하고 아름다운 단바반도에 위치한다.

2. 篠山市政策部創造都市課(2016), 「空き家活動と定住促進の取り組み」(단바사사야마시 제공자료)

3. 단바사사야마시 공무원 인터뷰는 2016년 6월 28일 오후 시청회의실에서 진행됐다. 정책부 부장 호리 히로유키(堀井宏之), 정책부 창조도시과 정주촉진계 계장 구도 지카코(工藤智香子)와 주사 기데라 아야노(木寺綾乃) 등 3명이 참석했다. 민간조직으로는 고민가를 재생해 전시갤러리 · 음악실로 운영하는 도토안(陶々菴) 대표 이마무라 도시아키(今村俊明)를 현장에서 만났다. 또 NPO 집락마루야마 대표 사코다 나오자네(佐古田直實)와도 별도 현장에서 논의했다. 숙박시설로 만든 고민가(집락마루야마)에서는 중간지원조직인 일반사단법인 NOTE 대표 긴노 유키오(金野幸雄)와 회의했다. 동시에 회귀한 청년대표로 IT회사 이나카노마도(いなかの窓) 대표 니시모토 가즈시(西本和史), 일본식주점 · 출장요리사 아다치 아카야(安達鷹矢), 프랑스요리사 하야시 겐지(林建二)와도 만났다.

4. 역사공간답게 고정자산세는 면제다. 담장, 나무기둥, 기와 등 도토안 관리는 자원봉사자가 담당한다. 보수공사비는 약 1,000만 엔이 들었고, 비용 중 300만 엔은 효고현 조성금을 활용했다. 자기부담액은 약 700만 엔이었다(인터뷰 및 메일 답변).

5. 히나마쓰리는 3월 3일에 여자아이의 건강을 기원하고자 인형을 장식하는 이벤트다. 고이마쓰리는 5월 5일 남자아이의 건강을 위해 잉어 깃발을 내거는 연중행사다.

6. 에도시대에 각 번(藩)의 영주를 막부가 있던 에도(현재 도쿄)로 불러 머물게 한 제도다. 영주의 세력이 커지는 것을 견제하는 제도다.

7. 篠山市民プラザ(2012), 『P. Book』(단바사사야마시 제공자료)

8. 고민가 재생운동의 주체로 NPO 법인 마치나미야나미연구소(町なみ屋なみ研究所, 이하: 마치야연구소)를 설립해 활동 중이다.

9. 헤이세이(平成) 대합병은 1999년 '시정촌 합병특례에 관한 법률(이하: 합병특례법)'에 근거해 2005년을 피크로 전국에서 추진된 정책이다.

10. 金子勝・高橋正幸編諸(2008), 『地域切り捨て一生きていけない現実一』, 岩波書店, pp.50-55. 합병특례채는 1999년 합병특례법 개정으로 합병을 촉진하는 기폭제로 도입됐다. 합병특례채의 약 70%는 중앙정부가 주는 지방교부세에서 장기간에 걸쳐 차감된다. 지방자치체에는 30%의 부채만 남는다.

11. 篠山市職員労働組合(2012), 「篠山市合併検証報告」, 『第34回兵庫自治研集会』, 兵庫県本部／兵庫地方, 自治研究センター・篠山市職員労働組合

12. 金子勝・高端正幸編諸(2018), 『地域切り捨て』, 岩波書店

13. 김홍기(2008), 「한국과 일본의 전통마을 보존제도에 관한 비교연구」, 『대한건축학회 논문집』24(12), pp.67-75

14. 未来開墾ビジネスファーム(2018.06.29), 「兵庫県篠山市「集落丸山」に見る農泊の成功法則」, https://special.nikkeibp.co.jp/NBO/businessfarm/bizseed/12/?P=1(검색일: 2021.01.26)

15. 藤本秀一(2012.08), 「空家の再生・活用を通じた地域運営の事例」, 『オペレー・リサーチ』, pp.141-142

16. 1955년생으로 도쿠시마현 출생이다. 도쿄대 토목공학과를 졸업했다. 효고현 마을만들기과 직원을 거쳐 단바사사야마시 부시장을 지냈다. 부시장 당시 지정관리자 제도 도입, 제3섹터 재편에 관여했다. 전공은 도시국토계획, 공공경관정책, 관민연대 등이다. 2005년 마치야연구소, 2009년 NOTE를 설립해 고민가 숙박 집락마루야마, 호텔 니포니아 등 역사적 건축물을 활용한 분산형 지역개발사업을 하고 있다. 활동영역은 간사이지방으로도 확대된다. 2020년 일반사단법인 창조유산기구(HERITA) 이사, 데칸쇼임업 고문으로 활동하고 있고, 역사자원을 활용한 관광마을만들기 전문가회의 위원이다.

17. NPO法人町なみ屋なみ研究所, http://machiyaken.blog13.fc2.com/(검색일:

2020.01.02)

18. NPO法人町なみ屋なみ研究所, http://machiyaken.blog13.fc2.com/(검색일: 2020.01.16)

19. 朝日新聞, '古民家活用 政府が支援　雇用・外国人誘客狙う', 2016.11.13. 관방장관은 고민가를 활용해 지역재생에 나선 한계마을 단바사사야마시의 집락마루야마를 시찰하고 정부의 적극적인 지원을 표명했다. 지원목표는 지역에 잠자고 있는 관광자원을 활용해 마을만들기와 연계한 고용 및 외국인 유치에 있다.

20. 国土交通省(2019), 「稼げるまちづくりの特徴的な取組事例」, p.28

21. 마더펀드는 패밀리 펀드방식 중 투자신탁의 운용・관리를 효율화하기 위해 복수의 펀드(베이비펀드) 자금을 모아 운용하는 특징을 갖는다.

22. 未来開墾ビジネスファーム(2018.06.29), 「兵庫県篠山市「集落丸山」に見る農泊の成功法則」, https://special.nikkeibp.co.jp/NBO/businessfarm/bizseed/12/?P=1(검색일: 2021.01.26)

23. 코로나19로 연기된 2021년 도쿄올림픽 유치행사 때 환경부장관 고이즈미 신지로(小泉進次郎)의 배우자인 아나운서 다키가와 크리스텔(滝川クリステル)이 국제무대에서 '오모테나시'를 강조해 화제가 됐다. 이후 일본을 상징하는 문화 키워드로 자리매김했다.

24. U턴은 태어나고 자란 곳 이외에서 학교를 다니거나 근무하다가 다시 출신지로 돌아가 일하는 것을 말한다. I턴은 태어나고 자란 곳에서 학교를 다니거나 근무한 후, 출신지 이외의 곳으로 이주하는 형태다. J턴은 지방에서 다른 지역(주로 대도시)으로 옮겨 살다가 태어나고 자란 지방 근처(대도시보다 소규모) 도시나 중간 도시로 되돌아오는 것을 뜻한다.

25. 小田切徳美(2014), 『農山村は消滅しない』, 岩波親書, pp.1-14, pp.175-213. 한국어로 번역 출판되었다. 오다기리 도쿠미 저・부혜진・정유경 옮김(2018), 『농촌은 사라지지 않는다』, 한울

26. 丹波篠山暮らし案内所classo, https://classo.jp/interview/adachitakaya/(검색일: 2021.01.24)

27. 빈집을 보수해 사업장으로 대여하거나 호텔로 운영하는 NOTE에서는 이주청년에게 6개월 정도 인턴으로 근무할 수 있도록 일자리를 제공한다.

28. 国土交通省, https://www.mlit.go.jp/totikensangyo/const/sosei_const_

소멸 위기의 지방도시는 어떻게 명품도시가 되었나?

tk3_000131.html(검색일: 2021.05.30)

29. 篠山市, http://www.city.sasayama.hyogo.jp(검색일: 2020.08.02)

30. 丹波新聞, '篠山市民プラザ開設 1 周年', 2011.06.18. 시민플라자는 단바사사야마시가 NOTE에 위탁해 2010년에 시민센터 내에 설치됐다. 시민단체의 정보발신 교류거점이 된다. 설립당시 예상했던 50개 단체를 넘어 71개 단체가 등록했다. 플라자는 연중무휴로 개설된다. 등록단체의 활동홍보, 내용상담, 예산정보, 시설대여, 게시코너 등 서비스를 제공한다. 또한 중간지원 단체 간의 연대도 돕는다.

31. 사사키 마사유키 저·이석현 역(2010), 『창조도시를 디자인하라』, 미세움, p.35

32. 中田実 外(2009), 『地域再生と町内会·自治会』, 自治体研究社, pp.43-44. 2003년 지방자치법(244조 2, 제3항 이하)이 개정돼 지방자치체가 설치한 공적시설의 목적을 효과적으로 달성하기 위해 조례로 공적시설 관리를 지방자치체가 직접하거나 지정관리자를 지정하거나 선택하도록 변경됐다. 지정관리자는 법인과 민간기업, 공익법인, NPO 법인, 주민조직 등 모든 권리능력 없는 사단이 해당된다.

33. NPO法人集落丸山＋一般社団法人ノオト(2009), 「LLP丸山プロジェクトの概要」, p.2, pp.4-6

34. 未来開墾ビジネスファーム(2018.06.29), 「兵庫県篠山市"集落丸山"に見る農泊の成功法則」, https://special.nikkeibp.co.jp/NBO/businessfarm/bizseed/12/?P=1 (검색일: 2021.01.26)

35. 요코야마는 1981년 긴키대학 이공학부 건축학과를 졸업했다. 1999년 4월부터 (재)단바의 숲협회 전문연구원으로 주민의 지역활동이나 마을만들기를 상담했다. 2008년 단바사사야마시 지역정비과 경관형성 전문위원을 했고, 2009년 단바사사야마시 마을만들기부 경관실장으로 근무했다. 2007년 마루야마지구 '고민가 재생촉진지원사업'에 대한 조사를 계기로 NPO집락을 결성하는 데 결정적인 역할을 했다. 현재는 도시·농촌계획, 시민참가 마을만들기 계획, 경관조사·계획, 워크숍 기획운영 등 주로 마을만들기 주체의 저변 확대를 위한 교육사업을 하고 있다.

36. 日本政策投資銀行地域企画部(2014), 「人を呼び, にぎわいを創り出す古民家を活かした地域再生」, p.1

37. 坂井健·嘉名光市·佐久間康富(2014), 「農山村地域における古民家民泊事業の展開と住民意識に関する研究」, p.2

38. https://note.com/kazenooto/n/na6ec77f14bba(검색일: 2021.01.28)

39. NIPPONIA, https://team.nipponia.or.jp/about/(검색일: 2021.01.28)

40. https://note.com/kazenooto/n/na6ec77f14bba(검색일: 2021.01.30)

41. https://note.com/kazenooto/n/n15970ee317c1?magazine_key=mb34133a4e664(검색일: 2021.01.30). 행정소송에 나선 이유는 일본 도시에서 유례가 없는 자연경관을 유지하며 마을만들기를 해나가는 창조도시 단바사사야마에 맞지 않아서다. 흔히 보는 도시로 전락할 것이라는 위기감에서 시작됐다.

CHAPTER
04

몰락 상점가
마루가메의

드라마틱한
변신

중핵도시의
고민과 도전

　　　　　　　　　　　　양극화는 심각한 사회문제다. 절대빈곤을 벗어났더니 상대격차가 더 심각한 골칫거리로 떠올랐다. 승자·패자의 낙인은 사회전반에 격차형 대립구도를 양산한다. 사실상 모든 게 부딪힌다. 남녀가 대결하고, 노소가 쟁탈하며, 빈부가 대립한다. 산업도, 고용도, 학력도 매한가지다. 그중에서도 사실상 격차사회의 완결판은 도시·농촌 간의 확대된 거리 두기다. 어떤 극단갈등보다 심각한 속도와 범위로 위험수위를 넘긴 지 오래다. 한쪽이 독점하니 나머지는 괴사하는 구조다. 12%의 서울·수도권에 52%의 인구가 몰려 사는 비정상의 트렌드는 사회전반의 자원배분을 왜곡한다. 피해는 대부분 농산어촌의 지방권역이다. 기업·인재·고용·금융 모두 메트로폴리탄에 뺏긴다.

소멸 위기의 지방도시는 어떻게 명품도시가 되었나?

더는 도농불균형을 방치할 수 없다. 밸런스가 깨진 저울은 주저앉는 법이다. 기울어진 운동장은 무너질 수밖에 없다. 이상하고 잘못된 현상이란건 삼척동자도 안다. 그렇다면 균형회복을 위한 적극적이고 실효적인 대안모색뿐이다. 주춤대고 미약하긴 하지만 정책대응도 있다. 지역활성화 · 지역균형 등의 타이틀이 붙은 정책사업이 시작됐다. 궁극적인 방향으로자치분권의 강화란 의제도 내걸렸다. 한계지역은 더 절실하다. 소멸속도를 늦추고 부활계기를 찾고자 다양한 시도를 반복한다. 대부분 사업초기라 평가는 이르지만, 방향 자체는 옳다. 한국보다 일찍 인구변화발 도농격차를 겪은 선진국의 해법도 대부분 도농균형으로 요약된다. 스스로 살길을 찾고 응원하는 로컬리즘이다.

문제는 중간에 낀 생활권역이다. 대도시도 아니고 농산어촌도 아닌 어정쩡한(?) 지역중핵적인 광역형 중소도시가 그렇다. 인구로 보면 단일지역구(국회의원) 인구하한선인 ±14만 명 이상인 지역부터 넓게는 광역하한선인 100만 명을 밑도는 경우다. 229개 기초지자체 중 절반을 웃도는 116개가 해당된다(2021년). 특히 고민이 깊은 곳은 인구수 20만~40만 명대에 속하는 중소도시다. 단일지역(도 산하)이든 도시소속(특별시 · 광역시 산하)이든차별적 실효성을 위한 대안모색의 고민이 깊다. 이대로라면 도농 간의 인구쟁탈전을 지켜보면서 주목조차 받지 못하고 예고된 위기경로에 접어들전망이다. 도시재생 · 농촌부활의 회색지대답게 정책대응의 우선순위에서도 밀리는 모습이다.

허리가 중요한 건 불문가지다. 절대비중을 차지하는 중소도시가 탄탄히 버텨줄 때 도시·농촌의 완충역할이 기대된다. 자원쟁탈의 충격완화는 물론 격차갈등의 흡수장치로 중소도시가 기능할 때 한국사회의 지속가능성은 높아진다. 아쉽게도 중소도시의 문제해결·미래활로를 위한 바람직한 변신사례는 찾아보기 힘들다. 도시모델도, 시골모델도 아닌 지역문제 해결형의 새로운 뭔가를 제안·실험하기란 만만찮아서다. 그럼에도 손을 놓을 수는 없다. 방치의 끝은 너무나 확실하기에 어떤 식이든 대책마련이 시급해진다. 다행스러운 것은 중소도시의 가능성과 잠재력이다. 넘치진 않

자료: 第6次高松市総合計画(仮称), p.9. (검색일: 2021.09.03)

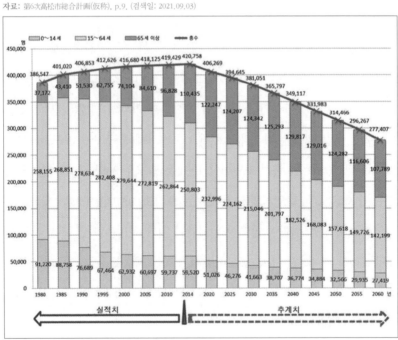

■ 다카마츠시의 인구현황과 장래추계

소멸 위기의 지방도시는 어떻게 명품도시가 되었나?

으나, 모자라지도 않은 가용가능의 지역자원 덕이다. 생산·소비·투자의 순환조건은 잔존한 경우가 많다.

연구팀이 카가와현香川県의 중핵도시 다카마츠시高松市의 선행경험에 주목한 이유가 여기에 있다.[1] 인구 42만 1,959명(2022년 4월)의 작지도 크지도 않은 이곳은 중소도시의 현실과제와 상황돌파를 확인하는 유효한 샘플이다. 고도성장기 이후에도 한동안 지역대장주로 군림해왔지만, 도농격차가 불러온 구조적 위기압박에서 비켜서진 못했다. 농촌보단 상황이 좋지만, 그렇다고 대도시보다 나은 매력은 발휘하지 못했다. 특히 중간지대답게 도시·농촌문제를 모두 아우른 중첩위기의 공간이기도 했다. 대표적 문제공간이 도시를 떠받쳤으나 과소터널에 진입한 상점가다. 중심시가지의 공동화와 인구이탈은 상권붕괴·정주불능으로 지속가능성을 위협했다.

마루가메상점가는
어떻게 살아남았나?

　　　　　　　　　　다카마츠 외곽은 한계마을의 신호가 곳
곳에서 확인된다. 사누키우동으로 유명한 동네지만, 외곽지역은 띄엄띄엄
산재한 주택을 빼면 상권이 거의 없다. 겨우 찾은 우동집조차 전후좌우 모
두 빈집에 둘러싸여 근근이 영업 중이다. 동네주민을 빼면 매출이 없을 듯
하다. 빈집을 증명하듯 계량기조차 떼낸 상태다. 사람이 없으니 놔둘 이유
가 없는 것이다. 시내에 진입하자 상황은 급변한다. 인구 42만 도시답게
외견상 적잖이 붐빈다. 시청근처의 행인·교통량은 상당하다. 다만 절실
함은 외벽에 걸린 현수막에서 재차 확인된다. 주민참여 루트인 자치조직
쵸나이카이·町內숲 가입을 독려하는 내용이다. 뭔가를 하려고 해도 주민이
없으면 곤란한 것은 중소도시도 마찬가지인 듯하다. 소멸위기가 농산어촌

소멸 위기의 지방도시는 어떻게 명품도시가 되었나?

을 넘어 늠름했던 지방도시까지 파급된 현실이 확인된다.

다카마츠가 위기현실에 놓일 줄은 아무도 몰랐다. 현청소재지답게 광역소속 지자체 중 상징적인 선두주자로 지역발전을 이끌어온 대표도시인 까닭이다. 카가와현의 2022년 4월 현재 인구(93만 4,655명) 중 절반에 약간 못 미치는 42만 주민을 보유한 지자체다. 지리적으로도 본섬(혼슈)과 면한 덕에 시코쿠四国의 현관도시로 불렸다. 중앙정부의 선출 · 파견기관도 많고, 지역경제를 떠받치는 거점기업도 적잖다. 자부심은 상당했다. 최소한 시코쿠의 4개 현에서는 섬 밖의 3대 도시(도쿄 · 오사카 · 나고야권역)가 아닌 한, 사람과 돈을 불러모으는 알짜도시였다. 상권이 발달할 수밖에 없는 구조였다.

실제 다카마츠는 인구압박에서도 꽤 비켜서 있었다. 지금에야 인구감소가 실질적인 위협거리로 다가서나, 최근인 2014년까지 인구가 늘었다. 1980년 38만 6,547명에서 2014년 42만 8,942명까지 증가했다. 대부분 지방도시가 1990년대부터 인구가 줄었다는 점에서 상당기간 버텨낼 수 있었던 것이다. 그만큼 정주환경이 상대적으로 좋은 동네다. 사회증가가 자연감소를 떠받침으로써 감소폭도 최소화한다. 2020년 사망(4,589명)이 출생(3,116명)보다 확연히 많았지만(-1,473명), 전입(1만 3,836명)이 전출(1만 3,228명)을 웃돌면서(+608명) 적으나마 인구감소의 브레이크를 걸어준 결과다.

사회전입은 사실상 인구감소에 대한 가장 현실적인 해법이다. 저출산 · 고령화로 자연증가는 힘들기에 덜 뺏기고 더 오도록 하는 사회전입이 차선책이다. 그렇다면 다카마츠의 전입초과는 어떤 연유에서일까? 많은 설

우동가게 옆의 빈집

명이 있겠지만, 요약하면 살고싶은 뭔가를 지닌 정주환경이 아닐까 싶다. 그중에서도 연구팀이 주목한 건 중심시가지활성화의 사업성과다. 도시상권의 부활노력이 정주개선에 도움을 줬을 것이란 뜻이다. 실제 다카마츠의 지역활성화를 분석하면 공통분모로 거론되는 단어가 '마루가메상점가丸亀町商店街'다. 상점가를 재생해 사회문제를 해결한 모범사례로 꼽힌다.

　연구팀이 직접 묻고 관찰한 마루가메상점가는 그랬다. 사진으로 확인한 재생사업 이전장면과는 확연히 달라진 활기차고 세련된 상권면모를 보여준다. 잘 정리된 상점가엔 남녀노소가 오가고, 세분화된 점포는 제각각의 매력을 한껏 발산한다. 마루가메상점가는 다카마츠의 중심상업지 중에서도 가장 중앙에 위치한다. 직선길이만 470m로 적잖은 규모다. 유명브랜드 숍부터 전국망 프렌차이즈까지 구비돼 유행의 최첨단을 걷는 지역명물 상점가로 유명하다. 다른 주변상점가와는 큰 차이를 보인다. 중심시가지답게 경쟁상권도 많지만 대부분 마루가메와 다른 처지다. 한두 블록 차이인데 사람이 떠난 젠트리피케이션의 복합충격에 신음하고 있다.

주목받는 중심 상점가의
변신 실험

마루가메상점가의 몇몇 차별적 키워드
는 다음과 같다. 먼저 주민주도다. 상점가 부활사업의 주도권을 이해당
사자인 민간이 맡았다. 행정은 거들어주는 역할에 머물렀다. 대기업 · 대
형마트처럼 외부손길에 기대지도 않았다. 대신 상점가답게 대지 · 건물소
유자와 대표조직이 앞장서서 주민 · 청년 · 고객과 합의를 형성하며 사업
을 진행했다. 때문에 만장일치는 기본이다. 단 1명도 찬성하지 않으면 설
득 · 학습을 통해 OK 할 때까지 기다렸다. 후술할 정기차지권이라 불리
는 소유 · 활용의 역할분리도 제도화했다. 개발이후의 지대상승이 평준화
되도록 제도로 묶어둔 것이다. 길게는 마을만들기를 지향했다. 상점가이
지만, 정주확립을 위해 콤팩트시티처럼 다양한 주민욕구를 실현해냈다.

소멸 위기의 지방도시는 어떻게 명품도시가 되었나?

결국 관민협치로 시작했으나, 거주·상업이해와 연결된 주민합의체로 주도·결정권을 넘겨준 것이다. 이로써 활성화는 전원참여·전체동의로 구체화됐고, 떠났던 주민·상인·고객이 되돌아왔다.

도시인구는 2014년까지 늘었지만, 마루가메는 달랐다. 버블붕괴와 함께 1990년대부터 상권쇠퇴의 충격에 휩싸였다. 고도성장이 한창이던 1980년대 중반만 해도 상점가의 일평균 통행량은 3만 8,000명에 이를 정도로 활기가 넘쳤다. 젠트리피케이션을 염려할 만큼 토지가격은 급상승했다. 장사는 됐지만, 눈앞의 이익을 위한 상인과 건물주의 충돌도 컸다. 염려대로 버블이 깨지면서 부동산가격은 정점대비 1/10까지 추락했다. 불황이니 장사조차 별로였다. 정반대의 이해충돌이 발생한 것이다. 상인은 떠났고 점포는 비었다. 손님은 발길을 끊거나 줄였다. 마루가메상점가의 8개 세부권역(2.7km)의 통행량은 휴일은 1989년, 평일은 1995년부터 급감했다. 위기감은 본격화됐다.

악재는 동시다발로 찾아온다. 쇠퇴원인 중 상당수는 외부변화가 던졌다. 1988년 시코쿠섬과 본섬을 잇는 세토오하시瀬戸大橋의 개통이 대표적이다. 본섬과의 교통불편이 해소됨으로써 공고했던 독점상권의 보호막은 옅어졌다. 거대자본의 경쟁력을 두루 갖춘 본섬에서의 쇼핑만족도가 높았던 것이다. 일명 '대점법'[2] 폐지도 큰 충격을 안겼다. 법률로 중소상권을 보호해주던 안전장치가 사라진 것이다. 교통편리를 앞세워 거대자본이 아예 대놓고 진출해왔다. 이후 대형쇼핑몰의 교외진출은 앞다퉈 진행됐다. 자차보급과 가족구성 변화까지 본격화되면서 중소도시 중심상권의 경쟁력

자료: 街元気, '地権者が自ら描き, 具現化する「まちづくり構想」', 2012.03.09, p.2.

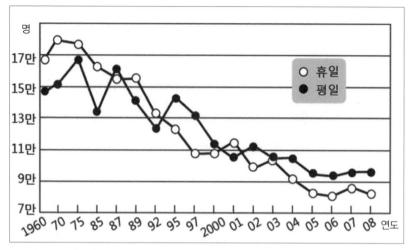

■ 다카마츠시 중앙상점가 통행량 추이

자료: 高松丸亀町商店街振興組合 (2021), '高松丸亀まちづくり戦略', p.18

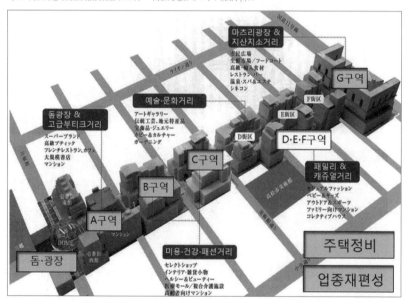

■ 다카마츠 마루가메상점가 이미지

소멸 위기의 지방도시는 어떻게 명품도시가 되었나?

은 급격히 약화됐다. 시가지가 아닌 외곽거주가 차별적인 라이프모델로 자리 잡은 것이다. 1970년대 약 1,000명이던 마루가메 주민은 A구역(1번가) 재개발 완성 직전인 2005년에는 75명까지 격감했다.[3]

현실은 냉혹했고, 미래는 암담했다. 활로가 절실해졌다. 훗날 열도가 주목한 중심상점가 부활모델은 이렇게 시작됐다. 먼저 이들은 앞서 1988년 마을조성 400주년 기념식 때 정한 재개발 프로젝트에 주목했다. 157개 점포(중복포함 104명)를 중심으로 한 진흥조합이 던진 '100년 후 마루가메상점가가 지금처럼 존속할까'에 대한 해답으로 택한 재개발안을 면밀히 살펴본 것이다. 원안을 받아들이되 달라진 시대변화를 넣기 시작했다. 상점가를 일률적으로 재개발하지는 않기로 했다. 주민자치회별 구획을 A~G로 나눠 A구역부터 순차적인 재개발을 결의했다. 이후 재개발의 파급효과를

연도	내용
1949년	마루가메마치 협동조합 설립
1963년	마루가메마치 진흥조합으로 변경
1972년	마루가메마치 부동산 주식회사 설립
1974년	주차장 경영 시작
1990년	상점가 재개발 계획 설계 도쿄위원회 결성
1995년~1997년	A구역 재개발 사업계획 설계
1998년	마을만들기회사 설립
2006년	A구역 준공
2009년	B·C구역 준공
2012년	G구역 준공

■ 마루가메상점가 재개발 경위

면밀히 분석하면서 그 다음 구획으로 넘어가는 연쇄적인 재개발안을 선택했다.

이유는 단순했다. 지역에 특화된 자율·독립적인 재개발 때문이다. 인구규모가 큰 도시에서 재개발을 할 때는 도시재생법에 따른 도시재개발사업에 해당된다. 즉 행정개입의 여지가 커 한계가 뒤따른다. 이해당사자인 주민주도형 마을만들기는 제한적일 수밖에 없다. 때문에 진흥조합은 조합원이 추진주체가 되는 재개발을 원했다. 외압에 휘둘려 실패한 선행사례를 봐왔기 때문이다. 행정도 받아들였다. 응원하되 개입은 최소화하는 길을 택했다. 필요할 때에 한정해 행정자원을 투입했다.

덕분에 마루가메상점가는 독특한 사업성과를 확보했다. 당장 떠났던 상인·주민이 다시 상점가로 모여든다. 큰 점포를 쪼개 비용부담을 줄이니 청년창업의 메카로 알려졌다. 지자체로서도 상권부활은 세수확보로 연결돼 고무적이다. 재정 건전화다. 콤팩트시티답게 차 없는 도보권 생활거리를 실현함으로써 공공교통·환경부하에도 도움을 줬다. 초고령사회를 반영해 다수주민의 생활욕구인 의료·간병체계도 상점가에 구비했다. 이를 총칭해 복지 의식주医·食·住형 마을만들기라 부른다. 영향력은 확대된다. 마루가메형 재개발은 유사환경에 놓인 기타지역에 수출되기 시작했다.

소멸 위기의 지방도시는 어떻게 명품도시가 되었나?

참석하되 발언하지 않는
행정지원

연구팀은 먼저 시의 청사를 찾았다. 지역활성화를 규정하는 그랜드디자인에 대해 듣기 위해서다. 사전교류에서도 담당자는 마루가메상점가를 모범사례로 추천했다. 행정역할이 더 궁금해졌다. 주민주도로 알려진 마루가메모델을 행정은 어떻게 규정·평가하는지가 의문이었다. 단순명쾌한 단어가 되돌아온다. "행정은 옵저버Observer 역할"이라는 것이다. 옵저버란 참관인을 뜻한다. 참석하되 발언하지 않는, 존재하되 드러나지 않는 역할이다. 두고두고 무릎을 치게 만든 이 키워드는 지역활성화의 기본원칙 중 하나이다. 수많은 지역현장에서 확인한 성과창출의 공통분모다. 반대로 행정이 처음부터 끝까지 다한 사업치고 제대로 된 결과는 보기 어렵다. 담당자의 말이다.

"지자체는 거들어주는 역할에 머뭅니다. 물론 규모가 큰 개발은 시가 건물규제를 하면서 구체적인 마스터플랜을 제시하죠. 규제와 예산을 통해 지도할 여지가 많습니다. 하지만 마루가메의 경우 다카마츠시 전체에서 보면 작은 면적이라 행정개입을 최소화하고 진흥조합이 독자적으로 정했습니다. 다시 말해 "이렇게 하세요"란 말이 마루가메에는 원래부터 필요없었죠. 관계는 돈독하지만, 옵저버일 뿐입니다."

말은 그렇게 했지만, 뜯어보면 마루가메 사례는 행정과 민간이 본연의 역할과 적절한 협력을 했기에 가능했다. 시당국의 브리핑을 종합하면 행정은 다카마츠가 처한 한계돌파를 위한 밑그림을 그렸고, 민간은 이를 토대로 자신만의 채색작업을 진행했다. 공통점은 재개발뿐이다. 즉 지자체는 재개발을 통한 창조형 콤팩트시티를 도입했다. 다만 또 다른 모범사례인 도야마의 콤팩트시티와 달리 관민협치를 지향하되 처음부터 민간의탁에 가까운 접근을 했다. 도야마가 행정주도 속 상권파트에 집중해 민관출자형 주민조직과 협치했다면, 다카마츠는 외곽에서 주민주도형 재개발을 지켜보는 형태였다.

때문에 마루가메의 경우 주민욕구에 더 친화적인 사업진행이 가능했다. 이를 상점가는 '생활의 재생'이라 부른다. 지금은 모범사례로 평가되지만, 민이 내걸고 완성해낸 '생활의 재생'을 관이 품어안고 인정하기에는 지난한 관민갈등도 있었다. 생활의 재생이란 단순한 재개발이 아닌 병원·공영버스·시장직거래·소공장·소점포·시민광장 등 생활전반에 필요한 수요자체를 재구성했다는 의미다. 상점가의 한계를 딛고 생활공간으로 거듭나도록 '물건 → 생활'로 공간자체를 바꿔버리는 아이디어다. 그래야 심각한 문제였던 빈 점포가 해소되고 발걸음이 잦아지며 상점가도 되살아난다고 봐서다.

관이 보기엔 불편할 수밖에 없다. 상권이슈만 건드리면 괜찮은데 생활의 재생을 내세워 공공영역까지 침범한 불경죄(?)의 혐의가 짙다. 작은 범위일지언정 재개발에는 공유지 등 행정개입과 공공역할이 있게 마련인데 무시당했다는 반발이 생겨날 수 있다. 관의 입장에서는 이익집단이 규제완화를 내세워 공유자산을 휘두른다고 볼 수 있다. 그렇다면 과도한 행정개입만큼 탐욕의 민간주도가 시장실패를 낳을 수도 있다. 지금처럼 행정이 옵저버로 머무는 관민협치가 만들어지기까지는 십수 년이 걸렸다. 지자체는 초기단계의 출자원조를 빼면 단순한 제언과 정보제공에 한정해 움직인다. 협치대상인 아이디어도 '관 → 민'보다는 '민 → 관'의 상향식 의제설정이 일반적이다.

실제 그 과정은 어려웠다. 일례를 보자. 진흥조합은 A구역의 심볼인 돔과 마주보는 동관·서관의 2층·3층을 연결하는 통로를 계획했다. 통로가 확보되면 에스컬레이터나 엘리베이터를 줄일 수 있다. 그러나 상점가의 도로는 시유지다. 도로 위 건물들을 연결하는 통로작업은 결국 인정되지 않았다. 재개발 특구를 신청해 통로의 필요성을 설명했지만, 인가를 받는 데만 3년이 걸렸다. 특히 A구역은 구상에서 재개발이 이뤄지기까지 무려 16년이나 소요됐다. 소유권자의 전원동의에 4년을 소비했고, 나머지 12년

215

CHAPTER 04 몰락 상점가 마루가메의 드라마틱한 변신

은 법률 및 전례와의 고단한 싸움에 쓰였다. 돔이 있는 광장을 넓히기 위해서도 행정과 길고 긴 협의를 해야 했다. 이후에 만난 진흥조합 관계자의 말이다.

"재개발을 시작하기 위한 계획단계에서부터 다카마츠시청은 저항세력이었습니다. 계획을 아무리 설명하고 설득해도 헛소리라고 취급받을 뿐이었죠. 공고한 벽을 보고 말하는 비참한 기분이었습니다. 지금은 그나마 관계가 좋아졌지만, 한때는 너무 실망이었죠."

대관 설득의 장벽보다 힘들었던 건 사업참여자였다. 재개발이 모두를 위한 최선책임을 설명하기란 녹록찮았다. 이는 2006년 A구역의 재개발 건물이 오픈된 후 성과가 확인되면서 본궤도에 올랐다. 이듬해 돔 광장까지 완공되자 사람들이 찾아오기 시작했다. 적잖은 이들이 헛소리라고 비난했던 비전이 현실로 이뤄진 것이다. 이해관계자의 동의는 A구역의 샘플로 힘을 얻었다. 소유권자는 땅을 그대로 지켜냈고, 주민은 더 편리한 상점가로 이사하며 만족도가 높아졌다. 부실을 걱정했던 은행은 상점가의 재생성과로 이익확보를 실현했다. 지자체도 눈에 띄는 세수증가로 정당성을 확보했다.

이후 사업은 속도를 냈다. B구역은 4년, C구역은 2년만에 리모델링에 성공했다. 이는 다른 구역의 토지소유자 및 행정에도 연쇄적인 긍정반응을 불러일으켰다. 2012년 G구역까지 재개발 후 개장하면서 순차적인 사

216

업스케줄에 맞춰 프로젝트가 완성됐다. 물론 아직도 손볼 곳은 많다. 2019년 C구역에 클리닉이 개설되는 등 추가적인 소프트웨어의 완비는 계속 진행된다. 일단락이 됐을 뿐 재개발은 현재진행형인 셈이다. 주민주도형 상권부활을 받아들인 행정은 지지세력으로 변했다. 민간제안의 마을만들기 도시계획을 적극적으로 흡수해 성과창출에 힘을 보탠다.[4] 한 공무원의 말이다.

"마루가메상점가의 제안을 받아 A구역 거리 중 약 1.5ha를 도시재생특별구역으로 정했습니다. 건물높이, 고도제한, 벽면위치 등의 제한사항을 없앴죠. 건축기준법에 따른 경사제한 적용도 제외하는 등 진흥조합이 재개발을 잘할 수 있도록 했습니다. 건물고층부에 만든 주거주택이 좋아지도록 한 것이죠. 시는 정보와 법률 등을 통해 측면에서 지원합니다. 옵저

자료: 高松市(2016), '高松丸亀町商店街A街区市街地再開発事業【資金計画】', p.13

국토교통성 시가지 재개발사업 사업주체: A구역 재개발 조합		경제산업성 전략보조금, 고도화자금 사업주체: 마루가메마치 1번가 주식회사		
보조금	2,817 (정부 1,439) (가가와현 689) (다카마츠시 689)	①보류상 취득비	− 전략보조금	① 2,090 ② 112 828 (정부 475) (가가와현 213) (다카마츠시 140)
전출토지	395			
보류상 처분	3,712 − 주택처분　938 − 권리자증상 외(権利者増床他)　684 − 공동출자회사　2,090	②개업비	− 고도화자금 − 시중은행 − 임대보증금 − 자본금 · 회사채	860 213 228 73
합계	6,924	합계		2,202

▬ 마루가메상가 A구역 재개발사업(자금계획) (단위: 백만 엔)

현행법과의 조정사례(동관과 서관을 연결하는 다리)

버 행정이라 불러도 좋겠죠."

옵저버라 했지만, 행정은 사업추진에 큰 힘이 됐다. 주도·결정권은 민간에 줬지만, 도시미래의 밑그림에 맞춰 사업초기 예산지원을 해줬다. 이는 현·시가 힘을 합쳐 도시재생긴급정비지역으로 지정받게끔 중앙정부를 설득한 것과 함께 중요한 행정역할이다. 덕분에 별도의 중앙재원까지 받아낼 수 있었다. 즉 소유·활용을 분리한 정기차지권定期借地権[5]을 채택해 소관부처 국토교통성의 사업지원비를 획득했다. 중앙·광역·기초 등 행정층위 전단계에서 지원기준에 맞춰 가용재원을 끌어낸 셈이다.

정기차지권은 사업비용도 절감했다. 토지·건물을 분리해 토지를 장기 임대하고, 건물만 소유하기 때문이다. 즉 토지가격의 미반영으로 초기경비가 줄어든다. 재개발로 새로 생긴 지대를 처분해 사업자금에 충당한다. 사업이전 소유토지는 권리자에게 주어지고, 약 20~30%의 보증금과 토지 임대료를 받는 구조다. 토지임대를 통해 토지·건물 모두 분양받는 경우보다 가격이 떨어질 수밖에 없다.[6] 대략 일반분양 때 4,000만 엔 값어치라면, 정기차지권을 적용할 때 2,500만 엔만으로 충당된다고 알려졌다. 세입자는 장기점유가 가능해 안정성을 높이고, 소유자는 비용절감으로 새 건물을 소유할 수 있어 일석이조다. 물론 임대기간이 길어질수록 소유자의 재산가치는 떨어진다. 다만 장기임대를 통한 불확실성의 감소와 안정적인 임대수입이 이를 벌충해 약점보완이 가능하다.

100% 합의를 고집한
사업 리더

주지하듯 재개발은 이해관계가 복잡하다. 초기갈등으로 대립했던 행정부터 소유자·상인은 물론 주민·조직까지 수많은 이들이 개입한다. 작은 사업일지언정 비용부담과 지대배분에서 마찰은 자연스럽다. 비용만 해도 행정예산부터 민간출자·개인부담 등이 얽히고, 공유자산의 운영관리도 부딪힌다. 멀리 갈 필요도 없는 것이 한국만 해도 재건축·재개발 현장에서 자주 목격되는 대결구도다. 마루가메도 그랬다. 상권부활을 통한 정주완성형 재개발을 내세웠기에 전체합의를 이끌어내는 과정은 쉽잖았다. 대타협을 통한 관민협치·민민합의는 수많은 설득과 조정과정을 거쳐야했다.

이때 필요한 건 전문성과 이해성을 갖춘 키맨의 존재다. 마루가메에는

소멸 위기의 지방도시는 어떻게 명품도시가 되었나?

협치를 성공시킨 합의형성의 주역이 있었다. 시당국과 회의 후 만나 긴 시간 동안 브리핑과 현장안내를 해준 진흥조합 이사장 후루카와 야스히로 古川康宏[7]가 대표적이다. 현장방문 후 2021년 현재 상황변화·추가자료를 위한 화상회의 때도 현직으로 적극 응대해줬다. 지역에 대한 애정과 열정은 대단하다. 대학졸업 후 오사카에서 근무하다 26세에 귀향해 상점가의 부친점포를 물려받았다. 가업인 전기상점에서 청춘을 보냈기에 상점가의 번영과 쇠퇴를 몸소 체험했다. 자연스레 상공회의소에 합류하며 상점가의 미래를 고민하기 시작했다. 부친의 동급생인 진흥조합 이사장(가니와 유키오·鹿庭幸男)의 권고로 본격적인 조합업무를 다뤘다. 이때 합의의 필요·취지를 배웠다고 회고한다. 이후 후루카와는 합의형 리더십을 익히며 사업을 성공시켰다. 그의 리더십을 평가한 한 보고서[8]의 내용이다.

'그는 대결보다는 합의 형성형이다. 이런 리더의 성격을 보면 결국 일치단결하는 게 경제적 합리성이 높다고 일반화할 수 있다. 이전에는 다카마츠시에 있는 8개 상점가 상인들 모두가 서로 적대시했다. 그러나 후루카와가 진흥조합 이사장으로 취임해 중앙상점가 진흥조합연합회에 들어가자 마루가메상점가와 다른 상점가도 협력하기 시작했다.'

합의형성을 강조한 보고서는 후루카와의 청년회의소 활동에 주목한다. 그가 공公·共의 정신과 사고방식을 익힌 것이 청년회의소 활동시기인 까닭이다. 사적권리보다 공적이익을 우선하는 게 결국 본인이익으로 되돌아

CHAPTER 04 몰락 상점가 마루가메의 드라마틱한 변신

온다는 걸 배운 때다. 청년회의소가 공동체를 위한 가치 · 공존 등에 대해 주로 학습 · 활동하기 때문이다. 공공의 정신으로 다종다양한 이해관계자와 행정 등 교제범위를 넓히니 자연스레 익힌 것이다.[9] 실제 일본의 상공회의소는 로비단체 · 이익집단이라기보다 동네이슈에 깊게 개입하는 거점형 중간조직으로 활동한다. 지역미래 · 동네리더를 배출하는 역할이다. 그들만의 이슈를 넘어 공공활동을 통해 지역활성화의 유력주체가 되도록 운영한다.

그에 따르면 재개발은 한계돌파를 위한 승부수였다. 하지 않으면 안 될 절체절명의 당면과제였다는 것이다. 그만큼 선택의 여지는 없었고, 소멸의 위험은 높았다. 위기감은 버블경제가 한창일 때로 거슬러 올라간다. 부동산이 급등하면서 마루가메상점가도 유지불능에 빠졌다. 급등한 임대료로 기존상인은 점포를 떠났고, 그 공간에 자본력이 탄탄한 고급브랜드가 물밀 듯 들어왔다. 다양성과 생활성이 사라진 획일적 자본거리가 된 것이다. 와중에 교외에는 이온 · 미츠코시 · 소고 등 대형유통망이 진출했다.

충격은 일상생활을 떠받쳐준 소소한 영세점포부터 시작됐다. 생선 · 야채 등 식품부터 생활잡화를 다루던 점포가 줄폐업에 직면했다. 아기자기한 생활상권의 붕괴였다. 저가로 생필품을 사던 주민도 생활이 힘들어졌다. 통근고객은 물론 이곳을 찾던 주변수요도 떠났다. 편리하고 현대적인 대형유통점에 비해 낡고 퀴퀴한 구상점가는 비교열위에 빠졌다. 광장 · 벤치 등 쉬어갈 공간 등 기반시설도 부재했다. 버블붕괴 후는 더 악화됐다. 자본공세는 강해지고 버텨낼 에너지는 급속히 사라졌다. 변하지 않으면 안 됐다. 계속해서 자본에 휘둘리면 작게는 상권이, 크게는 동네가 망할 것이라 봤다.

위기는 관심과 참여를 낳는 법이다. 다양한 이해관계자가 후루카와의 고민과 대안에 귀기울이기 시작했다. 본인·점포는 당장 위기에서 비켜서도 곧 몰락충격에 휩싸일 것이란 공멸인식이 퍼졌다. 소유자부터 달라졌다. 높은 임대료를 내세운 고급브랜드의 입점요청을 마냥 반길 수만은 없었다. 버블붕괴로 순식간에 빠져나가는 사례를 봤기 때문이다. 이들을 위해 점포숫자를 줄이고 매장면적을 넓혔는데, 폐점한다니 공실압박이 상당했다. 대형자본의 비용대비실적형 비즈니스 모델답게 일하던 직원도 급감했다. 지자체도 곤란해졌다. 상권악화로 세금수입이 정점대비 1/10이나 줄었다. 후루카와의 말이다.

"상권이 붕괴되고 점포가 비어가자 일반소비자는 물론 정주주민까지 떠나기 시작했죠. 대형쇼핑몰은 나날이 커졌어요. 그렇다고 행복하지도 않습니다. 대형쇼핑몰의 경제수익은 지역에 남지 않고 모두 본사로 들어가잖아요. 고용·소비가 머물던 지역경제가 성과유출의 악순환에 직면했죠. 문제와 파장을 살펴보니 이는 마루가메만의 이슈가 아니었어요. 상권재생만으로 해결되는 차원이 아니었죠. 그래서 마을주민이 되돌아와 생활하는 커뮤니티를 재구성하는 '생활의 재생'에 주목했습니다. 특히 고령자도 차량 없이 걸어다니며 사는 압축적인 콤팩트시티를 재현하고자 했죠. 생활쇼핑과 의료시설을 주거공간과 함께 두는 개념이죠. 타깃으로 하

위 | 진흥조합 간판
아래 | 후루카와 진흥조합 이사장의 설명장면

는 사회적 약자가 살 만한 동네여야 한다고 봤어요. 고령자, 장애인, 학
생, 독신자 등이 안전·안심이 보장된 마을중심에 모여사는 아이디어죠."

상점가가 먼저 콤팩트시티를 제안하기란 쉽잖다. 역시 기반정비가 전제

소멸 위기의 지방도시는 어떻게 명품도시가 되었나?

돼 지자체의 도시계획과 맞물리기 때문이다. 아이디어는커녕 실행능력조차 민간단위가 전담하기에는 역부족의 대형과제다. 하지만 마루가메는 달랐다. 힘들겠지만, 못 할 것도 없다는 입장이었다. 주민복지를 마을재생에 넣다보니 자연스레 떠오른 개념인데, 이것이 밖에서는 콤팩트시티로 불릴 뿐이었다. 장기간에 걸친 학습과 논의의 산물이었다. 실제 후루카와를 중심으로 학습조직이 일찍부터 움직였다. 상점가·상권과 관련된 조사·연구를 축적했다. 특히 실패사례로부터 배우자는 방침이 유효했다. 선행샘플·전문그룹을 적극 활용했다. 진흥조합이 만든 도쿄위원회[10] 등에서 관련학습을 반복했다. 구하니 길은 생겨났다. 정기차지권·도시재개발법 등 제도·정책을 활용해 재원·규제 등 한계를 극복했다. 구체성이 확보되니 합의형성은 쉬워졌다. "최대한 얻어낼 건 얻어내고 위험을 최소화하니 합의진척도 빨라졌다"라고 밝힌다.[11] 불확실성이 줄자 관심·지지는 급속도로 100% 합의로 연결됐다.

CHAPTER 04 몰락 상점가 마루가메의 드라마틱한 변신

실패 사례의 반면교사부터
집중연구

뭔가 다른 접근은 힘들지만 유효하다. 평범한 방식에서 생겨날 위험을 줄여준다. 물론 대다수가 동의한 100% 합의형성이라는 허들을 넘을 때 가능하다. 지난한 시간·노력으로 이를 돌파해낸 마루가메 사례가 주목받는 비결이다. 진흥조합은 혁신에 익숙하다. 발상의 전환을 유력한 재생원칙으로 삼은 결과다. 이를 위해 먼저 실패사례로부터의 반면교사에 집중했다. 실패에서 배우자는 차원이다. 전국의 재개발 실패사례를 축적해 분해했다. 그 결과 커뮤니티 부재, 행정주도, 일률적 재개발 등 일정한 실패원칙을 찾아냈다. 가령 개발 디벨로퍼에게 사업을 통째로 맡겨 대형점포를 유치했지만, 곧 실적저조로 철수하는 실패경로가 많았다. 후카가와의 설명이다.

"중심시가지의 쇠퇴는 대개 재개발이 최선책이라 여겨지죠. 특히 중심 상권인 중앙역세권이 나빠지면 행정이 먼저 재개발에 나서게 됩니다. 이후 토지가격의 상승이 기대되면서 신규빌딩에 임차인을 유치하죠. 문제는 재개발의 하청화입니다. 개발자는 임차인을 유치해 이익을 챙긴 후 지역에서 사라집니다. 임차인은 수익이 나빠지면 곧 철수할 수밖에 없죠. 그렇게 되면 역앞의 새 건물조차 빈 빌딩으로 전락합니다. 이때 행정이 또 나섭니다. 공공시설로 대체하죠. 이 과정에서 새로운 비공식적 유착·로비가 생겨납니다. 민간이 빠지면서 효과는 없고 예산만 쓰이게 되어 지속가능성은 악화돼죠."

다음 교훈은 새로운 개발방식의 필요로 요약된다. 중핵도시조차 인구감소·상권침체를 피하기 힘든데 평범한 개발모델로는 상황돌파가 어렵다고 봤다. 대부분 지방권역 재개발이 실패한 것도 익숙한 방식을 따른 결과란 입장이다. 때문에 마루가메는 정기차지권이라는 생소한 개발방식에 주목했다. 토지의 소유권·이용권을 분리한 방식이다. 과감하게 사적소유권을 공적소유권으로 전환한 것이다. 이를 위해 진흥조합은 토지소유권자들을 설득해 공동출자의 주식회사를 만들었다. '다카마츠 마루가메마치 1번가 주식회사(이하 1번가 주식회사)'다. 단일창구를 만들어 전체 동의하에 토지를 양도하고 60년 후에 되돌려받도록 합의했다. 1번가 주식회사는 돈 없이 땅을 받아 초기비용을 제로로 만든 것이다. 땅을 양도했지만, 소유권리는 개별주인이 갖기에 금전손해는 없다.

행정을 활용하되 민간이 주도하는 재개발도 특징이다. 대부분 실패의 공통분모인 행정주도에서 비켜선 것이다. 여기엔 초기대립에서 배운 행정의 양보·배려도 한몫했다. 정기차지권이란 새로운 개발방식으로 비용절감에 성공한 것도 컸다. 행정이 쥐락펴락하는 재원한계를 자체모델로 넘어섰기 때문이다. 진흥조합과 함께, 1번가 주식회사는 다카마츠시가 공동출자로 설립한 제3섹터(민관출자)를 만들었다. 사업주체인 마을만들기회사 高松丸亀町まちづくり株式会社에 운영권을 위탁한 것이다. 이때 행정개입의 최소화를 위해 출자비율을 차별화했다. 진흥조합(95%), 다카마츠시(5%)로 제한해 주민주도성을 높였다. 대개의 마을만들기회사는 공익성이 높기에 영리법인으로 운영하면 추후 사업파산 때 책임소재가 쟁점거리로 부각된다. 마루가메는 이를 95% 민간지분으로 출자해 당사자성을 높였다. 책임도 분명하게 지겠다는 의지다. 재개발의 권리·의무의 명확화다. 그의 설명이다.

"대부분의 제3섹터는 51% 이상의 주식을 행정이 출자합니다. 행정주도의 재개발이 이뤄질 수밖에 없는 구조죠. 당연히 의사결정은 늦어지고 주민의 당사자성은 약화됩니다. 공공성을 내세웠는데 실제 주민의견 반영은 안 되는 형태죠. 책임을 안 지려는 행정이 발 벗고 나설 이유도 별로 없고요. 돈 많은 일부 지역유지와 자본논리가 횡행합니다. 또 성과가 필요한 행정으로서는 하드웨어에 집중하죠. 마을에 살아가는 다양한 사람들을 위한 소프트웨어는 고려되지 않습니다."

소멸 위기의 지방도시는 어떻게 명품도시가 되었나?

자료: まちなか再生ポータルサイト, http://www.furusato-zaidan.or.jp/machinaka/project/casestudies/kagawa01.html(검색일: 2021.08.20)

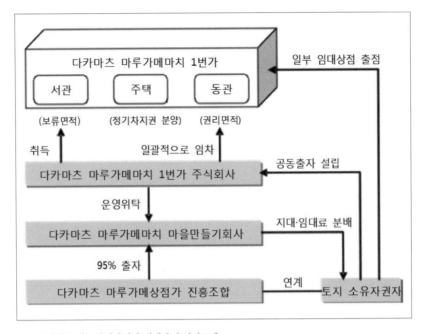

■ 다카마츠 마루가메상점가 재개발 운영시스템

민간사업일수록 넘어야 할 장벽은 높다. 행정이 나설 때는 손쉬운 것도, 자원동원력이 약한 민간이 주도하면 그 자체가 한계로 다가온다. 규제허들이 대표적이다. 이를 풀고자 마루가메는 사업주체인 마을만들기회사의 문턱을 낮췄다. 즉 연계할 수 있고, 도움이 될 수 있는 모든 네트워크를 총동원했다. 당장 행정을 연구했다. 행정특유의 분할주의 · 부처주의의 폐해라 할 수 있는 기능하기 힘든 다양한 제도를 횡적으로 연계시켰다. 마루가메를 중심에 두고 중앙정부 · 현정부 · 지방정부 모두의 정책을 매트릭

CHAPTER 04 몰락 상점가 마루가메의 드라마틱한 변신

스처럼 분해해 활용여지를 엮어냈다. 여기에는 도쿄위원회 등 전문그룹도 큰 기여를 했다. 정기차지권이란 제도도 이 과정에서 알게 됐다. 마루가메가 일본최초로 정기차지권을 실행한 곳이 된 배경이다. 더불어 다양한 의견을 들었다. 마루가메가 지닌 소중한 자산을 재발견·재검토하기 위해서다. 기반시설을 연계해 큰돈 없이 생활이 재생되고 강화되도록 아이디어를 모았다. 그 결론이 콤팩트시티였다. 반대도 많았지만, 설득으로 합의에 도달했다.

네트워크로서의
도쿄위원회와 리더십

학습은 공감을 이끌어내는 훌륭한 장치다. 마루가메는 1990년부터 30년에 걸쳐 수시로 공부하고 분석한다. 마루가메가 내건 어떤 키워드도 몇몇의 선점이슈가 아닌 상권전체의 이해관계자가 동의한 작품이다. 시간은 걸려도 커뮤니티의 공감이 없으면 배가 산으로 간다는 실패경로의 학습결과다. 어디서 어떻게 시작해야 할지 방향과 동의가 없을 때, 공론의 장으로서의 학습조직은 필수불가결하다. 극히 제한적인 몇몇이 '일을 위한 일'로 지역활성화를 다루는 폐쇄·관성적인 기존방식은 곤란하다.

마루가메는 밀실결정을 경계한다. 때문에 묻고 또 묻고, 듣고 또 듣는다. 생활의 재생이란 키워드는 상점가의 상인대상 설문조사에서 추출된 합의다. 지금도 합의를 위한 현장의견은 최대한 공을 들여 묻고 듣는다. 과반수도 허용하지 않는다. 최후의 1인까지 동의하지 않는 프로젝트는 참고 기다린다. 동시에 투명한 정보와 꾸준한 설득은 전원합의를 도와준다. 주민주도성이 체화된 비결이다. 객관적 판단기준을 위해 외부조언도 상시 채널로 완비했다. 도시계획가부터 정책당국자까지 초빙해 의견을 구한다. 도쿄위원회라는 거대한 전문가 네트워크는 이렇듯 구성됐다. 도쿄위원회는 선례가 없는 거액의 비용까지 지불하며 내로라하는 대표전문가를 우군으로 삼았다.[12]

진흥조합은 중간전달조직에 가깝다. 상점가의 바닥민심과 외부의 프로 의견을 적절히 전달·조정하는 역할을 했다. 일방적인 훈수가 아닌 쌍방향의 조율을 중시했다. 현장의견은 숱한 공부모임에서 탄탄해졌다. 1990년 재개발이 협의된 후 A구역 완성시점인 2006년까지 약 1,000회 이상의 공부회를 가졌다. 토지소유권자 30여 명을 위시해 조합원·주민 등이 주 1~2회 만나 공부했다. 그 결과를 도쿄위원회에 상정해 논의를 고도화했다. 도쿄위원회 의견·제안도 그대로 받아들이지 않는다. 개별현장과 이론경험은 부딪히게 마련이라 최선의 타협책으로 가성비를 높였다.

진흥조합의 변신은 계속된다. 탄탄한 네트워크와 반복된 합의구조는 진흥조합을 넘어서는 새로운 조직을 필요로 했다. 재개발의 실질적인 실행 주체로 진흥조합과는 다른 신규조직을 구상한 것이다. 앞서 언급한 마을만들기회사가 그렇다. 민관출자의 제3섹터로 재개발의 중심이 되는 실행 주체다. 행정지분을 최소화하는 대신 일찍부터 상공회의소(청년회)와 주민

소멸 위기의 지방도시는 어떻게 명품도시가 되었나?

자치단체(쵸나이카이)로 끈끈한 관계를 설정한 이들이 대거 참여했다. 진흥조합이 부동산을 전면에 내건 재개발사업을 할 수는 없어서다.[13] 제도극복차원이다. 이후 정기차지권이 사업모델로 채택되자 마을만들기회사는 재차 1번가, 2번가 등의 구역별주식회사로 세분화됐다. 비유하면 진흥조합은 지주회사, 마을만들기회사는 사업회사, 1번가 등은 사업자회사에 해당한다. 후루카와의 평가다.

"좀 복잡해 보이나, 다양한 조직으로의 신설·확산은 큰 자신감이 됐습니다. 불리한 제도조건을 해결하고자 스스로 변화한 결과이기 때문이죠. 중첩이라 여겨지지만, 엄밀하게는 추진주체가 실효성을 위해 역동적이고 횡단적으로 네트워크화된 겁니다. 이 경험은 재개발 이후 새로운 조직과의 관계설정에도 도움이 됩니다. 진흥조합만의 폐쇄적인 결정이 아니라 직거래상인은 물론 소상공인·지역주민과 눈높이를 맞춰 얘기할 수 있기 때문이죠."

네트워크는 늘 중심이 있다. 구심력과 원심력의 적절한 긴장관계는 중심이 있기에 비로소 가능해진다. 마루가메는 사업전반에 정통한 리더십이 존재했다. 동시에 각각의 세분화된 위치·역할로 의견을 통일하는 중심적인 인적자원으로 기능한다. 가령 후루카와는 2세대 점포경영자로 현재 진흥조합을 주도한다. 2012년 사망한 가니와 전 이사장이 키워낸 인물이다. 100년 이후에도 살아남는 상점가를 위한 선배세대의 고민·경험을 전수

받았다. 일찍이 상공회의소 청년회를 중심으로 젊은 인재를 길러내고 능력을 발휘하도록 했기에 탄탄한 중장년그룹이 포진할 수 있었다.

아카시 데루오明石光生는 현재 진흥조합 상무이사다.[14] 후루카와와 함께 마루가메의 재건 전사로 불린다. 상점가의 시련에 좌절한 경험을 체험함으로써 상권부활 없이 미래는 없다는 것을 배웠다. 2006년 부친에게 물려받은 구두점포를 우동가게로 바꿨다. 아들과 우동명가를 만들기 위해 노력 중이다. 값싸게 먹을 우동집 하나 정도는 있어야 한다는 문제의식에서 나온 변신실험이다. 처음에는 후루카와의 마을만들기를 '망상'이라 했지만, 곧 의기투합해 함께 망상을 실현하고자 열심이다. 상무답게 대외홍보 활동은 물론 마루가메의 커뮤니티에 각별한 애정을 쏟는다.

또 한 명 뺄 수 없는 리더십은 사이고 마리코西郷万里子다.[15] 원래 마루가메와는 일면식조차 없는 인물로 전문가 네트워크인 도쿄위원회를 통해 인연을 맺었다. 외부인재인데, 지금은 도쿄위원회의 중추적 인재가 됐다. 도시계획전문가로 A구역 재개발은 물론 B·C구역의 소규모 연쇄형 재개발 프로젝트를 주도했다. 전문지식을 활용해 실행사무부터 건축설계·감리 등은 물론 개발방식까지 총괄한다. 나가하마시長浜市 구로가메黒亀 재개발로 유명해진 이후 마루가메에 합류했다. 일본 최초로 정기차지권을 통한 개발방식을 마루가메에 실현한 일등공신 중 한명이다.

소멸 위기의 지방도시는 어떻게 명품도시가 되었나?

신의 한 수였던
정기차지권

지대추구와 이익배분은 재개발의 최대
이슈다. 이익이 클수록 갈등은 거세다. 버블붕괴의 일본조차 토지신화는
완전히 사라지지 않았다. 언젠가는 좋아질 것이란 기대감이 상존한다. 과
소농촌은 몰라도 마루가메처럼 중소도시만 해도 빈 점포로 둘지언정 손
해 보고 처분하지 않으려는 심리가 적잖다. 당장 팔 만큼 절실하지 않다
면 두고 보자는 식이다. 특히 재개발처럼 사업 이후의 새로운 기회가 있
다면 더 그렇다. 후루카와는 한 칼럼에서 토지를 둘러싼 답답함을 이렇게
설명했다.[16]

'일본경제를 혼란스럽게 하는 것은 토지문제다. 일본경제를 근본적으로

다시 재건하기 위해서는 토지문제의 해결이 필수라는 학설이 오래전부터 존재한다. 전후 농지개혁은 좋은 정책이었지만, 이로써 일본인의 토지애착도 강해졌다. 그럼에도 시대는 변했다. 전국의 지방도시 중심상점은 사회배경과 상업환경의 큰 변화로 문을 닫고 있다. 이는 지방도시의 세수를 압박하는 큰 요인이기도 하다.'

재개발 때 가장 힘든 대목이 토지소유권자와의 합의형성이다. 토지신화까지는 아니라도 애착이 강해 통일된 의견을 구하기가 쉽잖다. 이해관계가 제각각이고, 입장도 달라 과감한 재개발은 사실상 불가능하다. 대개는 부유해 버틸 만한 자본력도 있다. 개발비용을 둘러싼 갈등도 잦다. 덜 내고 더 받으려는 게 인지상정인 법이다. 신의 한 수로 평가받는 정기차지권이 도쿄위원회에서 제안되지 않았다면 아직도 지지부진한 상태였을 수 있다. 소유자로선 60년간의 권리행사에 제약이 있지만, 땅을 그대로 소유할 뿐만 아니라 개발비용조차 줄어드니 꽤 매력적인 구조였다. 토지의 소유와 이용의 분리제도를 통해 재개발의 수혜와 비용을 적절히 조정한 아이디어다. 계속해 후루카와의 설명이다.

'우리가 택한 방법은 토지의 소유권과 이용권의 분리입니다. A구역(1번가)에서는 토지소유자의 출자로 만든 1번가주식회사가 모든 상점의 소유자와 정기차지권 계약을 체결했죠. 그 사용권을 취득해 건물을 정비하고 관리하도록 했습니다. 1번가 주식회사는 임대수입으로 대출을 갚거나 건물의 관리비용 등을 뺀 금액을 지대로 토지소유자에게 지불해요. 이를 오너 변동지대 임대제도라 합니다. 따라서 소유자도 임대상점의 매출에 관심을 가질 수밖에 없죠. 장사가 잘되고 상점가가 활성화될 때 소유자에게도 이익이 생겨나는 구조예요. 마을만들기에 지주가 반강제적으로 관여하도록 하는 틀인 셈입니다.'

정기차지권의 가능성을 이미 경험한 주차장 프로젝트가 기폭제가 됐다. 마루가메는 마이카 트렌드가 한창이던 1972년 모객과 쇼핑편의를 위해 주차장을 건설했다. 주식회사를 만들어 땅을 사들여 수익을 거둔 전례가 있는 것이다. 진흥조합의 조합원이 출자했고, 수익도 나눠줬다. 회사를 만들고 나니 의사결정은 빨라졌다. 모두를 위한 주차장으로, 누구도 손해 보지 않는 민간방식의 공공가치를 실현해낸 것이다. 이후 지역토지를 공적으로 유효하게 경영하는 취지가 폭넓게 공유됐다. 이것이 정기차지권 모델 채택의 기반이 됐다. 현재 공영주차장이나 공영버스(커뮤니티버스) 운영은 외부의 고령자생협에 위탁하는 구조로 발전했다.[17] 고용창출·연대 강화의 진화된 방식이다.

정기차지권이 실효성을 가지려면 지속적인 상권형성이 전제되어야 한다. 60년의 장기운영 보장은 하드웨어일 뿐이다. 발길을 끌어당길 소프트웨어적인 탄탄한 점포경영이 필수다. 장사가 잘 안 되면 장기임대는 또 다른 복병이 된다. 진흥조합은 이를 위해 정주유도형 건물정비와 함께 업종재편의 조정권까지 정기차지권에 녹여냈다. 지역주민이 떠나간 가장 큰

자료: 高松丸亀町商店街振興組合(2021), 「高松丸亀町まちすくり戦略」, p.3

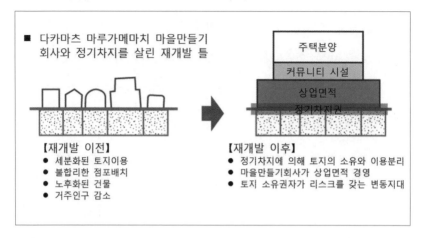

정기차지권을 이용한 에리어 매니지먼트

이유가 일상생활을 유지하는 점포·업종이 사라진 탓이라는 설문조사에 기초해 다양한 점포가 입점하도록 제도화한 것이다. 요컨대 업종의 재편성Tenant remix이다. 그때까지 토지소유권자는 신규점포와의 경쟁 우려로 총론찬성·각론반대의 입장을 고수했다. 재개발까지는 동의했으나, 업종경쟁·점포배치에서 난색을 표했다.[18]

이때 정기차지권은 또 다른 힘을 발휘한다. 소유와 이용의 분리개념을 적극적으로 확장해 이용영역에 점포의 다양성을 삽입한 것이다. 이용과 관련한 전권을 마을만들기회사가 맡아 경영하도록 했다. 소유자로선 어떤 점포가 들어오는지 백지상태의 위임인 까닭에 고민할 이유가 없다. 마을만들기회사로서는 지역에 필요한 업종·시설을 균형 있게 배치하기에 주민정주·상권기반을 한층 튼실하게 기획할 수 있다. 제각각의 정리되지 않은 구획의 토지권리를 주장하고 점포가치·입점관리로 부딪히기보다 믿고 맡기는 이익공유가 소유권자에게도 이익이 된다는 신호를 준 것이다.

정기차지권으로 소유권자의 토지신화는 새롭게 재편됐다. 땅도 어떻게 보느냐에 따라 사적소유·공적활용이 가능하다는 인식이 세워졌다. 손실감수·양보요구에 따른 선의는 아닌 것이, 소유이익도 확실하게 지켜준다. 소유권은 그대로 가지면서 소유자의 출자회사가 운영해 배당수익도 거둔다. 연평균 8%(리먼 쇼크기 6%) 수준이다. 마을만들기회사로서는 정기차지권을 취득할 때 일시금 없이 낮은 사업비로 재개발을 할 수 있다. 또 장사가 잘되면 소유권자에게 추가 지대도 주어진다. 물론 잘 안 되면 덜 받는 변동방식이라 임대·임차인 모두 공동이해를 추구한다. 정기차지권은 행정개입으로 실현되기 어렵다. 재산권의 침해여부가 민감하다. 이게 가능하려면, 민과 민의 사적계약이 성립되는 제도와 함께 사회적자본으로 지역신뢰가 전제되어야 한다.

공공성을 논하는
민간조직의 속내

                            신뢰자본은 저절로 형성되지 않는다. 신뢰가 곧 돈이 된다는 믿음과 경험이 있어야 축적·확대된다. 신뢰는 쌓기는 힘들어도 일단 쌓이면 못 할 게 없다. 마루가메의 역사는 신뢰구축의 시간과 맞닿는다. 신뢰가 있으니 이보전진을 위한 일보후퇴도 가능해진다. 장사로 먹고사는 상점가가 사적수익을 잠시 내려놓고 공공이익을 전면에 내건 배경이다. 개인이었다면 힘들었을 결정이다. '상권=마을'과 '주민=만족'일 때 상점가의 장기지속이 가능하다는 반복된 학습 덕분이다. 이를 밀어붙인 집단의 힘인 당사자성의 대표조직이자 주변공동체를 잇는 중간조직이 기능했기 때문이다.

  상점가가 공공성을 논하기란 쉽잖다. 마루가메는 기획조직으로 진흥조

소멸 위기의 지방도시는 어떻게 명품도시가 되었나?

합을, 실행주체로 마을만들기회사를 두어 체계적인 공정과 함께 호흡이 다소 길 수 있는 장기비전을 전원동의로 이끌어냈다. 지역미래와 운명을 같이 하는 젊은 청년회를 중심으로 진흥조합이 움직였다는 점도 특징적이다. 상권공동화의 위기감이 높아지며 정세변화를 신속히 파악하고자 청년회에 상황분석 및 대응조사를 위탁한 것이 계기가 됐다. 그 결과 정주인구가 75명뿐이라는 충격적인 실태가 알려졌다. 점포가 있어도 교외에 사는 경우가 대부분이었던 것이다. 점포에 딸린 집에서 살던 예전과 달리 상점가조차 직주분리가 확연해졌다.

어떤 식이든 사람을 불러모아야 할 절체절명의 과제가 떨어졌다. 문제와 위기를 알았으니 셈법과 방식을 논할 때다. 마루가메의 성공열쇠는 이를 위한 공론장을 만들고, 대내외에 열어뒀다는 점이다. 참여성과 개방성이 효과적인 재개발방식으로 정기차지권을 도출했다. 공론취합의 깔때기는 도쿄위원회로 불리는 TMO(타운매니지먼트위원회)란 조직이다. 미국에서 고안된 일종의 위원회 체계다. 하지만 TMO라고 다 성공하지는 않는다. 실패사례를 묶어보면 ◆상업지로서 환경악화 ◆운영능력의 인재부족 ◆재원한계와 의존사업 ◆합의형성의 토대부족 ◆행정주도와 협력약화 등이다.[19] 후루카와의 말이다.

"해외 TMO를 면밀하게 비교하며 공부했습니다. 특히 실패를 분석했어요. 그 결과 토지소유자가 적극 참여해 뜻을 모으는 게 가장 중요하다고 봤어요. 그래서 가장 중요한 소유주인 지권地權자를 위원회에 다수 참여시켰습니다. 대부분이 진흥조합 조합원이자 주민조직 회원이었죠. 그 안에서 리더십을 만들고 주변과 협력을 이끌어내는 인적 · 조직적 네트워크를 강화했습니다. 공공성도 이때 동의가 됐어요. 소유권자의 자녀를 위해서도, 전입해올 주민을 위해서도 모두를 위한 시선이 필요했거든요. U턴을 위해서는 눈앞의 수익보다 미래의 가치를 반영해야 했습니다."

그럼에도 진흥조합과 마을만들기회사는 구성과 역할이 나뉜다. 조합은 지권 · 소유자인 반면 마을만들기회사는 일종의 특수목적회사다. 지향점은 같아도 방법론은 다를 수 있다. 즉 마을만들기회사는 이해조정 때 조합 입장만을 반영할 수 없다. 공공성이란 말처럼 수많은 욕구와 대의를 내려놓기 힘들다. 다만 마루가메는 좀 달랐다. 그들 표현처럼 '연대'를 통한 '재

지역의 창업자를 위한 지원내용

생'에 동의했기 때문이다. 따라서 단순한 상업이익을 위한 공간설계에서 벗어나 재건과정에 커뮤니티 전체 그림을 넣었다. 두 조직의 연대야말로 공공성과 연대성을 토대로 한 기본계획을 세우고 추진하는 밑알이 됐다.[20] 후루카와의 설명이다.

"공공성이 점포설계를 뺀 전체공간에 반영되도록 했습니다. 상인 · 주민 · 고객 모두가 각각의 이유로 찾아올 수 있도록 살기 좋은 동네를 만들기 위해서죠. 정주기반을 높이려 점포를 필두로 공장, 의료 · 간병시설, 복합영화관, 목욕시설, 휴식공간 등을 조화롭게 갖췄습니다. 유치원 · 학교도 유치하고 있죠. 또 세대공존을 위해 청년도 키워드로 됐습니다. 고령화를 늦추고 젊은 후계자를 키울 뿐만 아니라 소자본의 청년 취창업도 유도하기 위해서죠. 소액으로 개성 넘치는 상권이 되도록 했습니다."

소점포는 이렇게 만들어졌다. "청년이 떠난 상권은 앙꼬 빠진 찐빵"이란 표현까지 하며 작은 가게에 애정을 쏟았다. 기존의 50~60평대 점포를 5~10평으로 나눠 임대해 돈 없는 청년창업도 수월하도록 배려했다. 역시 당사자인 지역청년의 목소리를 반영한 조치다. 월 100만 엔이면 힘들어도, 20만 엔이면 성공할 수 있다는 취지다. B · C구역을 재개발하면서, 지역청년을 위해 소구획의 챌린지샵을 만든 배경이다. 물론 청년이라고 아무나 오픈할 수는 없다. '물건을 만드는 능력을 가진 사람'에 한정했다. 직접 만들어 팔아야 유니크한 점포구성이 가능해진다. 마루가메에 가야만 살 수 있다는 한정전략을 위해서다. 어디서든 팔리는 물건보다 특화된 한 정물품에 주목한 결과다. 제조능력은 있어도 자금력이 없다면 인테리어 · 집기 등 지원체계로 응원해준다. 성과는 고무적이다. 상점가 동관 2층에 위치한 '마치슈레 963(구루미)'은 상권을 대표하는 히트공간이 됐다.

소멸 위기의 지방도시는 어떻게 명품도시가 되었나?

상권재생에서 의식주医·食·住
생활재생으로

마루가메가 상권재생에서 생활재생으로 방향을 선회한 것은 생활 없이 상권도 없다는 공감에서 비롯된다. 때문에 공공성은 자연스런 결과다. 생활재생은 상권균형을 위한 업종재편과 공공시설의 기반강화로 시작되는 까닭이다. 상인의 이익보다 생활의 재생이 공유가치로 부각되자 상점가는 단순한 소비의 장에서 안정된 생활의 장으로 거듭났다. 실제 구역별 점포의 특화배치는 차별화된 균형감을 불러왔다. A구역은 기존의 미츠코시백화점 입지를 최대한 살려 고급브랜드화를 실현했다. B·C구역은 미용·예방의학에 특화된 헬스클럽·의료시설 및 패션거리로 조성됐다. D구역은 예술·문화거리, E·F구역은 패밀리·캐주얼거리, G구역은 지역축제·지산지소地産地消로 거리를 완성했다.[21]

명소가 있어야 거리도 빛난다. 마루가메는 상점가 정중앙에 부다노츠지 札の辻[22]로 불리는 크리스탈 돔을 만들었다. 22m라는 일본최대 높이가 눈길을 끈다. 대형광장답게 결혼식·축제·공연 등 지역의 커뮤니티 교류장소로 이용된다. 점두에서 상인·손님이 이런저런 얘기를 나눠왔듯이 교류하자는 메시지다. 길게는 다카마츠의 상징물로 자리매김한다는 전략이다. 대략 연평균 200개 이상의 이벤트가 개최된다. 독특한 것은 중앙부답게 땅값이 가장 비싼 지역을 공유공간으로 할애했다는 점이다. 한 점주의 말이다.

"돔과 광장은 상인들이 더 원했죠. 물건만 파는 공간이 아니라 오래 머물러야 좋거든요. 어떻게 해서든 이런 광장을 갖고 싶었습니다. 처음엔 반대도 있었는데, 만들고 나니 모두 좋아합니다. 공간확보를 위해 재개발 건물을 뒤로 이동시키면 손해라는 말도 들렸지만, 지금은 명소가 됐어요. 유럽에 가면 어디든 도시중심부에 큰 광장이 있잖아요. 이런 걸 잘 활용하면 모두에게 도움이 됩니다."

근거가 있어야 설득이 쉬운 법이다. 상공청년회 청년회가 주민에게 '상점가에 가고 싶지 않은 이유'를 조사했더니 편리한 공유시설의 부재가 손꼽혔다. 즉 쉴 수 있는 곳이 없고, 화장실도 적어 불편하다는 답이 많았다. 특히 아이를 데리고는 더 가고 싶지 않다는 의견도 있었다. 중앙광장을 공공을 위한 서비스공간으로 조성한 이유다. 휴식공간과 함께 공중화장실·

주차장 · 이벤트홀 · 문화교실 · 카페 · 자전거도로 · 가로수 · 화단 · 벤치 등도 늘렸다. 만들었다고 끝난 건 아니다. 자전거도로처럼, 주민의견을 반영해 없애고 자동보관주차장으로 대체하기도 한다. 도보권 확충차원이다.

생활재생은 상권을 중심으로 한 콤팩트시티화로 완성된다. 고령화를 반영한 의식주医 · 食 · 住형 콤팩트시티라는 차별적 구상이다. 구체적으로는 차에 의존하지 않고 걸어서 다니는 거리 · 시설을 지향한다. 상점 이외에 주택 · 진료소 · 간병시설 · 시장 · 양육시설 · 시민광장 · 목욕탕 등 생활수요도 충실화한다. 초고령사회답게 집에서 양질의 의료와 임종을 맞이하도록 지원시설(마루가메마치 클리닉)도 구비한다. 특히 수술 등 위급상황에서의 연계시설인 후방의 지원병원을 선정해, 의医의 만족도를 높였다. 여유로운 노후를 위해 재활기기 · 케어머신을 설치하고 물리치료사도 상주시켰다.[23]

마루가메가 의료를 앞세운 의식주医 · 食 · 住형 콤팩트시티를 택한 건 철저한 수요조사에서 비롯된다. 주민욕구 없는 마을재생은 자칫 행정주도형 콤팩트시티의 실패전철을 밟을 수 있기 때문이다. 해서 다양한 관점의 설문조사를 자주 진행했다. 그 결과 공통적인 욕구 · 수요로 정리된 것이 의료였다. 주민 · 고객 모두 의료확충을 원했다. 편하고 손쉬운 의료접근이 전입유도 · 전출방지의 공통숙제였다. 방향은 '생활+의료'다. 고층맨션아파트 저층에 의료시설을 두고, 고층에 주택을 넣는 모델이다. 콤팩트시티답게 재택의료형 주상복합을 실현한 것이다. 호평이 일자 맨션 가격도 올랐다. 후루카와의 평가다.

"우리는 이를 헬스케어 네트워크라고 부릅니다. 입주민은 의사·간호사에게 24시간 연락할 수 있어요. 입원하지 않아도 자택 왕진이 쉽죠. 재택환자에게 긴급한 일이 생기면 주치의가 후방병원에 연락합니다. 케어매니저도 있어 일상적인 간병지원도 가능해요. 입주민은 설치된 태블릿PC로 신변체크부터 혈압·체중관리는 물론 비상연락까지 가능합니다. 젊은 입주민의 양육지원도 같은 체계에서 이뤄집니다."

'생활+의료'의 실현은 공통공간인 주住에서 이뤄진다. 연구팀이 견학한 모델은 점포(1~2층)와 메디컬센터(3~4층), 그리고 맨션주택(5~9층)으로 구성됐다. 주택은 400호로 빈집이 나오기 무섭게 채워진다. 주민구성은 대부분 고령자다. 재택의료로 시설입주를 최대한 미뤄 독립생활이 가능해 인기가 많다. 메디컬센터도 입원공간을 최소화하는 대신 검사장비(CT, MRI 등)를 완비해 전문성을 높였다. 치료보다 예방을 강조한다. 집에서 왕진·회진은 물론 검사도 가능해 호평이다. 최근 한국·일본 모두 공들여 실행하고 있는 지역포괄케어시스템의 선구모델로 분석된다.

의医와 주住가 하드웨어라면 식食은 소프트웨어에 가깝다. 생활을 떠받치는 일상수요이면서 다양한 협업실험이 가능하다. 지역의 생산농가는 대부분 겸업형태다. 농업만으로 생활유지가 힘들어서다. 이는 복잡한 유통과정 탓이다. 품질도 믿기 힘들다. 상점가는 아예 시장을 만들어버렸다. 산지직결형 공급체계의 수립을 위해서다. 공모하자 농산어촌의 반응은 뜨거웠다. 산지직송의 신선제품이 쏟아졌다. 상점가와 농가가 직거래하니

소멸 위기의 지방도시는 어떻게 명품도시가 되었나?

품질신뢰는 물론 가격메리트도 유리해졌다. 지산지소地産地消의 완성이다. 실행주체는 '가메이도스이진亀井戸水神'으로 먹거리특화의 슈퍼마켓과 비슷하다.

식食은 재료공급에서 끝나지 않는다. 생활완성을 위해 지산지소를 활용한 카페사업으로 확장된다. 2017년 A구역 서관 4층에 '식과 건강의 교류 레스토랑'을 콘셉트로 내건 '사이엔카페菜園'sカフェ'를 오픈했다. 27곳의 유기농 재배농가와 계약해 신선야채로 음식을 만들어 제공한다. 고령자를 위해 고기·생선의 소화진작에 도움이 되도록 차별화된 조리법을 적용한다. 일일 필요야채(350g)를 실현한 식단구성은 기본이다. 아예 '마루가메 건강식'이란 브랜드화까지 나섰다. 단골고객을 위해 월단위 저가정기권도 운영한다. 고령인구의 재택취식 한계를 돕기 위한 차원이다.[24] 유한책임사업조합LLP을 세워 식食과 상업·농업을 연계한 다양한 푸드코트·택배회사가 만들어지기도 했다. 의식주가 충실해지면 고령자뿐 아니라 마을 전체의 매력도가 높아진다. 누구든 늙기 때문이다. 후루카와가 말한다.

"당장은 간병·의료 등 고령 이슈를 차근차근 해결하고 싶습니다. 의식주의 완성은 사실 10년 후 목표예요. 그렇게 되면 살기 좋은 환경은 저절로 만들어집니다. 마을만들기는 거창한 정책보다 소소한 생활로 완성되거든요. 저도 곧 은퇴합니다. 그런데 죽을 때까지 여기서 살고 싶어요. 그러니 제가 살고 싶은 공간으로 변신시키는 게 최선이죠. 또 늙었다고 안 움직이면 금방 아파요. 사회참여는 필수예요. 간병 예방에도 좋고요. 그래서 상점가 자원봉사를 하면 활동비를 주기도 합니다. 나아가 공영버스 · 주차장운영은 물론 청소 · 경비 · 아이 돌봄 등에 고령주민의 취업도 주선하죠."

스스로 실현하는
내발적 성장모델

         마루가메의 실험은 충분한 주목을 이끌었다. 연구팀을 비롯해 해외는 물론 일본 각지에서 벤치마킹의 훈수를 청하며 찾아온다. 성과도 적잖다. 공동화로 돈과 사람이 끊긴 공간에 새롭고 역동적인 삶의 활기가 되살아났다. 전성기 때처럼 왁자지껄한 재생까지는 아니지만, 아이의 울음소리와 점포의 호객소리가 되돌아왔다. 그럼에도 기준에 따라 성공이라 보지 않는 각박한 평가도 있다. 만족스럽지 않다는 얘기도 들린다. 성과통계도 들쑥날쑥이다. 좋아진 건 분명한데, 전부가 회복된 건 아니다. 재생가치의 창출결과가 기대보다 낮다는 의견도 상당하다. 2021년 시점에서 봐도 갈 길은 멀다. 코로나19라는 무차별적인 충격을 감안해도 추가적인 노력과 시간은 필요한 듯하다.

그렇다고 폄하할 이유는 없다. 활성화란 원래 괴롭고 어려운 과제다. 손쉽게 재생될 동네였다면 이렇듯 망가질 이유도 없다. 뚜렷한 우상향의 성과지표라면 좋겠지만, 대개는 아주 완만하며 때때로 나빠지는 부침현상도 확인된다. 마루가메가 딱 그렇다. 정주인구도 늘었다 줄어들고, 빈 점포도 아직 존재한다. 따라서 완결적 성공을 논하기는 이르다. 인터뷰에서 "10년 후, 100년 후"란 단어가 자주 나오듯 끝난 게 아닌 지속사업이란 느낌이다. 결국 최종판단은 시간의 몫일 수밖에 없다. 따라서 후발주자가 배워야 할 유효한 교훈은 결과보다 과정에서 찾는 게 좋다.

쉽잖은 선택이었지만, 보수적으로 봐도 실험은 꽤 값진 가치를 안겨줬다. 최소한 결과보다 과정에서 소중한 경험축적과 두터운 신뢰발휘, 그리고 무한한 자신감을 얻어냈다. 어렵다는 재개발을 자체기획과 전원합의로 시작했다는 건 놀랄 만한 일이다. 하드웨어를 넘어 소프트웨어를 반영한 생활재생도 독특하고 유효한 차별지점이다. 폐쇄성을 막고 전문성을 높이고자 대내외 인적자원을 네트워크로 묶어냈고, 갈등관계이던 행정규제를 관민협치의 파트너십으로 변화시켜 사업을 일단락했다. 이 과정에서 끊임없이 진흥조합은 외부의견과 주민욕구를 청취·발굴하며 시행착오를 줄였다. 후루카와의 평가다.

"결국 커뮤니티의 힘이라 봅니다. 우리 상점가는 400년 역사의 커뮤니티예요. 애향심과 결속력이 강하죠. 토지소유자도 외부인은 거의 없습니다. 땅을 외부에 팔지 않는다는 전통 덕분입니다. 물론 시대변화는 강력

소멸 위기의 지방도시는 어떻게 명품도시가 되었나?

합니다. 버블붕괴 이후 도산이 잇따르면서 땅을 포기할 수밖에 없는 일이 많아졌어요. 위기감이 커졌죠. 이때 진흥조합은 공영주차장 사업으로 번 돈을 점포매입에 썼습니다. 토지소유의 분산을 막은 거죠. 100% 합의 체제가 만들어진 배경이에요. 우수인재와 행정지원이 있어도 커뮤니티가 무너지면 개발은 힘듭니다. 태어나서 자란 곳에 대한 열정과 친분으로 다져진 결속력이 큰 힘이 됐죠."

선의보다 앞서는 것은 이해이고, 단결보다 우선인 것은 생존이다. 부인하기 힘든 자본주의의 속성이다. 대의를 위해 실리를 내려놓자 주장하기는 어렵다. '명분=실리'의 뚜렷한 신호를 줘야 움직인다. 즉 당사자성의 발휘가 결정적이다. 특정한 선택이 본인에게도 이익을 안겨준다는 확신이 있을 때 결속력은 강화된다. 마루가메의 경우 '진흥조합=상공회의소(청년회)=주민자치회'의 멤버가 대부분 일치한다. 이해관계가 동일하니 협력은 자연스럽다. 사업이 분리되지 않고 동일시되는 까닭이다. 구역별 마을만들기회사는 이런 멤버구성이 나눠진 사업조직에 불과하다. 구역·조직별 이해관계가 부딪혀도 조정기제가 기능한다.

가령 A구역의 경우 토지소유자 27명 중 2명은 진흥조합의 대출변제에 반대했는데, 공존공생의 커뮤니티가 물밑에서 움직이며 결국 찬성을 이끌어냈다. 버블기 때 25명의 땅 주인이 진 대출까지 대신 갚아준다고 하니 나머지 2명은 상대적 박탈감 속에 반대했다. 다만 모두 주민자치회 멤버였고, 미래를 나눌 이웃이란 감정선을 내세워 설득에 성공했다는 후문이다.

이처럼 커뮤니티는 지역개발의 강력한 촉발제이자 에너지다. 마을이 중심이 돼 움직일 때 지속가능성은 높아진다. 외부의존이 아닌 커뮤니티형의 내발적 성장모델이 지역개발의 공통분모로 언급되는 이유가 여기에 있다.

그럼에도 마침표를 위한 여정은 계속된다. 재개발에 따른 재생효과가 보다 가시화되도록 신발끈을 동여맬 때다. 성과에 만족할 수는 없다. 좋아진 숫자통계가 우연이 아닌 필연임을 보여주자면 앞으로가 더 중요하다. A구역 완공이 2006년이니 아직 20년도 채 지나지 않은 시점이다. 재개장 이후 A구역의 1년 매출액이 약 10억 엔에서 35억 엔으로 늘며 호평을 받았으나, 문제는 지속 여부다. 보류됐던 기타구역의 재개발을 앞당기는 효과를 냈지만, 매출안착은 섣부른 평가다. 여전히 완판되지 않은 점포와 주

자료: 高松市 統計 재구성

연도	1975	1980	1985	1990	1995	2000	2005	2010	2015	2020
세대수	162	132	126	131	123	111	93	120	202	178
인구	526	436	385	368	321	257	230	235	359	302

■■■ 마루가메마치 세대수와 인구(주민기본대장 등록)

자료: 高松丸亀町商店街振興組合(2021), 「高松丸亀まちづくり戦略」, p.144

연도	통행량	내용
1995년	35,000	피크였을 때
2005년	9,500	A구역 개발직전
2006년	15,000	A구역 준공
2009년	18,000	B · C구역 준공
2012년	28,000	G구역 준공

소멸 위기의 지방도시는 어떻게 명품도시가 되었나?

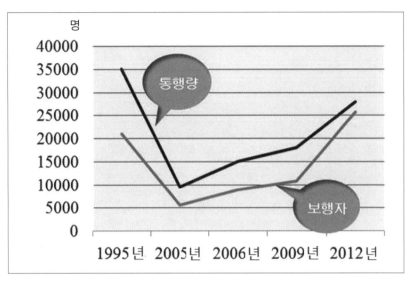

■ 마루가메상점가 통행량 추이(토 · 일)

자료: 高松丸亀町商店街振興組合(2021),「高松丸亀まちづくり戦略」, p.174

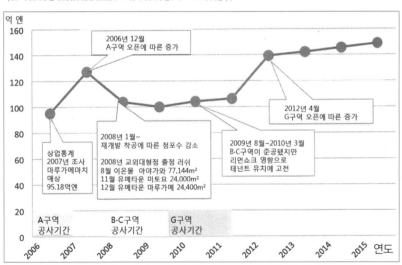

■ 마루가메상점가의 매출추이

CHAPTER 04 몰락 상점가 마루가메의 드라마틱한 변신

인파로 붐비는 마루가메상점가

택이 있다는 점이 한계다. 결정적인 성과지표인 인구유입도 비슷하다. 상점가를 포괄하는 마루가메마치를 보자. 재개발 이후 정주인구는 확실히 늘었다. 전성기 수준은 아니지만 뚜렷한 증가세를 보인다. 공공성을 강조한 의식주医·食·住형 마을만들기로 주민이 되돌아온 것이다. 하지만 이후 시간경과에 맞춰 인구증가는 옅어졌다. 코로나19가 영향을 미쳤겠지만, 2020년의 경우 이전보다 오히려 인구가 줄어드는 일까지 발생했다. 다카마츠시의 공식통계와 상점가의 제공수치가 좀 다르지만, 그럼에도 최근 하락반전은 공통적이다.

　비슷한 현상은 상권에 기반한 통행량에서도 확인된다. 상점가의 주말

소멸 위기의 지방도시는 어떻게 명품도시가 되었나?

하루 통행량을 살펴보자. 1995년 3만 5,000명까지 찍었는데, A구역 재개발 이전과 이후의 재생효과는 꽤 뚜렷해진다. 2005년(9,500명)보다 2006년(1만 5,000명) 확실히 늘었다. 기타구역도 비슷하다. 보행자로 세분화해도 증가효과는 확실하다. 2005년(5,700명) 대비 2013년(2만 5,760명)은 5배나 증가했다. 도보 친화성을 위해 자전거 규제를 시작한 게 먹혀들며 유모차의 쇼핑행렬이 늘었다는 후문이다. 머무는 시간을 늘리니 매출증진이란 반짝성과도 냈다. 다만 2008년 금융위기 탓이었겠지만, 2012년까지 고전을 면치 못했다.[25] 즉 개업효과가 아님을 뒷받침하려면 시설정비에 비례해 꾸준한 재생성과가 요구된다. 아직은 이 부분을 확신하기 어렵다. 마루가메가 성공했다는 일반적인 평가를 받자면 추세적인 방향성이 필요한데, 여전히 부족하다. 미완이란 표현처럼 시간이 필요하다.

한국 중소도시
전통시장의 미래

　　　　　　　　그렇다면 마루가메상점가의 재생실험
에서 한국이 얻어낼 수 있는 교훈은 뭘까? 일단 상황논리·배경기반을 볼
때 면밀한 선행사례의 내용분석이 필요하다는 데 이견은 없다. 주지하듯
한국상황도 재개발 이전의 마루가메와 꽤 닮았다. 대도시는 물론 중소도
시조차 일본의 상점가와 유사한 전통시장의 붕괴압박이 구체적이고 현실
적이다. 그간 거액의 행재정투자와 다양한 재생실험을 반복했지만, 상황
은 크게 나아지진 않았다. 다카마츠처럼 광역의 거점도시조차 중심상권의
붕괴와 맞물려 전통시장을 도미노처럼 무너뜨릴 기세다. 대형할인점 등
자본의 대대적인 공세로 골목상권의 전철을 밟을 확률이 높다. 이렇게 되
면 주변상권은 물론 정주주민의 생활악화는 한층 심화된다.

마루가메가 시사하는 교훈은 사업과정 곳곳에서 확인된다. △지속적인 학습·토론 △리더십의 효능발휘 △자발적인 내부기획 △인적자원의 네트워크 △당사자성의 전원합의 △개방적인 의견반영 △민간주도 속 관민협치 △공공배려의 공간활용 △선진적인 제도활용 정기차지권 △생활기반 소프트웨어 △균형적인 상권매칭 △기획·실행의 역할분리 등 셀 수 없이 많다. 다만 모든 걸 따라할 수는 없다. 따라해서도 곤란하다. 마루가메는 마루가메였기에 이런 변수가 효과적으로 발굴·기능할 수 있었다. 한국과 일본은 다르다. 상점가 자체가 한국의 전통시장과 비교하기 어렵다. 때문에 사업과정 전반에서 마루가메가 난관을 돌파해낸 아이디어와 지향점을 참고하는 게 좋다.

결국 활성화를 위한 방향설정, 사업내용, 역할주체, 금융조달, 성과배분 등 방법론에서 힌트를 얻는 게 바람직하다. 대대적인 재개발이든, 소소한 공간제안이든 재생사업은 똑같다. 이해관계자의 많고 적음이 고려사항이지만, 기본적인 사업로직은 큰 차이가 없다. 한국적 상황을 반영할 때 최대난점은 지대추구와 개발이익의 배분문제로 요약된다. 일본처럼 독특하고 충직한 커뮤니티가 적은 상황에서 의견취합·역할배분 등의 잠재갈등은 대부분 투입될 비용부담과 창출된 수익배분에서 발생하게 마련이다. 이때 당사자성의 강조·설득을 통해 당장의 이익보다 앞날의 수혜를 이끌어내는 대타협은 필수다. 마루가메가 곳곳의 갈등지점을 넘어 오늘의 경로까지 닿은 건 이해일치의 내부화가 한몫했다. 즉 사적이익이 횡행하기보다 공공가치에 주목해 모두에게 고루 재생가치가 배분되는 방식이 중요하다. 그 과정에서 상권기반인 고객·주민의 생활욕구까지 감안하면 금상첨화다.

동시에 전통시장은 상인중심의 거래공간에 머물러서는 곤란하다. 같은 값이면 인근주민을 아우르는 생활공간의 압축무대로 기능하는 게 좋다. 단순한 소비진작을 위한 배치보다 편리한 생활공간으로 재구성할 때 찾아오는 발걸음은 가볍고 오래 머물게 된다. 이런 뜻을 모으기 위해서는 전통시장의 핵심적인 이해당사자인 상인·건물주의 이해와 연대가 필수다. 매출증진이라는 공통목표를 위해 손을 잡아야지 본인의 손해를 떠맡길 착취 대상으로 봐선 곤란하다. 상시적인 교류와 학습, 그리고 연구가 전제되어야 한다. 그 과정에서 오해는 풀리고, 협력은 강해지며, 연대는 늘어난다. 잠재적인 우군확보도 절실하다. 청년 등 후속세대와 늘어날 고령주민 모두를 전통시장의 플레이어로 흡수하면 그 이상의 가치창출도 기대된다. 무엇보다 의존성을 줄이는 것이 시급하다. 마루가메는 예산의존을 행정간섭으로 봤다. 힘들어도 스스로 기획하고 실행하며 행정실패의 함정을 피해갔다.

한국은 2017년부터 거액의 예산을 투입해 도시재생뉴딜사업을 추진하고 있다. 대부분 공동화된 중심시가지나 전통시장에 포커스를 맞춰 진행된다. 원도심을 부활시켜야 균형발전은 물론 순환경제가 이뤄진다는 취지다. 성과평가는 둘째치고 이런 방식이 지속가능한지 고민해볼 타이밍이다. 국토균형발전론이 오히려 도농격차를 심화시켰듯 엇나간 정부기획이 민간의 자생능력조차 없애버리는 게 아닌지 검토할 필요가 있다. 재개발의 방법론은 많다. 하지만 성공경험은 의외로 적다. 사업은 달라도 방법이 같았기 때문이 아닌지 곱씹어볼 대목이다. 커뮤니티 없는 활성화는 불가능에 가깝다. 눈에 띄는 하드웨어만 만든다고 물밑의 커뮤니티가 생겨나지는 않는다. 관건은 소프트웨어다. 한국의 전통시장이 위기·난관을 돌파하는 데 마루가메의 재생경험은 꽤 유효한 선행힌트다.

1. 다카마츠시 현장조사는 관(지자체)과 민(주민조직)으로 나눠 진행됐다(2016년 7월 1
일). 공무원과의 인터뷰는 시민정책국 콤팩트·에코시티 추진부 마치즈쿠리기획과 주
사 가와모토 겐지(河本憲二), 창조도시추진국 산업경제부 산업진흥과 창조산업계장
시오다 사츠(塩田札), 주사 야나기 마사야(柳真也) 등 5명이다. 민간조직은 마루가메
상점가진흥조합 이사장 후루카와 야스히로(古川康宏)를 비롯해 관계자가 입회해 조합
사무실과 상점가현장에서 진행됐다. 대면 전후에 이메일 질의응답과 함께 추가적인 화
상회의도 추진했다. 특히 최근 자료는 2021년 5월 함께 논의하며 건네받았다.

2. 杉浦勝章(2016), '商業の再生戦略', 『地域政策』, 中央経済社, p.183. 대점법(대규
모 소매점포에서의 소매업 사업활동 조정에 관한 법률)은 1973년에 성립됐다. 대형쇼
핑몰이 출점할 때 개장일, 점포면적, 개장시각, 휴업일수를 출점 이전에 기존상가나 소
비자와 사전에 조정해야 하는 틀을 정한다. 대점법은 대규모 소매쇼핑몰의 출점을 규
제하고 기존의 중소소매점을 보호하는 정책으로 기능했다.

3. 河村茂(2015), '四国·高松丸亀町商店街の構造再編·賑わい拠点の創生ー経験
知＋専門知で地域力アップー', 地方創生支援プロジェクト, p.2

4. 高松市都市整備部(2007), '香川県高松市·高松丸亀町商店街A街区', 『市街地再
開発』450号, pp.3-4

5. 정기차지권 제도는 국토교통성이 1992년 도입했다. 일본 국내에서 마루가메상점가
재개발 사업에 처음 도입했다. 진흥조합은 도쿄위원회 도시재생 전문가와 협력해 중앙
부처 제도를 연계해 활용했다.

6. 요코모리 도요오 외 2인 지음·국토연구원 도시재생지원사업단 옮김(2011), 『실패

로 배우는 중심시가지 활성화』, 한울아카데미, pp.272-273

7. 1957년 카가와현 다카마츠시 마루가메 출생으로 리츠메이칸대 정경학부를 졸업했다. 1987년 다카마츠 상공회의소 청년회에 가입해 활동하다 1995년 청년회의소 이사장에 취임했다. 1996년 진흥조합 이사, 1997년 IT담당 상무이사를 거쳐 2003년부터 진흥조합 이사장이 됐다. 사업성공으로 현재는 대학에서 강의를 하거나 열도 곳곳에 불려다니는 상점가 활성모델의 전문가로 활동 중이다.

8. 中小機構(2013), '地域リーダーにみる「戦略性」と「信頼性」,『中小機構調査研究報告書』第5券 第3号(通号22号), pp.23-24

9. 中小機構(2013), '地域リーダーにみる「戦略性」と「信頼性」,『中小機構調査研究報告書』第5券 第3号(通号22号), p.26

10. 도쿄에서 개최하기 때문에 '도쿄위원회'라 부른다. 정식 명칭은 TMO(다카마츠 마루가메마치 타운매니지먼트위원회)로 내부에 전문가위원회가 있다. TMO는 1998년 중심시가지활성화법에 따라 지역의 상업관계자가 조직했다.

11. 田中滋夫(2011), '組合事業からみたまちづくり市民事業への展望,『まちづくり市民事業』, 学芸出版社, p.257

12. 中小機構(2013), '地域リーダーにみる「戦略性」と「信頼性」,『中小機構調査研究報告書』第5券 第3号(通号22号), p.25. 고바야시 시게노리(小林重敬・도쿄도시대학 도시생활학부 교수)를 위원장으로 사이고 마리코(西郷真理子・도시계획가), 가마타 가오루(鎌田薫・와세다대 법무연구과 교수), 모타니 고스케(藻谷浩介・일본종합연구소 수석연구원), 마츠시마 시게루(松島茂・도쿄이과대학원 이노베이션연구과 교수・전 중소기업청 계획과장) 등 마을만들기 프로 인물이 참가했다.

13. 佐藤滋(2011), 『まちづくり市民事業−新しい公共による地域再生−』, 学芸出版社, p.257

14. 1949년 다카마츠시에서 출생했다. 유한회사 라이온야(ライオンヤ) 대표이사다. 다카마츠시 라이온대로(ライオン通り)에서 구두가게를 하다 마루가메로 이전했다.

15. 마을만들기를 사업모델로 둔 컴퍼니십네트워크의 대표다. 도쿄대학교 대학원 공학계 연구과 비상근 강사를 했다. 도시계획가, 1급 건축가, 커뮤니티 디자이너로 유명하다.

16. 古川康造(2016), '向う100年を見据えて'(진흥조합 제공자료)

17. 街元気(2011), '地権者が自ら描き,具現化する「まちづくり構想', 2012.03.09, p.9

18. 高松丸亀町商店街振興組合・古川康造(2012), '高松丸亀まちづくり戦略', まちづくりのための事業戦略・事業計画論, p.7

19. 黒田章三(2012), '香川県高松市丸亀町商店街活性化の成功例', 『専修大学社会科学研究所月報』No.578・588. p.14

20. 古川康造(2011), '地権者によるまちづくり会社の発生', 『地域開発』, pp.34-35

21. 河村茂(2015), '四国・高松丸亀町商店街の構造再編・賑わい拠点の創生', 地方創生支援プロジェクト, p.3

22. 부다노츠지(礼の辻)로 불리는 이유는 중심부의 큰 광장이나 길의 교차로에 있기 때문이다. 이곳은 에도시대에 관에서 제례를 지낸 곳으로 다른 지역도 지명으로 남은 경우가 많다. 광장과 교차로 덕에 수많은 인파가 모여든다.

23. 香川県高松市(2011), '高松丸亀商店街の再振興・活性化について', p.2

24. 高松市丸亀町商店街振興組合(2019), '食と健の交流レストランで「食による予防医療', pp.66-69

25. 高松丸亀町商店街振興組合(2021), '高松丸亀まちづくり戦略', p.174.

역발상
사진 스폿으로
부활한

문화마을
히가시카와

평범함에서 비범함으로,
홋카이도 산골마을

　　　　　　　　　홋카이도北海道는 대내외에 널리 알려진 대표적 관광지다. 관광으로 지역활성화를 한다고 해도 과언이 아닐 정도다. 일본인뿐 아니라 전 세계에서 겨울은 물론 여름에도 수많은 관광객이 즐겨 찾는 힐링명소다. 연구팀의 사전조사 결과도 빗나가지 않았다. 홋카이도의 지역활성화는 십중팔구 자연경관·관광시설 등 지역환경을 활용한 관광·힐링 취지의 방문객에 의존하는 경우가 일반적이다. 독특하고 재미난 사례를 찾았지만, 대개가 범용범위에 속하는 평범한(?) 재생 사례다.

　고민은 깊어진다. 시즌에 맞춰 밀물처럼 몰려들다 썰물처럼 빠지는 관광형은 아무래도 지속가능성이 낮아서다. 가령 코로나19처럼 돌발변수에

소멸 위기의 지방도시는 어떻게 명품도시가 되었나?

휘둘리거나, 정책변화에 노출되면 관광수요는 위협받는다. 수요자체가 외부의존적인 관광산업의 한계일 수밖에 없다. 대외환경에 지배받는 사업모델은 자립적인 순환경제와 결이 달라진다. 스스로 통제하지 못하는 위험변수를 내포할 수밖에 없다. 역내경제가 자생할 수 있는 독립적인 활성화가 이상적이다. 소비·투자·고용의 자립화가 그렇다.

회의를 반복하던 가운데 작은 힌트를 끌어냈다. '정주인구'란 키워드다. 주민등록상 거주·이주자다. 대부분 지역은 '인구증가=정주확대'로 본다. 정주인구가 늘어나는 게 최선이자 최대의 재생성과란 입장이다. 당연히 감소·유출의 냉엄한 현실과 비교되는 임팩트다. 해서 상당수는 정주인구 증가는 어렵다고 보고 교류인구나 관계인구를 늘리는 쪽으로 전환한다. 교류인구는 관광·여행으로 찾아오는 경우로 지역·주민과 다양한 관계에 있는 관계인구와는 다르다. 애정을 갖고 정기적으로 방문하거나 지역 현안에 관심·참가한다는 점에서 든든한 인적 네트워크로 평가된다.

홋카이도와 인구증가는 어울리지 않는다. 예로부터 전형적인 전출초과지로 나이 들어 귀향하지 않는 한, 떠나는 동네란 이미지가 짙다. 기차라면 삿포로역, 비행기라면 치토세공항에서 대도시로 향하는 청년인구를 프레임에 담은 드라마도 많다. 과소지역 홋카이도의 일상풍경에 녹아들 정도다. 그만큼 인구증가는 희귀한 현상이다. 연구팀은 여기에 주목해 정주형 인구증가로 압축·조사했다. 산간벽지의 오지마을이라 불편한 생활환경인데도 정주인구가 늘어나는 지역을 찾아냈다. 탈공무원 사고법이 자립마을을 만들어 최근 20년간 20%나 이주자가 늘어났다는 기사[1]다.

CHAPTER 05 역발상 사진 스폿으로 부활한 문화마을 히가시카와

복합교류시설 센토퓨아

주인공은 홋카이도 히가시카와쵸東川町다. 동쪽에 강이 흐른다는 뜻으로, 워낙 빼어난 관광명소가 많은 홋카이도에선 비교적 덜 알려진 동네다. 뒤집으면 관광객을 유인할 지역자원이 별로 없는 그저 그런 마을이란 의미다. 그럼에도 이곳에 사람이 늘어난다니 관심이 가는 건 당연지사다. 추가조사에서 몇몇 차별포인트가 확인된다. 천혜의 자연공간, 육아하기 좋은 환경, 미래를 향하는 독특한 교육환경[2], 탈공무원 사고 등이 강조된다. 특히 힐링의 정주공간에 제격이란 소회가 많다. 한발 멈춰 느리게 살려는 이들에게 히가시카와는 상상의 유토피아가 아닌 평범한 일상이라는 식이

소멸 위기의 지방도시는 어떻게 명품도시가 되었나?

다. 외국인도 거든다. 글로컬라이제이션glocalization이란 표현처럼 외국인 도 꽤 산다. 지자체 국제교류원에는 한국 등 10여 개국 외국청년도 근무한 다. 찾은 자료가 늘수록 '왜'를 직접 풀고 싶은 욕구는 강렬해진다. 넓은 홋 카이도 지도에서 첫 번째 동그라미를 친 이유다.

한계를 특화로 승화한
히사시카와 스타일

        연구팀이 찾은 히가시카와쵸는 평범한 시골동네였다. 늦저녁에 도착해 한 바퀴 둘러봤는데, 시내라고 해봐야 차로 5분이면 왕복이 가능할 정도다. 역시 퇴근시간이 지난 탓인지 간간이 오가는 자동차뿐 인적이 없다. 지도상으로는 해발 2,290m의 다이세츠산 大雪山을 품은 홋카이도 한복판에 위치한다. 뒷산치고는 엄청난 규모다. 여름이라 다행이지 겨울이라면 이름처럼 거대한 눈밭에서 꽤 고생했을 듯한 분위기다. 이곳에 오기 전 이미 여름 홋카이도의 아름다운 진면목을 목격한지라 감흥은 별로다. 한적함을 빼면 사람을 끌어당길 만한 매력지점이 거의 없다.

    워낙 작은 지자체라 상권은 사실상 거의 없다고 봐야 한다. 지자체와

소멸 위기의 지방도시는 어떻게 명품도시가 되었나?

사전에 연락할 때 숙박지를 소개받지 않았다면 인근도시에서 잘 수밖에 없었을 정도다. 식당도 선택의 여지없이, 한 곳만 겨우 불을 밝히고 영업 중이다. 도서관·문화교류센터의 불빛만이 이곳이 중심타운임을 알려준다. 센터는 1층 전체가 통유리라 밖에서 책을 읽거나 얘기하는 모습이 훤히 보인다. 멀리서 사람을 본 것에 안도할 만큼 인적이 끊긴 동네다. 불야성의 서울 밤과 비교하면 심심해서 못 살겠다는 말에 동의하지 않을 수 없다. 만날 이도, 즐길 곳도 없는 이곳에 왜 사람들이 이주하는지 궁금하다.

이튿날 아침 청사를 찾았다. 행정책임자인 쵸장町長·Major을 비롯해 관련공무원이 오전시간을 내줬다. 아담한 청사 내부엔 지역이 애정을 갖고 진행 중인 다양한 사업 포스터와 결과물이 곳곳에 전시되어 있다. 2층 회의실엔 마츠오카 이치로松岡市郎 쵸장을 비롯해 몇몇 응대자가 연구팀을 반긴다.[3] 히가시카와의 변신은 마츠오카 쵸장의 등장 이후 본격화됐다는 게 현지의 공통평가다. 그의 열정적 리더십과 끈질긴 실천력이 보잘것없는 시골동네를 세계가 주목하는 인구증가의 모범사례로 탈바꿈시켰다. 덕분에 2003년 지자체장에 선출된 이래 2019년 선거에서 무투표 당선기록을 세우며 5기째 재임하고 있다. 고향의 발전과 성장을 누구보다 간절히 갈구하는 듯했다.

쵸장은 지역에 정통한 토박이다. 현지 고교 졸업 후 인근 대학을 다니다 귀향해 지금껏 살고 있다. 히가시카와쵸의 세무주민과장을 지냈으며 52세 때 현직 쵸장과 맞붙은 선거에서 2배의 압도적 표 차로 파란을 일으

CHAPTER 05 역발상 사진 스폿으로 부활한 문화마을 히가시카와

켰다. 고향 지자체의 관료출신답게 그는 히가시카와의 문제·한계를 정확히 인식했다. 내세울 만한 소구자원이 없어 관점을 뒤집는 역발상으로 접근했다. 흔하게 목도되는 방식이다. 즉 누구도 주목하지 않는 버려진 혹은 감춰진 지역자원을 잘 발굴해 특장점으로 전환한 것이다. 약점을 강점으로, 평범을 비범으로 승화시켜 히가시카와만의 자랑스런 스타일로 재구성하는 전략이다.

노력은 배신하지 않는 법이다. 성과가 하나둘 나오기 시작했다. 동네가 되살아났다는 최종적인 가치평가는 역시 인구증가일 수밖에 없다. 이 어려운 과제를 히가시카와는 해냈다. 2015년 그토록 원했던 인구 8,000명 상향돌파에 성공한 것이다. 40년 만의 기록이다. 1994년 7,063명으로 바닥을 친 후 꾸준한 늘어난 덕이다. 줄어들 때도 있지만, 지금도 매년 많게는 100명대, 적게는 10~20명씩 증가한다. 2021년 2월 8,445명까지 불어났다. 내용도 좋다. 2012년부터는 외국인이 이사해오더니 2021년 390명까지 늘었다. 시골마을치고는 상당한 국제전입이다. 내국인뿐 아니라 외국인을 대상으로 한 유입정책이 성공한 결과다. 일본최초로 공립 일본어학교를 세워 외국인의 정주의지를 돕는다. 히가시카와는 비슷한 환경에 놓인 영월군과 문화교류 제휴도 맺었다(2010년). 연구팀을 각별히 맞은 배경 중 하나다. 귀국 후 주고받은 메일에서, 한국에 알릴 기회가 있다면 자비로 찾아오겠다는 쵸장의 구체적인 제안까지 받았다. 결국 코로나19로 무산됐지만, 학교든 지역이든 부르면 어디든 달려가겠다며 성과공유와 국제교류에 적극적이었다.

1 | 사진코시엔 0.5초의 여름 CD

2 | 히가시카와쵸 국제사진페스티벌

3 | 국제사진페스티벌 응모사진 길거리 전시전경

4 | 2020년 제36회 히가시카와쵸 국제사진페스티벌 수상식

인터뷰는 회의실 벽면을 가득 메운 '사진의 마을写真の町' 프로젝트부터 시작된다. 히가시카와는 '사진'이란 키워드로 지역을 되살린 독특한 곳이다. 척박한 자연환경조차 사진으로 접근하면 천혜의 비경 재료가 될 것이란 사업취지다. 아름답고 풍부한 자연경관이 먹혀들면 동네 어디를 찍든 그 자체가 멋진 사진 한 컷이 될 것이란 자신감의 발로다. 온천 등 있을 만한 건 다 있으니 찾아만 오면 실망하지 않을 것으로 봤다. 사진과 관광에 더해 풍부한 나무자원을 활용한 목공예까지 아우르며 교류인구를 넘어 관계인구로 확산시켰다. 후술하겠지만, 주주제도(고향납세)[4] · 정주지원 · 택지분양 등도 한몫했다. 하나같이 정주인구 증가에 도움이 됐다. 정주인구의 상당수는 문화 관련 종사자라는 후문이다. 아름다운 경관과 살기 좋은 환경이 문화와 맞아떨어진다. 빈집을 활용한 이주민의 주거 · 상권실험도 본격화된다. 욕심은 크지 않다. "동네규모에 맞는, 많지도 적지도 않은 적정한 균형인구가 목표"라고 쵸장은 설명한다. 출혈적인 유치경쟁은 반대한다.

'사진의 마을'은 1985년 제안됐다. 다만 본격적인 입소문과 참여확대는 인구증가기와 맞물려 가속화된다. 회의실 벽면은 국제사진페스티벌, 사진코시엔写真甲子園, 사진소년단写真少年団 등 관련 이벤트를 알리는 안내문이 빼곡하다. 특히 여름 한 달간 열리는 국제사진페스티벌은 수상작가진부터 신진등용자까지 모두 아우르는 전국행사로 성장했다. 그중 고교생을 대상으로 한 유스페스티벌은 국제적인 명성 속에 일본마케팅대상까지 수상했다. 여세를 몰아 2014년 사진문화수도도 선언했다. 이로써

소멸 위기의 지방도시는 어떻게 명품도시가 되었나?

사진, 목공예, 산지라는 3대 문화버전이 완성됐다. 문화로 마을을 새로 만들겠다는 전략이다. 홋카이도 최초로 경관지자체로 지정되며 대자연과 공생하는 대표마을로 자리매김했다. 2017년 이곳을 무대로 한 '사진코시엔 0.5초의 여름'⁵이란 영화까지 전국에 상영됐다.

'사진의 마을'은 결국 히가시카와 스타일을 만들어낸 핵심키워드다. 방치되기 십상인 자연환경에 새로운 부가가치를 얹어냄으로써 사람과 돈을 불러왔다. 그렇지만 인구증가·상권확대의 왁자지껄한 삶은 추구하지 않는다. 있는 듯 없는, 느리되 충실한 자연과의 공생을 강조한다. 평범하되 비범한, 아이러니의 거주공간인 셈이다. 이게 현대사회의 자본논리에 핍박받는 이들에게 먹혀든 것이다. 무엇보다 사진이란 한 길을 고집한 전략 채택도 컸다. '사진의 마을'은 묻힐 뻔했다. 선언 당시 열도의 농산어촌은 1촌1품 1 村 1 品 운동에 사활을 걸었다. 한 마을에 한 품목을 집중시켜 6차 산업화로 이끌자는 캠페인이다. 이때 히가시카와는 다른 길을 택했다. 여느 곳과 달리 사진을 통한 문화마을이 시작된 배경이다. 인구증가는 그한 우물이 만들어낸 성과이자 히가시카와 스타일의 출발이다.

'없다, 안 해봤다'를
인정하지 않는 리더십

홋카이도는 뒤늦게 일본에 편입된 지역
이다. 이전엔 아이누족의 공간이었다. 때문에 일본이지만, 일본적이지 않
은 느낌이 있다. 지명이 대표적이다. 과거 원주민이 부르던 고유 명칭을
훗날 한자어로 차용했기에 낯선 독법으로 읽힌다. 일본인에게도 낯선 한
자어라면 현지인에게 물어야 정확한 발음을 알 수 있다. 또 하나 독특한
것은 별 마크다. 어디를 가도 건물·간판 근처에 큰 별모양의 마크를 쉽게
만난다. 삿포로맥주처럼 제품 디자인에도 널리 쓰인다. 이는 북국의 밤하
늘을 밝히는 북극성을 형상화한 것으로 홋카이도의 개척사를 상징한다.

히가시카와쵸의 청사 입구에도 큰 별 마크가 정중간에 달려있다. 모를
땐 지나쳐도 알면 달리 보이듯, 히가시카와의 진화경로도 실은 개척의 역

소멸 위기의 지방도시는 어떻게 명품도시가 되었나?

사이자 실험의 공간이다. 사진이란 키워드를 고집스레 활용하고, 약점을 강점으로 뒤바꾼 역발상의 도전은 히가시카와의 감춰진 보물을 찾아 구슬처럼 엮어내는 데 주효했다. 대부분이 택하는 외부·범용·의존적인 지역발전에서 벗어나 스스로 기획·실행·평가하는 내발적 성장론을 지킨 결과다. 그러자면 기발한 접근과 뜨거운 열정, 그리고 큰 용기가 전제된다. "없다", "안 해봤다"가 금기시된 히가시카와다운 차별지점이다.

본격적인 인터뷰는 인구이슈로 시작되었다. 한때 히가시카와는 존망의 위기에 놓인 적이 있었다. 1999년 시작된 헤이세이 대합병平成大合併[6] 당시 히가시카와는 인구 7,500명으로 소멸경고가 현실화된 지역이었다. 인구 1만 이하는 합병대상에 포함된다는 규정에 적용됐다. 행정서비스를 공급하기 힘들 정도로 인구가 감소하자 중앙정부가 경영합리화 차원의 효율성을 내세워 행정발 M&A를 밀어부쳤는데, 이 파고에 휩싸인 것이다. 물론 'No'의 선택지도 있지만, 중앙의 눈밖에 나 여러모로 힘들 수밖에 없다. 반대로 'Yes'라면 상당한 금액의 재정지원이 보장된다. 기로에 선 히가시카와는 'No'를 택했다. 쵸장인 마츠오카는 당시를 이렇게 회고한다.

"합병이슈가 부상하면서 자립이란 뭔가를 생각했어요. 지역이 스스로 생각해야만 하는 과제였죠. 그때까지는 중앙정부가 하라는 대로 하면 됐습니다. 중간의 광역지자체인 홋카이도도 마찬가지였어요. 관성처럼 하라는 대로 따라가면서 여러 사업을 해왔죠. 그런데 합병압력이 구체화되면서 상황이 달라졌습니다. 당장 주변 지자체와 합칠지 말지를 선택해야

하는 기로에 섰죠. 지역이 스스로 생각해 합병이 좋은지 나쁜지를 결정해
야 하는 상황이 된 겁니다."

당시 그는 합병이슈를 온몸으로 체험할 수밖에 없는 공무원 신분이었
다. 단기간에 결정이 날 사안이 아니었기에 차일피일 갈등과 반목만 쌓이
는 부작용도 컸다. 찬성파도 반대파도 저마다의 주장과 근거를 내세워 대
립을 반복했다. 그는 합병 반대에 섰다. 그리고 2003년 이를 선거공약으로
내세워 쵸장선거에 출마했다. 압도적인 표차에서 확인되듯 마을주민과 공
무원의 지지에 힘입어 낙승했다. 이 선거를 지켜본 교류촉진과 후지이 과
장은 "자립의 길을 택한 히가시카와의 절실함이 마을만들기의 큰 동력이
됐다"라고 했다. 지금부터는 쵸장과의 문답식 인터뷰를 정리한 내용이다.

"인구추이를 보면 계속해 하락하다 특정시점을 계기로 인구가 늘어났
는데요?"

"20년 전에 최저 6,900명을 찍은 적이 있었죠. 지금(2019년)은 8,300명
입니다. 교통 · 상업 · 주거 등 이렇다 할 메리트가 없는 동네였으니 인구
감소는 당연했죠. 당장 할 수 있는 건 집 문제였다고 봅니다. 그래서 이
주민을 위한 택지개발로 주택사업을 시작했습니다. 일본인은 자가욕구가
아주 강합니다. 옆동네인 아사히카와시의 2/3 가격으로 판매했죠. 처음
에는 민간에서 했지만, 이후 지자체가 이 사업을 확대했습니다. 대신 판

소멸 위기의 지방도시는 어떻게 명품도시가 되었나?

매조건이 붙습니다. 가령 눈이 많이 오는 곳이라 지붕을 삼각형으로 한다든가, 집 앞에는 반드시 두 그루 이상 나무를 심어야 한다든가, 집 주위와 마을길은 공동으로 가꿔야 한다는 등 말입니다. 이게 입소문이 좀 난 듯합니다."

"특히 젊은층의 이주가 많은데, 비결은 뭔가요?"

"우리도 젊은층의 인구확보가 큰 과제입니다. 여기는 농업 중심의 1차 산업이 커요. 예전엔 젊은이가 없어 일손 부족이 심각했죠. 반대로 지금은 땅이 부족할 정도로 젊은이들이 농업에 많이 종사하고 있습니다. 주로 쌀 농사예요. 4~5월 봄에 시작해 가을까지 끝내면 그다지 할 일이 없어 자유시간을 즐길 수 있죠. 2차 산업은 공예·가구(목공업·핸드메이드), 3차 산업은 카페·관광 등을 하는 젊은이가 많이 찾아옵니다. 많지는 않아도 돈벌이는 돼죠. 무엇보다 육아하기 쉬운 환경을 만든 게 청년유입의 비결입니다. 0세부터 5~6세까지는 유아센터에 아이를 맡길 수 있어요. 정부정책 중 하나입니다만, 특히 아이 3명에 보육교사 1명을 배치하는 게 관건이죠."

"농업하는 젊은이가 늘었다는데, 보통은 정반대 아닌가요?"

"오해인 듯합니다. 젊은이라면 뭔가 고부가가치 신농업일 것 같지만,

CHAPTER 05 역발상 사진 스폿으로 부활한 문화마을 히가시카와

그렇지도 않아요. 우리도 쌀보다는 야채가 낫지 않냐며 조언합니다만, 현실은 쌀농사가 더 많습니다. 쌀은 안정적으로 돈벌이가 된다는 장점이 크기 때문이에요. 익숙해지면 논 면적을 늘려 수입을 더 키우는 쪽을 택합니다. 농업을 꺼리는 인식이 있지만, 요즘은 대부분 기계화돼 음악을 들으며 트랙터로 농사짓죠. 미래가 창창한 젊은 인구가 늘어나니 출산도 자생적으로 확보될 수밖에 없는 구조입니다."

"중앙정부도 지역활성화는 발등에 불이 떨어진 듯합니다. 중앙과의 관계나 사업은 어떤가요?"

"중앙도 과소 문제를 풀고자 2015년부터 지방창생을 위한 특별교부금을 지원해주고 있어요. 기초지자체가 마을만들기와 관련된 사업안을 중앙정부에 제출한 후 채택되면 특별교부금을 받는 시스템이죠. 사실상 기초지자체끼리 정책경쟁을 하고 있는 셈인데요. 우리도 빠질 수는 없죠. 사실 사업 아이디어를 가장 많이 내는 지자체 중 하나라고 봅니다. 상당한 액수를 따오죠. 현재는 6개 정도의 프로그램을 진행하고 있습니다. 사업비는 총 7억 엔인데, 이중 50%를 지원받았죠."

"지방창생 프로젝트를 기획할 때 전문가나 민간단체와의 관계성은 어떤가요?"

소멸 위기의 지방도시는 어떻게 명품도시가 되었나?

"케이스에 따라 다른 것 같습니다. 필요하면 주민·민간조직과 긴밀하게 협조하죠. 다만 행정서비스에 속하는 것은 공무원이 직접 할 수밖에 없습니다. 일례로 우리는 문화사업이 많은데요. 문화와 관련된 내용은 아무래도 공무원보다 전문가, 상공회의소 등 민간파트너와 함께 하는 게 좋습니다. 특히 산업의 경우 농협 등과 자주 회의를 합니다. 반대로 고령자 복지사업 등 대민 대상은 내부에서 결정하고 의회와 협의해서 진행합니다."

"지역활성화는 결국 사람의 힘에서 나온다고 봅니다. 사업 자체도 중요하나, 리더십을 포함해 그 사업을 누가 결정하고 어떻게 실행하느냐가 관건이 아닌지요?"

"과소過疎, 과밀過密이라는 단어가 있습니다. 우리는 과소에 속하죠. 하지만 우리는 과소를 즐기고 있습니다. 비어있는 공간을 되레 즐겁게 생각합니다. 빈 공간의 가치를 늘리는, 즉 적소適疎의 가치를 추구하죠. 도쿄에는 빈 공간이 거의 없습니다. 바람이 잘 들어왔다 잘 빠지는. 즉 공기가 좋은 그런 마을을 만드는 게 목표입니다. 그 적정선이 최저인구 8,000명 정도로 봅니다. 너무 적어지지 않게 유지하도록 앞으로 해야 할 일도 생각하고 정합니다. 뭘 하자고 할 때 보통은 '안 된다, 해본 적이 없다'라는 말을 많이 합니다. 그래선 곤란하죠. 이런저런 얘기와 정보를 듣고 자극받으며 실천하는 게 결국 공기가 좋은 마을을 만드는 배경이라고 봅니다."

"반대하거나 딴지를 거는 경우는 없나요?"

CHAPTER 05 역발상 사진 스폿으로 부활한 문화마을 히가시카와

"당연히 있습니다. 어쩌면 모든 게 반대부터 시작하죠. 우리 청사에서는 다음의 세 가지 말을 하지 말라고까지 했습니다. '예산이 없다, 전례가 없다, 다른 데는 하지 않는다' 등이죠. 이런 걸 이유로 대지 말라는 차원이에요. 마을에 도움이 되면 어떻게든 하도록 비즈니스 감각을 기르는 게 중요하죠. 오히려 해본 일인데 성과가 없으면 그게 문제 아닐까요? 안 해본 걸 하는 게 더 낫죠. 돈이 없다고, 안 해봤다고, 다른 데서 안 한다고 하지 않는다는 건 핑계입니다. 플러스가 기대되면 하는 게 좋습니다. 저뿐만 아니라 직원 모두에게 자주 강조하는 포인트죠."

쵸장의 발언은 곳곳에서 역발상이 묻어난다. 홋카이도 개척사처럼 도전적 실험정신이 청사를 넘어 마을 전체에 퍼지는 모습이다. 배석한 공무원의 면면에는 알 듯 모를 듯 복잡한 심정·인상이 투영된다. 인터뷰 당시 (2019년) 4선에 16년째 지자체장을 해왔으니 그럴 만도 하다. 공무원사회 특유의 상명하복과 업무분장의 매뉴얼이 구축된 일본에서, 이 정도의 리더십은 못 할 게 없는 강력한 파워를 갖는다. 더구나 주민의 압도적 지지가 계속되는 와중에 경쟁할 반대·대안세력조차 없으니 더 그렇다. 2021년 5선째도 무투표 당선이었다. 리더십과 자신감은 비례하는 법이다. 장기집권의 소회는 어떨까?

"지자체장의 역할은 단순합니다. 제가 모든 일을 하지는 않습니다. 결국 우리 관공서 직원이 일하는 것이죠. 한 명 한 명이 의식을 갖고 일하는 것을 매우 중요하게 여깁니다. 히가시카와는 3C를 캐치프레이즈로 삼고 있어요. 체인지change, 챌린지challenge, 찬스chance입니다. 수영을 누가 잘하는지 평가하는 건 저의 역할이 아닙니다. 직원 모두가 선수라는 생각으로 어떻게 하면 헤엄을 잘 칠지 도와주는 게 저의 역할입니다."

인터뷰를 마치고 현장을 둘러보는 와중에 그에게서 메일이 왔다. "무엇이든 미루지 못한다"는 공무원의 말처럼 급한 성격이 그대로 녹아난 내용이다. 뭔가 못 다한 얘기나 빠트린 내용이 있어서일까? 추가 요청한 자료를 첨부한 데서 그의 자신감이 재차 확인된다. 기회가 되면 한국에서도 히가시카와의 고민·미래를 함께 논의해보자는 제안이다. 다양한 곳의 현지조사를 다녔지만, 이런 경우는 처음이다. 귀국 후에도 히가시카와의 새로운 소식과 안내는 지금껏 이어진다. 아래는 그가 보낸 메일 내용을 번역한 것이다. 히가시카와에 사람이 몰려드는 여러 이유 중 하나는 알 것 같아 소개해본다.

'사진문화 수도, 사진마을 히가시카와에서…. 안녕하세요. 오늘 방문해주셔서 감사합니다. 지역활성화는 어느 마을에서나 공통되는 과제입니다. 바로 3GEN의 확보와 순환입니다. 인간, 자원, 재원이 3GEN이며, 우리 인간이 지역에 있는 자원을 발굴하고 활용함으로써 재원을 확보하고 주민의 복지증진에 충당하는 것입니다. 그러나 3개의 GEN을 확보하기란 말처럼 쉽지 않습니다. 지역에 사는 사람의 발상력과 실행력이 필요하니다. 외부로부터 재원을 확보하고 지역 내부에 순환하도록 하는 시책이 필요합니다. 뭔가 생각나는 아이디어가 있으십니까? 제언이 있으시면 언제든 알려주시면 감사하겠습니다. 또 필요하면 언제든 문의해주십시오. 함께한 분들께도 안부 전해주세요. 감사합니다.'

소멸 위기의 지방도시는 어떻게 명품도시가 되었나?

익숙함에 맞선
지역 맞춤형 아이디어

일본의 기초지자체가 지역활성화에 본격적으로 나선 데는 중요한 계기가 있다. 그동안은 해야 한다는 위기감과 당위론이 컸지만, 촉발제가 거의 없었다. 2014년 발표된 중앙정부의 그랜드디자인이 그렇다. '마을 · 사람 · 일 창생종합전략まち · ひと · しごと創生 総合戦略'이다. 통칭 창생전략 혹은 로컬 아베노믹스라 부른다. 이전에도 부처중심의 마을만들기 등 다양한 지역개발 사업이 있었지만, 창생전략은 사업규모 · 실행범위는 물론 실현의지 · 조직체계가 전에 없는 총괄적 정책세트다.

2014년은 일본의 지역정책이 180도 바뀌는 분수령이다. 기초지자체 중 절반이 소멸된다는 충격적인 마쓰다보고서가 임기 2년차 아베정권의 정책

방향을 바꾸게 했다. 대기업 · 도시 · 수출중심에서 중소기업 · 지역 · 내수 주도로 방향을 틀었다. 소멸지역발 인구감소를 방치할 수 없어서다. 일본의 쇠퇴로 이어지는 장대한 시나리오가 던진 경고는 중앙정치를 한순간에 뒤흔들었다. 창생전략은 그 결과다. 내각부에 전체각료가 참여하는 창생본부를 설치한 데 이어 지방창생성을 신설해 신임장관을 앉혔다. 뒤이어 지방창생법과 장기비전 · 종합전략(5개년)이 발표됐다. 엄청난 속도전이다. 내용은 더 구체적이다. 숫자목표(KPI)를 연도별로 내걸어 압박했다. 2015년부터는 지방도 움직였다. 지방판 장기비전 · 종합전략 수립 · 발표는 의무가 아닌데도 99%가 참여했다. 중앙이 총론을, 지방이 각론을 맡는 시스템은 이렇게 만들어졌다. 지방창생은 히가시카와처럼 여전히 현재진행형이다. 성과는 갈수록 커진다. 공정은 지역창생 · 인구목표가 달성될 때까지다.

지방창생은 '도쿄과밀 · 지방과소'의 해소를 위해 지역인구를 늘리는 게 주요목표다. 이를 지자체가 지방판 마스터플랜(장기비전 · 종합전략)으로 구체화한 후 상향식으로 중앙에 제출하는 방식이다. 우수한 정책이면 중앙은 보조금 · 교부금을 동원해 사업비의 50%를 지원한다. 재정악화의 지자체로선 가뭄의 단비처럼 소중한 재원이라 공모경쟁에 뛰어들지 않을 수 없다. 너 나 할 것 없이 지역발 활성화 아이디어가 봇물처럼 터져나왔다. 가뜩이나 열악한 지역에 줄 세우기식의 사업경쟁까지 유도한다는 반발에도 불구하고, 2015년을 지방창생 원년이라 평가하는 시각이 많다. 2016년부터 이들 사업은 본격화된다. 분야는 크게 4가지다. 일자리 창출(지방의 30

만 청년고용), 인구유입(도쿄전출 4만명 증가, 도쿄전입 6만명 감소), 근로개혁(청년세대 양립조화), 마을만들기(일상적 정주완성) 등이다.[7]

그렇다면 이런 총론을 받은 히가시카와의 각론은 무엇이었을까? 마쓰다보고서 발표 이전에 선택한 '사진문화수도'에 방점을 찍었다. 차별적인 데다 일찍부터 축적한 경험·관계를 활용할 수 있어 히가시카와만의 재생 키워드로 선점됐다. 사진문화수도창생과를 신설한 후 이를 기획총무·교류촉진과로 세분화해 확대·개편했다. 이후 히가시카와브랜드발신과로 통합했고, 지금은 히가시카와스타일과로 구체화되었다.[8] 사업진행에 맞춰

▰ 히가시카와쵸 지방창생 사업

사업명	총사업비(엔)	사업개요
지방창생가속화 교부금 (2015년부터 이월)	80,000,000 (전액 교부금)	– 가구디자인 스쿨 – 문화예술교류센터 비품 – 외국인 간병복지사 양성 – 문화예술 활동지원 – 정보발신 홈페이지 개편
지방창생추진 교부금 (1차 신청)	165,600,000 (교부금 82,800,000 포함)	– 디자인스쿨을 통한 고품질 가구생산 인재 육성 – 간병복지사 자격취득 추진에 따른 안심생활 환경창출 – 건강촉진 프로그램 책정에 따른 주민의 건강증진 – 문화예술활동을 중심으로 한 창작활동 체제 육성
지방창생추진 교부금 (2차 신청)	31,400,000 (교부금 15,700,000 포함)	– 커뮤니티 카페(히가시카와 식당 왓카) 운영체제 구축 – 너의 의자 외부 지역 판매체제 육성
지방창생 응원세제 (기업판 고향납세 2016년 채택)	18,520,000 (고향납세 10,000,000 포함)	– 동계 해외관광 유치 개발사업(히가시카와쵸 국제포럼 개최 사업)

자료: 東川町(2020), 「文化を全面に」, 『東川町史』 第3卷, p.112

CHAPTER 05 역발상 사진 스폿으로 부활한 문화마을 히가시카와

필요한 자원을 탄력적으로 합종연횡함으로써 신속하고 유연한 조직체계를 구축했다. 창생전략도 '사진문화수도 히가시카와쵸 마을·사람·일 종합전략'으로 명명되었다.[9] 한계를 장점으로 바꾸며 지역자원을 재생수단으로 활용한 기획은 호평을 받으며 예산확보로 연결된다.[10]

　중앙의존에서 벗어난 독립적인 예산확보야말로 지역활성화의 최대무기다. 지역금융·기업출자·주민갹출이 모이면 하지 못할 사업이 없다. 다만 현실은 어렵다. 대부분의 기초지자체는 재정자립도가 아주 낮다. 교부금·지원금 등 중앙예산의 원조 없이는 어떤 사업도 첫발을 떼기 쉽잖다. 히가시카와도 마찬가지다. 사진코시엔 등으로 기업과의 네트워크가 있지만, 안정적인 토대라고 하긴 어렵다. 이때 중앙정부의 지방창생 관련교부금 신설은 전에 없던 짭짤한 재원이다. 2016년 예산(일반회계)이 70억 엔 정도였으니 억 단위의 신규교부금은 훌륭한 뒷배가 아닐 수 없다. 물론 공모경쟁에서 이긴 비결도 한몫했다. 히가시카와의 교부금은 2020년 현재 홋카이도에서 1위다.[11]

소멸 위기의 지방도시는 어떻게 명품도시가 되었나?

사진 하나로 외지인 거주를
유도한 실험

히가시카와는 사진에 생명을 불어넣는 실험을 택했다. 사진이 마을의 생명을 건강하게 되살릴 훌륭한 자양분이 될 것이라 확신한 덕분이다. 단순히 사진이란 기호에 그치지 않고, 히가시카와를 중심으로 한 문화와 트렌드로 고부가가치화하는 신선한 도전이었다. 지역활성화의 도약대로 '사진마을'을 설정한 것이다. '자연+문화=사진'의 연결로 국제교류까지 보폭을 넓혀 관계인구에서 정주인구로 시선을 넓혔다. 이후 히가시카와는 사진 잘 찍히는 마을, 사진에 최적화된 자연 등의 이미지를 갖기 시작했다.

포인트는 사람에 맞췄다. 사진마을을 선언할 때부터 사람이 중심이라는 생각을 착실히 키워나갔다. 사진과 관련된 사람이 자발적으로 찾도록 사업모델을 구체화한 것이다. 이를 위해 1986년 조례까지 제정했다. 각종 페스티벌과 수상제도를 통해 사진과 직·간접 관련인구를 지원하기 위해서다. △사진의 마을 히가시카와상 △히가시카와 국제사진 페스티벌 △사진이 잘 찍히는 풍경 및 생활조성 장려·추진 △사진을 활용한 마을조성 추진 △사진의 마을에 걸맞은 제반시설 정비 △국내 및 해외도시와 교류추진 등의 내용이 담겼다.[12] 1994년에는 사진코시엔으로 불리는 전국고등학교 사진선수권대회도 개설했다. 청년인구가 갖는 잠재력에 주목한 결과다.

그렇다면 왜 사진일까? 사전조사 때도 그랬고, 인터뷰 때도 연구팀의 뇌리를 떠나지 않은 의문이었다. 유명 사진작가라도 있었다면 인물마케팅 차원이라 여겨진다. 작가의 명성을 내세워 지역의 관광코스를 짜는 지자체도 많으니 이해가 된다. 히가시카와에는 사진과 관련된 배경이 전혀 없다. 당시엔 멋진 자연배경을 가진 동네라는 소문도 없었다. 관광명소라는 입소문은 인근지역이 압도적이었다. 교통까지 편리한 인근지자체와 비교할 때 차별성은 없었다는 얘기다.

아이디어는 우연하게 제안됐고, 채택됐다. 앞서 언급한 1촌1품 운동이 전국을 휩쓸 때 히가시카와는 고민에 빠졌다. 대부분이 택한 농수산물 등 지역특산물을 내놓을까 고민도 했지만, 사실 이렇다 할 토산품이 없었다. 경쟁력이 거의 없는 상황에서 어디서나 봄직한 유사모델을 내세워 성공할 것이란 기대는 할 수 없었다. 아마도 한국의 여느 기초지자체의 당면숙제와 다를 바 없는 고민지점이다. 이때 민간에서 나온 제안이 사진이었다. 히가시카와에는 사진 피사체로 손색없는 아름다운 경관이 많으니 이걸 설득해 활기를 불어넣자는 아이디어였다. 동시에 단기관광만으로는 한계가 있으니 문화로 승격해 마을 전체의 자원을 총동원해보자는 내용도 공유됐다. 온 동네를 사진으로 재구성하자는, 다소 뜬금없지만 절실한 제안에 공감대는 확대됐다.

사진마을 콘셉트의 제안배경은 문서로도 확인된다. 2016년 지자체가 발행한 『히가시카와스토리東川ものがたり』란 책을 보면 '사진마을 → 지역활력'의 순환구조가 투영된다. 사진이란 개념이 자연경관과 인간행위, 그리고 문화현상으로 연결되는 무한한 기대효과를 가졌다는 판단에서다. 이런 환경을 조성하는 과정에서 주민의 개성과 창조성은 물론 평생학습 · 교류수단으로도 활용된다고 기대한다. 선언당시 카메라 보급률이 86%에 이르면서 물적기반이 다져진 것도 고려됐다. 누구나 관심을 갖는 영역이 될 수 있어서다. 이를 문화산업, 특히 청년선호로 가능성을 넓히면 승산이 있다는 계산이었다. 사진마을을 선언할 때 작성한 문건도 이에 동의하는 취지가 담겨 있다.[13]

사진의 마을 선언

자연과 사람, 사람과 문화, 인간과 인간 등 이런 만남에서 감동은 우러납니다. 틈새에 부는 바람처럼 카메라가 있다면 사람은 그 만남을 영원히 간직하고 많은 사람들에게 감동을 주고 나눌 수 있습니다. 만남과 사진이 맺어질 때 인간을 읊고 자연을 경외하는, 누구나 언어를 초월한 시인이나 커뮤니케이션을 잘하는 사람으로 거듭나게 됩니다. 히가시카와에 사는 우리들은 그 멋진 감동을 만들기 위해 사계절마다 별세계를 창조하고, 식물·동물들이 숨 쉬는 웅장한 자연환경과 맑고 아름다운 경관을 대대손손 지키고 이어받고 있습니다. 함께 가꿔온 아름다운 풍토와 넓은 마음을 길러가고 은혜로운 대지로, 세계인에게 열려 있는 마을을 담은 '사진이 잘 찍히는 마을'의 창조를 목표로 합니다. 지금 이곳에서 히가시카와 사진의 마을 탄생을 선언합니다.

-1985년 6월 1일, 홋카이도 가미카와군 히가시카와쵸

 선언은 주민에게 참가의 의미, 공동체에게 삶의 의미, 마을에 대한 자부심을 안겨줬다. 즉 마을의 비전이 주민에게 공유되기 시작한 것이다. 물

자료: https://town.higashikawa.hokkaido.jp/administration/(검색일: 2021.07.22.) 재구성

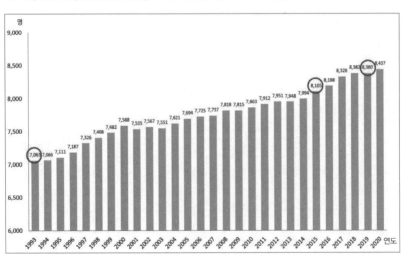

■ 정주인구 증가 추이(1993~2020년)

소멸 위기의 지방도시는 어떻게 명품도시가 되었나?

1985년 6월1일 사진의 마을 선언식

론 비전을 함께 나누기까지는 지난한 과정이 있었다고 회고한다. 사진을 받아들일 때까지 쉽지 않은 여정이었음이 짐작된다. 주민과의 협조도 만만찮았을 터다. 쵸장은 이렇게 설명한다.

"마을에 음악, 무용, 장기, 바둑, 하이쿠俳句 등 많은 문화 단체들이 활동하고 있습니다. 문화라는 것은 누구든지 즐길 수 있죠. 때문에 문화사업을 하겠다고 했을 때 부정하는 사람은 없을 거라 봤어요. 하지만 오판이었습니다. 가뜩이나 없는 살림인데 사진에 돈을 많이 쓰면 복지가 나빠질 것이라 염려하는 분들이 많았죠. 생활이 중요한데 왜 문화에만 돈을 쓰느냐는 이견도 상당했습니다. 설득하는 수밖에 없었습니다. 사진문화를 성공적으로 정착시키면 마을에 돈이 돌고 이게 경제적인 효과가 될 것이라 강조했죠. 지금도 마찬가지예요. 사진이 동네를 살린다는 논리와 증거를 반복해 보여주며 이해를 얻고 있습니다. 다행스럽게도 지금은 주민이 먼저 움직이는 단계가 됐어요. 마을풍경을 배경으로 언제 어디서 찍혀도 감동적일 수 있게 청소·환대 등에 열심입니다."

사진을 통한 문화마을 이미지는 점차 지역색이 묻어난 히가시카와 스타일로 확장된다. 지역자원인 삼림·목재를 활용한 디자인마을로 영역을 넓혀간다. 히가시카와 스타일이란 말도 활발해진 국제교류 속에서 이방인이 언급한 평가다. 그만큼 다양한 사람이 이곳으로 몰려든다. 사진으로 시작된 지역활성화 덕분에 2015년 인구 8,000명 목표를 달성한 데 이어 지금도 매년 사회전입이 이어진다. 2014년 약 30채에 불과했던 카페·셀렉트숍·공방 등은 2019년 2배나 늘어난 약 60채로 상권군락을 이룬다.[14] 인구 바닥이던 1993년(7,063명)부터 2019년(8,380명)까지 19%의 인구증가율을 기록했다. 대부분 기초지자체가 도쿄·삿포로 등 광역단위 대도시·중핵도시로 주민을 뺏기는 상황에서 이례적인 행보가 아닐 수 없다.[15]

소멸 위기의 지방도시는 어떻게 명품도시가 되었나?

청년에 공들인
사진코시엔의 성과

미래는 청년에 달렸다. 마을의 지속가
능성은 청년의 애정과 관심, 그리고 정주로부터 비롯된다. 히가시카와의
지역활성화 실험에 대한 호평도 상당수 재생성과가 청년그룹에 초점을 맞
추기 때문이다. 처음부터 그랬던 것은 아니다. 사업초기 주민호응은 생각
보다 낮았다. 목조간판 하나를 거는 것도 힘들 정도였다. 사실상 몇 년간
은 지지부진이었다. 사진과 관련한 전문성은커녕 이해도조차 낮았다. 하
물며 예산까지 쓴다니 효과는 둘째치고 당장 되돌아올 복지불안이 컸다.
사진이 마을과 주민에 직접적인 이익·효과를 준다는 결과가 나올 때까지
반대의 목소리는 커져만 갔다.

그때까지는 행정이 앞장설 수밖에 없었다. 전시행정이란 비난과 함께

낭비사업이 될 것이란 우려가 적잖았다. 결국 주민의 뜻을 물었다. 1991년 대대적인 설문조사로 주민의향을 취합했더니 결론은 '주민참가형'으로 요약됐다. 지자체가 일방적으로 기획하고 실행해 밀어붙이는 형식에서 방향을 틀어 주민참여와 관민협업을 강화하는 쪽이다. 이때부터 지역주민의 체감과 반응은 긍정적으로 변했다. 본인의 일로 받아들이기 시작한 것이다. 그 결과가 1994년 시작된 사진코시엔이다.

사업은 성공했다. 전국적인 참여열기 속에 인지도가 높아지며 이후 주민의식과 사업참여가 개선되는 계기가 됐다. 2005년 민의 선두주자로서 관과 함께 '사진의 마을'을 꾸려나가던 기획회사가 도산위기에 처하자 주민전체가 다양한 지원에 나섰다. 사업을 이어가야 한다는 공감대가 커진 덕분이다. 사진코시엔은 일명 코시엔甲子園으로 불리는 전국고교야구선수권대회에서 차용된 사업이다. 결승전이 펼쳐지는 야구장이 코시엔인데, 야구대국답게 고교선수에겐 꿈의 공간이다. 100년 역사를 넘긴 대회답게 시즌에는 열도전체가 들썩인다. 생중계는 물론 선후배의 응원전에 온통 시선이 쏠린다. 이후 코시엔은 경쟁게임·순위경기를 다룰 때 'ㅇㅇ판 코시엔'으로 비유되며 일반화됐다.

사진코시엔은 고교 사진부와 서클 등 전국 11개 블록에서 공동제작한 작품을 모집해 예선을 치른다. 이후 본선에서 18개교를 선발한다. 본선은 개최지인 히가시카와에서 촬영기간 3일을 포함해 6박 7일간 열린다.[16] 특히 학생·감독 등 참가인원은 주민제안으로 홈스테이를 원칙으로 한다. 숙박만이 아니다. 개최기간 동안 이동이나 식사 등은 주민·지역단체 등

1

2

3

4

5

1 | 사진코시엔 홍보사진   2 | 사진코시엔 예선 및 본선 심사장면

3 | 사진코시엔 히가시카와쵸에서의 본선대회

4 | 사진소년단 활동 장면   5 | 히가시카와 문화갤러리

이 지원한다. 독특한 건 마을이 메인무대란 점이다. 본선에서는 경관·사람 모두가 잠재적인 피사체에 포함된다. 대회가 거듭되면서 주택·점포·거리는 물론 일상적인 주민모습까지 사진에 담기기 시작했다. 주민들이 본인은 물론 본인 일상이 사진의 타깃·배경이 되는 것을 의식하며 움직이게 된 것이다.[17] 경험과 교류가 쌓이자 사진코시엔은 행사참가자와 마을주민을 잇는 대표적인 교류행사로 안착했다.

제28회를 맞이한 2021년 사진코시엔에는 전국 479개교가 응모해 96개교가 예선을 통과했고, 그중 18개교가 본선에 진출했다. 원래 본선은 히가시카와에서 개최되나, 코로나19로 이번만큼은 개별지역에서 작품을 찍어 출품하도록 했다. 심사위원이 개별학교를 온라인으로 연결해 심사하고 이는 라이브로 생중계됐다. 참고로 본선을 히가시카와에서 했을 때는 촬영장소가 철저히 비밀에 부쳐졌다. 테마도 당일에 공개하는 게 대회의 묘미다. 2021년 본선테마는 '발견'과 '미래'였다.[18]

사진코시엔에 참가한 학생은 히가시카와의 팬이 되거나 아예 이주한 경우도 있다. 히가시카와갤러리에서 일하는 요시자토 히로코吉里演子는 오사카 출신인데, 고교 3학년(2005년) 때 사진코시엔에 출전했다. 이후 예술대학 사진학과에 진학하고 자원봉사자로 다시 사진코시엔에 참가하며 이주의 꿈을 굳혔다. 대학 졸업작품 테마도 히가시카와를 배경으로 한 '마음의 고향'이었다. 졸업 이후 이주해 임시직으로 일하다 1년 후 공무원이 됐다. 그가 요즘 열심인 사업은 '히가시카와 사진소년단'이다. 2013년 본인이 직접 만들었다. 마을 초중생 25명을 모아 월 2회 사진활동을 주선한다. 이

소멸 위기의 지방도시는 어떻게 명품도시가 되었나?

제는 사진업계에서 이름난 히가시카와상을 수상할 사진가를 키워내는 게 그의 꿈이다.[19] 히가시카와상은 지자체 주최로는 일본최초로 국내외 전문 작가를 대상으로 해 유명해졌다.

시골마을이 국제교류의
첨병이 되다

가장 지역적인 것이 가장 국제적인 법
이다. 히가시카와는 의외로 외국에 잘 알려진 희귀한 시골동네다. 단순방
문뿐 아니라 거주하는 외국인도 적잖다. 히가시카와의 정주환경이면 국내
뿐 아니라 해외에도 먹힌다는 스토리를 만든 결과다. 물론 장기간의 노력
을 경주한 덕분이다. 휴양·은퇴지로 떠오른 동남아처럼 한번 경험했거나
인연을 엮은 외국인이 다시 찾거나 눌러앉는 것과 같다.

히가시카와는 2009년부터 해외유학생의 단기일본어 연수사업(1~3개월)
을 하고 있다. 사업은 우연히 시작됐다. 한 한국 유학생이 히가시카와를
좋아해 10여 년에 걸쳐 2번이나 방문했는데, 때마침 만난 쵸장에게 "왜 이
마을에는 젊은이들이 보이지 않을까요?"라고 질문한 것이다. 일본어를 가

소멸 위기의 지방도시는 어떻게 명품도시가 되었나?

르치는 학교·강좌만 있으면 많은 외국인이 찾아올 좋은 환경이라는 평가도 있었다. 무릎을 치며 동의한 쵸장은 바로 인근 전문학교와 연계해 일본어·일본문화 연수사업을 시작했다. 한국학생부터 시작했지만, 점차 대만·중국으로 확대됐고 2015년에는 폐교로 유휴화된 초등학교 건물·토지를 활용해 일본최초의 공립 히가시카와 일본어학교도 개교했다.[20]

이 학교는 장학금제도가 잘 갖춰져 민간 일본어학교와 비교해 유학생의 부담이 적다. 덕분에 동아시아를 중심으로 매년 약 500명이 공부하러 찾아온다. 그 인원이 마을인구의 약 4%를 차지한다. 유학생은 마을의 팬이 되어 귀국 후에도 동창회를 통해 교류를 이어간다. 대만, 태국, 한국, 중국, 베트남 등 5곳에 설치한 히가시카와 사무국이 면담·모집 등 절차를 진행하며 사업을 확대한다. 동시에 경제·문화교류와 관련된 정보수집과 거점의 역할도 수행한다. 든든한 국제 네트워크의 확장인 셈이다.

실적은 좋다. 2018년 5월 현재 단기 일본어·일본문화 연수생은 누계 2,468명(2017년 477명)에 달한다. 장기코스 유학생은 총 545명(2017년 175명)이다. 동아시아 등 16개국에서 일본어를 배우러 찾아온다. 경제적 파급효과는 기대이상이다. 교육사업을 통해 교사·사무직원 등 학교관계자의 취업이 늘었고, 유학생이 머무는 기숙사·기반시설의 고용창출도 적잖다. 좀 철지난 통계이지만, 2014년의 경우 유학생 숙박일수가 연간 5만 5,000일을 넘기며 다양한 산업연관 효과를 냈다. 유학생의 학비, 숙박비, 식비, 생활비 등 연간 약 8억 엔(중앙정부·히가시카와가 절반씩 부담)의 돈이 마을에서 순환되는 구조를 완성한 것이다. 또 마을한정 상품권(8,000엔)을 지급해

	히가시카와 복지전문학교	히가시카와 일본어학교
시작 연도	2013년	2015년
유학 기간	2년, 1년 6개월	1년 6개월(장기코스) 1~3개월(단기코스)
숙박 장소	히가시카와쵸 국제교류회관 국제교류관 MA · MAISON 히가시카와 히가시카와쵸 복합교류시설	
학비	1,200,000엔	400,000엔(장기코스) 83,000엔(단기코스)
숙박비(식비 포함)	매월 67,000엔(시설과 입주 인원수에 따라 다름)	
장학금 학비 지원	700,000엔	200,000엔(장기코스) 83,000엔(단기코스)
숙박비 지원	27,000~40,000엔	
생활 지원	8,000엔 (포인트)	

※연간 8억 엔의 돈이 마을에서 순환된다!

자료: 東川町(2019), 「Higashikawa Style」, pp.12-13. 재구성

2017년 한 해만 2,800만 엔의 경제효과를 달성했다. 2018년부터는 100개 점포에서 이용하는 IC형식의 히가시카와 유니버셜카드HUC로 8,000엔 상당의 포인트를 주며 정주환경을 거든다.

히가시카와는 '외국인+일본어'를 엮어 국제적인 팬을 착실히 만들어간 다. 지역경제의 활성화는 물론 정주인구로까지 확대되며 중요한 인적자원 으로 활용된다. 이들의 거주경험은 국제교류를 촉진하는 훌륭한 민간외교 가 아닐 수 없다. 여세를 몰아 2015년 세계의 고교생을 사진문화로 교류시 킨 유스페스티벌도 시작했다. 히가시카와의 매력을 세계에 소개하고 관광

고등학생 국제교류 사진 페스티벌

진흥·국제교류의 거점으로 삼기 위해서다.[21] 2019년 한국에서도 자매결연을 맺은 영월군 영월고교팀(학생 3명·교사 1명)이 한국대표로 참여했다. 국제적인 페스티벌이 가능했던 것은 일본어를 배우는 외국인이 마을에 국제타운을 형성했기 때문이다. 거주외국인이 참여한 자국 학생을 안내하며 지원을 도맡는다.

관계인구를 창출한
주주제도의 대역할

애초 히가시카와의 현지조사는 쉽잖았다. 섭외 메일을 보내자 담당자의 OK사인이 신속히 날아왔다. 문제는 다음이었다. 인터뷰를 하는 것은 환영이나, 히가시카와가 역점을 두는 사업인 주주株主제도에 가입해줄 것을 권유했기 때문이다. 가입비는 1인당 1만 엔으로 꽤 부담스러운 수준이었다. 메일 내용이다.

'…(중략) 결코 돈을 벌기 위해서가 아닙니다. 주주가 되어 오래오래 함께 교류하길 바라는 취지로 시작한 제도입니다. 부디 헤아리셔서(기분 나빠하지 마시고), 잘 부탁드립니다. 히가시카와에는 한국인 국제교류원도 있으니 날짜가 맞으면 만반의 체제로 인터뷰 준비를 하겠습니다.'

고민은 깊어간다. 가고는 싶지만, 비용이 막는다. 6명이니 6만 엔인데, 빡빡한 사정을 고려할 때 포기수순에 가깝다. 솔직한 심정을 밝히는 메일을 보냈다. 추후 전해들었는데, 무산될 뻔한 것을 쵸장이 예외선언을 하며 정리했다고 한다. 한국인 국제교류원(김다윤)으로부터 한글메일을 받으며 약속일정을 확정했다. 뿐만 아니라 쵸장이 직접 응대하겠다는 메일까지 보내왔다. 마땅한 숙박시설조차 못 찾아 전전긍긍했더니 지역에서만 아는 작은 시설도 소개해줬다. 인터뷰가 끝나자 연구팀 전원에게 히가시카와의 주주임을 증명하는 증서를 나눠줬다. 인연을 맺었으니 훌륭한 관계인구라고 덧붙인다. 쵸장은 히가시카와 주주제도로 관계인구를 늘리려는 전략을 이렇게 설명한다.

"처음 선출된 2003년 당시 합병문제가 심각했습니다. 인구 1만 이하면 무조건 합병해야 했죠. 당시 인구(7,500명)보다 2,500명이 더 필요했어요. 어떻게 하면 500명은 늘릴 수 있지만, 2,000명은 무리였죠. 그러면 2,000명은 특별주민으로 만들어 합산하자는 생각을 했습니다. 당시 정부가 고향납세를 시작했는데, 이와 맞물려 2008년 히가시카와를 응원하는 특별주민제도를 만들었죠. 단순히 답례품을 주고 끝내는 고향납세가 아니라 히가시카와 주주제도라는 특별한 제도를 적극 홍보했습니다. 다른 곳은 답례품 경쟁이 심각하다는데, 우리는 답례품보다는 하고 있는 사업의 좋은 점과 말 그대로의 관계인구를 늘리는 데 집중했죠."

자료: 総務省 ふるさと納税

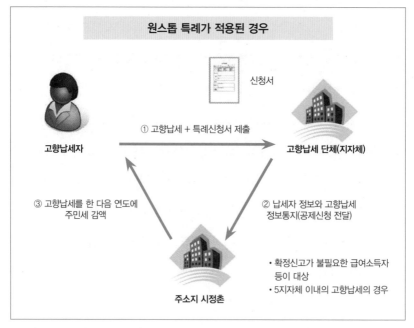

고향납세 제도 시스템

고향납세라 불리는 제도는 2008년 4월 '지방세법 등의 일부를 개정하는 법률'에 따라 도입됐다.[22] 개인이 지방자치단체에 기부할 경우 기부액에서 2,000엔 이상 부분을 소득·주민세에서 세액공제해주는 제도다. '고향기부금'으로도 불린다. 연수입별 기부상한이 정해졌는데, 인기를 끌자 2015년 상한금액을 2배로 늘렸다. 납세처인 지자체수가 5개 단체 이내면 번거로운 확정신고를 할 필요도 없다.

히가시카와도 고향납세에 주목했다. 세제혜택에 답례품까지 받으니 기부자로서는 손해볼 일이 없어 전국적인 신드롬을 불러일으킨 제도답다. 지자체는 기부액을 토대로 지역활성화 재원으로 쓰니 예산 숨통을 터준 매력적인 제도였다. 지금도 고향납세는 하나의 신산업으로 불릴 정도로 규모와 범위가 확대돼 성공적인 제도로 평가된다. 담당부서는 여기서 한 발 더 나아간다. 특산품을 답례로 보내는 것만으로 끝낸다면 히가시카와 답지 않다는 문제제기가 공유된 것이다. 답례품만 보고 기부하기보다는 지역사업의 동기·목적을 분명히 밝혀 자발적인 기부를 유도하기 위함이다. 그래서 주주우대 방식을 추가했다. 주주가 되면 훨씬 강력한 명분(지역재생)과 실리(답례품)를 주는 식이다.[23]

주주제도는 복잡하지 않다. 기업을 응원하는 주주처럼 마을을 지원하는 관계인구를 주주로 모시는 개념이다. 주민뿐만 아니라 고향납세·주주제도로 누구든 마을을 발전시킬 수 있다. 마을발전에 기여한다면 모두 주주란 뜻이다. 결국 히가시카와는 2008년 고향납세를 포괄하는 '사진의 마을 히가시카와 주주제도'라는 사업을 시작했다. 지역특산물을 제공하는 답례구조에 ◆사진의 마을 프로젝트 ◆어린이 프로젝트 ◆ECO 프로젝트 ◆이이코토(선행) 프로젝트 등을 더해 투자하고픈 사업을 택해 주주가 되는 구조다. 응원 프로젝트에 1주 1,000엔 이상 투자하면 된다. 2021년 현재 명칭은 바뀌었지만, 유사한 프로젝트를 통해 기존·신규사업을 지속하고 있다.

히가시카와 주주제도는 '기부'를 '투자'로, '기부자'를 '주주'로 규정한다. 고향납세를 기부와 특산품이라는 단순한 관계로 한정 짓지 않고 투자와

CHAPTER 05 역발상 사진 스폿으로 부활한 문화마을 히가시카와

■ 히가시카와 주주의 투자대상 프로젝트

프로젝트	내용	목표액	목표일정
사진의 마을 프로젝트	사진의 마을 정비사업	2억 엔	2018년 12월까지
	오너즈 하우스 건설사업	3천만 엔	2019년 3월까지
	사진 코시엔 영화제작 지원사업	1억 2천만 엔	2017년 12월까지
	사진문화수도 창생관 정비사업	10억 엔	2019년 3월까지
어린이 프로젝트	올림픽 선수 육성 사업	500만 엔	목표금액 달성/사업 실시중
ECO 프로젝트	물과 환경을 지키는 숲 조성사업	50만 엔	목표금액 달성/사업 실시중
이이코토 프로젝트	자연 산책로 정비사업	50만 엔	목표금액 달성/사업 실시중
	히가시카와 와인사업	50만 엔	
	의료형 관광시설 정비사업	1억 엔	2018년 3월까지
	오다 컬렉션 아카이브 사업	3억 엔	2018년 3월까지

자료: 東川町(2019), 『Higashikawa Style』, p.11

자료: 東川町(2020), '東川株主制度投資・活用状況', 『広報ひがしかわ』No.802, p.22

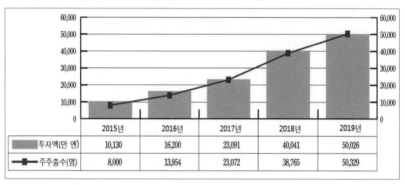

	2015년	2016년	2017년	2018년	2019년
투자액(만 엔)	10,130	16,200	23,091	40,041	50,026
주주총수(명)	8,000	13,954	23,072	38,765	50,329

■ 히가시카와 주주총수 및 투자액 추이

참여라는 지속적인 관계로 재설계한 것이다. 관계와 교류가 네트워크화되면 정주인구의 증가로 이어지기 때문이다.[24] 주주가 되면 특별주민으로 인증받아 주주증서, 주주우대(우대상품), 히가시카와 농산물·와인 등 특산품을 제공받는다. 마을의 공공시설이나 숙박시설, 가맹점 등에서 우대이용

소멸 위기의 지방도시는 어떻게 명품도시가 되었나?

(할인) 등의 혜택도 주어지며, 주주총회를 통해 식목체험도 가능하다.

2015년부터 5년간 추이를 보면 주주투자액은 1억 130만 엔에서 2019년 5억 26만 엔으로 증가했다. 주주 총수는 8,000명에서 5만 329명으로 6배 증가했다. 주주의 재가입률은 60% 이상이다. 한편 히가시카와에서는 기업판 고향납세[25]를 활용해 이주시스템만들기와 인재만들기 등 다양한 목적 사업을 진행한다. 2019년 현재 7개사로부터 1억 4,480만 엔의 기부를 받아 인재육성환경정비, 창업지원, 장학조성, 환경정비 매력발신, 국제교육 추진 등의 사업에 다양하게 활용하고 있다.

'너의 의자'가
'세계의 의자'로

사진과 함께 유명해진 히가시카와 스타일의 한 축은 목공예다. 가구목공예에 현대적 디자인과 의미를 부여하며 이 과정 자체를 히가시카와다운 문화로 규정한다. 상수도가 없어 눈 녹은 물로 생활하는 히가시카와의 현실에 주목한 다이세츠산大雪山 문화, 사진, 가구목공예는 히가시카와 3대 문화다.[26] 특히 가구목공예는 지역특유의 자원이나 흔하고 익숙해 누구도 부가가치로 생각하지 않은 것을 재조명했다. 유형의 지역자원을 무형의 문화기제로 발견하고 역동적으로 결합시켰다. 무엇보다 가구목공예는 후속세대를 위한 맞춤전략으로 의미가 확대된다. 저출산에 맞선 자연증가를 위한 환경정비 차원이다. 세상에 단 하나뿐인 '너의 의자君の椅子'를 만들어 줌으로써 마을·이웃이 아이와 함께한다

소멸 위기의 지방도시는 어떻게 명품도시가 되었나?

는 메시지를 전한다. 아이를 중시하고 애정하는 마을이란 이미지의 출발
이다.

'너의 의자' 사업은 2006년 시작했다. '태어나는 아이를 맞는 기쁨을 지
역 · 이웃이 함께 나누고 싶다'는 차원이다. 생후 100일 즈음에 이름 · 생년
월일을 새긴 수제의자를 주는데, '네가 맘 편히 있을 곳은 여기야'라는 지
역사회 전체의 응원과 배려를 추억으로 남겨준다. 의자는 디자이너가 정
성껏 그린 디자인을 바탕으로 홋카이도가 자랑하는 가구 제작술로 만든
수제품이다. 디자인은 매년 바뀌며 일련번호를 찍어 세상에 하나뿐인 의
자임을 뒷받침한다.[27] 쵸장은 "한국의 과소지역에도 너의 의자 프로젝트를
해보면 새로운 의미와 보람을 느낄 것"이라고 추천한다. 필요하면 도와주
겠다는 의지도 밝힌다.

출발은 아사히카와대학원 전공수업에서 비롯되었다. 세미나에서 이런
프로젝트를 진행하면 큰 힘이 될 것이라는 아이디어가 사업으로 연결됐
다. 전 홋카이도 부지사였던 아사히카와대 객원교수 이소다 겐이치磯田憲
一가 중심이 됐다. 아이가 있을 곳의 상징물로 의자를 나눠주며 힘들 때
쉬는 고향의 의미를 되새기자는 취지다. 얘기를 전해 들은 히가시카와는
이 프로젝트에 적극적으로 뛰어들었다. 새로운 멤버가 된 아이에게 마을
전체가 지역 명물인 가구목공예에 환영 · 지지의 의미를 담아 디자인한
의자를 선물함으로써 큰돈 들이지 않고 하나의 마을문화로 정착시킨 것
이다.[28]

품질과 디자인은 세계최고를 표방한다. 제작은 지역의 가구장인이 맡는

CHAPTER 05 역발상 사진 스폿으로 부활한 문화마을 히가시카와

다. 기술보존·장인우대는 물론 목공예산업을 떠받치는 차원이다. 디자인은 세계에서 활약하는 톱클래스의 전문예술가와 협력한다. 매번 디자인과 콘셉트는 달라진다. 이를 위해 공모형태로 아이디어를 모집하는데 국제참여까지 잇따른다. 가령 '생명의 순환'이란 콘셉트가 유의미하다. 의자는 오랜 세월 성장한 나무로 만들어지는데, 이를 막 태어난 아이가 받음으로써 생명이 순환한다는 뜻을 다음 세대에 자연스레 전해준다. 따라서 히가시카와는 공유지에 '너의 의자 숲'이란 식목사업에도 열심이다. 의자를 증정받은 가족을 비롯해 '너의 의자 구락부' 등 관련단체가 전국적으로 참여하는 사업이 됐다.

'너의 의자'가 주목을 받자 가구목공예는 한층 탄력을 받아 확장된다. 원래부터 목공업이 발달한 지역답게 원재료와 가구장인이 많아 고무적이다. 실제 동네중심가엔 소규모 공방이 꽤 있고, 여기에 끌린 신예작가 등이 이주해와 아틀리에·갤러리 등을 열어 일종의 목공예거리를 형성했다. 의자연구가인 오다 노리츠구織田憲嗣[29]도 한몫했다. 그는 자신이 수집한 동서고금의 디자인가구와 일용품 등을 공유하고자 2017년부터 '오다 컬렉션'을 추진하고 있다. 공유하면 마을의 가구 목공예 산업발전에 도움이 된다. 지금은 박물관 건립단계까지 논의가 진행 중이다. 흩어진 보물을 한데 모아 집적하면 상징적인 산업토대가 될 수 있어서다. 몇몇 인근지자체와는 협력 속 경쟁도 치열하다.

다만 반대도 적잖다. 의회만 해도 주민생활과 직접 관계가 없는 사업이며 비용이 과하다는 의견을 내놓으며 신중론을 펼친다. 재원 다양화는 이

소멸 위기의 지방도시는 어떻게 명품도시가 되었나?

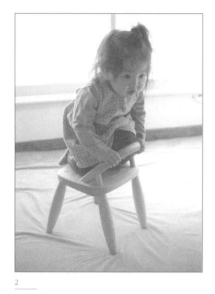

1 | 히가시카와청 청사에 전시된 너의 의자
2 | 너의 의자에 앉아 있는 아이

때 빛을 발한다. 사유수집품의 지역공유화가 갖는 의미를 확보하고자 지방창생교부금은 물론 주주제도의 기부사업을 통해 재정부담을 덜면서 재원을 마련하고 있다.[30] 일례로 2016년 오다컬렉션 아카이브사업을 주주제

CHAPTER 05 역발상 사진 스폿으로 부활한 문화마을 히가시카와

도 프로젝트에 포함해 재원형성에 나섰다.[31] 당사자인 오다는 긍정적이다. "히가시카와는 가능성이 충분히 있다. 풍부한 자연 속에 박물관을 만들어 사람이 찾아오게 하고 싶다"라고 했다. 쵸장도 "오다컬렉션의 공유화로 전국각지에서 사람이 모이면 우리의 장점과 특징을 전 세계에 발신할 수 있다"고 거든다.[32]

코로나19에도 불구하고, 히가시카와의 보폭은 줄어들지 않는다. 2021년 1월에는 국제교류원 한국직원(김다윤)의 한글메일도 날아왔다. '제1회 구마겐코&히가시카와 KAGU 디자인공모전'을 개최한다는 안내였다. 전 세계를 패닉에 빠트린 팬데믹 상황에서도 히가시카와 스타일의 세계발신은 현재진행형이다. 추후 사업결과를 물으니 공모전에 세계 30개국에서 834점이 응모되었다고 한다. 6월에 심사위원 8명이 온라인으로 논의해 입선한 10개 작품 중 제1회 수상작품을 결정했다.[33] 아래는 안내메일 내용이다.

'…(중략) 사진의 마을 홋카이도 히가시카와는 건축을 통해 지역을 디자인하는 건축가 구마겐코 씨와 함께 '건축과 가구가 만드는 풍부한 생활'의 제안을 목표로 새로운 프로젝트를 시작하게 됐습니다. 이 노력은 마을에서 태어난 아이들에게 '있을 곳'을 만들어 주고 그 성장을 지켜본다는 의미를 담은 '너의 의자' 프로젝트에서 시작됩니다. 자라서 초등학생이 된 아이들은 나무로 만들어진 가구에 둘러싸여 공부를 하고, 중학교를 졸업할 때는 3년간 사용해 손때와 추억이 가득 묻은 나무의자를 졸업기념 선물로 받습니다. 가구산지이기 때문에 가능한 이와 같은 일련의 활동은 이

소멸 위기의 지방도시는 어떻게 명품도시가 되었나?

제, 다음 세대를 짊어질 젊은이들을 육성하는 단계에 들어섰습니다. 코로나19의 확산으로 인구밀도가 높은 대도시는 새로운 문제에 직면하고 있습니다. 동시에 새로운 라이프스타일을 모색하려는 움직임이 활발해지고 있으며, 지방도시가 지니고 있는 가치와 가능성이 새로운 라이프스타일 구축의 힌트가 되고 있습니다. 이런 상황 속에서 건축을 통해 지역의 매력을 발견하고 지역자원의 이용확대와 차세대를 위한 교육에 깊은 관심을 갖고 있는 건축가 구마겐코 씨와 아름답고 풍요로운 자연환경을 자랑하며 가구산업이 발달한 과소過疏마을 '히가시카와'가 힘을 합쳐 새로운 라이프스타일을 제안하고자 합니다. (중략)….'

3개의 도道가 없지만
인기 절정의 이주마을

히가시카와에는 3개의 도道가 없다. 국도国道, 철도鉄道, 상수도上水道다. 중앙정부가 관리하는 국도国道가 없고 홋카이도에서 관리하는 홋카이도 도로만 있다. 이는 공항이 있는 아사히카와에서 히가시카와까지 18.2㎞의 직선도로로 길게 이어져 있어 나름 명물이다. 타지에서 일부러 찾아와 드라이브하기도 한다. 그 외곽지에 주택가가 위치한다. 모든 주택은 550m 간격의 바둑판 형태 블록에 위치해 주택과 도로가 맞닿는다. 설국의 한기를 피하고자 모두 남향이라 햇볕이 좋다. 주택가는 중심시가지까지 차로 5분이면 도착한다. 지붕도 눈을 피해 2m 높이까지 버티도록 삼각형으로 지어 독특하다. 국도가 없어도 도로·주거의 불편은 거의 없다.

소멸 위기의 지방도시는 어떻게 명품도시가 되었나?

철도도 없다. 대신 1927년 아사히카와와 히가시카와를 연결하는 전차가 개통됐다. 전차개통으로 아사히카와로 출퇴근·통학은 편리해졌다. 중고교생 학부모면 정주가 가능해 하숙비 등 경제적 부담도 줄어든다. 교육을 위한 도시전출도 적다. 단 설국과 전차는 한계도 갖고 있다. 겨울철 영하 20도 이하로 떨어지면 선로가 얼어 멈춰서는 경우가 잦다. 고도성장기 이후 자가용·버스가 보급되며 결국 1972년 이마저 폐선됐다. 재정상의 이유로 철도폐선이 일상화된 것이다. 그럼에도 교통권은 중요하다. 고령인구처럼 공공교통이 아니면 이동하기 힘든 주민이 늘면서 커뮤니티버스가 숨통을 틔워준다.

상수도도 없다. 대신 각 집마다 20m 깊이의 펌프를 설치해 생활용수로 사용한다. 지하수의 원천은 다이세츠산의 눈이 녹아 샘솟는 물이다. 1분간 4,600리터, 하루 6,600톤의 양이다. 2008년 환경부가 선정한 '명수名水 백선'에 뽑혔다. 미네랄이 풍부한 눈 녹은 물은 히가시카와를 중심으로 분지의 논밭을 윤택하게 만들어주어 최상위품으로 평가받는 히가시카와쌀 생산에 기여한다. 지자체는 좋은 물을 안정적으로 공급하고자 코프삿포로·JA히가시카와와 공동출자해 수자원보전센터도 만들었다. 이는 관민협치를 통해 마을만들기 산업을 시스템화한 성공사례로 평가받는다.

히가시카와에 없는 3개의 도道는, 다른 마을에서는 대부분 당연시되는 보유자원이다. 이 정도만 놓고 보면 사람이 살기에 척박한 동네로 치부된다. 기반시설인 교통이 열악하고 상수도조차 없는 곳에 현대인이 살기란 쉽잖다. 그런데 이곳에 외지인이 찾아오고 청년이 북적이며 행복을 언급

CHAPTER 05 역발상 사진 스폿으로 부활한 문화마을 히가시카와

위 | 다이세츠 아사히다케 원수
아래 | 주거와 사업장을 겸할 수 있는 그레이스 빌리지

한다. 단점을 장점으로, 한계상황을 사업모델로 역전시킨 모범사례인 까닭이다. 없는 걸 탓하기보다 나쁜 걸 뒤집어보는 역발상의 개념·실행이 문화적 브랜드가치로 연결된 덕분이다. 재구성된 매력인 셈이다. 지금은 되레 물이 좋고, 숲이 울창하고, 힐링이 된다는 이유로 이주증가를 촉진한

소멸 위기의 지방도시는 어떻게 명품도시가 되었나?

■ 그린빌리지 건축녹화협정

높이	• 주택 층수는 2층 이하 • 주택 높이는 10m 이하
거리	• 주택의 벽면과 도로 및 인접지 경계선까지의 거리는 2m 이상 • 부속건물 벽면과 도로 경계선까지의 거리는 2m 이상으로 하고, 인접지 경계선까지의 거리는 1m 이상
형태 및 색채	• 주택의 지붕 경사는 5/10~10/10의 눈이 떨어지게 하는 형태 • 주택 및 부속건물의 지붕·외벽의 색상은 지정된 색상 중에서 선택
녹화	• 도로 경계로부터 2m는 그린 존으로 하고, 2그루 이상의 수목을 심음 • 주택 내에는 4그루 이상의 수목을 심음

자료: https://town.higashikawa.hokkaido.jp/greenvillage/agreement.htm(검색일: 2021.08.05)

■ 다양한 콘셉트의 분양지

연도	내용	분양상태
2004년	이스트타운 40구획	완판
2006년	그린빌리지 제1기 33구획	완판
2008년	그린빌리지 제2기 19구획	완판
2008년	신영단지 4차 25구획	완판
2011년	가든 코트기토우시 18구획	완판
2012년	유유단지 16구획	1구획 남음
2012년	그린빌리지 제3기 35구획	완판
2016년	그레이스빌리지 22구획	완판
2017년	가든 코트기토우시 제2기 14구획	완판

자료: 東川町(2019), 「Higashikawa Style」, p.8, 재구성

다. 풍부한 자연혜택을 받으며 쫓기는 삶이 아닌 자신다운 생활을 디자인

할 수 있는 마을답다.

전국에 화제가 된 사진코시엔의 성공경험 등으로 마을은 고무된 상태

다. 조용하나 뚝심 있게 히가시카와 스타일의 확대재생산을 위한 실험은

계속된다. 이주희망자가 늘자 즐거운 고민거리도 생겨났다. 외지인을 품어 안을 공영주택이 부족해서다. 주택 부족 문제를 풀고자 지자체는 민간임대주택 건축지원에 나섰다. 주택소유자가 마을의 건축사업자에게 발주하면 보조금을 더 주는 구조다. 순환경제를 위해서다. 덕분에 민간수입이 늘면서 세수(고정자산세)가 증가해 행정부담을 덜어준다. 물꼬를 터주니 더 큰 수혜로 되돌아온 것이다. 경관에 어울리는 주택을 고집하니 인기가 높다. 요컨대 히가시카와풍 주택설계다. 그린빌리지로 불리는데, 한 채에 3,500만 엔 정도다.[34] 다소 고가이지만 가동률은 90%에 이른다. 의무적으로 목재를 사용해야 함은 물론 지붕형태·색깔, 외벽컬러·담장높이 등 제한이 뒤따른다.

그럼에도 사진의 마을답게 아름다운 경관과 독특한 배경을 위한 규정은 잘 지켜진다. 이런 규정자체를 행정·주민이 함께 만들어냈기 때문이다. 소프트웨어도 충실하다. 이웃이 협의해 정원을 함께 가꾸며 마을 이미지·가치관 형성의 자양분으로 만든다. 여기에 공감한 이들답게 이주민·원주민 사이는 원만하고 교류가 활발하다. 특히 이주민이 연수회 참여는 물론 녹화위원 활동 등 주민자치조직에 적극 참여한다. 주민주도형 지역만들기의 모델로 평가된다. 히가시카와풍의 마침표다.

히가시카와 스타일의
지속가능성

히가시카와 스타일은 저절로 얻어지지 않았다. 내세울 만한 자랑거리 하나 없던 변변찮은 한계마을이 세계가 주목하는 인구증가의 활력동네로 거듭난 데는 수많은 변수가 적절히 반영·융합된 결과로 해석된다. 무엇보다 지역생존과 이해가 일치하는 행정리더십의 애정과 실천이 주효했다. 자칫 관성처럼 움직이기 쉬운 리더십·공무원이 발상의 전환을 이루어 이를 지역주민과 함께 연결해낸 인적자원의 힘이 컸다. 돈이 없다, 전례가 없다, 다른 곳이 하지 않는다 등의 3가지 '없다'에 맞선 혁신적 실험정신이 발휘된 것이다. 필요하고 도움이 되면 민관을 불문하고 관계성을 돈독히 해 각종정보와 아이디어는 물론 참여까지 이끌어내는 열린 마인드의 마을경영이 오늘의 히가시카와를 만들었다. 다양한 이해관계자의 능동적이고 자유로운 의견개진이 성공경험의 자신감이 된 것이다. 없는 살림살이에서 사업재원을 이끌어낸 주주제도도 공무원의 작은 아이디어에서 비롯됐다.

문제를 해결해내는 새로운 방식으로 역발상을 채택한 것도 좋았다. 세상은 변했다. 숱한 선행시도가 인구감소·지역소멸의 화두를 풀고자 노력했으나, 그 문제가 여전하거나 더 심화된 것은 관성·타성적인 따라 하기와 위험·비난을 피하려는 복지부동 때문이다. 히가시카와는 사뭇 달랐다. 전국이 지역활성화를 위해 1촌1품 운동을 뒤따라할 때 히가시카와는 다른 길을 택했다. 뜬금없는 사진을 문화라는 부가가치로 연결했다. 1촌1품 운동의 결과는 초라했다. 내세울 수 있는 품목 하나에 주력했는데, 저가 외국산의 공세처럼 경쟁은 치열했고 차별화는 그다지 없었다. 의존적인 사업모델로 환경변화에 따른 침체 사례도 많았다. 히가시카와는 중앙지도를 취사선택했다. 중앙기획물의 일방적인 준수가 아닌 십분 활용하되 자립적인 사업모델에 연결하는 묘책을 내세웠다. 고향납세에 주주제도를 결합한 건 관계·교류인구를 넘어 정주인구를 만드는 데 큰 역할을 했다. 더불어 많은 지자체가 인구감소의 현실을 받아들여 축소를 줄이고자 노력하나, 이곳은 대놓고 인구증가를 표방하며 시선을 이제 글로벌 단위로까지 넓힌다. 국제전입과 다문화 공생은 그 성과물이다.

저성장과 유례없는 팬데믹으로 전체 파이는 줄어들고 있는데 인구를 둘러싼 지자체 간 경쟁은 격화되고 있다. 한일 양국 모두 인구를 비롯한 자원의 쏠림과 양극화가 심각한 상황이다. 히가시카와의 선행모델은 이 난

소멸 위기의 지방도시는 어떻게 명품도시가 되었나?

국을 타개할 작은 힌트를 제공한다. 단순한 결과의 벤치마킹보다는 그 과정을 면밀히 살펴봐야 한다. 사진이든 목공예든 그것은 히가시카와였기에 설득력이 있었다. 독창적인 아이디어와 네트워크가 성과를 내는 것도 히가시카와였기에 정합성이 있었다. 중요한 것은 로컬리즘을 실천해내는 지역다움이다. 즉 히가시카와 스타일의 제안 · 실행이 갖는 의미에 주목하는 것이 필요하다. 약점을 장점으로 승화하되 이를 단편적인 사업이 아닌 문화와 트렌드를 넘어 이미지 · 브랜드로 완성한 과정에 지역활성화의 비결이 숨어 있다. 히가시카와가 세계에 던지는 메시지의 핵심이다. 인구 1만도 되지 않는 작은 마을이 갖는 힘의 원천은 여기에 있다.

1. Business Insider, '移住者続々、20年で2割も人口増——北海道東川町「脱公務員思考」で進めた自立政策', 2018.08.05

2. 「創意工夫あふれる町長の後押しで、幼～高を貫く新たな国際教育を推進」, VIEW21 教育委員会版2018 Vol.4, pp.12-15. 히가시카와쵸는 문부과학성의 연구개발학교로 지정돼 2018년부터 신교과 'Globe'를 시작했다. 초등학교부터 고등학교까지 학생이 신교과 대상이며, 목표는 지역자원을 활용해 자신이 살고 있는 지역과 외국 문화에 대한 이해, 외국어 등 국제교육과 글로벌 커뮤니케이션 능력이다.

3. 히가시카와쵸 마츠오카 이치로(松岡市郎) 쵸장과의 인터뷰는 쵸장실에서 2019년 7월 24일 오전 9-11시까지 진행됐고, 교류촉진과 과장 후지이 다카노리(藤井貴慎), 교류촉진과 국제교류원 김다윤이 참석했다.

4. 2008년 4월에 도입된 '지방세법 등의 일부를 개정하는 법률'에 의해 만들어진 제도로 개인이 지자체에 기부하면, 기부금액에서 2,000엔을 넘는 액수가 개인주민세에서 세액공제된다. 2015년 세제개정으로 공제받는 상한금액이 2배가 되었고, 납세하는 지자체수가 5단체 이내면 확정신고를 할 필요가 없다. 이 제도의 취지는 도시부에 사는 사람이 고향에 주민세를 내서 지역격차를 시정하는 것이다. 写真文化首都「写真の町」東川町編(2016), 『東川町ものがたり』, 新評論, p.234

5. 東川町(2019), 「Higashikawa Style」, pp.1-3(히가시카와쵸 제공자료)

6. 1999년부터 2005년까지 진행된 기초지자체인 시정촌(市町村)의 행재정 개혁을 말한다. 대합병의 결과로 1999년 3,235개 시구정촌 수가 2021년 현재 1,724개로 기초지자체가 축소됐다.

7. 中西涉(2016), '地方創成をめぐる経緯と取り組みの概要一将来も活力ある日本社会に向かって一',『立法と調査』No.371, pp.11–15

8. 東川町(2020), '文化を全面に',『東川町史』第3巻, p.111

9. 2020년에는 제2기 '사진문화수도 히가시카와쵸 마을·사람·일 종합전략'을 내놓았다.

10. 東川町(2020), '文化を全面に',『東川町史』第3巻, p.112. 히가시카와도 종합전략 채택으로 2015년 지방창생가속화교부금 8,000만 엔을 받았다. 2016년 지방창생추진교부금으로 1차 신청분 8,280만 엔, 2차 신청분 1,570만 엔도 수령했다. 지방창생을 위해 지자체에 기부한 기업이 세제상 우대조치를 받는 기업판 고향납세(지방창생응원세제)도 1,000만 엔이 인정됐다. 기업판 고향납세는 대학·전문학교 등의 진학학생에게 장학금으로 지급된다.

11. 東川町(2020), '文化を全面に',『東川町史』第3巻, p.112

12. 東川町(2019),「Higashikawa Style」, p.6(히가시카와쵸 제공자료)

13. 写真文化首都『写真の町』東川町編(2016),『東川町ものがたり』, 新評論, pp.90–94

14. 北海道銀行(2019), '写真文化首都を揚げ国内外から人を呼び込む',『FFG MONTHLY SURVEY』Vol.123, p.69

15. 東川町(2020),『東川町史』, 第3巻, p.122

16. 東川町 写真甲子園について, https://syakou.jp/about/ (검색일: 2021.07.20)

17. 東北活性化研究センター(2020), '様々な主体によるこれからの移住·定住促進方策', pp.45–46

18. 写真甲子園2021(https://syakou.jp/검색일: 2021.08.12)

19. ミツカン水の文化センター(2021), '特集 みずからつくるまち',『水の文化』67号, p.21

20. 写真文化首都「写真の町」東川町編(2016),『東川町ものがたり』, 新評論, pp.203–205

21.「제5회 고등학생국제교류사진 페스티벌(2019.08.02.–2019.08.07.)」1면(히가시카와쵸 제공자료)

22. 写真文化首都「写真の町」東川町編(2016),『東川町ものがたり』, 新評論, pp.234–235. 고향납세가 만들어진 계기는 2006년 한 신문에 게재된 칼럼 덕분이다.

칼럼에서 니시카와 가즈미(西川一誠) 후쿠이현 지사가 '지방을 살리는 고향세제안'을 새롭게 내세운 후 사회적인 논의로 연결됐다. 내용은 지역격차, 과소마을 등 세수입 감소로 고전하는 지자체에 세제개혁을 통해 지원함으로써 양극화를 시정하자는 차원이다. 니시카와 지사는 이후 '고향기부금공제'라는 제도도입을 제안하고, 총무성의 '고향납세연구회'에 참여하며 사업을 구체화했다.

23. 写真文化首都「写真の町」東川町編(2016), 『東川町ものがたり』, 新評論, pp.236-227

24. 다마무라 마사토시 · 고지마 도시아키 편저 · 민성원 옮김, 『히가시카와 스타일』, 소화, p.115

25. 기업판 고향납세는 2016년에 창설됐다. 기업이 지방자치체의 지방창생 프로젝트에 기부하면 법인관계세에서 세액공제를 하는 제도이다. 2020년에는 기업의 우수한 인재를 지방자치체에 파견하는 기업판 고향납세 인재파견형을 설치했다.

26. 종합계획의 자세한 사항은 '프라임 타운만들기 계획 21-Ⅲ(2019~23년)'에 있다.

27. https://www.asahikawa-u.ac.jp/page/kiminoisu_project_about.html(검색일: 2021.08.07) 현재 히가시카와 이외에도 겐부치쵸(剣淵町), 아이베쓰쵸(愛別町), 히가시가쿠라쵸(東神楽町), 나카가와쵸(中川町), 나가노현(長野県) 우루기손(売木村)이 프로젝트를 진행한다.

28. 写真文化首都「写真の町」東川町編(2016), 『東川町ものがたり』, 新評論, pp.68-69, p.71

29. 홋카이도 도카이대학 명예교수이자 의자 연구가다. 북유럽을 중심으로 우수한 디자인의 가구 · 일용품 등을 1970년대부터 수집했다. 의자 1,350점을 비롯해 테이블, 진열장, 도기, 조명기구, 도면, 사진, 문헌 등 총 2만점을 웃돈다. 1990년대부터 컬렉션을 어떻게 보관하고 후세에 남길 것인지 여러 지자체와 가구관계자 등과 고민하고 있다.

30. 東川町(2020), '文化を全面に', 『東川町史』第3巻, p.113

31. 2017년에 오다가 소장하고 있는 모든 작품 1,536점을 수년에 걸쳐 사겠다는 협약을 맺었다. 문화재 지정을 받으면, 한 점당 1만 엔이 매년 들어와서 1,536점 구입 시에는 매년 1,536만 엔의 수입이 생긴다. 디자인 박물관 건설에는 20억 엔이 들고 이 가운데 10억 엔은 히가시카와 주주제도를 통해 2021년까지 응모하고 있다.

32. 写真文化首都「写真の町」東川町編(2016), 『東川町ものがたり』, 新評論,

pp.86-87

33. 東川町(2021.08), 'KAGUデザインコンペ隈研吾賞、決定!!', 『広報ひがしかわ』
No.814, p.3

34. 히가시카와쵸의 택지분양은 1972년부터 시작되어 꾸준히 이어져 왔다. 당시 42구
획을 분양해 1972년 168명이나 인구가 감소했지만, 1973년 인구 감소폭이 38명에 그
쳤다.

CHAPTER 05 역발상 사진 스폿으로 부활한 문화마을 히가시카와

콤팩트하지만
콤팩트하지 않은
존재감,

도야마

콤팩트시티는
만능열쇠인가?

도시의 힘은 파워풀하다. 갈수록 거세지는 형국이다. 블랙홀처럼 돈과 사람을 끝없이 끌어당긴다. 없는 게 없다. 사람들이 욕망하는 모든 것을 가졌다. 도시공간의 독과점은 심화 중이다. 비정상이지만 일상적인 쏠림현상이다. 발길이 도시를 향하는 만큼 반대지점인 농산어촌은 급속히 쪼그라든다. 주민은 사라지고 상권은 무너진다. 뭘 하고 싶어도 뾰족한 수가 없다. 왕왕 재생능력 자체를 의심받는다. 결국 도농을 둘러싼 갈등 간극은 벌어진다. 팽창과 축소의 도농격차는 심각한 사회문제다.

그렇다면 승자의 공간으로 불리는 도시는 과연 지속가능할까? 동시에 그 안에서 살아가는 삶은 과연 행복할까? 쉽지 않은 질문이다. 다만 추정

소멸 위기의 지방도시는 어떻게 명품도시가 되었나?

컨대, 대부분에게는 만만찮은 도시생활이란 데 동의할 수밖에 없다. 쳇바퀴처럼 돌아가는 생존을 위한 빡빡한 삶이 보편적이기 때문이다. 도시라는 한정공간이 제공하는 자원쟁탈전에서 패하지 않으려면 도시가 정한 생존방식을 따를 수밖에 없다. 집값 폭등처럼 살인적인 생활 압박도 해결해야 할 숙제다. 문제가 쌓일수록 지속가능한 생활실현은 힘들어진다.

그럼에도 도시를 떠날 수는 없다. 도시가 움켜쥔 강력한 에너지 때문이다. 우세한 교육·취업환경이 호구지책의 일자리로 직결되기 때문이다. 근로·자산소득 모두 도시공간과 맞물릴 때 유리해진다. 또한 도시집중은 한국만의 일이 아니다. 보편적인 글로벌 추세다. 어디든 도시로의 자원 쏠림은 심화된다. 전체인구 중 도시인구의 비율을 뜻하는 도시화율은 세계평균이 56%에 달한다(2020년). 좀 산다 싶은 국가는 대부분 80~90%대를 기록한다. 한국도 90%에 육박한다. 도시거주가 평균모델이란 뜻이다.

결국 도시는 대세다. 도시화는 거스를 수 없는 흐름이다. 다만 현상이 문제가 되지 않도록 도시를 운영하는 것이 관건이다. 지금으로선 도시화를 둘러싼 '현상 → 문제'로의 비화가 상당해서다. 특히 도시내부의 불균형과 비정상은 심각하다. 도농격차만큼 도시내부의 자원배분도 양극화를 심화시킨다. 따라서 피할 수 없는 현상이면 더 나은 도시운영을 통해 건강한 지속가능성을 확보하는 방법뿐이다. 도시의 잃어버린 균형회복이야말로 절대다수의 삶을 향상시키기 때문이다.

이로써 도시공간의 대전환은 중대한 시대의제로 부각된다. 문제의 최소화와 효용의 최대화를 위한 도시재편의 요구로 압축된다. 인구규모별로 우선순위는 다르나, 해결을 기다리는 도시문제는 산적한 상태다. 도시내부에서도 인구·산업·상권·주거 등과 맞물린 생활변화가 역동적인 상황이다. 생활변화는 도시공간을 급속히 재편한다. 원도심의 기능쇠퇴와 교외권의 과도개발이라는 이중구조가 대표적이다. 기능악화가 심한 공간일수록 활력상실도 크다. 또 도시화가 빨랐던 만큼 재편요구도 거세진다.

한국에서는 '도시재생'이란 타이틀로 도시공간의 대전환이 제안된다. 기존의 재개발·재건축 방식의 한계를 극복하는 새로운 대안의제다. 전면철거를 벗어나 기존마을과 생활기능을 보존·개선하는 방식이다. 정부재원을 마중물 삼아 민간의 자발적 사업참여를 기대했다. 2014년 시작해 2020년 현재 447개 지역이 사업완료·진행 중이다. 개별마을에 대략 100억~200억 원의 국비가 들어갔다. 그러나 평가는 엇갈린다. 마을재생의 모범사례도 있지만, 재생성과가 체감되지 않는다는 지적도 많다. 최근엔 도시재생뉴딜정책으로 확대·편성되며 대규모 국가 프로젝트에 이름을 올렸다.

또 하나 주목해야 할 대안실험은 '콤팩트시티'다. 도시공간에 행정·상업·주거 등 생활기반이 되는 전체 시설을 고밀도로 모아놓은 이른바 압축 도시다. 고령화·저성장으로 활력을 잃어버린 중심공간을 재구성하는 방식이다. 도시화에 올라탄 교외부·신도시의 수평확장에 맞서 공동화를 해결하려는 수직개발에 가깝다. 도시균형을 되찾고 생활수준을 높이려는 아이디어로 선진국에서 자주 활용된다. 인구유출·상권붕괴가 가시화된, 중소도시의 공동화된 중심 시가지일수록 관심이 크다. 2021년 서울시장보궐선거에서는 '21분 콤팩트시티'란 개념이 제안됐다. 50만 명씩 21개 콤팩트시티로 서울을 재구성하자는 안이다. 21분 생활권이 실현되는 일종의 다핵공간을 염두에 뒀다.

콤팩트 없는
썰렁한 중심상권

실현 여부와 별개로 콤팩트시티는 도시 문제를 해결할 꽤 유력한 아이디어다. 도시상황에 맞도록 변용해 적용하면 유효하다. 실제 한계도시로 전락할 위험이 많은 지방권역에서 콤팩트시티를 해결모델로 거론하는 경우도 잦아졌다. 교외확장은 무의미하고 가성비도 낮을뿐더러 더 이상 생활향상에도 큰 도움이 되지 않아서다. 반면 도시중심의 압축적인 공간제안은 새로운 기회창출로 이해된다. 사람이 찾도록 도시경쟁력을 높여주면 전출방지 · 상권회복 · 주거만족의 다양한 파급효과가 기대되기 때문이다.

단 콤팩트시티도 성공 · 실패사례로 확연히 구분된다. 주민 · 마을을 활성화하는 중요한 개념인데도 '누가, 무엇으로, 어떻게 하느냐'에 따라 성패

소멸 위기의 지방도시는 어떻게 명품도시가 되었나?

가 갈린다. 역시 모델자체가 잘못됐다기보다는 방식과 공정에 따라 결과는 달라지는 법이다. 연구팀이 호평받는 도야마시富山市의 콤팩트시티에 주목한 이유다. 한국과 닮은 환경에서 꽤 성공한 모델로 자주 평가된다. 콤팩트시티의 발원지인 서구도시는 한국과 제반환경이 꽤 달라 적용이 쉽잖기 때문이다. 반면 그나마 일본은 발전경로가 비슷해 거부반응이 적다. 콤팩트시티 건설에 한창인 도야마 시청관계자와 민간조직에 만남을 청했다.

일정이 잡히자 다각도로 사전연구를 진행했다. 한국에서 도시재생을 논할 때 자주 등장하는 유명사례답게 자료는 많았지만, 문제는 깊이였다. 세세한 공정과 이면의 갈등은 물론 냉정한 한계는 찾기 어려웠다. 알려진 것처럼 정말 성공적인 결과인지 더 궁금했다. 그렇다면 한국에서의 벤치마킹도 가속도를 받기 때문이다. 도야마의 콤팩트시티가 지역재생의 만능열쇠라면 그 성공조건을 확인하는 것은 중요하다. 이번 여정은 선거 시즌만 되면 빈번하게 거론되는 콤팩트시티의 진실과 본질을 찾기 위해서다. 콤팩트시티가 무엇이며, 어떤 성과를 냈길래 이렇듯 유명할까 곱씹으며 방문했다.

연구팀은 늦은 시간 도야마 중심시가지에 도착했다. 첫인상은 사뭇 의아하고 실망스럽다. 저녁 9시를 겨우 넘겼는데, 거리엔 인적이 드물다. 골목에 들어서니 그 흔한 가로등조차 띄엄띄엄 빈약한 불빛을 내보낼 뿐이다. 현청소재지인 데다 나름 주변광역을 압도하는 중핵도시인데도 활력은커녕 생기조차 느끼기 어렵다. 없는 것 빼고 다 모았다는, 그래서 더 유

도야마시의 썰렁한 저녁 거리풍경

명해진 압축적 중심공간이라지만, 외지인의 허기를 풀어줄 식당조차 찾기 힘들다. 간간이 보이는 주점만이 영업 중이다.

식당주인도 "이 시간대면 사람이 거의 없다"라고 했다. 콤팩트시티로 활기가 넘치는 도시가 아니냐고 물어도 묘하게 웃으며 긍정도 부정도 하지 않는다. 그저 몇 명의 외국인이 밤늦게 찾아왔다는 것 자체를 낯설게 보는 느낌이다. 기대가 크면 실망도 큰 법이라 또 하나의 버릴 카드가 아닌지 불안감만 높아진다. 모범 · 성공사례로 꼽히는 현장을 찾았지만, 뜯어보면 실망스러운 곳이 한둘이 아닌 까닭이다. 실제 성과라기엔 민망한 실적이 여러 명의 손과 입을 거치며 확대재생산된 곳이 적잖다. 알려진 것과 달리 실적은 과장되고 갈등만 키운 현장도 있다. 어렵게 찾았는데, 사업을 둘러싼 이해관계자 간 대립 · 비난을 보면 난감하기 짝이 없다. 성공이 아닌 실패를 배우는 아이러니다.

도야마는 아니길 바랄 뿐이다. 대부분의 선진국 도시처럼 원래부터 퇴근이후의 야간활동이 적다면 실패 운운은 성급한 결론이다. 지역활성화를 밤에 확인한다는 것 자체가 억측일 수도 있다. 그럼에도 콤팩트시티를 내건 공간이라면 좀 달라야 할 듯한데, 최소한 인적·골목상권만 봐서는 '콤팩트'를 느낄 수 없다. 24시간 돌아가는 서울의 중심상권을 떠올리면 낭패일 수밖에 없는 첫인상이다. 40만 인구의 광역도시 한가운데에 위치한 상징적인 대표상권의 명성은 찾아보기 어렵다.

나중에 확인한 외곽지역은 더 심각했다. 사람 자체가 거의 없다. 전통가옥이 많아 도시재생의 실험공간으로 알려진 지역조차 과소過疏의 의미대로 지나치게 성글고 외진 상태다. 독특한 일본형의 2층 목조주택이 눈길을 끌 뿐 점포도 사람도 찾아보기 어렵다. 단 왜 콤팩트시티인지를 잘 알려주는 전경이 있다. 중심시가지에서 한참 떨어진 외곽동네인데 주택에 딸린 주차장에는 자동차가 빼곡하게 서있다. 2대 이상인 집도 많다. 변두리인 탓에 자동차 없이는 이동할 수 없다는 의미다. 콤팩트시티의 출현배경 중 하나인 교외권의 교통증가·환경오염 등 한계극복의 취지가 확인된다.

행복도시를 떠받치는
기반지표들

지역소멸은 급속히 진행되는 것이 특징
이다. 한번 방향이 잡히면 예측을 깨고 발 빠른 축소과정에 돌입한다. 깨
진 유리창의 법칙과 같다. 유리창이 깨진 채 방치되면 순식간에 주변지역
이 쓰레기더미가 되고 결국 무법천지의 공간이 되는 식이다. 나쁜 조짐이
알려지면 금방 상황이 악화되는 연쇄구조를 뜻한다. 작고 사소한 흐름일
지언정 그때그때 대응해 되돌리는 정성이 요구된다. 지역도 똑같다. 한번
살기 힘든 동네라는 이미지가 만들어지면 지역 몰락은 더 빨라진다. 계속
해 살려는 평범한 정주수요조차 사회전출을 추동한다. 난파하는 배에 머
물수록 살기 힘들어서다.

지역재건에 늦은 때는 없다. 다만 소멸 조짐이 보일 때는 대개 상황이

악화된 경우가 일상다반사다. 따라서 더 나빠지기 전에 대응해야 가성비 좋은 재생결과가 담보된다. 실체적인 소멸 위험에 빠진 농산어촌을 보는 도시의 입장도 마땅히 선제대응이 최선책이다. 아직은 여유로워 압박이 적겠지만, 위기는 금방 찾아오는 법이다. 이런 점에서 도야마는 빨랐다. 대부분이 절체절명의 상황까지 악화되고 나서야 재생실험에 나서는 것과 달리 도야마는 비교적 일찌감치 프로젝트를 시작했다. 광역거점의 중핵도시답게 활용함직한 자원·배경도 탄탄한 편이었다. 어쩌면 내버려둬도 괜찮을 만큼 위기 조짐은 적었다. 생활수준·행복정도를 뜻하는 각종 통계지표도 빼어난 동네였다.

도야마는 열도본섬의 중심부에 있다. 한국·러시아 등과 맞닿은 환동해권 물류·유통의 관문도시다. 빼어난 자연경관에 풍부한 에너지량을 토대로 공업 등 산업기반이 역내경제권에서는 탄탄한 곳이다. 실제 47개 광역지자체 중 행복순위 3위에 올랐다(2016년). 인접한 후쿠이(1위)와 이시카와(5위) 등과 함께 행복도시권을 형성한다. 이들 3개 현을 뜻하는 호쿠리쿠北陸란 지역명칭을 넣어 '호쿠리쿠 행복모델'이라 불린다. 특히 도야마는 그중에서도 복지기반이 탄탄해 일본의 스웨덴이란 별명까지 얻었다. 전통·역사적인 복지체계를 유지하며, 자본주의의 일장일단을 적절히 조합한 복지구조 때문이다. 작지만 알찬 국가로 유명한 스웨덴처럼 삶의 만족도가 높다는 평가다.

행복도시를 뜻하는 통계증거는 많다. 도야마현은 대가족 등 전통적인 공동체 질서가 여전한 보수적인 지역이다. 주택 자가율이 47개 광역지자체 중 1위이고, 주택당 연면적도 1위다. 세대당 가족수(2.66명)로는 4위다. 대가족답게 직장과 가정의 양립 조화도 좋아 여성의 경제활동률이 높다. 부모봉양과 자녀육아의 세대부조형이 기능한다. 이는 고용친화적인 2차 산업의 비중이 높다는 점과 연결된다. 제조·건설·제약업 등 고용유발형 의 2차 산업비중이 1965년 28.4%에서 2015년 33.1%까지 늘었다. 47개 광 역단위 중 1위다. 저가의 풍부한 전력공급과 집적화된 생산거점 및 물류환 경 덕분이다. 이직률이 높고 고용률이 낮은 서비스산업 트렌드에서 비켜 섰다는 얘기다.

정주환경을 떠받치는 기반시설도 양호하다. 도로포장률 등 공공시설이 잘 정비돼 인프라가 탄탄한 편이다. 이는 다른 광역단위보다 재정상황이 좋다는 의미다. 넉넉한 건 아니나, 넓은 지역을 아우르는 행정서비스가 가 능하다는 의미다. 역시 먹고사는 문제가 상대적으로 좋기 때문이다. 경제 활동이 활발하니 소득수준이 높고, 재정수입도 좋은 구조다. 지리적 입지 상 대도시권과 멀어 분업 수혜가 낮은 대신 자체적인 지역산업과 자생적 인 순환경제로 작지만 알찬 동네가 된 배경이다. 이로써 현의 총생산은 31 위지만, 1인당 소득은 6위까지 뛰어오른다. 호쿠리쿠의 3개 현 중 가장 높 다. 지역화된 경제토대가 안정적인 고용기회와 연대적인 복지구조를 재생 산한 모델이다.[1]

도야마시는 도야마현 종합성적표들 중에서도 맏형격의 모범지표를 두 루 갖는다. 현청소재지다운 면모다. 땅과 인구가 가장 넓고 많다. 즉 도야 마현의 행복지표는 사실상 도야마시가 떠받치는 구조다. 103만 명의 광역인구(1,027,559명) 중 약 40%인 41만 2,155명이 도야마시에 거주한다(2021년 8월). 2005년 인근 지자체와의 합병 이후 좀 줄었지만, 그 전까지는 계속해 인구가 늘었다. 줄었어도 규모는 미미하다. 42만 1,953명(2012년)을 정점으로 1,000명 가량 감소한 게 전부다. 문제는 앞으로다. 아직은 버텨내는 힘이 강력하지만, 앞날은 그리 밝지 않다. 정부추계에 따르면 2060년 32만 6,591명까지 줄어들 전망이다. 실제 2021년 8월까지 인구의 자연증감은 줄고 사회전출은 늘어났다. 출생(1,803명), 사망(3,397명), 전입(7,917명), 전출(8,270명) 등 때문이다(2021년 1~8월). 결국 인구변화는 회피할 수 없는 이슈다. 저출산·고령화로 이미 고령화율은 30%를 넘겼다.

물론 아직은 버텨낼 에너지가 많다. 최소한 경제규모·정주환경 자체가 눈에 띄게 악화되기까지 시간은 다소 있다. 현에 소속된 15개 기초지자체 중 경제기반만 놓고 보면 2위와의 격차가 월등한 압도적 1위다. 사업장 숫자(2만 359개)부터 제조업체(793개), 제조품출하액(1조 2,550억 엔), 상업업체

■■■ 도야마현의 주요지표 및 전국순위(47개 광역지자체)

구분	내용	순위/연도	구분	내용	순위/연도
자가율	78.1%	1위/15년	도로정비율	74.5%	1위/16년
1주택당 연면적	50.08㎡	1위/13년	유효구인배율	1.86배	5위/17년
1세대당 방수	6.38실	1위/13년	여성취업률	74.0%	4위/17년
1세대당 인원	2.66명	4위/15년	건강수명(여)	75.77세	8위/16년
베리어프리 주택비율	58.3%	3위/13년	생활보호율	0.33%	47위/16년
1세대당 자가용수	1.70대	2위/16년	경제성장률	1.5%	23위/15년
월 가처분소득 (2인이상 근로자세대)	50만 9,535엔	3위/17년	제조품출하액	3조 6,771억 엔	27위/16년
1세대당 저축잔액	1,416만 엔	5위/14년	실질공채비비율	13.7%	18위/16년

자료: 富山県(2019), '100の指標 統計からみた富山' 平成30年度版의 내용 중 재정리

CHAPTER 06 콤팩트하지만 콤팩트하지 않은 존재감, 도야마

호쿠리쿠 행복모델 3개 현

(5,469개), 상품판매액(1조 8,408억 엔) 등이 모두 1위다(2016 · 2017년). 역내경제를 지배하는 중심도시로서 손색이 없다. 활발한 경제활동과 양호한 공공투자 덕분이다. 또 높은 교육수준과 활발한 시민활동도 동반된다. 작지만 강력한 효율적인 사회 · 경제시스템이 움직인다는 얘기다. 이는 불황기의 침체압력을 낮추는 데 주효했다. 안정적인 사회장치로 충격 최소화에 도움이 됐기 때문이다. 덕분에 일본에서는 도야마시를 두고 '안정적인 부자동네'란 이미지로 평가하기도 한다.

그렇다고 미래까지 밝은 건 아니다. 도야마가 발빠른 재생사업에 뛰어든 배경이다. 거대한 전환압박이 임박했음을 체감하고 한발 앞선 재편비전을 실행하는 데는 이런 작지만 결정적인 위기 징조에 주목했기 때문이

소멸 위기의 지방도시는 어떻게 명품도시가 되었나?

다. 실제 도야마발 양극화와 불균형은 구체적이다. 생산가능인구가 1995년 정점을 찍은 후 자연감소·사회감소 속 고령화가 심각해졌다. 중심상권은 흔들리기 시작했다. 인구변화가 촉발한 소비축소와 상권악화가 재정부담과 활력감소로 이어진다. 버틸 여력이 있을 때 서둘러 난관타개를 위한 재생실험에 나선 배경이다. 콤팩트시티는 그 대표적인 재건미션이다.

도야마 부활 상징으로
떠오른 트램

다행히도 아침이 되자 썰렁함은 사라졌다. 광역거점의 중핵도시로 더욱이 행정관청이 집중된 중심시가지답게 상당한 인파와 차량이 확인된다. 도야마시 콤팩트시티의 상징으로 떠오른 트램(노면전차)²도 도로중심을 바삐 오간다. 출근길 교통정체를 비웃듯 전용라인을 따라 좁은 도로를 지배한다. 차량과 부딪힐까 걱정되지만 익숙한 듯 질서 있게 운행된다. 일본은 일부 지역에 트램이 있지만, 도야마처럼 새로 설치한 경우는 드물다. 지하철이 생기며 자연스레 역사 속 추억으로 사라진 게 태반이다. 레트로 분위기를 풍기는 다른 곳과 달리 도야마의 트램은 꽤 신선하고 색다르다.

도야마의 지역재생을 논할 때 트램은 단골로 소환되는 대표상징이다.

편리한 대중교통(트램)이 지역을 되살렸다거나 늙어가던 도시를 철도망이 바꿔냈다고 요약된다. 썰렁해진 중심도심에서 진행된 '모여살기' 실험을 트램이 성공시켰다는 얘기도 들린다. 요컨대 교통의 재구성에 초점을 맞춘 콤팩트시티의 모범모델로 불린다. 실제로 트램이 쏟아낸 인구가 대낮 도심의 활기에 한몫한다. 다양한 연령층의 통근·통학길의 동반자로 자리매김한 듯 대중교통의 한 축을 맡고 있는 모습이다. 오후가 되자 고령자를 필두로 자녀동반 가족승객이 태반을 차지하는 이동수단으로 변모한다.

트램은 생각보다 조용하고 깨끗하다. 확실히 소음도 적다. 낡았으나 정겨운 다른 곳의 트램이 역사·추억성을 소구하는 것과 다르다. 깔끔한 외관과 정돈된 내부는 트램의 현대화를 잘 보여준다. 노면을 독점하니 신호등을 제외하고는 정체할 일이 별로 없다. 밤에 확연해지는 도심공동화의 숨통을 열어주는 주간 이동의 중요한 공급라인답다. 첫인상처럼 도야마는 야간인구 상주는 적은데 주간인구는 확실히 많다. 단위면적당 인구밀도의 차이가 큰 전형적인 공동화공간이다. 생활인구가 적다는 얘기다. '중심 → 교외'로의 생활인구 확대가 도넛을 닮아 도넛현상으로도 불린다. 반대로 교외는 인구·상권 확산이 커지는 스프롤Sprawl 현상과 맞물린다. 도시팽창의 단면적인 결과다.

도야마는 인구이탈과 생활팽창의 불균형을 교통으로 풀어냈다. 도심과소와 교외확산의 비효율성을 저감시켜 도시운영을 향상시키기 위함이다. 지나친 교외확산이 중심상권을 약화시킬 뿐 아니라 환경파괴·교통정체·녹지파괴·행정부하 등 교외권 생활수준도 낮춘다고 봐서다. 특히 확장된 도심주변이 고령화된다는 점도 고려사항이다. 정주인구는 줄어드는데, 생활기반을 유지하자면 행정비용이 커질 수밖에 없다. 트램은 거주공간의 불균형인 도넛·스프롤 현상을 완화하고 활력을 배분하는 중심적인 혈관장치로 이해된다. 점点으로 산재한 교외를 선線으로 묶어내는 연결수단이다.

도야마시 담당자와의 인터뷰에 앞서 연구팀이 찾은 교외의 전통 주택가에서 중심·교외의 편리한 연결기능을 확인했다. 외곽에 위치한 '이와세岩瀬'란 작은 마을을 견학했는데, 대표적인 관광명소다. 옛 항구마을의 정취가 잘 보존된 거리로, 전통가옥의 내외장 구조를 내세워 관광자원화했다. 무엇보다 전통의 재구성을 통해 마을재생의 성과를 낸 곳으로 유명하다. 민간주도적인 재생사례로 과거의 침체 풍경을 현대의 사업모델로 변신시켜 지역을 되살렸다. 번성했던 항구마을이었지만, 잦은 화재와 철도연결, 인구감소로 지역의 산업쇠락과 함께 빈집 증가가 심각해졌다. 1990년대부터 외지로 나갔던 지역청년의 고향회귀가 본격화되며 전통을 산업화하는 활성화에 돌입했다. 가령 지역전통이었으나 잊혀져버린 격자무늬 창틀을 복원·설치했고, 사양화로 고전했던 주조·잡화점을 새로 열었다. 거리 자체를 전통공간으로 변신시키며 멋스러운 명물마을이 됐다.

트램을 타면 중심시내에서 이와세마을까지 20분이면 닿는다. 채산성을 이유로 폐선됐던 시절보다 확실히 편리해졌다. 정체에 걸리면 자동차로 하세월인 거리다. 이를 풀어준 게 트램 신설이다. 덕분에 정주민의 이동편리는 물론 관광객의 방문수요까지 증가했다. 도야마 트램은 종류가 많다.

노면전차

센트램(도심순환선), 포트램(외곽연결선), 시티트램(시내중심선)의 3종류가 있다. 완벽하진 않지만, 교통수요가 있는 중심·외곽을 얼추 커버한다. 노선별로 다양한 외관의 전차를 보는 것도 재미다. 혹자는 트램을 타러 도야마에 온다고까지 한다. 외국관광객에겐 시승을 위한 무료티켓도 준다.

도야마의 교통발 콤팩트시티가 혁신적인 실험은 아니다. 트램만 해도 일장일단이 많아 한국에서도 찬반양론이 뜨겁다. 다만 지금처럼 중심침체·교외확장의 도시화를 방치할 수 없다면 진지하게 고려해봄직하다. 도야마가 콤팩트시티를 채택한 배경도 그랬다. 도심집중에서 교외분산으로의 인구이동이 도야마의 지속가능성을 훼손한다고 판단해 관련된 선행모델을 집중적으로 연구한 결과다. 넓고 쾌적한 주거공간을 원하는 합리적인 주민선택을 되돌릴 만한 반대매력을 제시할 수밖에 없었다. 끝없는 외연확장은 지속될 수 없어서다. 당장 대중교통이 인구이동을 못 따라가면서 자차수요를 끌어올렸다. 가구당 1~2대의 차량보유는 이렇듯 도야마에서 상식이 됐다. 또 자차이동이 늘수록 대중교통은 기피됐고, 이는 다시 수익악화·노선축소의 악순환을 불러왔다. 고도성장·인구증가 시기에는 큰 문제가 아니었지만, 핍박성장·인구감소가 현실화되면서 위기감이 증폭됐다.

소멸 위기의 지방도시는 어떻게 명품도시가 되었나?

빈집 거리 이와세마을의
기사회생 비결

개인의 합리적인 선택은 왕왕 사회전체의 비용유발로 연결된다. 본인에겐 효율적이나, 사회로서는 자원배분의 비효율을 낳기 때문이다. 빡빡한 도시생활을 떠나 쾌적하고 널찍한 교외에 살려는 트렌드도 그렇다. 토를 달기 힘든 개인선택이나, 심화되면 공동화에 따른 불균형은 물론 본인생활도 다시 불편해진다. 즉 도시근로·근교거주의 통근형 직주분리는 현역시절에는 감내되나, 은퇴이후에는 상황이 달라진다. 편의시설의 부족·부재로 교외거주의 장점은 감소하는 반면 불편해진 몸은 이동한계로 작용한다. 그럴수록 집안에만 머물게 되어 관계는 끊기고 생활은 곤란해진다. 주지하듯 일본은 초고령사회를 일찌감치 통과했다. 불편·불안·불만의 노년욕구가 상당하다.

자동차를 예로 들어보자. 외곽거주를 결심하면 자차보유는 필수다. 이후 고령화로 자가운전이 힘들어지면 대중교통에 의존할 수밖에 없다. 하지만 대중교통은 편리하지 않다. 하물며 의료·간병 등 고령수요를 떠받칠 편의시설은 교외에 거의 없다. 생활수준의 악화다. 결국 갈수록 시내로의 이동은 줄어든다. 또 유동화의 감소는 중심시가지의 상권약화를 불러온다. 당연히 상점가의 폐업행렬로 연결된다. 악순환이다. 서구적 교외개발과 자차문화가 한계치에 닿아 만들어낸 기형적인 현상이다. 도야마의 매력은 떨어졌다. 뭔가 돌파구가 필요했고, 역시 서구의 선행경험인 콤팩트시티에서 힌트를 얻었다.

위기의 절정 당시 도심침체·교외확장의 어두운 그늘을 이와세마을에서 일정 부분 확인할 수 있다. 요컨대 초고령화의 진면목이다. 지역활성화를 위한 사업이 20여 년에 걸쳐 진행된 거리답게 잘 정리된 일본풍 전통마을 분위기가 자욱하다. 한때 항구마을로 돈을 꽤 만진 듯 고급스런 2층 가옥이 즐비하다. 항구전망대에서 내려다보니 이와세마을이 왜 번성할 수밖에 없었는지도 자연스레 확인된다. 거대한 유조탱크와 선박이 앞바다를 가르며 운하의 부가가치를 알려준다. 뒷산은 해발 3,000m의 연산이 만들어낸 알펜루트로, 관광지로 유명한 북알프스의 거점이다.

그럼에도 시대풍파에서 비켜서진 못했다. 골목 곳곳에 초고령화의 단면이 투영된다. 관광객 일부를 빼면 주민은 손에 꼽는다. 마치 개장 이전의 영화세트장처럼 배경은 완벽한데 사람은 없다. 그마저 공원벤치에 앉아 먼 산을 바라보는 고령인구 일부뿐이다. 한때 잘 활용됐음직한 운동시설은 이제 을씨년스럽다. 차량에 올라타는 할머니·할아버지 몇몇이 이곳에 사람이 산다는 걸 알려줄 따름이다. 어떤 집은 인기척조차 없다. 사람이 살지 않는 듯 방치된 채 굳게 닫힌 집도 자주 보인다.

그나마 이 풍경도 좋아진 것이다. 주지하듯 이와세마을은 도야마 지역 활성화의 교외판 성공모델로 평가된다. 그 전에는 낡은 빈집과 부서진 창고만 남은 쇠퇴마을의 전형이었다. 떠난 이웃과 남겨진 빈집은 거리 전체를 쇠퇴시켰다. 대부분의 교외마을은 이렇게 활기를 잃고 기억 속으로 사라진다. 잔류하던 고령주민마저 사망하거나 시설에 입소하면 소멸지역으로 전락해버린다. 이와세마을을 붕괴절벽에서 구해낸 일등공신이 없었다면 이곳도 절멸흐름에서 벗어날 수 없었을 것이다. 지역활성화를 위한 인재의 존재·역할은 그만큼 결정적이다. 이와세마을에서는 마츠다 류이치로桝田隆一郎라는 인물이 해당된다. 안타깝게도 직접 만나진 못했으나, 이메일과 기타자료로 그의 속내를 알 수 있었다. 교육·취업을 위해 도시로 떠났다가 무너지는 고향을 위해 귀향한 경우다.

마츠다는 이와세마을을 재생시킨 핵심주역이다. 1966년생으로 50대답게 원주민인 부모세대와 이주민인 청년세대를 아우르는 연결고리다. 대학졸업 후 이탈리아에 유학한 후 선대가 창업한 주조회사桝田酒造店를 이어받았다. 5대 사장으로 성을 딴 마츠다 술은 일본에서도 꽤 유명한 브랜드 중 하나다. 고정관념을 버린 새로운 주조법을 적용하며 현재는 국내뿐 아니라 해외시장에까지 진출했다. 그 본거지가 이와세마을에 있다. 때문에 가업을 위해서도 이와세마을의 부흥은 중요했다. '정열을 갖고 개혁하자'라는 지론처럼 그를 뛰어넘을 후속인재를 열정적으로 키우는 데 열심이다.

출발은 2004년 사장취임 2년 전에 홀로 세운 회사에서 비롯된다. 그는 느닷없이 '이와세마을만들기岩瀬まちづくり会社'란 주식회사를 1인 기업으로 열었다. 귀향한 마을의 초라한 현실을 바꾸고 싶어서다. 마을의 빈집을 사들여 리모델링 후 임대·매매하는 사업모델이다. 유휴공간으로 내버려두기보다 플러스 알파를 얹어 활용되도록 사업화했다. 목재점이었던 빈점포를 사들여 소바식당으로 리모델링해 넘긴 것이 1호 사례다. 이때부터 요컨대 '마을만들기'의 활동이 본격화됐다. 지금은 새롭게 변모한 후 활용되는 점포·주택만 50여 채에 이른다. 스토리도 넣었다. 전통거리에 맞게 예술이란 키워드를 내걸었다. 도자기·조각 등 공예작가를 불러와 거주 및 활동을 하도록 주선한다. 지켜보던 시당국도 전통을 위해 전주를 없애버리는 등 경관 조성정책으로 답했다.

전혀 계획적인 지역재생은 아니었다. 즉 이와세마을의 지역재생의 이색적인 점은 협의과정의 생략에 있다. 최대한 많은 주민과 이해관계자가 모여 학습·공감하는 합의시스템을 도입하지 않았다. 더 쇠퇴하기 전에 서둘러 나설 수밖에 없다는 판단에 마츠다 본인 홀로 시작했다. 이후 성과가

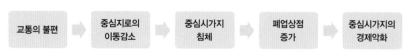

■ 도야마시 문제 지점의 악순환

교통의 불편 ➡ 중심지로의 이동감소 ➡ 중심시가지 침체 ➡ 폐업상점 증가 ➡ 중심시가지의 경제악화

소멸 위기의 지방도시는 어떻게 명품도시가 되었나?

좌 | 도야마시의 유명관광지인 다테야마 로프웨이
우 | 도야마시의 유명관광지인 알펜루트 풍경

나오면서 지역주민의 사업참여가 본격화됐다. 외롭고 무모한 도전이었다. 다만 확신은 있었다. 리모델링 1호가 성공하면서 자신감을 얻었다. 그때부터 하나둘 우군도 생겨났다. 그의 말이다.[3]

"계획적으로 구상을 한 건 아니었어요. 물건 하나만 잘 성공시켜보자는 단순한 생각에 시작했죠. 그런데 그게 자연스레 사업확장으로 연결됐습니다. 집을 팔려는 사람을 설득해 동의를 구했고요. 그러니 목수에게 일이 생겨났어요. 또 작품을 팔 공간이 없다는 도예가도 있었죠. 다음 물건을 전시장소로 만들었죠. 그랬더니 카페·레스토랑이 필요해졌어요. 사람이 늘어나니 공간과 일이 저절로 늘어난 구조입니다. 주조점도 작게 하다가 찾아오는 분들이 늘어나 시음장소를 모색할 수밖에 없었고요."

내가 잘 살려는 일이
동네까지 부활

비전 없던 출발이었지만, 성과는 물 흘러가듯 커졌다. 촉발지점이 없었을 뿐 지역재생의 필요와 가치는 수면아래 존재했던 것이다. 보수된 물건에 사람이 들고, 그런 점포가 늘자 거리풍경이 바뀌는 연쇄효과였다. 그럼에도 그는 여전히 사업에 신중하고 성과에 인색하다. 지역재생이란 그럴싸한 타이틀도 부정한다. 관광객이 많이 찾아오는 것도 싫다고 잘라 말한다. 주민의 생활향상이란 미션도 관심이 없다는 투다. 그런 그가 지역현장에 활력을 불어넣는 대표적인 지역인재로 불린다. 새로운 일과 새로운 삶을 짜내며 과소동네를 활기마을로 변신시킨 주역이라는 것이다. 그의 생각은 어떨까?

"회사를 처음 만들 때 마을만들기란 이름을 넣었는데 지금도 후회합니다. 회사의 사업 결과 마을이 만들어지는 건 모르겠지만, 처음부터 마을을 잘 살게 하겠다는 생각도 의지도 없었어요. 철저하게 저를 위해 시작했습니다. 관광객이 늘면 좋겠죠. 그렇다고 입주 도예가들 작품은 잘 팔리지 않습니다. 오히려 성가시죠. 주민유입으로 인구가 늘 수도 있습니다. 그건 그대로 현상일 뿐이에요. 저는 오로지 제 자신을 위해 움직일 뿐입니다. 저와 제 회사, 그리고 전통주의 미래만 생각합니다. 제 아이들에게 물려줄 수밖에 없는 가업이기에 절실할 따름입니다. 결코 자원봉사가 아닙니다. 제가 귀향했을 때의 황량함을 제 아이들에겐 물려주기 싫어요. 제 아이들이 행복하게 사는 동네가 됐으면 하는 바람뿐입니다."

당사자성의 파워풀한 사업동기다. 거창한 계획과 비전보다 눈앞의 이익과 실존이 결정적이다. 동네가 되살아나야 본인과 자녀가 잘살 수 있다는 극히 개인적이고 이기적인 이해가 사업을 시작한 계기였다. 이기적 동기가 이타적 성과를 낸 경우다. 개인선택이 사회비용을 유발하는 도시팽창과는 대조적이다. 사업성패가 본인미래와 직결된다면 간절한 의지와 절실한 열정이 동반될 수밖에 없다. 지역활성화는 이래야 한다. 거창한 대의명분이 아닌 진솔한 본인욕구가 있을 때 성공한다.

공공성만 강조해선 속 깊은 진정성과 끈질긴 에너지를 모아낼 수 없다. 모두를 위한 일인데 누구도 안 하려는 딜레마를 낳는다. 마츠다의 속내는 불편한 지역재생의 현실과 정확히 일맥상통한다. 두루뭉술한 당사자성이

CHAPTER 06 콤팩트하지만 콤팩트하지 않은 존재감, 도야마

아닌 실리적인 이해관계성이 투영될 때 지역활성화는 본격화된다. 안타깝게도 재생현장·실험공간 중 일부는 공공성을 내건 채 여전히 눈먼 돈을 흩뿌리는 무책임한 사업추진이 문제로 지적된다. 그들만의 리그로 위선적 모순마저 존재한다. 명분뿐인 참여는 지속되지 않는다. 절박한 당사자성이 전제될 때 비록 성가신 조정과제는 많겠지만, 나눌만한 성과도 도출된다.

마츠다는 혼자였다. 묵묵히 그 길을 걸었다. 빈집을 사들여 전통을 덧댄 리모델링으로 변신시켰다. 매매든 임대든 물건의 매력도를 높이는 데 주목했다. 들어올 사람이 주판알을 튕겼을 때 플러스가 안 되면 무용지물인 까닭이다. 처음엔 갸우뚱해도 갈수록 재변신한 전통가옥이 늘고 거리로 연결되자 주민·행정은 물론 외지의 시선까지 집중됐다. 이익은 다시 빈집에 투입되며 이와세마을을 전통이란 상징키워드로 엮어냈다. 실리가 이끌고 명분이 따르는 승수효과였다. 즉 '계획마을'로 불리나 행정이 아닌 개인이 만들어낸 성과다. 주민참여와 행정지원은 그 다음에 붙었다.

이로써 이와세마을은 일본의 옛 정취가 되살아난 전통거리로 승격됐다. 1층의 목조주택과 2층의 복합주택(상업·주거)이 사이좋게 이웃한다. 지금은 1층 점포가 대부분 현대적 필요에 맞춰 우체국·상공회의소·은행은 물론 카페·레스토랑·전시장 등으로 활용된다. 예전이었다면 아기자기한 골목상권이었겠지만, 거기까지 회귀하기엔 쉽지 않을 터다. 이와세마을의 전통은 공통된 외관으로 모아진다. 요컨대 대나무격자창으로 불리는 스무시코簀虫籠가 그렇다. 모든 건물의 창이 대나무를 쪼개 늘어뜨린

1

2

3

1 | 이와세마을 마츠다주조장　　2 | 이와세마을 거리전경
3 | 이와세마을의 대나무격자창 모습

격자형태다. 에도시대를 상징하는 인테리어로 지금은 대부분 사라진 방식이다. 대나무 사이사이의 틈에서 느껴지는 햇볕과 바람의 소통은 잃어버린 일본적 아름다움을 반추하는 소환장치로 평가된다.[4]

　　마을전체에 대나무격자창이 적용된 데에는 원칙과 지원이 있었다. 마츠

다 개인이 어렵게 만들어낸 물꼬에 행정지원이란 큰물이 들어와 이와세마을을 상징하는 전통 인테리어의 부활이 이뤄졌다. 본격적인 사업개시 이후 10년이란 짧은 시간에 마을전경을 변모시킨 힘이었다. 민의 기획과 관의 지원이 적절히 결합한 협력체계다. 수단은 보조금정책으로 정리된다. 도야마시는 대나무격자창을 복원·설치하는 것만으로 자금을 지원했다. 단 무차별·무선별적인 방식은 버렸다. 3년 기한으로 매년 지원금을 줄였다. 첫해에는 100% 보조했다가 이후 80%, 50% 식으로 차등해 지원했다. 일종의 경쟁방식인데, 다수주민이 참여하는 인센티브로 작용했다. 급속도의 사업진행이 가능했던 배경이다. 경제적 유인장치가 사업확산의 윤활유가 된 것이다.

소멸 위기의 지방도시는 어떻게 명품도시가 되었나?

경단과 꼬챙이가 만든
도시재생

소멸위기의 교외권역은 대개 이와세마을처럼 재생의 승부수를 띄운다. 지역이 지닌 특화된 키워드(전통)를 내세워 사업화하는 과정에서 지속모델(이윤창출)과 활기회복(인구증가·감소저지)을 도모한다. 이와세마을은 마츠다 1인의 절실하되 무계획적인 출발이 특징이었지만, 대부분은 참여와 합의 및 협치를 토대로 사업을 구체화한다. 또 수준·범위는 다르나, 관민협치는 공통적인 부활방식이다. 농산어촌에 위치한 한계취락의 경우 개별성은 다르지만, 십중팔구 이런 공통분모를 통해 성과도출에 매진한다.

다만 도야마처럼 중핵의 거점도시는 활성화의 모델·방식이 한계취락과는 구분된다. 상대적으로 위기감이 덜하고, 버틸 여력도 있어 대개는 절실험이 적다. 때문에 중앙하달식의 도시계획에 따르는 수동적인 스타일이 일반적이다. 혹은 몇몇 상권의 소규모 재건축·재개발형 재생작업이 일반적이다. 도야마처럼 자체적으로 만든 차별화된 미래비전을 실행하며, 내외부의 주목을 받는 경우는 드물다. 콤팩트시티란 아이디어와 이모저모를 논할 때 일본은 물론 세계적인 모범사례로 떠오른 배경이다.

이와세마을의 운치를 뒤로 하고 연구팀은 시청으로 향했다. 지방광역의 거점도시답게 상당한 규모를 갖춘 청사다. 청사 곳곳에는 도야마시가 추진 중인 다양한 도시경영 프로젝트를 소개하는 걸개가 걸렸다. 연구팀을 맞은 이는 활력도시창조부에서 콤팩트시티를 담당하는 나카야마 타케시中山武史 주간 등이다.[5] 한국에서도 자주 찾아 익숙한 듯 한국어 자료를 배포하며 인사말을 나눈다. 자주는 아니지만, 특히 한국의 행정기관에서 도야마 견학을 청하는 경우가 있다고 설명한다. 그의 말이다.

"오는 길이 불편하지 않았나요? 이곳은 겨울이면 눈이 많아 꽤 불편합니다. 혹시 도야마시가 겨울에 눈을 치우는 비용이 하루 얼마나 되는지 아실까요? 무려 8,000만 엔입니다. 상당한 돈이에요. 지역이 워낙 넓기 때문이죠. 그나마 눈을 치우지 않으면 왕래조차 어려워 안 할 수도 없어요. 도야마가 콤팩트시티라는 프로젝트를 시작한 이유입니다. 도시확장으로 행정비용이 크게 늘었거든요. 문제는 효과성인데, 그리 긍정적이지 않아요. 외곽에 사는 소수주민을 위해 쓰기에는 가성비가 낮습니다. 그 돈을 아껴 좀더 많은 주민의 편리함을 도모할 방법은 없을까 고민했죠.

모두를 위한 그나마의 대안방식이 바로 콤팩트시티였습니다. 지금은 도야마시를 상징하는 단어가 됐죠."

도야마시의 콤팩트시티는 2개의 단어로 정리된다. 경단과 꼬챙이다. 점처럼 외곽에 산재한 주민을 선으로 연결해 일정공간에 모여 살게 하자는 차원이다. 이때 일정범위의 주거공간이 경단お団子이고, 이를 연결한 선인 교통이 꼬챙이串에 비유된다. 도야마의 콤팩트시티는 크게 3가지 축으로 구성된다. ◆공공교통 활성화 ◆공공교통과 연계된 거주지역 설치 △중심시가지 활성화 등이다. 모두 연결된 개념이다. 참고로 경단은 구슬처럼 동그란 떡을 말한다. 꼬치구이를 생각해도 된다. 꼬챙이와 경단이 꼬치구이를 완성하듯 주거지역과 공공교통이 세트를 구성한다. 계속해서 그의 설명이다.

"경단은 JR 도야마역이 중심입니다. 이곳에서 방사형으로 있는 상권 · 교통권의 거점지역이 경단이 돼죠. 경단은 다시 4개로 나뉩니다. 도심지구, 교통도보권, 지역생활거점, 도시계획구역입니다. 하나의 경단은 도보권역임과 동시에 거주유도 · 시설유치로 콤팩트하게 자원을 집중합니다. 당연히 성격별로 여러 개 있을 수밖에 없죠. 꼬챙이는 지역거점인 경단을 이어주는 선이에요. 공공교통이죠. 경단끼리 연결해줍니다. 차량이동이 필수인 외곽도 경단을 만들어 꼬챙이로 끼우는 것이죠. 그렇다면 공공교통이 부족한 외곽의 한계를 극복할 수 있어요. 경단과 꼬챙이가 잘 연결되는 게 바로 콤팩트시티입니다."

콤팩트시티의 중심은 도야마역이다. 역을 가운데 두고 방사선 네트워크로 공공교통을 깔겠다는 취지다. 역 부근이 가장 큰 경단인 셈이다. 트램을 포함해 7개의 철도노선과 90개의 버스노선이 방사선으로 연결된다. 이 과정에서 트램이 보강된다. 이용자가 줄어든 JR도야마항선港線이 포트램(도야마라이트레일)으로 대체됐다. 차세대 노면전차다. 외곽지역도 차 없이 도보이동이 실현된다. 뒤이어 시내인데 기존노선에서 빠진 지역을 잇는 환상環狀선도 나왔고, 버스노선도 함께 정비됐다.[6] 공공교통답게 베리어프리를 반영했고, 배차간격을 줄여 고령승객의 편리함을 더했다. 요금도 낮췄다.

경단은 공공교통을 잇는 연선지역에 만들어진다. 19개의 특정지구를 경단으로 설정해 주택의 건축 · 매입 때 보조금을 준다.[7] 성과는 금방 나왔다. 사업 진행 후 경단지역의 인구는 뚜렷하게 늘어났다. 2005년 약 12만명에서 2017년 약 16만명으로 늘었다. 반면 중심시가지는 도심공동화의 저지에 초점을 맞췄다. 활발한 경제활동을 위해 공공교통, 공간조성, 상업시설을 확충했다. 면적은 작아도(0.4%), 세수(22.4%)가 크기에 이곳에 집중적으로 투자해 효율성을 높이기 위해서다. 행정발 중심시가지 활성사업은 그랜드플라자 정비가 대표적이다. 중심상권에 전천후 다목적광장을 만들어 유입을 촉진한다.

지역경제를 위해 현지생산 · 직매유통의 농수산물 슈퍼마켓(지조몬야총본

소멸 위기의 지방도시는 어떻게 명품도시가 되었나?

이와세마을에 위치한 상공회의소 건물전경

점·地場もん屋総本店)도 열었다. 외출정기권이라 불리는 고령자 특화의 공
공요금도 적용한다(1회 100엔). 꽃도 활용된다. 경관개선을 위해 꽃(Hanging
Basket)을 설치하고 꽃을 들고 타면 요금이 무료인 꽃트램모델사업도 특징
적이다. 이밖에 폐교를 리모델링한 후 간병시설(카쿠가와 간병예방센터)이나
지역 포괄케어 거점도 설치했다. 중심상권으로의 접근편리는 민간파트의
자체적인 개발사업으로도 연결된다.

왜
콤팩트시티인가?

그렇다면 왜 콤팩트시티일까? 도시를 되살리는 방법은 많다. 관건은 가장 적합한 방식을 찾아내는 심미안이다. 이때 고려할 것이 기반환경에 맞는 해결방식이다. 개별도시는 제각각의 배경과 경로로 커왔다. 비슷해 보여도 뜯어보면 모두 다르다. 일반적인 범용사업이 아닌 지역적인 특수모델일 때 성공에 가까워진다. 경로의존적인 사업이 아니면 이식해도 거부반응이 나오게 되어 있다. 도야마의 콤팩트시티도 지역특수성에서 비롯된다. 넓은 땅에 점처럼 퍼진 교외화가 비효율적인 행정비용을 낳는다는 점에 주목했다. 도심은 도심대로 주민·상권 붕괴까지 가속화된다. 때문에 인구감소가 예고된 상황에서 저밀도의 외곽확장보다는 고밀도의 집중거주가 활로라고 봤다.

소멸 위기의 지방도시는 어떻게 명품도시가 되었나?

압축·고밀도란 뜻처럼 콤팩트시티는 도시전체를 거대구조물처럼 재구성한다. 지가상승에 따른 도시주변부로의 외곽확장에 맞선 개념이다. 때문에 도시집중의 메리트가 전제된다. 즉 교통확충 없는 콤팩트시티는 없다. 도시확장과 교통붕괴가 낳는 공동화와 고령화란 악순환을 없애자면 공공교통을 개선하는 것이 필요하다. 자차의존도를 낮추되 도심·거주지역 간 이동편리성을 높이는 게 관건이다. 또 압축적인 주거밀집도 요구된다. 도시확대에 따른 인프라를 줄이고 행정비용을 절감하기 위해서다. 환경파괴와 에너지율을 개선할 뿐 아니라 토지 등 공간자원의 효율도 개선된다. 상권부활은 세수확보에도 좋다. 동시에 성공열쇠를 쥔 주민협력은 필수다. 옮겨와 살 주민의향이 없으면 무용지물이다. 지대추구와 수익배분의 조율이 없다면 주민협력은 불가능하다. 적절한 인센티브로 민간참여를 유도할 때 콤팩트시티는 성과를 담보한다. 나카야마의 말이다.

"교외생활을 도시생활로 바꾸는 게 핵심입니다. 확대가 아닌 축소죠. 압축된 축소공간이 교외거주보다 편리하다는 걸 보여줘야 합니다. 도보나 대중교통으로 얼마든지 생활수요가 해결된다는 확신처럼 말이죠. 그래야 옮겨옵니다. 물론 행정효율도 개선되어야 하고요. 그렇다고 극적인 인구개선은 어렵습니다. 공간별로 지속가능한 인구구조를 갖추는 게 중요해요. 선택과 집중을 통한 재구성이 관건입니다."

콤팩트시티란 카드는 도야마와 정합적이다. 독특한 시도이지만, 한계극복과 기회창출의 양수겸장이 기대된다. 도야마의 독특한 주거환경과 재정압박을 연결시켜 지속가능한 개발기회를 노렸다. 지역이 봉착한 단점과 한계를 새로운 돌파기회로 삼은 셈이다. 인구감소의 도심부문과 인구증가의 교외부문은 공존하기 어렵다. 둘을 연결하는 비용이 효용보다 높다. 실제 도시영역은 넓어지는데 인구밀도는 줄어든다. 그렇다면 인구감소가 본격화될 경우 생활편의는 유지되기 어렵다. 인구감소기에 광역거주는 불필요한 비용발생을 뜻하기 때문이다. 교통약자인 경우 이동조차 제한된다. 나카야마와 함께 외곽지역의 생활문제를 다룬다는 야기 신타로八木新大朗 주사의 설명이다.

"교외지역으로의 주거확대는 행정으로서는 꽤 부담스럽습니다. 도로·공원 등 인프라를 깔아주면 좋겠지만, 인구감소 후에는 유휴화될 수밖에 없어서죠. 지금 수준만 해도 어려워요. 적설량이 좀 되면 당장 제설조차 쉽잖습니다. 청소나 쓰레기 수거도 갈수록 힘들어져요. 그런데 세수는 감소할 게 뻔합니다. 도시운영의 부담이 높아지는 것이죠. 자동차 의존도가 70%를 넘어서 공공교통도 확대하기 어려워요. 돈이 안 되니 줄어들 수밖에요. 이게 또 차량의존을 높이는 악순환을 낳습니다."

콤팩트시티는 이 악순환의 고리를 끊어내는 매력적인 대안이다. 경단과 꼬챙이가 잘 연결될 경우 쇠퇴일로를 걷는 인구·산업·거주·교통·고용 등의 선순환구조를 만들어내는 기회가 될 수 있다. 실제 기존연구를 보

소멸 위기의 지방도시는 어떻게 명품도시가 되었나?

면 콤팩트시티는 장점이 많다. 대중교통 확대이용, 도시외곽 개발억제, 복합공간 활용증대, 지속가능 도시조성 등이 대표적이다. 고밀도개발이 이뤄질 중심시가지의 공동화도 막아낸다. 환경적 안정성은 물론 경제적 효율성이 강화되는 것이다. 혼합 · 조밀화된 새로운 공간이용을 통해 지속가

자료: 도야마시(https://www.city.toyama.toyama.jp, 검색일: 2021.09.09.)

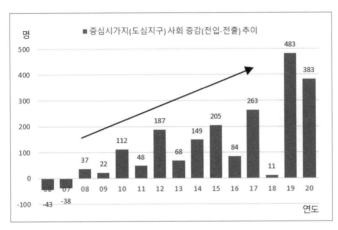

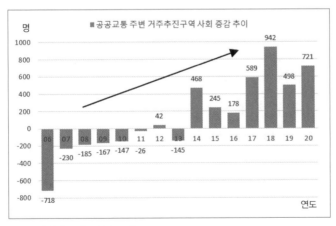

도야마시 콤팩트시티 효과

능성이 담보되는 구조다. 꼬챙이(공공교통)와 경단(압축공간)이 만들어낸 순환구조다.

때문에 도시화가 일단락된 서구에서는 콤팩트시티가 자주 언급되고 실험된다. 초기개념인 거대한 정주인구의 압축건물 이미지는 사라진 지 오래다. 지금은 지역특수성을 반영한 성공사례도 증가세다. 새로운 도시의 지속가능성을 논할 때에 필수적인 도시설계의 개념으로 포괄·확대된다. 모범적인 성과로는 영국의 밀레니엄 빌리지Millennium Village와 프랑스 리브고슈Rive Gauche, 스페인 바르셀로나Barcelona 등이 있다. 미국에서는 포틀랜드Potland와 몽고메리 카운티Montgomery County가 유명하다.[8] 일본의 경우 롯본기힐즈와 함께 도야마가 거론된다.

도야마는 일찌감치 콤팩트시티에 주목했다. 도심공동화를 막기 위한 중앙차원의 관심사로 부각되면서 도야마뿐 아니라 각지에서 시도됐다. 실제 중앙정부는 2007년 한걸음 앞서 콤팩트시티에 나선 도야마와 아오모리시青森市를 제1기 중심시가지활성화기본계획하의 지원도시로 선정했다. 1990년대부터 공을 들여 계획을 세우고 실천해낸 덕분이다. 도야마는 이때부터 고용창출, 인구유입, 생활충실과 함께 공공교통 기반의 거점집중형 콤팩트시티를 4대 종합전략으로 설정했다. 공통의 실현공간은 중심시가지다. 현재는 하드웨어를 넘어 지역특성을 반영한 소프트웨어의 부활전략으로 진화했다. 2018년 현재 407개 도시가 도야마와 비슷한 취지(입지적 정화계획)의 활동을 이어가고 있다.

똑같은 콤팩트시티의
엇갈린 성과

경단과 꼬챙이가 세트로 구성된 콤팩트시티는 도야마에게 지역활성화 성공모델이라는 명성을 안겨줬다. 정도의 차이는 있지만, 도심쇠퇴·교외확장의 부작용을 줄여내며 일정부분 경제·사회적 성과를 창출한 덕분이다. 꼬챙이로 교통은 편해졌고, 경단에는 인구가 들어왔을 뿐 아니라 상권도 되살아났다. 물론 인구감소에 맞서 시작된 정책이라는 취지를 무색케할 정도로 증가반전은커녕 감소저지라는 성적표에 불과한 상태다. 그럼에도 호평이 많은 것은 콤팩트시티가 아니었다면 이마저 없었을 성과인 까닭이다. 실제 비슷한 처지의 다른 광역도시는 인구감소의 속도·범위가 심각하다.

지속가능한 도시건설은 쉽지 않은 과제다. 수많은 시행착오와 반발, 그리고 갈등을 돌파해야 가까스로 형체라도 잡을 수 있는 매우 어려운 미션이다. 도야마도 그랬다. 적절한 당근과 채찍이 없다면 합의형성에만 하세월이 요구된다. 일찍부터 콤팩트시티의 가능성과 타당성을 검토한 도야마였지만, 본격적인 사업개시는 2008년 마스터플랜이 통과하면서부터다. 지대추구의 민간욕망이 거세지면서 구역구분을 둘러싼 갈등과 논쟁은 이때부터 하나둘 정리되기 시작했다. 기존 시가지를 도시와 거주로 나눠 유도구역으로 지정하면서 규제를 완화했기 때문이다. 즉 재정특례·세제우대부터 유도구역 기반정비를 위한 인센티브가 제공되며 사업이 본격화됐다.

유도정책은 경단지역에 집중된다. 압축공간으로 인구·자원을 모으자면 경쟁력을 키워줘야 해서다. 꼬챙이야 공공교통이란 행정자원으로 가능하나, 문제는 경단의 입지우위와 경쟁력의 강화로 요약된다. 공동화된 경단지역이 제대로 편의시설을 갖춰야 발길이든 주거든 압축밀집이 가능한 법이다. 경단강화를 위한 유도정책의 필요다. 결국 관건은 생활편의에 동의한 주민들의 자율적인 판단에 달렸기 때문이다. 경단을 중심으로 꼬챙이를 강화해 주거·상업·업무·문화시설 등 도시기능이 집적될 때 주민은 움직인다. 이를 위해 시는 구체적인 연도별 성과목표까지 내걸며 행·재정의 유도정책을 심화했다.

콤팩트시티는 도야마뿐 아니라 다양한 도시에서 실험됐다. 다만 성과는 엇갈린다. 같은 콤팩트시티인데도 결과는 천양지차라는 얘기다. 즉 비슷한 배경의 유사한 도전이라도 '누가 어떻게 하느냐'에 따라 다른 결과가 나온다. 도야마도 아직 완결사업이 아닌지라 성급한 평가는 이르다. 콤팩트시티의 성공사례로 자주 언급되는 도야마이지만, 한켠에선 한계를 논하는 의견도 적잖다. 대내외에 알려진 성과가 기대보다 부족하다는 지적도 있다. 상당한 행·재정적 예산투입을 보건대 가성비가 떨어진다는 얘기다. 따라서 시간이 흐른 후 상황이 달라질 수 있다는 신중론도 있다.

도야마보다 앞선, 일본을 대표하는 또 다른 콤팩트시티 추진실험이 그랬다. 사실상 콤팩트시티형 도시재생으로는 일본최초로 거론되는 2001년 아오모리青森시의 사례다. 현재로서는 도야마의 성공을 부각시키는 대표적인 실패사례로 손꼽힌다. 도시중심부의 핵심 중핵인 아오모리역 주변의 역세권을 고밀도 주거·상업지역으로 압축한 프로젝트다. 일명 '아우가ア ウガ시티'로 불리는 상업·공공시설이 입주한 복합빌딩 건설사업이다. 역시 시민편의·재정효율의 강화 요구가 출발점이었다. 기대는 컸다. 공동화와 불균형의 도시공간을 되살릴 최초의 적용모델답게 관심은 상당했다.

하지만 시간은 아오모리 편이 아닌 듯했다. 인구이탈은 계속됐고 불황은 여전했다. 압축·고밀도에 동의해 몰려든 사람·자원도 다시 떠나기 시작했다. 개업원년(2001년) 매출목표(23억 엔)는 절반 달성에 그쳤다. 2015년 결산은 약 16억 엔 대까지 하락했다. 2013년 반짝흑자는 이후 만성적 자로 구조화됐다. 외부전문가에게 사업유지를 위한 채산성 검토를 맡겼더니 결론은 '불성립'으로 나왔다. 상업화는 한계치에 달했으며, 계속되면 추가부담만 늘 것으로 평가됐다. 사업포기가 결론이었다.[10] 2017년 아우가시티는 폐점했다. 교외상권을 주도한 거대점포가 늘어날수록 중심상권의 빈 점포는 증가했다.

구분	2019년 목표	2014년 기준
연선거주 인구비율	38.6%	32%
중심시가지 인구 사회증가	390명	78명(도심지구 436ha)
1일 공공교통 이용자수/전체인구	15.3%	13.7%(철궤도 · 노선버스)
도야마역 주변지구 보행자수	4,000명 증가	평일 3만 8,924명, 일요일 3만 420명
소가와(総曲輪)거리 보행자수	2,000명 증가	일요일 1만 9,075명

자료: 富山市(2018), '富山市まち · ひと · しごと総合戦略 改訂版(H30,10)', pp,26−27

　도야마와 아오모리는 닮은 듯 다르다. 행정주도 프로젝트란 점은 공통분모다. 중심시가지 압축개발이라 단순히 고층 · 고밀도의 복합건물을 넘어 교통 · 상업 · 주거 등 기반시설의 정비가 필수인 데다 대부분 공공성이 강조되기에 행정주도성은 불가피한 측면이 크다. 덕분에 관치사업의 특징처럼 단기간 · 집중적인 공공재원의 투입 · 조정이 동반된다. 사업추진의 정부에너지가 강력한 것이다. 반면 둘의 차이는 그 다음 단계부터 목격된다. 사업지속을 위한 민간에너지의 차이다. 정부가 제아무리 사업을 펼쳐도 개발공간에서 살아갈 이해관계자의 당사자성이 부족하면 지속가능성은 떨어진다.

　중요한 것은 자율적인 시장논리로 압축공간의 사업실효를 높여줄 민간참여로 정리된다. 공공교통 · 복합시설 등 하드웨어가 아무리 빼어나도 아오모리처럼 주민이용 · 순환경제를 뒷받침할 소프트웨어가 부족하면 곤란하다. 즉 도야마처럼 편의를 증진할 하드웨어와 함께 거주 · 경제활동을 위한 소프트웨어가 엮일 때 행정주도성은 의미를 갖는다. 아오모리는 결국 주민·임차인이 떠난 공간을 공공시설로 대체했다. 그나마 빈 공간을 다 채우지도 못했다. 놀릴 수는 없기에 나온 차선책이나, 뒷맛은 씁쓸할 수밖에 없다. 기획단계에서 민간욕구를 반영하고 하드웨어만큼 소프트웨어를 챙겼다면 막을 수 있는 문제였다. 정부가 판을 깔아도 민간의 말이 안 뛰면 경기는 지속될 수 없는 법이다. 아오모리뿐만 아니라 사가佐賀시, 아키타秋田시 등의 콤팩트시티도 운영실패로 판정 났다. 모두 비현실적인 사업계획과 채산성을 뒤로한 정부실패의 전형이다.

행정은 띄우고
민간은 올라타

도야마는 좀 달랐다. 민관의 역할분담
으로 정부실패는 민간이, 시장실패는 행정이 맡는 분업체계를 꾸렸다. 즉
대부분 지역재생의 성공사업처럼 관민협치란 작동방식이 적용됐다. 각
각의 장점을 극대화하는 단계별 역할분담을 실현했다. 도야마처럼 공공
교통의 재구성을 통한 압축·고밀도형의 새로운 공간구성을 민간의 자체
여력만으로 하기는 힘들다. 인프라를 위한 고비용의 공공사업은 정부역
할이다. 반면 하드웨어의 맞춤식 내부와 자연스런 흐름은 경직적인 행정
에겐 부담스럽다. 단발사업은 익숙해도 지속유지는 아무래도 당사자성의
민간능력이 효율적이다. 단계별로 볼 때 도야마의 콤팩트시티는 사업설
계는 행정이, 실제운영은 민간이 맡는 구조다. 나카야마의 설명이다.

소멸 위기의 지방도시는 어떻게 명품도시가 되었나?

"콤팩트시티는 많은 돈이 필요합니다. 특히 트램은 선로작업부터 차량 매입까지 거액이 요구되죠. 채산성만 보면 민간이 할 수 없어요. 정부도 막대한 비용을 감수해야 하죠. 사업 이후 유지비용도 만만찮죠. 때문에 주민동의는 필수입니다. 도야마처럼 트램을 내세워 도시전체를 대중교통으로 묶는 방향은 특히 고비용·저효율일 수 있어요. 비용이 타당한지, 주민이 찬성하는지 등 정당성을 얻고자 수차례 묻고 또 물었습니다. 이를 토대로 민관이 함께 출자한 SPC(특수목적회사)를 만들었죠. 공공사업이지만 주식회사답게 영리추구를 할 때 세금을 아낄 수 있기 때문입니다."

도야마의 콤팩트시티는 행정이 띄우고 민간이 올라탄 프로젝트다. 이인삼각 경기처럼 도시재생의 필요성에 공감한 민관주체가 소유·지배구조Governance를 구축했다. 보통의 민자방식과 겉보기는 유사하다. 수익형 BTO이든 임대형BTL이든 위험과 수익을 비례해 갖는 사업주체인 점은 같다. 수익·임대형의 중간형태인 손실보전·이익공유형 민자방식도 새롭지만, 기본구조는 재정사업을 민자방식으로 전환했다는 점에서 비슷하다. 도야마도 트램사업을 위해 '도야마경전철주식회사'를 세웠다. 단 이는 제3섹터로 정부(공공)·민간(영리)과 구분된 주민주도형 사업모델이다. 설립 당시 자본금(4억 9,800만 엔)은 도야마시(49.2%)와 제3섹터(50.8%)로 구분됐다. 특히 민간지분은 기부와 출자로 채워졌는데, 뜨거운 관심만큼 200%를 웃도는 시민참여를 이뤄냈다. 아오모리를 비롯해 실패사례에서는 찾아보기 힘든 풀뿌리 주민참여가 소프트웨어의 라인업 강화로 이어졌다.

행정주도 · 민간참여의 이원적 실행체계는 다른 사업에도 적용된다. 공공교통의 강화만으로 콤팩트시티는 달성되지 않는다. 수많은 연결사업이 복잡하게 얽히며 종합적인 주거만족을 이끌어낼 때 압축공간이 실현된다. 꼬챙이만큼 중요한 게 경단이란 얘기다. 어쩌면 행정주도를 완성하는 게 민간참여이듯, 길고 단단한 꼬챙이가 빛나자면 중간을 채워줄 다양한 경단의 쫄깃하고 풍성한 맛이 필수다. 주민입장에서는 뚜렷한 정주매력이 없다면 굳이 새로운 경단에 모여들 이유가 없다. 즉 구슬도 꿰어야 보배가 되듯 경단을 꼬챙이로 끼워내는 일은 주민결정 없이는 불가능하다. 지가상승의 이권까지 걸려있어 특정지역의 경단화는 말처럼 쉬운 작업일 수 없다. 나카야마의 말이다.

"꼬챙이를 만드는 건 힘들지만, 가능합니다. 중앙이 지원하고 지자체가 주도하면 사업을 펼칠 수는 있죠. 그런데 경단은 그렇지 않습니다. 경단별로 지역을 나눠 핵심공간으로 재편하는 건 쉽지 않습니다. 이해관계자도 많고, 조율해야 할 이슈도 적잖죠. 제대로 된 경단을 위해 경제적 인센티브를 줘야 주거이전으로 되돌아옵니다. 직접적인 혜택이 중요하죠. 때문에 도야마도 외곽주민의 경단집중을 위해 비용을 지원했어요. 주거 · 상업지역을 만드는 건설회사뿐 아니라 매매 · 임대로 이주해올 주민을 위한 자금지원도 유인책이 됐습니다. 경단거주의 매력을 높이는 데 도움이 됐죠."

소멸 위기의 지방도시는 어떻게 명품도시가 되었나?

단 실효적인 매력인지의 여부는 결국 주민판단에 달렸다. 없는 것보다는 낫지만, 보조금만으로 이주카드를 택할 주민은 많지 않다. 나눠 갖기에 가구당 금액도 생각보다 적다. 한정된 자원지원이 갖는 한계다. 설사 지원금이 효과적이었어도 실효성은 이주 초기에 단발·제한적일 수밖에 없다. 지원금을 넘어서는 경단거주의 뚜렷하고 지속적인 매력확보가 관건이다. 정주환경의 업그레이드가 대표적이다. 토건형의 형식적인 하드웨어가 아닌 실질적인 생활품질을 결정하는 소프트웨어의 확충은 그만큼 중요하다. 여기까지 보폭을 넓혀야 예산낭비의 전형이란 질타에서 자유로워진다.

도야마는 유휴시설의 재구성을 통해 경단거주의 생활만족을 끌어올렸다. 경단에 모이면 생활이 윤택해진다는 신호를 만들었다. 가령 폐교된 초등학교 부지를 재활용해 생활편의를 도모해줄 기반시설로 탈바꿈시켰다. 2011년 온천수를 이용한 일본최초의 간병시설(카도가와 간병예방센터)을 경단지구에 선보였다. 교외의 고령주민은 도보·트램으로 생활반경에서 관련 서비스를 받을 수 있어 경단으로의 거주이전을 택할 동기가 커진다. 특히 간병예방에 초점을 맞춰 중장년까지도 각종 케어를 받을 수 있다. 육아세대를 위해서는 보육실·산후조리실을 완비한 진료소를 경단지구에 넣었다. 출퇴근할 때 맡기면 육아부담을 덜어줘 맞벌이 부부에게 호평인 사업이다. 분산된 의료시설을 재구성해 일상 접근이 가능하도록 집중시켰다는 점에서 콤팩트시티의 설명력과도 부합하는 사례다.

물론 부작용과 반발도 있다. 경단지구의 지대추구가 갈등을 유발할 것이란 우려가 그렇다. 지자체가 사실상 경단지구의 집값을 띄울 것이란 혐의는 실제로 확인됐다. 행정의 거주유도가 민간의 지가상승을 낳았기 때문이다. 아이러니컬하게도 경단이 좋아져야 콤팩트시티는 성공하는데, 그럴수록 지가는 뛸 수밖에 없다. 당연히 경단 밖의 소외감과 박탈감은 커져간다. 다만 아직까지 심각한 양극화는 아니다. 소폭으로 올랐을 뿐 이주비를 감안하면 거주민별 편가르기라는 지적은 이르다. 이를 의식한 듯 시당국은 소외지역에 별도의 행정담당자(사무소)를 파견해 민심을 달랜다.

소멸 위기의 지방도시는 어떻게 명품도시가 되었나?

뒷받침이 된 민간 참여와
지속가능성

정리하면 도야마의 콤팩트시티는 확실히 행정주도성이 큰 프로젝트다. 꼬챙이(공공교통)를 사통팔달로 잇고 경단(주거·상업지구)에 사람을 모아내는 밑그림은 지자체의 의지와 재정·권한 덕에 일정부분 실현됐다. 하지만 이것만으로 완성될 사업이면 어느 도시든 콤팩트시티를 하지 않을 이유가 없다. 똑같은 콤팩트시티라도 엇갈린 성과를 보이는 건 이후의 지속가능성이 그만큼 중요하다는 것을 뒷받침한다. 도야마는 이를 관민협치로 풀어냈다. 초기는 행정이, 이후는 민간이 사업을 이끌도록 설계했다. 연구팀은 민간의 카운터파트너로 콤팩트시티에 밀접히 연관된 '마치즈쿠리도야마㈱まちづくりとやま'의 상근책임자인 야마가타 아키히토山形昌仁 씨를 만나 관련 이슈를 들었다. 그의 말이다.

"경단 중 핵심은 중심시가지인 구도심입니다. 중심시가지답게 행정부터 상업·편의시설을 모두 압축해 갖추는 게 관건이죠. 여기서부터 꼬챙이가 시작되고, 경단도 단계별로 배치됩니다. 이곳이 왁자지껄해야 콤팩트시티가 성공해요. 즉 가장 중요한 것은 중심으로 사람이 모이게끔 환경을 정비하는 겁니다. 그래야 편리한 교통과 필요한 공간이 이어져 공동화가 아닌 집중화의 순환효과가 실현됩니다."

마치즈쿠리도야마는 영리추구의 주식회사다. 즉 도야마 지역활성화를 위한 실행조직(TMO, Town Management Organization)이다. 2000년 콤팩트시티의 소프트웨어를 전담하기 위해 만든 일종의 관민협력체다. 특히 중심시가지 재생을 사업목적으로 두면서 상점가조합·민간기업·중소업자 등과 지자체가 절반씩 출자해 만들었다. 이후 2018년 역시 주식회사인 '도야마시민플라자'란 조직이 전체 주식을 매입해 단일주주가 됐다. 다만 완벽한 민간조직으로 보기에는 미흡하다. 사장이 현직 부시장이라 아무리 야마가타가 사실상의 코디네이터라 해도 행정 입김에서 자유롭기란 제한적이다. 이를 의식한 듯 앞서 인터뷰한 나카야마는 "배당을 포함해 전혀 개입하지 않는다"라고 했다.

야마가타는 중심시가지의 부활이 왜 필요한지를 세수로 설명한다. 세금구조를 보면 중심시가지가 도시전체의 심장역할을 맡기 때문이다. 심장이 멈추면 핏줄이 막히고, 말단부터 기능저하가 생기듯 도심복판이 활성화될 때 건강한 인간생활이 가능하다고 본다. 계속된 인구유출·상권붕괴를 막아야 하는 필수불가결한 본류공간이라고 덧붙인다. 실제 도야마 세수의 상당 비중을 중심상권이 맡는다. 도시계획세(47.1%)와 고정자산세(75.2%)만 봐도 중심지역의 파워는 확인된다. 전체면적의 5.8%가 갖는 힘이다. 특히 중심시가지 0.4%의 공간이 22.4%의 세수비중을 갖는다(2018년). 콤팩트시티로 건강한 심장을 되살려내려는 행정·상권의 절박함은 그만큼 깊고 넓다.

비단 세수비중이 아니라도 중심상권의 부활은 강력히 요구된다. 지가상승·주민유출이 낮은 교외개발은 인구감소를 볼 때 지속되기 어렵다. 외곽거주가 만든 확장형 도시화도 주민이 줄어들면 수요감소와 자원낭비로 이어진다. 때문에 유출·분산으로 공동화된 도시중심을 압축적 고밀개발로 재편하는 콤팩트시티도 힘을 얻는다. 단 구심력이 원심력을 압도할 때 중심권으로의 회귀도 자연스럽다. 이런 점에서 경단의 중핵이자 중심상권인 원도심의 비교우위는 콤팩트시티의 성패를 가른다. 외부의 인프라는 행정이 깔았지만, 내부의 움직임은 민간활력이 분담하는 협력체계가 본격화된 배경이다. 그럼에도 아직은 중심회귀가 빈약한 듯하다. 연구팀이 경험한 야간의 중심상권은 꽤 삭막했기 때문이다. 띄엄띄엄 영업 중인 골목점포 빼고는 인적조차 드물다. 야마가타에게 물었다.

"확실히 아직 갈 길이 멉니다. 가능한 정주민을 늘려야 하는데 아직은 주간인구가 야간인구보다 압도적으로 많죠. 저녁 9시가 넘으면 사람이 거의 없어요. 그나마 이것도 개선결과로 봐야 합니다. 그 전에는 더 없었죠.

CHAPTER 06 콤팩트하지만 콤팩트하지 않은 존재감, 도야마

위 | 콤팩트시티의 압축공간인 그랜드플라자 전경
아래 | 그랜드플라자 중심무대 인근

고무적인 건 늘어난 주간인구예요. 예전엔 낮에도 중심시가지를 찾아오는 발길이 뜸했습니다. 죽은 거리였죠. 그런데 시청에서 여기 올 때 보셨겠지만, 꽤 붐비지 않았나요? 주말에 행사라도 하면 북적댑니다. 때문에

소멸 위기의 지방도시는 어떻게 명품도시가 되었나?

마치즈쿠리도야마는 사람을 불러올 아이디어·프로젝트에 공을 들이죠. 편리와 만족을 줘야 상권도 회복됩니다. 공공교통이나 도보로 손쉽게 찾아와 언제든 먹고, 쇼핑하고, 쉬고, 즐기는 압축공간을 강화하는 게 숙제예요."

소프트웨어의 확충을 위해, 회사는 중심상권의 랜드마크로 그랜드플라자란 건물을 새롭게 내놨다. 2007년 개관했는데, 도심지구의 거점역할을 수행한다. 마을만들기를 위해 만들어진 마치즈쿠리도야마의 핵심사업 중 하나다. 주지하듯 도야마의 겨울은 춥고 눈도 많다. 겨울철 유동인구가 줄어드는 이유다. 때문에 회사는 중심상권에서 따뜻한 휴식이 가능한 시민공간에 주목했다. 그랜드플라자를 전천후 다목적광장으로 만들어 사람을 불러모을 다양한 행사를 연중 개최한다. 특히 재개발사업지에 위치해 사용되지 않는 도로를 중앙으로 집약시켜 광장공간으로 재구성했다. 개방된 쉼터이자 시민활동의 무대로 사용한다. 실제 연중 87.4%의 기간에 관련 행사가 열린다. 휴일은 100%다. 전체연령이 즐기도록 공연·시식회·전시회 등이 자주 열린다. 자녀동반을 유도하고자 스케이트장·풋살축구장 등도 마련했다. 그랜드플라자의 입점점포로서는 반길 수밖에 없는 집객효과로 이어진다.

연구팀이 직접 확인한 그랜드플라자의 풍경은 야마가타의 설명과 크게 벗어나지 않는다. 전날 저녁에 찾은 곳인데도 분위기는 확연히 다르다. 오후 6시 전후가 되자 퇴근하는 유동인구까지 가세하며 중심상권다운 면모를 보인다. 흥겨운 노래를 들으며 벤치 곳곳에 앉아 담소하는 주민이 적잖다. 뛰어노는 아이들과 지켜보는 부모들 모두 만족스런 얼굴이다. 조부모와 동반한 손주세대도 적잖다. 맞벌이 부모를 대신해 아이들을 놀릴 수 있는 엔터테인먼트 재료가 있다는 방증이다. 아이를 데리고 트램을 타면 오래 걷지 않고서도 이곳에 닿기 때문이다. 편리한 공공교통의 매력이다.

또 하나 공을 들이는 소프트웨어는 지역 특화적인 지산지소地産地消를 위한 건강한 유통구조 구축이다. 요컨대 '지조몬야총본점地場もん屋総本店'으로 불리는 현지의 농림수산물을 취급하는 슈퍼마켓 사업이다. 도야마권역의 생산재료만 취급할 뿐 아니라, 다양한 정보와 유통의 촉진공간으로 자리잡았다. 지역산물의 안심·안전한 이미지를 각인하며 지역부활을 응원하는 공동체성을 자극한 것이 주효했다. 브랜드화까지 추진하며 추가적인 판로개척과 함께 지역특산품을 아우르는 단계까지 커졌다. 대형자본의 가격경쟁을 이겨낼 지역밀착형의 상품·서비스가 순환경제를 만들어낸 사례다. 최근엔 쇼핑과 음식에 이어 관광까지 결합한 융합사업을 진행한다. 개업 이후 2017년 고객 25만 명, 매출 2억 2,000만 엔을 달성했다. 고객의 50%는 고령인구로 대부분 도보 및 자전거로 방문한다. 또 60%는 일주일에 1회 이상 슈퍼마켓을 찾는 단골고객으로 알려졌다.

소멸 위기의 지방도시는 어떻게 명품도시가 되었나?

고령인구를 배려한
후속 지원들

  고령화는 피하기 힘든 인구변화다. 도야마가 교외 확장적인 기존 흐름에 맞서 공공교통의 꼬챙이와 그 중심지구에 고밀도의 압축공간(주거·상업)인 경단을 결합한 콤팩트시티로 지역활성화에 나선 동기도 실은 고령화에서 출발한다. 교외거주의 고령주민을 둘러싼 생활환경이 악화될 뿐만 아니라 행정비용도 높아지는 딜레마를 풀기 위해서다. 이는 궁극적으로 재택고립을 완화해 복지·간병 부담을 줄여주기도 한다. 동시에 잉여인구를 활동인구로 전환함으로써 활기회복에도 도움이 된다.

  이른바 '외출정기권사업'은 이 과정에서 탄생했다. 공설 민영인 트램처럼 지자체와 교통사업자가 제휴해 고령인구의 교통비용을 낮춰주는 사업이다. 정기권 구입 후 경단 사이를 이동하는 요금을 오전 9시부터 오후 5시까지 100엔으로 통일했다. 예전이었다면 외곽에서 도야마역까지 노선버스비만 1,160엔이었으니 대폭 인하한 수준이다. 상점가에서 1,000엔 이상 쇼핑하면 커뮤니티 버스의 무료승차권(100엔)도 받는다. 꼬챙이의 운영시간도 대폭 단축했다. 차량승강구를 낮춰 베리어프리를 적용함으로써 교통약자인 고령자·어린이의 탑승 편리도 돕는다. 이로써 고령인구의 사회교류와 활동참여가 촉진되는 효과를 거뒀다. 뿐만 아니라 손주세대와의 동반외출도 늘어나 관계증진에 기여했다.

급격한 교외화로 헐렁해진 도심구조만큼 각박해진 조부모·손주세대의 관계증진을 위한 프로젝트에도 적극적이다. '아이와 손자를 위한 마을만들기'란 슬로건처럼 과거와 미래를 함께 챙기려는 도시운영의 철학을 반영한 결과다. 실제 야마가타와 인터뷰를 진행한 마치즈쿠리회사의 벽면에는 조부모·손주가 함께 등장하는 포스터가 곳곳에 걸려 있다. 독특한 것은 손녀를 안고 눈물을 흘리는 할아버지와 손자의 손을 잡고 역시 울고 있는 할머니의 모습이다. 웃어도 모자랄 판에 왜 눈물일까? 야마가타가 말한다.

"자주 받는 질문입니다. 그런데 자세히 보시면 슬퍼서 우는 게 아닌 걸알 수 있어요. 행복의 눈물이죠. 잃어버린 가족 가치의 회복을 상징합니다. 손주와 함께 외출해 도야마 곳곳을 찾아다니며 추억을 쌓는 조부모의 행복한 모습입니다. 외출정기권을 잘 활용해 행복한 관계를 만들자는 메시지입니다. 이런 것들이 쌓일 때 지역의 활력은 좋아지고 도시는 되살아납니다. 그랜드플라자에 가보세요. 우리가 고령주민의 욕구를 잘 읽어냈다는 걸 확인할 수 있을 겁니다.”

이 밖에도 도야마는 고령주민의 외출을 장려하는 다양한 정책을 강구한다. 통칭해 '손주외출지원사업'이다. 가령 조부모와 손주가 동행하면 패밀리파크, 과학박물관, 짚라인, 어드벤처다테야마, 에코링크미술관 등 15개 시설이 무료다. 실제 고령자의 외출은 급증했다. 평균 3배 이상 늘어난 걸로 알려졌다. 기대효과는 크다. 건강수명의 연장뿐 아니라 부모세대의 양육부담도 덜어준다. 또 손주 동반일 때 소비액이 커지는 효과도 확인했다. 지역경제에 공헌하는 구조다. 현재 이 사업은 다양한 지자체뿐 아니라 해외에도 수출되는 성공적인 프로젝트가 되었다.

　고령주민의 도심전출·교외거주에서 출발한 도야마의 콤팩트시티 프로젝트는 손주외출의 사회·경제적 파급효과처럼 다양한 층위에 걸쳐 성과창출로 연결된다. 적어도 사업 전후를 비교해보면 플러스 성적표로 정리된다. 최소한 악순환을 막고 선순환의 물꼬를 열었다는 데 이견은 없다. 도시중심에서 출발한 꼬챙이와 경단의 방사선형 도시재구성은 인구이동의 반전지표를 통해 성공여부가 판단된다. 당장 2015년 중심시가지로의 유동인구가 4만 4,000명에서 2017년 5만 명으로 늘었다. 중심시가지로 외출하는 고령자의 24%는 정기권을 쓴다. 일평균 2,733명 수준이다. 중심시가지 등 주거용 경단지구도 인구유입이 본격적이다. 가령 실제 이주에 투입된 보조금의 경우 도심지구(1,047건, 2,685호)와 연선지구(746건, 1,824호)

모두에서 사업 전후 뚜렷이 증가했다.

특히 중심시가지로의 정주인구도 증가세다. 2007년 38명에서 2017년 263명으로 사회전입이 확인된다. 꼬챙이가 관통하는 교통망(연선) 반경 500m에 만들어진 경단(거주지역)은 2013년부터 전입 초과가 되었다. 공동화로 떨어지던 중심시가지 땅값도 뛰었다. 도야마가 속한 광역지역의 평균지가는 1990년대부터 하락세이지만, 도야마는 사업성과가 본격화된 2015년부터 적으나마 증가세로 돌아섰다. 도야마역 및 8개 핵심지구는 2~5%대의 상승률을 보인다. 당연히 세수 수입도 커졌다. 2010년 682억 엔에서 2018년 728억 엔으로 늘었다. 소폭이긴 하지만 걱정했던 빈 점포도 28%에서 26%로 줄었다(2017년).[11] 야마가타에게 총체적인 콤팩트시티의 평가를 부탁했다.

"통계상으로는 성공했다고 봅니다. 하지만 이제 시작에 불과하죠. 활성화란 성과가 통계에 적절히 잡힐지도 의문입니다. 선택과 집중으로 가성비를 높였고, 인구집중·상권개선을 통해 활력을 되찾은 건 확실히 확인됩니다. 그럼에도 아직 갈 길이 멀어요. 또 콤팩트시티란 정책이 실제 지금의 성과를 낳았는지도 고려해야 합니다. 2011년 동일본대지진 이후 지진 위협이 커지자 그쪽 공업단지 중 일부가 도야마로도 들어왔거든요. 이 영향도 클 겁니다. 즉 콤팩트시티가 아닌 외부변수에 따른 성과도 분명 있습니다. 따라서 신중하게 따져볼 필요가 있을 겁니다."

소멸 위기의 지방도시는 어떻게 명품도시가 되었나?

도야마 실험의
몇몇 교훈

세상에 완벽한 정책이란 없다. 모든 정책은 일장일단이 있고, 좋은 점과 나쁜 점은 상존한다. 도야마의 콤팩트시티도 마찬가지다. 우리 연구팀처럼 해외시찰단이 단골로 찾아오는 모범사례로 손꼽히지만, 직접 체감한 사업성과는 미진한 부분도 적잖다. 필요 이상 과대평가된 항목도 있는 듯하다. 모두를 만족시키기란 어렵듯 콤팩트시티를 둘러싼 찬반양론이 존재한다. 성공이란 타이틀을 붙이려면 사업성과가 지속적이고 자생적으로 돌아가는 선순환구조가 필수다. 행정의 '보이는 손'이 사라진 이후 지지부진해진다면 추가적인 보강작업이 필수일 수밖에 없다. 야마가타가 덧붙인다.

"통계적이며 가시적인 변화와 활력은 사실입니다. 하지만 투자대비 성과가 미비하다는 지적도 있죠. 빈 점포만 해도 많이 줄지 않았어요. 중심상점가 회원수는 오히려 줄었고요. 결국 사업성공을 위해서는 고려할 게 많다는 얘깁니다. 시간도 필요하죠. 빈 점포가 많은 건 점포를 여러 개 갖고 있는 부자들이 많기 때문입니다. 가처분소득이 높으니 방치해도 큰 부담이 없는 것이죠. 점포를 쪼개고 임대료를 낮춰 청년창업을 유도하려 했지만, 이것도 기대이하예요. 무엇보다 대규모 재개발이 시작될 수밖에 없어 빈 점포를 채우기보다 놔두는 게 더 낫기도 합니다. 그랜드플라자 주변이 좋아졌다고 이것이 시내 전체로 확산될지도 미지수예요. 활기와 방치 사이의 긴장감이 여전하다는 의미죠."

도야마의 콤팩트시티 프로젝트가 안고 있는 행간의 고민거리가 아닐 수 없다. 대내외의 호평을 받지만, 불편한 진실도 감춰져 있다는 의미다. 결국 현재진행형 사업이기에 시간이 평가해주기를 기다릴 수밖에 없다. 그럼에도 불구하고, 유사환경에 직면한 한국의 중소도시라면 배움직할 교훈이 적잖다. 결과가 아닌 과정에서 콤팩트시티의 설계와 실행구조, 역할분담 등은 벤치마킹이 가능하다. 물론 저마다의 도시공간이 갖는 환경적 특수성의 반영은 대전제다. 같은 모델인데 다른 결과를 내듯 필요한 부분만 핀셋처럼 차용하는 게 좋다. 그렇다면 도야마의 콤팩트시티에서 배울 교훈은 뭘까?

우선 제한적인 행정주도성이다. 도야마의 콤팩티시티는 사실상 행정이다 했다. 강력한 행정리더십이 장기적이고 일관적인 사업추진을 이끌었다. 2005~2021년간 4기 연속 시장을 역임한 모리 마사시森雅志의 존재가 주효했다. 스스로 꼬챙이와 경단을 생각해낼 만큼 진정성과 추진의지를 갖췄기에 자원동원이 파워풀했다. 2021년 4월 퇴임 후 후임시장이 콤팩트시티의 승계를 내걸고 당선됐지만, 리더십이 지속될지는 미지수다. 반대로 과도한 행정의존이 민간자율을 훼손한다는 지적도 많다. 민간의 경영감각이나 시민참여가 부족해서다. 따라서 직접주도는 사업초기에 한정하고, 이후엔 간접지원이 바람직하다는 대안이 제시된다. 실체적인 관민협치가 있어야 지속가능성이 높아져서다.

그렇다면 민간주도가 가능한지도 포인트다. 행정이 내려놔도 민간이 이를 받아낼 능력·의지가 없다면 무용지물이다. 관민협치는 말은 아름답지만, 실제로는 꽤 힘들고 성가시다. 판을 깔아도 시민·민간이 적극적으로 뛰어들지 않으면 반쪽사업으로 전락한다. 자발적이고 적극적인 민간참여가 구조화될 때 지역재생의 지속가능성은 커진다. 도야마의 경우 의외로 민간참여가 제한적이다. 실행주체인 주식회사가 있지만, 시청·관료의 그림자로부터 자유롭지 않은 듯 보인다. 여전히 재정지원에 의존하니 대부분 적자상태에서 벗어나지도 못한다. 독립채산적인 영리추구 없는 지역재생은 지속될 수 없다. 따라서 일방적인 재정사업에서 벗어나 민간 자체적이고 독립적인 운영능력을 갖춰야 한다.

소프트웨어의 확충도 교훈 중 하나다. 도시공간은 하드웨어만으로 재구성되지 않는다. 콤팩트시티처럼 압축공간을 기대할 경우 특히 내부순환을 위한 소프트웨어의 동반이 필수다. 중심시가지나 경단에 교통을 깔고 집을 짓는 건 거액의 재정투입으로 가능하지만, 그 속에서 생활하는 것은 보다 섬세한 욕구대응이 전제될 때 가능해진다. 인프라 정비와 커뮤니티 강화가 연결되지 않는다면 정주동기는 떨어질 수밖에 없다. 다종다양한 이해관계자의 수요와 참여를 확장시키며 눈높이에 맞는 소프트웨어를 완비하는 작업은 생각보다 미진하다. 중심상권만 해도 방치된 빈 점포가 적잖다. 청년창업은 슬로건에 그치고, 시민행사는 관제행사로 전락하면 곤란하다. 공생적이고 창생적인 활성화는 하드웨어로 해결할 수 없다. 직간접적인 인적자원의 열린 참여가 필수다.

소멸 위기의 지방도시는 어떻게 명품도시가 되었나?

1. 井手英策(2018),「富山は日本のスウェーデン」, 集英社新書, pp.50-75.

2. 도야마지방철도 주식회사 홈페이지(https://www.chitetsu.co.jp, 검색일: 2022.05.03)

3. https://colocal.jp/topics/lifestyle/people/20180726_115677.html(검색일: 2022.05.03) 인터뷰 형태로 재구성한 내용으로 이하도 마찬가지다.

4. 후지요시 마사하루(2016),『이토록 멋진 마을』, 황소자리, pp. 107-111.

5. 2019년 1월11일 도야마시 지역활성화 추진주체인 나카야마 타케시(中山武史) 활력도시창조부 활력도시추진과 주간(主幹), 야기 신타로(八木新大朗) 주사(主事)와 만났다. 후술할 민간조직으로는 마치즈쿠리도야마(㈜まちづくりとやま) 상근책임자·코디네이터인 야마가타 아키히토(山形昌仁) 부사장보좌와 심층인터뷰를 진행했다. 현지시찰 후 마치즈쿠리도야마는 2019년 4월 도야마시민플라자마치즈쿠리사업부(㈜富山市民プラザまちづくり事業部)로 이름을 바꿨다.

6. 富山市(2018),「富山市都市整備事業の概要」, pp.11-18. 도야마라이트레일의 정비효과는 크다. 2005년 개업전과 2018년의 경우 하루 이용자는 평일 2.1배(2,366명→4,792명), 휴일 3.3배(1,045명→3,495명)로 늘었다. 특히 고령자의 일과시간 이용이 급증했다.

7. 富山市(2018),「富山市都市整備事業の概要」, pp.15-17. 도심지구(436ha)와 공공교통연선주거추진지구(3,440ha)로 19개가 선정됐다. 철도·궤도역세권(반경 500m), 버스정류장권(반경 300m)으로 나눠 집중지원한다. 도심지구 건설사업자는 공동주택건설보조비(호당 50만 엔), 주택정비보조금(호당 70만 엔)을, 매입시민은 주택구입보

조금(호당 50만 엔), 임대보조금(월 1만 엔·최장 3년)을 준다. 2005~18년 누계 1,074건·2,685호의 실적이 쌓였다. 공공교통연선지구는 공동주택 건설비(호당 35만 엔), 주택취득보조금(호당 30만 엔) 등을 제공한다. 동일기간 746건·1,824호에 적용됐다.

8. 이원규(2014), '도심 활성화를 위한 콤팩트시티 개발', BDI 정책포커스 제246호, 부산발전연구원, pp.1-12

9. 富山市(2018), 「富山市まち·ひと·しごと総合戦略 改訂版(H30.10)」, pp.9-25

10. 日経ビジネス, '西武も逃げ出した青森駅前再開発ビルの今', 2016.01.27.

11. 富山市(2018), 「公共交通を軸としたコンパクトなまちづくり」 pp.31-35.

CHAPTER
07

청년인재의
발칙함이
실현되는

혁신공간,
사바에

이토록 멋진 마을은
정말 멋질까?

설국의 겨울은 확실히 뼈 시리게 춥다. 음지라도 만나면 서둘러 벗어나는 게 상책이다. 연구팀이 찾은 후쿠이현 福井県 사바에시鯖江市는 설국의 면모를 여실히 보여줬다. 밖이 춥다고 안이 따뜻한 것도 아니다. 온돌문화가 아닌 탓에 난로를 돌려도 찬 기운이 쉬이 사그라들지 않는다. 불 옆에서 조금만 벗어나도 손이 아릴 정도다. 사바에를 멋진 마을로 만들었다는 몇몇 현장을 둘러봐도 건물 안이나 밖이나 춥긴 매한가지다. 적어도 겨울의 사바에는 확실히 살기 힘든 동네였다.

행복동네 후쿠이현의 대표적인 지역활성화 성공모델로 손꼽히는 사바에는 한국에 '이토록 멋진 마을'로 알려졌다. 요컨대 '후쿠이모델'로 불리며 한국에 번역된 책[1] 때문이다. 타이틀이 바로 '이토록 멋진 마을'이다. 연구팀이 사바에를 주목한 것도 실은 이 책의 영향이 컸다. 지방소멸의 공포로부터 벗어날 힌트를 얻을 수 있다는 기대 때문이다. 사바에는 기적 같은 자력갱생의 생존모델답게 남녀노소 모두가 어울려 살아가는 지속가능한 마을로 일본뿐 아니라 전 세계가 주목하는 곳이다.

다만 직접 방문해 체험해본 사바에의 생활환경은 녹록찮았다. 긴 시간에 걸쳐 빈곤과 실패에 내몰린 역사를 간직한 첩첩산중의 오지답게, 특히 겨울 사바에는 녹록찮은 현실환경을 그대로 보여준다. 보이는 건 눈 덮인 산에 인적조차 끊긴 휑한 도로뿐이다. 농산촌의 1차 산업을 빼면 이렇다 할 돈벌이는 상상조차 하기 힘든 적막한 시골동네일 따름이다. 소멸도시가 등장한다면 이곳이 1순위일 것이란 데 연구팀 모두가 동의한다. 하물며 이곳이 일본에서 가장 행복한 동네라니 알다가도 모를 일이다.

자료: 平成27年国勢調査結果からみる鯖江市の状況

구분	인구증감 비율(%)	세대증감 비율(%)	자가보유 비율(%)	평균연령 (세)	고령화 비율(%)	세대당 인원(명)	3세대 비율(%)	단신세대 비율(%)
사바에시	1.2	6.2	79.8	45.4	26.2	3.00	17.5	20.9
후쿠이현	▲2.4	1.5	75.7	47.4	28.6	2.70	14.9	26.6
전국	▲0.8	2.9	62.3	46.4	26.8	2.33	5.7	34.5

구분	노동률 (%)	취업률 (%)	여성취업률 (%)	맞벌이 비율(%)	1차산업 비율(%)	2차산업 비율(%)	3차산업 비율(%)	주야간 인구비(%)
사바에시	64.0	62.1	55.1	62.5	1.8	40.1	58.1	92.50
후쿠이현	62.4	60.4	52.6	58.6	3.8	31.2	65.0	99.99
전국	60.0	57.5	48.3	47.6	4.0	25.0	71.0	–

■ 사바에의 인구 관련 항목 비교(2015년 국세조사)

이제 속살을 벗겨낼 때다. 책의 내용이 사실인지 하나하나 확인할 타이밍이다. 연구팀은 사전에 전화 · 메일을 통해 사바에시 지역활성화 당국자와 함께 민간현장의 플레이어인 NPO법인 대표에게 만남을 청했다.[2] 혹시나 싶어 담당공무원에게 민간활동가의 추천을 부탁했더니 연구팀이 사전에 섭외한 NPO법인과 겹쳤다. "사바에 지역활성화의 특징과 성과를 가장 잘 담고 있는 소중한 인물"이라 덧붙인다. 요컨대 대학졸업 후 도시로 떠났다가 회귀한 청년인재로 지역을 되살리는 업을 위해 비영리법인을 세워 활발히 활동 중이다. 책에는 없는 다양하고 생생한 스토리도 가능할 것이란 설명이다.

이른 아침 알려준 주소를 네비에 찍고 찾아나섰다. '이토록 멋진 마을'을 실시간 눈에 담으며 '멋진'을 뒷받침할 다양한 질문거리를 간추렸다. 일찌감치 출발했지만, 곧 난관이 닥쳤다. 근처까지는 왔는데, 전형적인 주택가로 회사가 있음직한 건물이 전혀 없다. 애꿏은 네비 지도만 뚫어져라 쳐다보며 왔던 길을 몇 바퀴나 지나친다. 약속시간을 넘겨 전화한 끝에 지나친 건물 2층에서 누군가 손을 흔든다. 선입견이었다. 그럴싸한 회사 간판을 생각했는데, 정작 사바에 유명 활동가의 NPO법인은 평범한 가정집에 둥지를 틀었다. 사무실은 2층 주택 거실이다. 이곳에서 사바에 지역활성화 중 상당수가 기획 · 운영된다니 놀랍고 생소할 따름이다. 번듯한 집기조차 없는, 말 그대로 사람만으로 지역을 되살리는 현장이었다. 책의 서문에서처럼 믿을 건 사람뿐이고, 살아남고자 지혜로울 수밖에 없는 사바에의 혹독한 환경이 어쩌면 가장 힘센 재생 동력임을 확인한다.

소멸위기는커녕 인구증가
일궈낸 성공 지자체

　　　　　　　　　　　　연구팀이 찾을 만큼 사바에는 이미 유
명한 재생현장이다. 집중적인 관심 속에 서구에서조차 방문하는 일본 지
역활성화의 선구사례다. 역시 사바에가 속한 후쿠이현의 높은 행복도가
알려진 덕분이다. 현장의 증언과 설명을 듣기 전에 성과수치부터 확인할
필요가 있다. 인구변화의 충격을 지역재생의 혁신으로 뒤바꾼 가장 좋은
증거는 브레이크를 건 인구감소를 넘어 미약하나마 인구증가를 실현한 성
적표다. 일본의 기초지자체 중 인구증가는 열손가락에 꼽는다는 점에서
대단한 성과가 아닐 수 없다.

　행복한 곳에 사람이 느는 건 자연스럽다. 후쿠이현은 일본의 47개 광역
지자체 중 주민생활과 직결되는 행복도가 장기간 압도적인 1위에 올랐다.

확산세인 도농 간의 지역격차 우려를 불식시킨, 지방에서도 얼마든지 행복할 수 있다는 것을 증명해준 가장 강력한 시골 승자이자 대안모델로 자리매김했다. 일본정부는 1992년부터 생활편리와 안심 정도 등 비화폐적인 통계를 중심으로 점수화해 광역지자체별 비교가 가능한 풍요지수(신국민생활지표)를 조사했는데, 그 결과 후쿠이현은 6년 연속 1위에 올랐다. 한 번 폐지된 이후 다시 재개된 2014년부터의 유사방식 조사에서도 종합 1위는 후쿠이현이었다. 조사는 1998년까지 계속됐는데, 6년 연속 하위 1위를 차지한 사이타마현埼玉県의 항의로 이듬해 폐지됐다. 아마 지속됐다면 후쿠이의 승승장구는 기정사실화되었을 것이다. 2014년부터 시작된 민간연구소의 유사조사(전국 47도 도부현 행복도 랭킹)에서도 1위에 올랐기 때문이다.

핵심 이유는 인재육성, 고용환경 등 충실하고 일관된 '교육(입구) → 고용(출구)'의 안정된 흐름으로 요약된다. 돈벌이에 직결되는 경제 · 노동지표는 물론 여성, 자녀 · 교육, 건강, 스포츠 · 문화, 생활, 사회 · 복지, 정치 등 행복도 반영 변수 중 지대한 역할을 한 것은 역시 장기 · 안정적인 양질의 일자리로 압축된다. 실제로도 취업률 · 소득증가율부터 맞벌이비율 · 여성 노동력비율 · 사장배출률(10만 명당) 등 경제기반은 압도적인 전국 1위다. 행복을 꾀한다면 이곳에서 힌트를 얻어내야 하는 이유다.

사바에가 행복도 전국 1위인 후쿠이의 상징주자가 된 것은 사실상 인구 증가로 확인할 수 있다. 소멸경고등이 켜진 절대다수의 기초지자체와는 정반대 양상이다. 대부분은 고령화발 자연감소(사망↑)와 저출산발 자연감소(출산↓)가 심각하다. 여기에 '지방 → 도시'로의 사회증가(지방전출 · 도시전입)까지 맞물리며 농산어촌의 인구감소는 갈수록 심화된다. 지역활성화에 성공했다고 평가되는 곳도 인구증가는커녕 인구감소의 저지 여부로 판단할 정도다. 자연증가(출생아−사망자=플러스)는 희귀한 예외사례라 대부분 기초지자체는 전출방어·전입유도의 사회증가에 방점을 찍는다. 출산증진을 통한 자연증가로의 상황 반전이 근본대책이나, 워낙 어렵기에 사회증가라는 현실카드를 택한 배경이다. 지자체 간 인구쟁탈전마저 불거지며 농산어촌의 지속가능성은 제로섬 게임일 뿐이다.

사바에의 지역활성화는 인구반전으로 확인된다. 최근 통계인 2010~2015년 국세조사인구(한국의 인구주택총조사와 유사)를 보면 같은 후쿠이에 속하는 17개 기초지자체 중 사바에만 유일하게 인구증가로 조사됐다. 기간별 광역평균은 −2.43%(80만 6,314명 → 78만 6,740명)였음에도 불구

자료: 사바에시 통계표 목차 004(세대수와 인구추이)

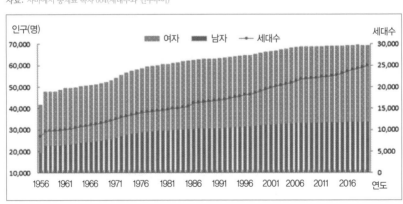

■ 사바에의 인구 및 세대 추이

사바에시 청년이주 홍보팸플릿

하고, 사바에는 1.24%(6만 7,450명 → 6만 8,284명) 증가했다. 2021년 8월 6
만 9,357명(세대수 2만 5,239호)으로 최근 수치도 미약하나마 늘었다. 2010
년 비슷한 인구였던 스루가시(6만 7,760명)가 −2.35%(6만 6,165명)인 것과 대
조적이다. 국세조사인구와 함께 통용되는 인구통계인 주민기본대장 등재

소멸 위기의 지방도시는 어떻게 명품도시가 되었나?

인구가 현재까지 늘어난 경우는 대단히 예외적인 추세가 아닐 수 없다.

사바에 인구는 2020년 현재 6만 9,313명으로 집계된다. 2019년(6만 9,299명)보다 소폭 증가한 수치다. 물론 정점을 기록한 2018년(6만 9,434명)보다는 좀 줄었다. 단기변동이 최종결과의 음양을 미세하게 바꾼다는 의미다. 다만 전체적인 추이로 볼 때 증가세는 분명하다. 1990년(6만 3,022명), 2000년(6만 6,194명), 2010년(6만 8,624명), 2020년(6만 9,313명) 등 10년 단위 증가세는 줄지만, 플러스는 반복해 확인된다. 이와 비례해 세대수는 확연하게 늘었다. 2020년 현재 2만 4,889호인데, 2010년(2만 2,087호)은 물론 2000년(1만 9,463호) 등과 비교하면 한층 뚜렷한 증가세임을 알 수 있다. 인구증가보다 세대증가가 더 빠르다는 점에서 1인 세대 등 청년인구의 정주화로 해석된다.

시련의 마을 사바에
인구가 늘어난 이유

그렇다면 사바에는 어떻게 인구가 늘어
날까? 한겨울 혹독한 풍경에서 느낀 사바에는 결코 살아내기 만만한 동네
가 아니었다. 그럼에도 왜, 무엇 때문에 인구증가라는 희귀한 성적을 계속
해 거두고 있을까? 인구증가의 촉진동인을 알아내는 것이 급선무다. 현지
조사를 위해 한국에서 접촉한 시당국의 한 공무원은 전화통화에서 '지역재
생(=지역활성화)'이란 단어를 반복해 사용하며 힌트를 줬다. 주민행복과 인
구증가는 지역활성화라는 원인변수가 안겨준 결과론적 성과로 해석된다.
방문 당시 제공자료[3]에 따르면 2018년 12월 사바에 인구는 당초 추계를 깨
고 사상 최고치(6만 9,434명)를 찍었다. 사바에로 되들어오거나 새로 들어온
전입자 덕이었다. 많지는 않지만, 연평균 200~300명씩 가세한다.

소멸 위기의 지방도시는 어떻게 명품도시가 되었나?

사바에의 인구증감은 저출산(자연감소)을 전입자(사회증가)가 벌충해 최종적인 플러스를 만들어주는 형태다. 대부분의 '자연감소+사회감소=마이너스'와 달리 '자연감소+사회증가=플러스'의 구조다. 구체적으로 2011년 사회증가(전입-전출)가 155명(1,887명-1,732명) 늘어난 후 증가폭이 줄어들다, 2015년 재차 182명(2,023명-1,841명) 보강됐다. 최근 10년을 볼 때 클라이맥스는 2017년으로 264명(2,054명-1,790명)으로 집계된다. 2019년은 51명(2,006명-1,955명)으로 증가폭이 다소 줄었다.

연령대별 인구증감을 보면 15~24세 교육·취업을 위한 전출초과가 많지만, 25~64세의 사회데뷔 이후에는 전입초과가 지배적이다. 사회전입은 25~39세가 압도적이다. 교육·취업을 이유로 부모 품을 떠난 후 다시 고향으로 되돌아오는 청년인구가 많다는 의미다. 다른 평범한 지자체와 비교하면 유출은 닮았지만, 유입이 차별적이다. 사바에에 잔류해 다닐 만한 대학 등 고등교육기관이 부족한 탓이나, 외부에 나갔다가도 곧 돌아오거나 혹은 인연이 없던 외지 청년조차 가세해 유입이 된다는 뜻이다.

덕분에 사바에는 행복도 1위의 광역지자체(후쿠이현) 멤버 중에서도 단연 돋보이는 인구 성적표를 갖는다. 2015~2045년 장래추계 인구상 예측된 사바에의 인구감소율(2045년, 93.6%·6만 3,912명)은 현 소속 기초지자체 중 1위다. 현의 평균감소율(78.1%)과 현격한 차이가 있다. 물론 소폭 줄어들긴 하지만, 그나마 현재인구를 가장 잘 지켜낼 확률이 높다는 의미다. 독특한 것은 동일권역에서의 압도적인 지지다. 사바에를 떠나는 15~29세 청년은 대개 도쿄 등 전국단위 대도시로 향하는데, 되돌아오는 25~39세 전입인구는 상당수가 같은 후쿠이현 출발자가 많다는 것이다. 사바에의 거주환경을 잘 아는 주변인구가 이곳으로 들어온다는 얘기다. 이는 양호한 거주조건을 뜻한다. 실제 일은 사바에 밖에서 하되 사바에에서 잠을 자는, 즉 베드타운의 주거선호도 높다는 후문이다.

소멸위험에 놓인 여타의 농산어촌과 달리 사바에의 전입초과는 무엇 때문일까? 역시 다종다양한 지역사회의 내부구조를 살펴보는 것이 중요하다. 당장 인구·경제 관련 지표가 전국평균은 물론 현의 평균보다 양호하다. 먹고사는 문제가 상대적으로 수월하다는 것으로 이것이 결과적인 인구유지로 연결된다. 실제 가족해체의 트렌드에 맞서 세대증가율(6.2%)이 전국(2.9%)·후쿠이현(1.5%)보다 높다. 반대로 1인세대 비율(20.9%)은 전국(34.5%)·후쿠이현(26.6%)보다 낮다(2015년). 세대가 증가했음에도 불구하고 1인세대 비율이 낮다는 것은 특징적인 수치가 아닐 수 없다.

■■ 사바에시의 인구동태 추이

연도	자연증감(명)			사회증감(명)		
	출생수	사망수	자연증감	전입자	전출수	사회증감
2011	643	641	2	1,887	1,732	155
2012	659	587	72	1,729	1,686	43
2013	628	676	△48	1,860	1,837	23
2014	584	637	△53	1,865	1,826	39
2015	598	636	△38	2,023	1,841	182
2016	567	622	△55	1,928	1,842	86
2017	559	661	△102	2,054	1,790	264
2018	604	695	△91	2,183	1,920	263
2019	561	686	△125	2,006	1,955	51

자료: 사바에시 통계표 목차 008(인구통계)

소멸 위기의 지방도시는 어떻게 명품도시가 되었나?

힌트는 대가족화에 있다. 3세대 비율(17.5%)이 전국(5.7%)은 물론 연령대별 세대 부조가 좋기로 유명한 후쿠이현(14.9%)을 웃돈다. 후쿠이현과 비교하면(후쿠이현 vs. 사바에시) 평균연령(47.4세 vs. 45.4세)은 젊고 세대당 인원(2.7명 vs. 3명)은 더 많다. 자가보유비율(75.7% vs. 79.8%)도 높다. 연령은 젊은데 가족은 많고, 또 모여 살며 주거 안정을 중시한다는 뜻으로 해석된다.

역시 경제력이 뒷받침된 결과로 이해된다. 이는 사바에의 체감 행복을 높이는 주요배경 중 하나다. 노동률(64.0%) · 취업률(62.1%) 등 근로소득 관련지표는 전국평균은 물론 후쿠이현보다 더 높은 수준이다. 또 여성취업률(55.1%) · 맞벌이비율(62.5%) 등 직장 · 가정의 양립 조화Work Life Balance 관련 지표도 특징적으로 양호하다. 출산 · 육아 등 후속세대를 위한 기반환경이 우수하다는 의미라 청년이 모여드는 건 당연지사다.

가진 건 사람, 필요한 건 교육, 버는 건 혁신뿐

사바에는 안경의 고장이다. 한때 '안경' 하면 '사바에'를 떠올릴 정도로 일본인들에겐 상징화된 이미지를 갖는다. 인구 7만도 안 되는 시골도시이지만, 안경을 상징하는 동그라미 2개로 형상화된 구조물이 곳곳에 설치돼 '안경=사바에'의 등식을 강조한다. 연구팀이 주고받은 명함은 물론 공문서 곳곳에 안경알을 뜻하는 넓은 원 2개의 이미지는 빠지지 않는다. 지역의 미래와 지속가능성을 전담하는 행정당국의 공식부서명조차 '안경의 마을 사바에めがねのまちさばえ 전략실'이다. 이를 뒷받침하듯 산업구조는 안경을 기초로 하는 제조기반의 2차산업이 월등히 높다.

2015년 현재 1차 산업(1.8%), 2차 산업(40.1%), 3차 산업(58.1%)의 비중인

소멸 위기의 지방도시는 어떻게 명품도시가 되었나?

데, 전국평균은 각각 4.0%, 25.0%, 71.0%로 확연히 비교된다. 전국평균은 3차 산업이 높지만, 사바에는 2차 산업이 꽤 탄탄하다는 의미다. 3차 산업의 확대가 시대 트렌드이지만, 사바에의 경우 2차 산업의 집중력과 기여도가 역내경제에 상당 수준을 차지한다는 점은 차별적인 포인트가 아닐 수 없다.

실제 일본에서 생산되는 안경테의 약 90%가 사바에산産이다. 세계적으로 보면 이탈리아 벨루노, 중국 원저우와 함께 글로벌 3대 안경 산지로 불린다. 후발주자인 중국의 거센 물량공세로 고전 중이지만, 여전히 명품브랜드로 유명세를 떨친다. 그렇다면 안경은 어떻게 사바에의 주력산업이 됐을까? 키맨이 존재했다. 현장조사 때 반복해서 들은 지역재생의 선구자이자 존경받는 인물로 알려진 마쓰나가 고자에몬增永五左衛門이란 인물이다. 1905년 겨울철이면 절대빈곤에 시달리던 이곳에 농가부업의 하나로 안경테 제조모델을 도입한 것이 오늘의 사바에를 만들었다.

그는 척박한 자연환경 탓에 가난·좌절·불행이 점철된 이곳 사람들을 위해 대도시에서 안경장인을 모셔와 세계최고의 안경산업단지의 토대를 마련했다. 숱한 시행착오를 거쳐 이 공간을 안경메카로 발전시켰다. 200가지에 달하는 공정을 철저히 분업화해 모든 시스템을 통합방식으로 만들어냈다. 믿을 건 사람뿐이었기 때문에 철저히 실력을 키우고 협력을 도모해 사람중심의 공생 공정을 현실화했다. 마쓰나가는 낮에는 안경을 만들고, 밤에는 학문을 가르치며 인적자원의 배출에 각별한 애정을 기울였다. 지금은 안경과 함께 섬유·칠기까지 확대해 고부가가치화에 성공하며 탄탄한 토착산업을 일궈냈다. 전통과 기술의 두 마리 토끼를 다 잡도록 토대를 깐 혁신가였다.

이로써 사바에는 '사양산업의 실리콘밸리' 혹은 '경쟁과 협동, 향토애의 양쪽날개'로 평가받으며 많은 이들의 관심을 한몸에 받는 모범동네로 거듭났다. 혁신은 반복된다. 인근 현소재 대학과 협력해 사양산업에 대한 집중적인 연구개발로 새로운 분야를 적극 개척한다. 사바에의 전통산업인 안경 역시, 산학협력의 모범산실로 일컬어지며 다양하되 고집스런 가치창출에 사활을 건 결과물이다. 그러면서도 예로부터 지켜온 생산공정별 사업장의 유기적 연결을 위한 상부상조와 공동체와의 연대 실현은 심화된다. 후술할 '시장이 돼 보시겠습니까'라는 민간제안의 지역활성화 컨테스트도 이런 맥락에서 나왔다. 자연스런 관민협력의 실험은 어찌 보면 불쑥 튀어나온 게 아니라 그들이 오랫동안 지켜왔고 심화시킨 사바에 특유의 협치 DNA로부터 추출된 것이라 여겨진다.

결국 사바에의 유력한 재생힌트는 교육에서 찾을 수 있다. 역발상을 응원하며 값진 실패를 소중한 미래로 연결시킨 에너지는 사바에 특유의 교육체계다. 아무것도 없으니 머리를 쓸 수밖에 없고, 이것이 생존의 열쇠가 된 것이다. 유일한 무기는 교육이고, 학교는 생존을 위한 무대로 활용됐다. 정책에 역행한 후쿠이의 자발적인 자치교육이 지역문제와 연결돼 사람을 모으고 산업을 키우는 동력이 된 것이다. 역사적 맥락에선 반골기질도 한몫했으리라. 이곳은 중앙정치로부터 완벽히 동떨어진 동네다. 정치적 이해는커녕 경제적 이권조차 없는 버려진 한계공간에 가까웠다. 따라서 자치분권이 시작될 때 사바에는 중앙방침과 역행하는 그들만의 교육방식을 내걸었고, 또 실천했다.

사바에가 속한 후쿠이지역은 학습도달도조사PISA에서 2000년대 이후 1~2위를 놓치지 않은 명문교육의 산실이다. 학력평가뿐 아니라 체력평가까지도 늘 1위권이다. 일본도 학구열이 만만찮게 높지만, 거액·조기의 사교육이 집중된 도시권역보다 월등히 나은 성적이다. 때문에 교육당국·현장이 이들의 교육방식에 관심을 갖는 건 자연스럽다. 교육에 한정된 전국 각지의 방문조사도 잇따른다. "왜 늘 1등이냐"라고 묻지만, 현지의 대답은 시큰둥하다. 어디서, 무엇부터, 어떻게 설명할지 스스로도 규정하기 힘들어서다. 주입식 교육방침이 아닌 지역토착형 교육시스템만이 유일무이한 대답이다. 풀어 설명하면 10년 앞을 내다보는 수업을 기본으로 학습지도요령 등을 구축한다. 목적은 '자발교육'이다. 지식보다 생각하는 법을, 생각이 어떻게 바뀌는지를, 스스로 사고해 생각을 키우는 방식을 강조한다. 변한 세상에 맞춰 주입이 아닌 창의를 내세우는 자발교육의 힘이다.

차갑고 휑한 마을에서 만난
따뜻한 사람들

연구팀이 처음 찾은 NPO법인은 엘-커뮤니티L-community다. 아이부터 어른까지 안경을 필두로 칠기·섬유 등 사바에 전통산업과 최첨단 IT산업을 접목시키는 교육혁신을 사업모델로 내건 회사다. 이곳이라면 사바에를 되살린 핵심에너지인 혁신교육의 진면목을 칭찬 일변도의 행정홍보가 아닌 민간시선에서 확인할 수 있을 듯했다. 이 회사가 가르치는 공간·개념을 스스로 '하나도장Hana 道場'⁴이라 칭한다. 시에서도 하나도장을 민간파트너 중에서 꽤 파워풀한 협력자로 평가했다. 단 협력하나 의존하진 않는 듯했다. 참고로 이 NPO는 지자체의 재정지원을 받지 않는다고 밝혔다. 그만큼 가치중립적인 차원에서 지자체의 행정평가도 가능할 것으로 보인다.

자발적인 자치교육의 한 축을 담당하는 NPO의 사무실은 아무리 좋게 평가한들 고즈넉한 시골주택가의 더 한적한 사무공간일 따름이었다. 교육 NPO답게 관련된 청년들의 왁자지껄한 혁신논의까지는 아닐지언정 적어도 스스로 내건 방법론으로서의 첨단 IT기술 풍경은 있을 걸로 봤지만, 오해이자 낭패였다. 중앙의 난로를 중심으로 책상 3개, 회의용탁자 1개가 전부다. 벽에 걸린 SAP 등 유명한 협력·지원회사의 로고마저 없었다면, 사바에의 상징인 안경 모양의 기념품 진열장마저 없었다면 그저 그런 시골마을의 평범한 사무공간, 그 이상도 이하도 아니었을 터다. 찬 기운에 휩싸인 이방인을 반겨준 막 켜진 난로보다 더 밝고 더 따뜻한 이들의 환대가 아니었다면 어땠을까 싶은 첫 만남이었다.

대표인 다케베 미키竹部美樹 씨는 배포자료와 함께 회사의 업무내용과 성과, 그리고 미래 등을 차근차근 설명한다. 책과 인터넷을 통해 본 인상과는 사뭇 다른 느낌이다. 실례일까 직접 묻지 못하고 나중에 검색으로 알았지만, 40대 초반의 가녀리지만 당차 보이는 캐릭터였다. 단어를 고르는 고민조차 없는 자신감이 곳곳에 묻어난다. 시당국을 평가하는 질문에도 직진 행보다. 아쉬운 것, 부족한 것을 그대로 내뱉는다. 행정대표인 시당국은 일을 잘하느냐고 물으니 "행정능력의 호불호는 갈리지만, 사람에게 세금을 쓰려는 전향적인 분위기만큼은 평가한다"라고 밝힌다. 민간보다는 못해도, 고객인 주민의견을 청취하려는 자세와 이를 반영하려는 협력체계는 구축됐다는 입장이다.

다케베는 전형적인 고향으로의 U턴형 회귀인재다. 2012년 법인을 세운 후 10년간 놀라운 행보를 보이며 일약 지역을 대표하는 청년인재로 성장했다. 지금은 전국구 명사답게 중앙정부는 물론 수많은 지자체에서 초빙하는 대표강사가 됐다. 포브스를 비롯한 해외 언론이 소개하는 단골인사다. 사바에를 향한 그의 애정은 상당하다. 인터넷에서 사진을 찾으면 하나같이 안경모양 목걸이를 습관처럼 장착하고 있다. 연구팀이 찾은 날도 그랬다. 안경마을로 불리는 사바에 출신답다. 그의 부모는 사바에시 상점가에서 가전을 취급하는 회사를 경영했다. 대학졸업 후 IT벤처와 컨설팅회사를 거쳐 NPO법인을 세웠다. 함께 만나 얘기를 나눈 2명의 청년 협업자는 그를 두고 이렇게 평가한다.

"우리 둘은 사실 사바에 출신이 아니에요. 일본의 사회문제로 지역소멸이 심각해지면서 사바에를 주목했죠. 일반적인 삶의 루트로 살기 싫었거든요. 도시에 살아도 별 재미가 없고, 뭔가 의미 있는 새로운 일을 해보고 싶었죠. 그래서 무작정 서칭하다 사바에에 왔어요. 그때 다케베 씨를 만났습니다. 바로 의기투합했죠. 그의 순수한 열정과 에너지는 타의 추종을 불허합니다. 생각과 행동이 일치하는, 그러면서도 애정을 토대로 하기에 많은 이들을 모으며 다양한 실험을 하고 있습니다."

법인의 설립목적을 몇몇 상징적인 단어로 정리하면 다음과 같다. '청년 · 제안 · 기획 · 참가'의 방식을 통해 '지역활성화'를 촉진하겠다는 포부다. 방법론으로는 청년제안의 지역활성화 기획지원, 지역력 향상을 위한

소멸 위기의 지방도시는 어떻게 명품도시가 되었나?

지역브랜드 창출지원, 청년의 지역활동에의 참가촉진 등이다. 대표의 직업경력인 IT기술로 출발했지만, 엘커뮤니티의 행동반경은 계속해 확장된다. 더 행복한 사바에를 위해서라면 필요한 모든 것을 엮어내겠다는 의지다. 연구팀에게 역발상 제안까지 한다. '한국과도 함께할 일이 없을까?'라는 반문이 그렇다.

사바에 주택가의 숨겨진 혁신공간은 규모가 3평 정도에 불과하나, 사고·활동은 지구 전체를 향한다. 실제 NPO법인의 협찬상대를 보면 만만찮다. 사바에의 안경메이커, 신용금고 등 지역회사는 물론 SAP·NEC·KDDI·인텔 등 굵직한 IT회사가 많다. 이들이 교육·기획현장에 사용되는 비용을 지원해준다. 덕분에 하나도장에서 프로그래밍·제조체험을 한 아이들이 새로운 혁신기업을 탄생시키는 시점까지 진화했다. 4~74세의 폭넓은 교육생이 이곳에 모여 고민을 쌓아온 결과다. 다케베는 도쿄보다 나은 혁신환경을 통해 "사바에의 5년 후는 이곳에서 시작될 것"이라 강조한다.

"시골마을의 작은 NPO법인에 왜 글로벌회사가 앞다퉈 지원해줄까요? 무엇보다 간절하고 필사적이기 때문입니다. 우리는 지역을 책임질 인재를 육성합니다. 하나도장만 보면 IT체험에 불과할지 몰라도 우리가 지향하는 건 훨씬 큰 그림이에요. 사바에라는 지역을 더 좋게 만들고 싶습니다. 이것은 세금에 의존해서도 안 됩니다. 경영 관점에서 확실하게 부딪히지 않으면 안 됩니다. 그래서 필요한 건 과감한 행동입니다. 우리의 행

위 | 하나도장(Hana道場) 인근 신사 입구 풍경
아래 | NPO법인 '엘-커뮤니티(L-community)' 대표 다케베 미키(竹部 美樹)

동이 낳는 가치를 필사적으로 생각하고 알리면 사람들은 모이게 마련이
죠. 그게 다음 행동으로 연결되고 또 협력인재를 모으는 원동력이 됩니
다."

소멸 위기의 지방도시는 어떻게 명품도시가 되었나?

사무실 바로 옆에는 문화재로 지정된 신사의 입구가 우뚝 서있다. 굵직한 석조 구조물이 신사임을 알려준다. 그 위엔 짚으로 만든 굵은 새끼줄이 얼기설기 덮여있다. 또 새끼줄 사이사이에는 매듭처럼 정교하게 접힌 흰 종이가 빈틈없이 매달려 있다. 액을 보내고 복을 불러오는 일본적 주술표현으로 이해된다. 어디선가 본 듯하다 싶었는데 한국의 금줄과 닮았다. 아기가 태어나길 기다리고, 또 건강히 자라길 바라는 액막이처럼 여겨진다. 역시 닮은 두 나라가 아닌가 싶다. 소중해진 인구문제가 그렇다. 저출산·고령화가 심화되는 가운데 인구학적 지속가능성을 신사는 기원하고, 회사는 실천하는 듯하다. 다케베의 설명처럼, 사바에의 필사적인 간절함이 통한 듯싶다.

시민활동 거점으로 떠오른
자발적 NPO법인

사바에시에 등록된 NPO(특정비영리활동법인)는 2019년 현재 22개로 집계된다. 활동영역 중 가장 흔한 사회문제(중복숫자)는 모두 10개 NPO가 사업내용으로 채택한 마을만들기(まちづくり), 활동원조 등이다. 그 밖에 환경(9개), 육성(9개), 사회(8개), 보건(6개), 문화(6개) 등의 문제가 선순위에 오른 상태다. 하나같이 최종적인 목표지향은 더 행복한 지역을 만드는 다양한 활성과제로 요약된다. 지역활성화와 관련된 관민官民 관계는 비교적 원만하고 협조적이다. 사바에가 실행·축적한 지역활성화 개별사업 중 상당수는 시민단체·지역주민 등 민간제안에서 비롯된다. 민간의 주도성 강화다.

엘커뮤니티L-community는 사바에의 NPO법인 중 지역활성화를 이끄는

소멸 위기의 지방도시는 어떻게 명품도시가 되었나?

선도조직이다. 청년·IT를 특징으로 하되, 민간조직이 아우르는 지역활성화 제반 이슈를 다룬다. 대표적인 사업은 '지역활성화 플랜 콘테스트'다. 전국의 학생을 대상으로 매년 24명(3인×8팀)이 최종선발돼 2박3일 합숙 후 사바에의 문제해결을 위한 아이디어를 시장·상공회의소장·기업가·시민 앞에서 발표한다. 2019년 기준 교토대(53명), 도쿄대(52명) 등 우수인재가 전국에서 지원하면서, 경험이후 지역사회를 위한 사회혁신모델Social Innovation Model로 호평을 얻었다. 지역주민과 학생과의 교류로 사바에의 산업, 전통, 사회문제 등을 통찰하고 관내·외 학생들과 지역활성화 가능성을 고민하는 기회로 활용한다. '시장을 해보실래요市長をやりませんか?'라는 사업 슬로건은 다른 지역에도 전파되며 재정지원 없는 자발적인 시민활동으로 정착했다. 이 경험을 통해 현지에 정착한 외부청년도 상당수에 이른다.

시당국은 여기서 제시된 플랜이 구현될 수 있는지 검토한 결과를 공개한다. 이는 단순한 행사성에 그치거나 탁상공론으로 끝내는 것이 아니라 실현여부를 검증받는 실체적인 기회가 되도록 하기 위해서다. 즉시 실현 가능성에 대해 지역주민에게 피드백을 받고 시는 이 결과를 공개한다. 특히 인상적인 것은 우수 플랜으로 뽑힌 팀만 검증받는 것이 아니라 참가팀 전체의 아이디어가 검토된다는 점이다. 이를 위해 시는 관련 부서에 플랜을 배정하고, 검토해 어떤 내용을 채택할지를 상세하게 알려준다. 시민과 행정이 만나 실질적인 관민 거버넌스가 되도록 제도화한 것이다. 가령 2011년 채택된 '2011미터의 안경테 잇기'라는 기네스 행사는 당시 수많은 언론의 관심을 얻었다.

특히 현지학생을 운영스텝으로 두면서, 이들이 외부의 시선과 노력을 보며 자극받는 기회를 제공해 열정고취는 물론 의식개혁과 함께 지역문제 해결을 위한 키맨으로 성장하게 한다. 스스로 활동하는 계기를 던져주는 기회인 셈이다. 사바에에는 대학이 없지만, 주변 4개 대학의 학생이 적극 참여한다. 이 밖에도 지역활성화에 도움이 됨직한 외부인재 · 전문가 등과의 교류에도 적극적이다. 이 과정에서 사바에는 지속가능한 지역활성화에 필수인 강력한 의지와 능력을 갖춘 청년인재를 발굴 · 양성하는 체제를 꾸준히 강화하며 이들의 자연스런 사회전입 체제를 유인 · 구축한다.

시민들이 자유롭게 쉴 수 있는 공간마련을 위한 쉼터설립도 추진했다. 시민협동추진회의가 만들어지고 쉼터설립에 대한 논의를 거쳐 왜 시민쉼터를 만들어야 하는지 설명하는 공청회를 열었다. 설문조사를 거쳐 사업화를 확정해 JR사바에역 2층에 시와 NPO가 합동으로 운영하는 시민쉼터 라이브러리 카페를 오픈했다. 시민들 손으로 기획 · 실현된 사례로 유명하다. 실제 적잖은 주민이 이곳을 일상적으로 찾는다.

'사바에 오피셜 멘토' 제도는 과거 지역활성화 플랜 콘테스트에 참가했던 학생 중 역량이 높은 경험자가 멘토로 참가해 플랜의 질을 높이는 역할을 해준다. 이렇듯 사바에가 진행한 다양한 프로그램에 참가한 전국단위 학생그룹은 프로그램 종료 후 각자 고향으로 되돌아가 다양한 연쇄활동을 펼친다. 이 콘테스트를 벤치마킹하는 등 지속적인 교류도 이뤄진다. 콘테스트 운영은 '산관학금노언(지역기업, 사바에시청, 지역학생, 관광협회, 상점가,

상공회의소)으로 구성된 실행위원회 조직체계[6]를 따른다. 다양한 조직들로 구성되니 다양한 입장이 나오고 의견일치를 위한 논의도 깊어진다.

현장스텝으로 활동한 지역학생은 단발성에 그치지 않고 네트워크를 구축해 조직화하는 단계에 이르렀다. 이게 바로 주체적인 학생단체 'With' 다. 2011년 1월에 설립, 자신들이 주체적으로 지역활동을 하며 '사람과 사람을 연결하는 것'에 관심을 집중한다. 주체적으로 지역활성화를 실천하며 청년활동의 거점단체로 성장했다. 2019년 24명에서 2021년 50여 명으로 2배 이상 인원이 늘어났다.

지역활성화 플랜 콘테스트는 지역학생을 지역일꾼으로 키우는 데 주효했다. 마을재생의 활동현장에서 회의방식이나 발표내용 등 기본기를 스스로 배워나가며 안착한다. 이런 소소한 지역활동을 통해 경험치는 향상되는 법이다. 운영자금이나 사업인재 등은 철저히 스스로 생각하고 획득한다. 아이디어를 프레젠테이션으로 발표하거나 직접 영업을 하고, 그것도 부족하면 외부경쟁에 나서 상금을 얻는 방식으로 조달한다. 이는 지역학생에게 활성화에 대한 관심·실험을 확장토록 하는 일종의 기폭제 역할로 제격이다. 지역학생이 지역단위에서 성장하는 훌륭한 모범 케이스가 되는 것은 불문가지다. 재미있는 점은 지역학생을 넘어 이제 '사회인 전용대회'로 영역이 확장된다는 것이다. 이런 노력은 사바에 특유의 강력한 애향심으로 완성된다. 젊고 뜨거운 기운이 시골마을을 전국화시킨 비결이다.

78년생 청년과
78세 시장의 콜라보

　　　　　　　　　　하나도장Hana道場의 주요사업을 압축
하면 '만드는 것을 즐기는 다양한 이들의 집합장소'이다. 가령 학생뿐 아니
라 지역주민이 자유롭게 방문해 프로그래밍 교육을 경험하는 게 그렇다.
뿐만 아니라 직접 프로그래밍을 하고 3D 프린터 등을 활용해 그 자리에서
실체적인 모형을 만들기도 한다. 교육을 진행할 강사수급을 위해 시니어
를 모집해 프로그래밍을 가르친 후 활동도 지원한다. 신문광고로 모집된
시니어는 일정액을 내고 교육을 이수한 후 다양한 교육공간에 파견돼 강
사로 활동한다. 시니어 취업연계 교육으로 일자리 창출로 연결된다. 경제
적 수입뿐 아니라 지역사회에 대한 참여 · 공헌까지 체감해 만족도가 높으
므로 일석이조의 효과를 갖는다.

이런 초기단계의 작은 실험은 곧 지자체와의 협력확대로 이어진다. 시가 시행하던 '오픈데이터 IT마을만들기' 사업이 대표적이다. 협력을 통해 초중 학생에게 프로그래밍 교육을 정식과목으로 재편했고, 이때 필요한 교사를 하나도장과 연계·파견하는 체계다. 학교는 필요강사를 믿을 만한 지역단체를 통해 공급받고, 지역시니어는 부가적인 일자리를 얻으니 일거양득이다. 하나도장 또한 강사양성 교육과정을 통해 적으나마 운영자금을 마련해 다른 사업에 재투자하는 여유가 생겨났다. 비영리법인인 NPO에게 일상적인 고민거리인 행정지원 없는 자립기반이 가능해진 구조인 것이다.

교육효과는 높다. 아이들은 이곳에서 멋진 아이디어를 기획·창조해낸다. 하나도장이 '오픈 이노베이션Open Innovation의 장'답게 역할한다는 얘기다. 성과가 도출되니 지원은 자연스레 늘어난다. 특히 글로벌 다국적회사인 SAP[7]가 하나도장에 많은 지원을 하고 있는 것으로 알려졌다. SAP와 하나도장이 공유하는 기업가정신의 발로이다. SAP 홈페이지에 큰 글씨로 도드라지게 강조되는 '위기가 다가오면 사람이 먼저입니다'라는 문구가 예사롭게 보이지 않는 이유다. "지금은 인터넷 시대로 굳이 도쿄에 가지 않아도 시골에서 얼마든지 기업가정신을 발휘할 수 있다"라는 지역출신 유명한 IT혁신가[8]의 추천이 SAP의 금전지원으로 연결됐다는 후문이다.

사실 관민협력의 시초는 다케베와 마키노 하쿠오牧野百男 전 사바에시장의 온라인 만남에서 시작됐다. 둘은 모두 사바에 출신으로 활동영역은 달랐으나, NPO법인 설립이후 각각의 위치에서 핵심인재로 지역활성화를 주도한다. 때론 부딪히고 때론 협력하며 사바에의 성공모델을 만들어간

423

CHAPTER 07 청년인재의 발칙함이 실현되는 혁신공간, 사바에

다. 그렇다면 둘은 어떻게 협력하게 됐을까? 처음 사바에 대해 알게 된 책(『이토록 멋진 마을』)은 당시상황을 이렇게 묘사한다.

"도쿄에서 IT기업에 다니던 다케베는 사바에시 마키노 시장의 블로그를 보게 되었다. 시장은 IT산업 활성화를 위해 이제 막 블로그를 시작한 참이었다. 다케베가 시장의 글에 댓글을 달면서 두 사람은 연결됐다. 다케베는 도쿄의 벤처기업에서 일하면서 경험한 '사업계획 콘테스트'를 '지역 활성화를 위한 콘테스트'로 바꿔 적용해 사바에 활성화모델을 실현해보고 싶었던 것이다. 이를 위해서는 공익법인이 필요함을 느꼈고 'NPO법인 엘커뮤니티'를 설립했다."

마키노 전 시장은 이 아이디어를 적극 활용했다. 정책 아이디어를 공짜로 얻을 수 있는 기회라고 생각했다. 그리고 탁상공론으로 끝내지 않기 위해 '실행화 검토'로 이어나갔다. 온라인상의 블로그를 통해 댓글을 주고받았던 제안이 실행으로까지 이어진 것이다. 두 사람은 관민협력의 사례를 제대로 보여준 것이라 할 수 있다. 온라인을 통한 아이디어 제안은 시공간의 제약이 없다. 아이디어가 좋고 받아들일 준비가 되어 있다면 더더욱 그렇다. 다들 관민협치나 거버넌스, 협업 등을 얘기하지만, 실행으로 이어지기까지는 무척 어려운 것이 현실이다. 관은 민의 행정력과 실행력을 믿지 못하고, 민은 '내려꽂기'식 행정에 신물이 나 있다는 건 경험해본 이들은 누구나 다 안다. 민은 독자적인 자율권을 갖고 실행하고 싶어한다. 관이

민의 일에 너무 간섭한다고 생각해서다. 관은 관대로 이유가 있다. 행정의 실행에는 책임이 따른다. 민은 일을 벌여도 잘못되면 책임지지 않을 가능성이 있다. 결국 책임은 공무원이 질 수밖에 없다. 서로 상대방을 믿지 못하는 것이다.

이것을 해결할 방법은 소통뿐이다. 듣기만 하는 것도, 말만 하는 것도 결코 소통이 아니다. 서로의 입장을 이해하여 타협하고 적절한 접점을 만들어 해결해 나가는 것이야말로 진정한 소통이다. 진정한 소통에는 나이의 제한도 없다. 78년생 청년이 78세의 노인老人 시장에게 아이디어를 제공하고, 78세 노인 시장이 78년생 청년의 제안을 실행시키는 것도 가능하니 말이다.

'시장을 해보실래요?'의
발칙한 도전과 응전

발칙하게도(?) 다케베가 지역활성화 콘테스트를 시작하며 내건 슬로건이 바로 '시장을 해보실래요市長をやりませんか?'다. 마침 그 즈음 시장선거가 있었던 시기로 마키노 전 시장이나 지지자로선 깜짝 놀랄 만한 슬로건이 아닐 수 없었다. '새로운 시장후보를 내려고 하나?'라고 의심까지 할 정도였다고 한다. 실제 당시 시장은 비교적 길게 장기집권 중이었다. 여느 기초지자체처럼 마땅한 후계자가 없어 무투표 당선되는 사례까지 빈번하니 사바에라고 다르지는 않았다. 결국 마키노 전 시장은 2020년 16년째 장기집권 끝에 드디어 리더십을 내려놓은 것으로 확인된다.[9] 보통이었다면 괘씸죄라도 걸릴 이 슬로건은 정작 환영 속에 받아들여졌고, 콘테스트는 2021년 8월 현재 14년 연속 진행 중이다.

소멸 위기의 지방도시는 어떻게 명품도시가 되었나?

인터뷰 당시 시장을 둘러싼 평가는 '압도적인 지지세'로 정리된다.

당시 시장은 젊은이의 도전을 훌륭하게 응전해냈다. 통이 컸거나 혹은 그만큼 절실했거나 둘 중 하나였을 터다. 아쉽게도 시장을 만나진 못했으나, 전해 들은 바로는 '둘 다였다'라는 결론으로 정리된다. 지역활성화는 그만큼 긴박한 시대과제였고, 이를 위해선 어떤 도전과 실험도 할 수밖에 없는 사바에의 열악한 환경이 한몫했다. 무엇보다 지방정부의 최고 리더십인 시장의 존재감과 진정성이 핵심적인 성공변수였다. 실제 사바에모델을 기획하고 정착시킨 마키노 전 시장은 역시 사람의 힘이 전부라는 데 뼛속 깊이 동의하는 인물이다. 스스로 다양한 인터뷰를 통해 "사람이 최대의 경영자원이자 재산人は最大の経営資源・財産"이라 강조했으니 사바에 출신다운 평가다.

그는 광역지자체인 후쿠이현의 관료(민생활부장·총무부장) 생활과 현의원을 거쳐, 2004년 시장에 취임해 4선에 성공한 인물이다. 명물 시장으로 알려지며 행정소유 정보공개Open Data의 민간활용, 고교생과의 연대, 제안형 시민주도사업 등 산업육성과 고용확보로 사바에 인구를 늘린 지방창생의 선구모델[10]로 평가된다. 취임 당시 주력산업이던 안경테의 높은 점유율(국내 90%·해외 20%)이 중국산제품과 후계경영의 부재로 급감하며 줄폐업이 발생하자 청년인구의 사회전입을 해결과제로 잡으며 데뷔했다.

이후 청년인구가 틀에 박힌 기존사고와 행정관행을 바꾼다는 신념으로 지자체의 사고방식을 넘어선 참신한 개념도입과 정책실행으로 화제의 리더십을 발휘했다.[11] 지역활성화를 위한 리더십의 발현은 기존의 행정체계로서는 변신할 수밖에 없음을 뜻한다. 그간 진행해왔던 행정주도성은 재검토에 돌입했다. 대신 근본적인 고정관념의 탈피로 방치 및 소외되고 객체화된 시민을 자발적이고 협력적인 정책주역으로 재구성했다. 혁신리더십과 함께 사바에는 본격적으로 진화했다. UN도 사바에시의 지역활성화에 관련된 혁신적인 아이디어에 주목해 초청연설[12]까지 진행했다.

물론 혼자서는 못 한다. 행정이 제아무리 뛰어나도 시민이 존재하지 않으면 성과는 감퇴될 수밖에 없다. 시장본인의 지역활성화를 위한 진정성과 실천력은 중대한 추진동력이나, 사업추진의 지속성을 위해서는 동일한 의지를 지키고 함께 사업을 추진할 강력한 우군을 만드는 게 필수다. 즉 주변 우군(연결자원)의 확보여부가 중요한 변수다. 성패는 밀접한 사업파트너임과 동시에 지역활성화의 주체일 수밖에 없는 민간의 인적자원을 어떻게 활용·흡수하느냐에 달렸다. 사이토 구니히코斎藤邦彦 정책경영부 전략실장이 우리 연구팀에게 이에 대해 설명해주었다.

"시장님은 취임 이후부터 융화와 협동을 강조했어요. 공무원들에게 시민의 목소리를 들을 것とにかく市民の声を聞け을 요청했죠. 현장이 보물산現場は宝の山이라는 신념으로 시민이 모인 어떤 이벤트에 가도 공무원이 있도록 하자고 했습니다. 사실상 전직원을 지역활성화의 모니터이자 자원봉사자로 참가하게끔 유도했죠. 물론 사업초기에는 위험이 많아 주저하기 마련인데, 이를 시장은 자기책임으로 돌림責任は僕が取る으로써 돌파해갔습니다. 그럼에도 의회설득 등이 어려웠죠. 예산이 없다

면 크라우드펀딩을 활용해 사실상 '제로예산'으로 사업을 실행하도록 공무원집단의 실행력을 강화시키기도 했습니다. 실제 사바에시의 크라우드펀딩은 모두 성공했습니다."

손바닥도 마주쳐야 소리가 나는 법이다. 행정이 제아무리 진심으로 지역활성화에 임해도 파트너인 민간주체가 마땅찮으면 성과는 줄어든다. 특히 이 과정에서 행정예산이 투입돼 민관의 협력사업이 주종관계로 전락하면 최악의 상황으로 추락한다. 물론 많은 시민단체는 독립성을 가지고 탄생한다. 그러나 관의 예산을 접하는 순간 관에 의지하게 되는 경우가 많다. 예산 지원의 유혹은 뿌리치기 힘든 게 사실이다. 그러나 그것에 의지하게 되는 순간 민의 독립성은 또 훼손되고 만다. 그러다 보면 관의 일을 대행하는 수준에 머물고, 그 안에서 일하는 활동가는 이를테면 10급 공무원[13]으로 추락한다. 그런 의미에서 엘커뮤니티와 하나도장이 민의 주체성을 잃지 않고 특성 있는 프로그램을 개발해 시민성장과 지역재생의 주역이 되고 있다는 점은 높은 점수를 줄 만하다.

후계자가 없어 장기집권을 하고 있다는 당시 시장의 '웃픈' 상황을 보면, 일본 특유의 정치특색은 차치하고라도 그만큼 과소도시에는 성장기반의 후속동력이 없음을 깨닫게 된다. 다케베는 바로 이런 인재부족에 주목해 청년을 지역에 데뷔시키는 사업을 실험했다. 청년인재가 육성되지 않으면 지역이 없다고 말하는 그의 문제의식이 지금의 NPO단체를 이끄는 동력이 아닐까 싶다. 동시에 선한 영향력은 확대되는 법이다. 즉 관민협력만큼 중

마키노 하쿠오(牧野百男) 전 사바에 시장(우측)

요한 것이 민민협치다. 대표적인 시민참여의 거점으로 소개되는 엘커뮤니
티는 이런 점에서도 적극적이다. 다른 시민단체와 연대·협력은 물론 민
민협력을 위한 다양한 도전에 나선다. 사바에를 공통분모로 두고 대략 50
개 정도의 민간단체가 연대·지원하며 협력사업을 진행 중이라고 밝힌다.
시도 민간이 할 수 있는 사업은 적극적으로 떼어내는 중이다.

소멸 위기의 지방도시는 어떻게 명품도시가 되었나?

역발상의 안경테가
사바에를 살린 전통산업으로

안경산업의 본고장까지 와서 배경기반
을 살펴보지 않을 수는 없다. 지역을 먹여살린 일등공신이라 더 그렇다.
지금이야 지역을 상징하는 토대산업이지만, 생산공정에 지역발 원자재조
차 투입되지 않기에 느닷없다는 느낌마저 지울 수 없다. 그렇다면 이렇다
할 산업이 없는 한국의 숱한 지방권역도 꽤 괜찮은 대외모델의 현지화나
산업 이식이 가능하지 않을까? 이는 지역활성화를 위한 인구유입만큼 중
요한 과제다. 혁신도시로 사람만 내려보내는 것이 아니라 지역에 착근할
새로운 성장동력으로 연결되기 때문이다.

사바에가 최대규모의 안경 산지가 된 데는 지리적 조건이 한몫했다. 열
악한 자연환경을 유리한 산업무대로 변신시킨 셈이다. 겨울이면 엄청난

적설량에 시달리는 산간지역의 특성을 보기 좋게 역발상으로 전환시켰다. 1년 중 최대 5~6개월을 눈과 함께하는 고단한 살림살이를 돌파해낼 유력한 돈벌이로 안경만 한 수익모델도 없었기 때문이다. 앞서 이곳에 안경제조를 소개한 마쓰나가의 노력과 함께 이를 산업화시킨 생산환경적인 기반 여건도 주효했다. 즉 겨울철 단조로운 생활환경은 세심한 공정과 집중력이 필요한 산업이 발달하기 좋은 조건이었다. 농한기면 외지로 나가 날품을 팔던 남편 대신, 여성을 중심으로 한 인력이 안경제조라는 부업을 하기에 적당했다. 특유의 맞벌이 비율이 높고 여성의 경제활동이 활발한 현재의 면면과 맥이 닿는다.

연구팀이 안경산업의 원류를 알고자 찾은 사바에 안경박물관은 그 역사경로를 한눈에 보여준다. 3층 건물 전체가 안경을 모티브로 한 다양한 역사자료 · 조형시설 · 제품전시는 물론 체험서비스를 위해 기획됐다. 주출입구 안쪽 천정에 안경테를 엮어 만든 동그란 거대 조형물이 있어 시선을 끈다. 안경 메카의 기획자인 마쓰나가의 흉상도 한쪽에 있다. 오늘의 사바에를 만든 향토인물답다. 그를 소개하는 다양한 문구의 현재적 공통단어는 '혁신'이다. 혁신은 또 사람과 교육을 만나 빛을 발한다. 사람중시와 자발교육이 긴 시간 축적되며 사바에의 행복구조를 완성한 셈이다. 박물관 곳곳의 안내 · 소개자료에서 발췌한 사바에의 역발상적인 실험경로를 간추려봤다.

'사바에 지역은 눈이 많이 내리기로 유명하다. 겨울 농한기면 대부분의 농부가 외부에 날품팔이를 나가야 할 정도로 곤궁한 지역이었다. 1887년 마쓰나가 고자에몬은 농가의 생활향상과 빈곤탈출을 위한 실험에 나섰다. 직조기술자를 초빙해 에도시대부터 번성한 견직물 생산에 하부타에[14]라는 고품질 기술을 접목시켜 수출산업으로 성장시켰다. 그러나 13년 뒤 실크산업이 정체기를 맞고 도쿄 주식시장까지 폭락하면서 실크산업은 급속히 얼어붙는다. 이 지역에 적당하고 지역주민이 계속해 이어나갈 새로운 일거리가 절실해졌다. 1904년 그는 안경테 제조라는 정보를 얻게 된다. 마쓰나가는 농가 사람들을 모아 외지에서 모셔온 안경테 장인에게 제조기술을 배우도록 했다. 세심한 공정이 필요한 안경테 제조는 눈이 많은 산간지역인 사바에에 아주 적합했다. 때마침 러일전쟁과 제1차 세계대전이 발발해 전시상황이 궁금한 이들이 신문을 많이 읽게 됐고, 이에 따라 안경 수요도 급증하며 전성기를 열었다.'

마쓰나가는 이 과정에서 독특한 시스템을 안경테 제조공정에 녹여냈다. 예로부터 일본에서 유명한 쵸바帳場제도다. 서구의 길드제도와 비슷한데 문하생(근로자)이 서로의 기술을 연마·확산시키는 일종의 네트워크 체계다. 특정 그룹별로 안경을 만들어 서로 품평한 후 가장 뛰어난 품질의 제품을 마쓰나가가 사들이는 형태다. 장소와 재료를 제공한 후 실력이 붙으면 독립시켜주는 일종의 인큐베이션 제도다. 마쓰나가 스스로 기술자라기보단 후원자의 감각으로 후속양성에 나선 셈이다. 이로써 1933년 쵸바제도로 낙점된 제품이 당시 이곳을 방문한 일왕에게 헌상되기도 했다.

물러설 곳이 없는 지역, 잃을 게 없는 청년은 쵸바시스템을 만나 혁신인재로 거듭난다. 마쓰나가는 이를 정확히 간파했고 또 지원했다. 얼마나 절실했는지 원래 기술습득은 3년 계약이었지만, 대부분이 6개월에 습득했을 정도였다고 한다. 이렇게 만들어진 신제품은 대량생산의 길보다 고품질 가치향상이라는 도전을 선택했다. 경이적인 속도로 기술혁신이 축적된 배경이다. "불평을 들을 수 없는 최고의 결과를 우리 고향에서 만들자"라는 강력한 장인정신의 발휘였다.

쵸바제도는 동료 간의 경쟁을 통한 혁신확대를 뜻한다. 경쟁이라고 하나 실은 협력에 가까운 내부공동체를 향한다. 다함께 죽도록 일하며 익힌 기술로 만들어진 멤버십은 서로가 서로를 위해 향하도록 강조된다. 즉 도제봉공徒弟奉公이다. 쵸바는 그룹을 뜻하는 일종의 다단계구조다. 몇 사람의 리더를 두고 그 아래에 구성된 멤버(기술자·문하생)가 쵸바로 불리며 그룹을 이룬다. 맞춤식 개별지도를 통해 숙련이 전달된다. 각 쵸바는 달성 수준별로 보상받기에 그룹별 기술연마는 중차대한 요소일 수밖에 없다. 반대로 경쟁탈락을 막자면 교육은 필수다. 마쓰나가는 공장 2층에 야간학교를 만들어 업무가 끝나는 저녁 8시부터 각 쵸바의 멤버를 불러 전문기술뿐 아니라 다양한 교육을 실시했다.

쵸바의 지향점은 각개독립이다. 하청구조라기보다는 창업지원을 통해 숙련공을 키운 후 독립시키는 형태를 반복한다. 경쟁과 독립, 그리고 확산과 연대를 유도한다. 그 속에서 의사결정의 기준은 품질향상이다. 수많은 거대 제조업체가 스핀오프Spin-Off로 내외부 벤처발 경쟁·협력체계를 구

구분	전체	3대 산업	안경	칠기	섬유	전성기 비교
사업소 수	961	759(79%)	453(51%)	211(22%)	95(10%)	1983년 1,877개(▲49%)
근로자 수	9,804	7,586(77%)	4,803(45%)	757(7%)	2,206(19%)	1989년 1만6,617명(▲41%)
출하액	1,710	1,252(73%)	776(34%)	51(3%)	425(23%)	1992년 2,715억 엔(▲37%)

단위: 개 · 명 · 억 엔(2016년 6월 전체 공업사업 기준)

축하려는 현재상황과 일맥상통한다. 그러면서도 하나의 우산 아래서 상생하도록 에코생태계를 지향한다. 돈, 지혜, 사람, 기술이 이 쵸바시스템 안에서 서로 맞물려 톱니바퀴처럼 돌아가는 것이다.

이로써 쵸바는 사바에의 문화가 됐다. '따로 또 같이' 경쟁하고 협력하며 지역을 되살리는 강력한 문화요소로 작용한다. 전통을 중시하고 지역을 아끼는 향토주의가 깊숙이 녹아든 채 전승되면서 협동과 경쟁은 자연스레 발휘된다. 안경 하나를 200여 공정별로 분업화함으로써 호혜적 공동체성은 강조될 수밖에 없다. 공정 하나가 어긋나면 전체가 멈추는 탓에 서로 간의 공동체적 공유의식은 심화된다. 마쓰나가가 뿌린 쵸바적인 가치관이 이제는 규칙을 넘어 문화로 안착된 배경이다. 이를 두고 후세는 사바에가 만들어낸 자립형 산업집적 모델이라 호평한다.

위기를 넘어서는 원동력도 쵸바적 발상에서 비롯된다. 마쓰나가 이후 약 90년을 이어오던 안경산업은 1990년대부터 사양화의 압력에 노출됐다. 값싼 중국제의 거센 공세 속에 사바에의 안경산업도 큰 위기에 봉착했다. 온고지신溫故知新이 절실한 순간이었다. 이때부터는 시당국도 팔을 걷어붙이며 기술혁신을 지원한다. 굴복하기보다 돌파를 통해 다양한 신제품·신기술을 연거푸 내놓는 혁신공간으로 거듭났다. 알레르기 없는 의료용구나 액세서리, 의수, 티타늄 텀블러 등을 개발·생산해 안경테를 뛰어넘는 새로운 고부가가치화로 변신한 것이다. 이는 안경과 함께 지역을 떠받치는 칠기·섬유산업의 동반혁신으로 연결된다. 3대 산업의 근로자만 약 1만명에 육박할 정도이니 '사양화=실업난'에서 벗어나는 것은 특정산업의 개별이슈가 아닌 지역전체의 생존문제인 까닭이다.

일자리는 지역활성화의 최대변수다. 고용 없는 성장에 익숙한 대기업 하나를 유치하기보다 매출은 적어도 고용이 많은 중소기업 여럿이 지역을 떠받친다. 사바에의 안경산업은 그래서 취업유발력이 좋다. 안경산업은 1개 사업장당 평균 10명가량의 인력이 종사한다. 사바에서 전체의 매출비중(34%)에 비해 근로자수(45%)가 더 많다. 전통적인 가내수공업형 소상공인이 사바에를 먹여살린다는 의미다. 따라서 위기를 기회로 삼겠다는 동기는 더 간절해진다. 칠기는 고품질 식기로 승부를 건다. 섬유는 자동차 시트 등의 해외판로 개척에 나섰다. 사양화의 쇠퇴압력을 온고지신의 혁신발휘를 통해 전화위복으로 삼은 결과다. 특유의 공동체적 네트워크는 지자체는 물론 학계에까지 확대되는 추세다.

3대 전통산업의 혁신과
고용 창출의 파워

지역활성화의 출발지와 종착지는 하나로 수렴된다. 일자리, 즉 고용유지·창출이다. 일이 있어야 돈을 벌고, 그래야 살 수 있다. 소멸 경고를 받은 한국의 수많은 한계지역이 갖는 공통분모 역시 '일의 실종'일 수밖에 없다. 사바에는 이를 지역의 특화산업인 안경·섬유·칠기의 고도화를 통해 극복했다. 사양화의 위기를 고품질의 기회로 삼아 일자리를 지켜내는 데 성공한 것이다.

가령 섬유는 가공공정에서 획득한 성분·기술에 주목했다. 화장품·두피케어 등 각광받는 신제품으로 연결시키는 혁신을 일궈내며 탄소섬유분야의 고부가가치화를 실현했다. 칠기도 사양길을 넘어 사바에의 성장분야로 변신했다. 1,500년 역사전통을 토대로 지금은 업무용 칠기분야에서 전국 80%의 점유율을 기록할 정도로 장인정신이 녹아든 신기술 개발에 특화됐다. 안경은 두말하면 잔소리다. 사바에의 특화산업이자 고용창출의 토대답게 혁신창출의 단골무대로 거론된다. 1980년대 세계최초 티타늄재질 프레임 양산화에 성공한 후 지금도 세계최고 수준의 기술·품질을 확보하고 있다. 최근 미세 가공기술을 활용해 의료기기 등 다른 업종으로 진출하며 새로운 고용창출에 기여한다.

사바에의 3대 산업은 일자리에 최적화되었다. 취업 유발력이 좋은 제조업체 덕분이다. 제조업체 수는 후쿠이현이 전국 1위인데, 사바에는 그 안에서도 또 1위(14개/1,000명당)다. 물론 3대 지역산업의 호황은 전성기에서 꽤 비켜섰다. 사업소·근로자·출하액 등 경제규모는 최대 50%가량 축소됐다.[15] 그럼에도 고용창출에 우호적인 것은 앞서 언급한 쵸바제도를 통한 자연스러운 독립개업 때문이다. 다공정의 노동집약적인 전문화와 분업화 덕에 경쟁심화 속에서도 그나마 근로자 1인당 출하액이 유지된다. 1인당 출하액은 2009년 1억 1,312만 엔에서 2016년 1억 7,130만 엔까지 증가했다. 생산성을 유지하려는 혁신노력의 결과다. 또 안경을 토대로 한 정밀가공기술의 핵심생산지가 시 반경 20㎞에 집적돼 고용·소비의 역내순환이 이뤄진다는 점도 파급적인 고용창출에 도움이 된다.

그래도 숙제는 남는다. 청년인구의 유입증대(전출축소·전입확대)가 계속되자면 장기·안정적인 일자리 제공이 확실해야 하기 때문이다. 즉 기존산업의 재구축과 함께 새로운 성장기반을 확보하는 노력이 필수다. 3대 산업 등 지역자원을 지속가능하게끔 생산성·경쟁력을 향상시켜야 하는 숙제가 주어진다. 시당국은 긴밀하게 움직였다. 2008년부터 OEM(주문자생산방식) 형태의 생산에서 벗어나 스스로 팔릴 만한 제품을 기획·판매하는 것으로 시당국의 산업정책을 전환했다. 산지기업의 디자인·마케팅 능력을 강화해 브랜드파워를 올려 수익향상과 지역가치를 함께 높이는 전략을 택했다.

요컨대 '사바에브랜드'의 확보정책이 그렇다. 이를 통해 유명세를 획득하고 제품력을 강화함으로써 세계일류의 공감대를 만들겠다는 전략이다. 통합적인 브랜드 강화로 사바에 산지제품이 많이 팔리면 그만큼 활성화도 손쉬워진다. 인터뷰에 응한 U턴형 공무원이자 산업담당자는 이렇게 설명한다.[16]

"제가 고향에 돌아온 것도 산업진흥 때문이었어요. 일종의 특채(계약직)였죠. 인구를 유지하려면 혁신기술의 신산업을 발굴하고 키우는 게 중요합니다. 노동집약에서 지식집약으로 전환하자면 행정에도 이런 감각을 경험한 이가 필요했죠. 그때부터 사바에는 기존의 혁신문화를 토대로 통합브랜드를 위한 복합산지로 변신하고자 노력했습니다. 덕분에 사바에 인지도는 높아졌어요. 인터넷 설문조사를 보면 사바에 인지도는 2014년 63.6%에서 2016년 71.2%로 늘었습니다. 2015년 차세대산업창조지원정책이 시작된 배경이죠. 칠기·종이 등 지역자원으로 손색없는 전통공방도 개방해 브랜드와 지명도[17]를 높이고 있을 뿐 아니라 외지인의 전입으로까지 유도하고 있습니다."

아이디어는 저절로 생겨나지 않는다. 민간전문가를 공무원으로 특채할 정도로 시당국의 열린 대민의식에서 비롯된다. 시는 축적한 행정정보를 민간에 공개함으로써 2차적인 활용이 가능하도록 오픈데이터Open Data 제도를 시작했다. 세부사업의 투명성을 높여 주민·민간조직과의 협력을 도모하기 위해서다. 오픈데이터는 2013년 일본의 정보통신백서에 선행·선진적인 모범사례로 소개됐을 만큼 호평을 받았다. 시민주역조례에 따라 2010년 시작됐는데, 우리 연구팀이 방문한 2018년을 기준으로, 공개정보가 185건에 달한다. 이를 토대로 만들어진 민간 앱만 200개에 이른다. 행정의 투명성이 민간과의 신뢰성을 높인 사례다. 더불어 추가적인 문제발굴과 사업기회까지 제공하는 순기능도 확인됐다. 앞서 언급한 엘커뮤니티의 프로그래밍 정규교육, 키트개발 등이 대표적인 성과다.

소멸 위기의 지방도시는 어떻게 명품도시가 되었나?

청년을 위해 모든 걸
다 한다는 지자체

　　　　　　　　　　　　연구팀과 2시간 넘게 논의한 3명의 사
바에시 공무원은 시종일관 '관민협치'를 입에 담으며 사바에를 설명한다.
사회전입으로 인구증가를 달성해낸 지자체답게 특히 후속인구인 청년의
존재와 가치에 많은 시간을 할애한다. 한국에서 찾는 방문팀도 많다며 한
국특유의 다이내믹한 역동성과 청년역할에 주목할 것을 제안하기까지 했
다. 사바에 자체가 청년에 힘입어 지속가능한 정주환경을 만들어냈다는
자신감의 표현이다. '인재+교육=청년'을 둘러싼 관민 등 기존자원의 재구
성이 먹혀들었다는 평가다.

　관민협치의 출발은 시민참여로 요약된다. 활발하고 구체적인 시민참여
를 위한 기회확대가 사바에의 오늘을 만들었다고 강조한다. 이를 설명하

는 공무원의 얼굴은 겸손하지만 자부심마저 가득하다. 경직적이고 위계적인 행정중심성은 찾기 힘들다. 장기집권의 시장조차 대놓고 "현장에 가서 주민에게 들으라"라고 강조한 시간만 십수 년이니 사바에 관료사회가 시민우선을 흡수한 것도 어쩌면 자연스럽다. 대표적인 시민참여의 성과는 조례제정이다. 2009년 후쿠이시와 사바에시를 통합하려는 정책에 반대한 시민들이 만들어낸 결과다. 이 조례를 만든 이후 시민제안형의 아이디어가 사업화된 건수는 부쩍 늘었다. 시도 행정력을 발휘해 시민주역의 마을만들기로 방향을 틀었다.

바로 '시민주역조례'[18]다. 시민의, 시민에 의한, 시민을 위한 행정개편이 목적이다. '마을은 시민이 스스로 만든다'라는 애향심에 기초한 공감대가 정책성과로 이어진 사건으로 이해된다. 관민협치는 이렇게 안착됐고, 확대됐다. 여기엔 관의 달라진 인식전환도 큰 기여를 했다. 지역활성화에 성공한 다양한 사례를 분석하는 과정에서 관민협치 없이는 아무것도 이뤄질 수 없다는 교훈을 배운 결과다. 이를 관민 파트너십PPP · Public Private Partnership이라 칭한다. 개별적인 주민을 하나의 키워드로 네트워크화해 복수의 인적자원과 조직체계로 엮어낼 때 관민협치는 이뤄진다고 봤다. 그래서 조례제정 이전인 2009년부터 행정주도성을 내려놓자는 의미에서 관이 먼저 '시민주역 지역활성화市民主役のまちづくり'를 내걸었다. 2010년 조례가 만들어지기 전까지, 비록 관 주도이긴 했지만 다양한 주민 · 조직과 함께 전체회의(5회), 부회(11회) 등을 반복했다.

조례는 이 과정에서 구체화됐다. 민간단위의 참여의지는 높은 편이었다는 후문이다. 시민주역조례추진위원회의 발족 당시 11명의 위원이 2018년 47명으로 확대됐다. 위원회와 사바에시가 체결한 협정에 따라 지역자치부·사바에브랜드부·시민참가부·청년부 등 4개의 협의체가 현재도 활발하게 운영되는 것으로 확인된다. 성과는 구체적이다. 제안형시민주역사업(2011년) 등 사바에의 지역활성화가 유명세를 떨치게 된 주요사업 중 상당수가 위원회에서의 제안·기획으로 제도화됐다. 가령 제안사업과 실시사업은 2011년 67건·23건에서 2018년 102건·55건으로 확대됐다.

이와 함께 또 다른 발상의 전환은 청년인재의 발굴·확보로 모아진다. 누가 지역을 되살릴 핵심인재인지, 무엇으로 지역활기를 되찾을지, 어떤 방식으로 순환적인 사업구조를 만들지 등은 지역활성화의 핵심화두다. 동시에 고정관념의 파기도 반드시 필요한 고민거리다. 사바에는 청년유입에서 그 힌트를 얻었다. 즉 청년의 정주환경을 개선하는 게 우선이라고 봤다. 이를 통해 청년의 사회전출은 줄이고 사회전입은 늘리는 세부전략에 집중했다. 지역활성화의 아이디어를 관에서 민으로 넘기는 한편 기성세대에서 청년인구로, 지역인재에서 외부인재까지 품어내는 체계를 구축했다. 인터뷰 내용이다.

"민간의 적극적인 참여가 제일 중요하죠. 그중에선 청년중심의 제안이 활발해요. 또 필요하면 외부로부터 충고도 받아들입니다. 이 과정에서 독특하고 재미난 사업거리가 나오죠. 물론 성과도 필요합니다. 실질적으로 좋아진 게 있어야 지속가능한 체계도 만들어지죠. 단발적인 사업이 아니

사바에시 시민주역 마을만들기 관련행사

라 사바에에 도움이 되는 지속적인 순환과제일 때 시는 적극적으로 협력
하고 지원합니다."

시는 청년인구의 확보방안에 방점을 찍는다. 그들이 원하는 정주환경을
개선하고자 적극적이다. 시장을 비롯한 관은 고정관념을 깰 혁신적인 아
이디어를 지닌 실천적인 청년인재若い力에 주목한다. 2018년 시민주역을
강조하며 시민이 시의 주주라는 개념까지 받아들였다. 이를 통해 시민주
주가 참여하는 총회サバヌシ総会가 열렸다. 다분히 영리모델을 벤치마킹했
기에 처음에는 기존주민의 비판과 견제도 대단했다고 한다. "아무것도 모
르는 애들 데리고 시정을 망가뜨린다"라는 원망까지 들었다.

그럼에도 계속했다. 시는 사업주도에서 비켜서 철저하게 지원조직으로 기능했다. 회의를 주선하되 발언은 삼갔다. 필요하거나 요구될 때 최소한의 참여로 한정했다. 아니면 주민은 다시 빠질 수밖에 없어서다. 그들 표현처럼 "주민이 참가하는 무대居場所와 활약할 기회出番를 만들어주는 게 전부"라고 했다. 결국 성과는 나왔다. 시민참가형 프로그램이 그렇다. 독특한 제안형시민주역사업提案型市民主役事業의 채택이다. 시의 800여 사업 중 약 200개를 민간에 맡겨 스스로 하게끔 정책을 바꿨다. 사업초기에는 청년인재의 시정참여가 목적이었으나, 지금은 성과가 확산되면서 뒷짐을 지던 기존주민까지 참여한다. 600개 사업에 집중하자 역으로 행정의 서비스품질이 좋아졌다.

왜 사바에 여고생들이
시청을 드나드는가?

청년인재는 지역에서만 찾아지는 게 아니다. 청년특유의 아이디어는 밖에서도 얼마든 제안되고 채택된다. 참신한 재미와 실질적 성과만 예상되면 언제 어디서든 받아들여진다. 사바에가 열도전역의 청년인재에게 문호를 개방한 배경이다. 엘커뮤니티의 '시장을 해보실래요?'란 콘테스트가 대표적이다. 이로써 사바에의 지역활성화는 청년인재의 참여확대라는 외부평가를 획득한다.[19] 과감한 내려놓기로 시민과 청년에게 참여기회를 보장해준 시당국의 의지와 노력의 산물이 아닐 수 없다.

청년이주를 촉진하고자 제안된 '완만한 이주사업ゆるい移住プロジェクト'이 대표적이다. 이는 흔하디흔한 이주 유도책과는 좀 다르다. 기획자체가 외부시선에서 비롯된다. 게이오대慶應義塾 특임강사이자 2013년 니트NEET주식회사를 설립해 주휴 4일・월급 15만 엔의 완만한 취직ゆるい就職을 고안한 와카신 유준若新雄純이란 인물의 아이디어였다. 교육・훈련・취업 없는 니트족으로 살아도 얼마든지 행복할 수 있다는 청년모델을 내걸고 실제 실현했다는 점에서 유명해진 사람이다. 그는 뒤이어 언급할 2014년 사바에시 JK과鯖江市役所JK課라는 현지여고생(JK)이 중심이 된 지역활동 참가형 공공사업도 제안해 받아들여졌다. 특히 이 아이디어는 2015년 일본정부(총무성)로부터 지역활성화의 선구적인 모범사례에 수여하는 장관상ふるさとづくり大賞까지 받았다.

'완만한 이주사업'은 참가자 중 절반가량이 사업종료 후 떠나지 않고 계속이주를 결정함으로써 성공사례로 평가된다. 6개월간 시영주택에서 공동생활하는데 체험기간 중 특별한 프로그램은 없다. 취직할 필요조차 없이 그냥 사바에 살며 이곳저곳 둘러보는 것만 해도 주거지원을 해주는 사업이다. 까다로운 조건이 붙는 다른 지자체 모델과는 구분된다. 본인이 원할 때만 자발적으로 지역과의 교류접점을 찾아 자유롭게 활동하면 된다. 광열비만 내면 나머지는 무료다. 어떤 통제와 조건도 없어 '완만한' 이주실험이라 불린다. '일단 살아보자'는 외지청년의 도전이 잇따른다. 와카신이란 인물이 제안한 아이디어를 사바에 청년공무원이 주목해 의기투합으로 만들어낸 사례다.

'사바에서 JK과' 프로젝트도 그의 제안이다. 젊은 세대가 살기 좋은 지역 조성에 방점을 찍은 이래 무엇보다 토착청년의 정주완성을 위한 정책으로 안착했다. 지역여고생이 활성화를 위한 아이디어를 스스로 제안하고 실행하는 구조다. 2014년부터 2021년 현재 8기생이 도전하고 있다. 사바에 권내 여고생이면 누구나 활동할 수 있는데, 사바에를 되살릴 어떤 아이디어라도 소개하고 채택되면 지역사회 전체가 도와주는 프로젝트다.

2020년 7기생에는 4개 고등학교 22명의 여고생이 소속되어 있다. 지역 활동에의 참여기회가 적은 여고생이 팀을 만들어 재생작업의 실행주체로 거듭난다는 점에서 독특하고 재미나다. 특히 이 경험을 토대로 참가자 중 절대다수가 사바에를 비롯한 현내에 잔류하는 성과를 거뒀다. 추상적인 애향심을 넘어 생활무대로서 사바에가 승격된 셈이다.

때문에 사바에시청은 문턱이 낮아졌다. 교복 입은 여고생 무리가 회의실을 오가며 공무원은 물론 지역단체 관계자와 회의하는 장면은 TV에까지 소개된다. 성과도 적잖다. 가령 2018년에 참여한 팀은 편의점인 로손과 협업해 신제품을 공동개발하는 쾌거를 이뤘다. 지역특산물인 유자·고추 등이 들어간 양념장山うに을 활용한 샌드위치와 주먹밥을 출시한 것이다. 지역제과점의 도움을 받아 4탄까지 만들며 제품화에 성공했다. 원래는 사바에에서만 통용되던 양념장을 전국화와 영리화시킨 것이다. 화제가 되자 2018년 시장이 JK과 프로젝트를 UN에서 소개하는 기회까지 얻었다. 뒤이어 남자고교생(대학생 포함)을 대상으로 한 'SAN'이란 연계모델까지 만들어졌다.

SDGs의 실현으로
세계적 흐름에 올라타다

         청년만으로 사바에의 재생실험을 모두 설명할 수는 없다. 청년이 핵심변수로 역할할 수 있는 것은 다양한 유무형의 축적역사와 산업·역사·문화 등 지역구조가 있었기에 가능하다. 관민협치란 말처럼 시민참여를 위한 과감한 행정개혁에 나선 지자체가 있었고, 또 이를 위해 절박한 현장에서 열정의 노력을 반복한 시민조직이 있었기에 가능했다. 무엇보다 이를 아우르는, 혹독한 환경경험에서 내재화된 인재중심·자발교육의 기반시스템이 가동됐기에 청년정주라는 지역활성화의 가시적인 성과를 낼 수 있었다.

  실험은 계속해 확대되며 진화한다. 참여는 눈덩이처럼 커지며 사바에란 이름으로 똘똘 뭉치는 촉발제가 된다. 이를 통해 지역활성화의 지속가능성은 향상된다. 사바에에서 돈이 없어 활성화를 못 한다는 말은 핑계에 가깝다. 재미와 의미, 그리고 성과만 기대되면 재정지원이 아니라 자금 모집까지 가능해진다. 재정지원 없는 제로예산인데도 민간이 금융자본을 조달해 사업하는 경우도 적잖다. 이제 사바에에서는 크라우드펀딩마저 일반적이다. 사업가치만 있다면 정책의 객체에서 사업의 주체로 변신하는 시민·조직이 늘어나는 이유다. 덕분에 시당국은 강력한 장기비전을 구체화하는 단계까지 들어섰다. 건강한 사바에를 청년들에게 물려주자는 차원이다.

UN의 국제규범인 SDGs−17지속가능발전목표, Sustainable Development Goals[20]의 적극적인 채택·실행이 대표적이다. 연구팀이 현지조사 때마다 느끼는 바인데, 일본의 지방소도시조차 예외 없이 SDGs−17을 정책목표로 흡수하는 분위기다. 청사는 물론 명함에까지 SDGs−17을 뜻하는 로고를 내걸며 지속가능한 지역개발에 사활을 건다. 주지하듯 인구 7만도 안 되는 산골도시 사바에도 예외는 아니다. 지역이슈가 산적해 있다는 점에서 다소 한가할 수 있는 국제이슈까지 관심을 갖는 것은 꽤 이례적인 행보가 아닐 수 없다. 다만 속내를 보면 하지 않을 어떤 이유도 없다. SDGs−17이야말로 마을·도시의 미래와 직결되는 의무적이고 포괄적인 대응인 까닭에서다.

사바에를 봐도 느껴지지만, 지역활성화는 결국 지자체의 의지와 능력에 달려 있다. 전부는 아니라도 상당한 역할·지분을 갖는다. 지자체가 어떤 자세를 보이느냐에 따라 한계취락의 지속가능성은 얼마든 달라진다. 지자

소멸 위기의 지방도시는 어떻게 명품도시가 되었나?

Think globally! Act locally!

Sustainable Development Goals

SDGs 콘셉트 안경

체는 주민생활을 담당하는 가장 밀접한 행정조직이다. 지역실태에도 가장 밝은 전문집단이다. 주민행복을 위한 능력과 책무를 지켜내는 기준점으로서 국제사회가 제안한 SDGs-17의 실천전략은 그만큼 중요하다. 사바에는 홈페이지에 20개의 SDGs 행정정보를 제공한다(2021년 8월). 상당한 양이다. 기본전략부터 최신정보까지 각별히 관리하는 분위기다. 사바에의 SDGs는 안경테 이미지로 구체화된다. 17개 목표 중 좌우 각 8개씩을 배치한 후, 그 연결 틀을 목표 5인 젠더평등 실현으로 완성한다. 맞벌이 천국답게 직장 · 가정의 양립조화를 중시한다는 감각이다.

사바에의 SDGs는 미래도시란 수식어로 꾸며진다. 이를 위해 최우선과제는 대부분 영세지자체의 당면과제인 재정건전화다. 시민력이 전제된 지속가능한 커뮤니티를 위해서는 재정건전화가 시급해서다. 후속청년에게

외상장부를 물려주지 않도록 세수에 버금가는 SOC 건설·유지비(약 80억 엔)를 최대한 절약하고자 한다. 이를 위해 시설건축비 상환기간을 35년에서 20년으로 줄이고 시민공모채도 발행한다. 시민공모채는 발매즉시 완판된다. '시민=주주'의 자발적 참여가 안착된 덕분이다. 재정악화에 시달리는 절대다수의 기초지자체와는 사뭇 다른 풍경이다. 덕분에 인구증가와 재정안정은 외부자원의 반복유입까지 불러온다. 떼일 염려가 없는 지역이니 돈과 사람이 들어오는 건 자연스럽다.

지역을 되살릴
진정한 거버넌스란

현장을 살피고 인터뷰를 끝낸 한겨울 해 질 녘의 사바에는 여전히 차갑고 한산하다. 적어도 겉모습만으로는 한계취락과 소멸도시의 이미지가 자욱한 공간이다. 1,800여 기초지자체 중 절대다수가 직면한 과소過疏동네의 현실과 다를 바 없다. 그럼에도 사바에는 뭔가 꿈틀대는 움직임이 오버랩된다. 첫 도착 이후의 전경과 현장조사 이후의 사바에는 똑같지만, 다른 감흥을 불러일으킨다. 완벽하게 해소되진 않았지만, 눈에 보이지 않는 행복도시의 이모저모를 살펴본 듯한 품평이 연구팀을 감싼다.

물론 갈 길은 멀다. 리더십은 새롭게 교체됐고, 코로나19로 사회이동은 막혀버렸다. 사바에의 지역활성화도 일종의 분기점에 선 것이다. 사바에의 장래인구 추계를 봐도, 그나마 다른 기초지자체보다는 상황이 훨씬 낫지만 안심하기에는 이르다. 아무런 대책이 없다면 2060년 거주인구는 5만명대를 가까스로 지킬 정도다. 뚜렷한 비전과 면밀한 대책이 동반돼도 고령화의 자연감소를 반영하면 축소도시로의 상황전환은 불가피하다. 끝없이 인구유지를 위한 다양한 정책을 내놓지만, 지금처럼 성과를 낼 것이라 장담하기도 어렵다. 이런 점에서 새로운 도전과 혁신은 현재진행형의 숙제다.

지역활성화는 다양한 요인과 맞물려 성패가 결정된다. 특정지역을 공간으로 하기에 그만큼 차별화된 요소는 각양각색이다. 추진과제도 십인십색일 수밖에 없다. 특히 누가, 무엇을, 어떻게 하는지는 그 자체로 지역색과 특수성이 반영되게 마련이다. 때문에 사바에가 성공했다고 단순하게 비교평가하거나 벤치마킹하는 것은 곤란하다. 우리에게 필요한 건 일반적이고 객관적이면서 범용적인 실험과정을 살펴보는 일이다. 결과에 천착하지 말고 과정에서 패착과 실패를 반복하지 않는 게 먼저다.

사바에에서 배울 것은 관민협치로 불리는 새로운 거버넌스다. 어떻게 지역활성화를 할지 기획부터 실행과 평가에 이르기까지 과거방식이 아닌 시대변화와 사업지향에 맞는 새로운 접근모델이 요구된다. 이 새로운 거버넌스를 중심으로 키맨의 인적자원과 연대협치의 네트워크를 연결할 때 실패확률은 낮아진다. 일자리도 중요하다. 지역자원을 최대한 발굴하고 혁신해 청년정주를 위한 고용환경을 개선해야 한다. 이 과정에서 그간 제외된 시민참여를 유도함으로써 전원참가형 마을만들기도 기대된다. 무엇보다 시선을 넓혀 '인재+교육=청년'을 염두에 둔 접근이 절실하다. 결국 지역사회는 후속청년의 무대일 수밖에 없고, 또 그들 손과 마음에 미래의 운명이 결정되기 때문이다.

 돌이켜보건대 시차를 두고 만난 민과 관의 면면에선 자신감이 뚜렷했다. 요란한 빈 수레면 어떡하나 싶었지만, 확실히 명성은 허투루 알려지지 않는 법이다. 이방인의 눈에는 감동까지는 아니나, 공감은 확실히 있었다. 사바에의 실험경로를 뒤따른다고 한국에서도 성공할지는 미지수이지만 최소한 재생과정에서의 원칙과 방식은 좇을 만했다. 현장조사 이후 확보 자료의 업데이트와 달라진 내용을 확인하는 과정에서도 지속가능성은 확인된다. 한층 보강된 소식과 성과가 곳곳에서 시선을 사로잡는다. 엘커뮤니티의 활동반경은 한층 넓어져 중앙단위의 지역활성화 전문가로 초빙되고 있다. 2007년부터 기초의원만 4선을 한 후 2020년 10월 취임한 신임시장 사사키 카츠히사·佐々木勝久도 '팀 사바에'를 외치며 지역을 되살린 관민협치의 거버넌스를 유지·강화하겠다는 포부다.

CHAPTER 07 청년인재의 발칙함이 실현되는 혁신공간, 사바에

1. 후지요시 마사하루(2016), 『이토록 멋진 마을』, 황소자리, pp.153-224. 원제는 藤吉雅春, 『福井モデル: 未來は地方から始まる』, 文藝春秋, 2015.
2. 사바에시 담당공무원과의 인터뷰는 2019년 1월 10일 오후 1~3시 시청회의실에서 진행됐다. 대상자는 사바에시의 지역활성화 추진부서 사이토 구니히코(斎藤邦彦) 정책경영부 전략실장, 우치다 요시히코(内田吉彦) 실장보좌, 와타나베 마사루(渡辺賢) 산업환경부 상공진흥그룹 참사 등 3명이다. 민간조직으로는 사바에시의 지역활성화 사업 및 시민참여를 주도하는 NPO법인 L·Community(エル·コミュニティー)의 다케베 미키(竹部美樹) 대표와 함께 나카무라 쇼이치(中村正一) Hana도장 사범, 오카모토 히데노리(岡本英憲) Innovation 작가 등이다. 동일 오전 10~12시에 심층인터뷰를 진행했다. 대면인터뷰 전후에 사전단계의 이메일 질의응답과 사후단계의 자료확인 질의응답도 동시에 추진했다.
3. 鯖江市(2019), '持続可能なめがねのまちさばえ', 시찰자료, pp.3-4
4. NPO법인 엘-커뮤니티(L-community) 홈페이지(https://hanadojo.com)
5. http://www.asahi.com/special/080804/OSK201105060112.html(검색일: 2022.05.03)
6. 실행위원은 12명으로 구성되어 있고 학생들도 실행위원회의 구성원으로 참여한다.
7. SAP 홈페이지 참조(https://www.sap.com/korea). 독일기업인 SAP는 1972년 IBM에 근무하던 독일 엔지니어들이 만든 기업이다. 시스템 분석과 프로그램 개발을 뜻하는 'Systems', 'Applications', 'Products in data processing'의 첫머리를 따서 이름을 지은, 세계에서 가장 큰 규모의 소프트웨어 공급업체이다(검색일: 2022.05.03)

8. 후지요시 마사하루, 전게서 pp211-212. 후쿠이공업고등학교가 낳은 벤처계의 별 'jig.jp'의 후쿠노 다이스케를 말한다. 사바에 출신 IT기업인으로 유명한 사이버 에이전트 후지타 스스무 사장이 시내에서 강연할 때 "후쿠이 젊은이는 도쿄로 가야 합니다"라는 발언 이후 "지금은 인터넷 시대입니다. 왜 도쿄로 가야 하는 겁니까? 후쿠이에서해도 되지 않습니까?"라고 말해 강연에 참여한 이 지역 젊은이들에게 응원을 받았다. 이후 원츠그룹의 히로시와 손잡고 '창업가를 만들자!'라는 캐치프레이즈 아래 청년들을모아 공부하는 합동회사 '사바노야를 만들기도 했다.

9. 16년 동안 사바에 시장으로 재임했던 마키노 시장은 2020년에서야 시장직을 그만두었다. 책을 쓰면서 다시 확인히고자 시바에서 홈페이지를 방문했을 때는 2020년 10월 취임한 佐々木　勝久(사사키 카츠히사) 현 시장으로 바뀌어 있었다. 다행히 그 사이 마키노 전 시장을 이을 후계자가 나타난 모양이다.

10. 日経BP, '若者が変われば、大人も変わる。大人が変わればまちが変わる', 2018.03.27

11. https://azami-seisaku.com/local/20180417(검색일: 2022.05.03) 浅見制作所, '「居場所と出番」が市民をまちづくりの主役に', 2018.04.17.

12. 産経新聞, '眼鏡業界の女性の活躍を世界に発信：国連演説の鯖江市長が帰国報告', 2019.04.08. 시장은 유엔연설(2018년 5월 31일)을 통해 눈이 많은 지역의 농번기 부업으로 여성을 채용해 번성하기 시작한 안경산업에 주목한 경위와 침체이후 지역활성화에 기여하는 여성활약 등을 16분간 강조했다(SDGs 파트). 기술혁신과 맞물려 외지여성의 사회전입·직업도전이 잇따르고, 현지여고생의 지역활성화에 주목한 JK과 등도 설명했다.

13. 김종걸, 2020,『자유로서의 사회적경제』북사피엔스 pp. 338. "10급 공무원, 낮은임금" 등 중간지원조직 종사자를 가리키는 말에 이미 질문에 대한 답이 있다. 많은 사회적경제 중간지원기관은 자체자금이 없는 상태에서 정부위탁을 받는다. 지역의 당사자 조직이 사회적협동조합을 만들고 정부위탁 사업을 받는 경우도 마찬가지다. 자신의고유 사업을 위한 사무비용조차 스스로 만들 수가 없어, 정부위탁사업의 인력으로 보충해야 하며, 결국 상근자들의 과도한 노동으로 귀결되는 경우가 비일비재하다.

14. 한 개의 종광에 두 개의 날실을 끼워 짠 일본 특유의 흰색 견직물로 씨실을 물에 적셔 잡아당기며 짜서 밀도가 높고 부드럽다(국립국어원 우리말샘, 검색일: 2022.05.03)

15. 鯖江市(2019), 'めがねのまち鯖江の新産業創造への挑戦: 眼鏡とチタン加工技術の活用', 시찰자료, p. 2

16. 와타나베 마사루(渡辺賢) 상공진흥과 참사로 원래 안경을 비롯한 민간의 패션업계에 종사했지만, 귀향이후 사바에시의 공무원으로 직업을 바꾼 사례다.

17. 반경 10㎞권역에 집적한 희소한 전통공방에 주목해 장인과의 대화·교류 및 체험활동도 곁들인 이벤트(RENEW)로 매년 10월 3일간 실시하는데, 2018년 참가기업 110개사에 내방객 3만8,000명을 불러들였다. 이들 중 60%가 현 외부거주의 30~40대 여성이다.

18. 사바에시 홈페이지의 '시민주역조례'에 대한 설명이다. '2010년 4월 1일 시민이 시정에 주체적으로 참여했으며, 미래에 꿈과 희망을 가질 수 있는 사바에시 실현을 위해 시민과 시가 함께 땀을 흘리는 의지와 그것을 실현하기 위해 시의 시책의 기본이 되는 사항을 정해 자신들의 마을은 자신이 만든다는 시민주역의 마을 만들기를 진행하는 것을 목적으로 시민주역조례가 시행됐다.' https://www.city.sabae.fukui.jp/about_city/shiminkyodo/sabaeshiminshuyaku/shiminsyuyakujyourei.html(검색일: 2022.05.03)

19. あしたのコミュニティーラボ, '鯖江の移住事業から見えた, オープンイノベーションの起こし方: 福井県鯖江市「ゆるい移住」プロジェクト(前編·後編), 2016.04.22

20. SDGs(Sustainable Development Goals)는 지속가능한 개발목표로 2015년 UN에서 채택, 개도국·선진국 모두 2030년까지 달성하자고 내건 국제목표를 의미한다. 17가지 목표와 169가지 타깃으로 구성된다.

소멸 위기의 지방도시는 어떻게 명품도시가 되었나?

파산마을
유바리의

반면교사적
심폐소생술

지역소멸과
파산선언

지역소멸이란 신조어가 퍼지기 시작했다. 무겁고 슬프고 아픈 의미이나, 받아들여야 할 얄궂은 시대흐름이 만들어낸 말이다. 더 안타까운 것은 이대로면 현실화될 잠재지역이 수두룩하다는 사실이다. 지방권역 농산어촌 중 벗어날 곳은 거의 없다. 한때 지역을 호령했던 산업기반의 중소도시마저 위기감이 고조된다. 예측보다 가파른 인구감소 탓이다. 가뜩이나 줄어든 청년세대가 그나마 줄지어 지역을 떠난 결과다. 사라진 출산(자연감소)과 잦아진 유출(사회전출)이 중첩된 불상사다.

이로써 지역은 지속불능에 빠질 수밖에 없다. 주민이 없는데 지역이 있을 수 없듯 주민이 불행한데 지역이 생존할 수는 없다. 위기감은 어느 때

소멸 위기의 지방도시는 어떻게 명품도시가 되었나?

보다 높다. 이렇듯 한국이 순식간에 압도적 인구꼴찌로 전락할 것이라고는 아무도 몰랐다. 2018년 정상국가로는 최초로 출산율 1명대를 깬 후 4년 연속 평균 0.07~0.08명씩 낮춰지더니 2021년 0.75명 수준까지 내려앉았다. 많은 원인이 있으나, 지역소멸의 후폭풍이 결정적이다. 그나마 출산을 지지하던 지역청년이 도시로 빠져나간 탓이다. 서울 0.58명(2020년 4분기)처럼 인구밀도가 높은 도시일수록 출산율은 급락한 까닭이다.

소멸수위에 달한 지역은 이로써 절체절명의 절벽에 섰다. 몰락·붕괴의 위협은 현실적이며 실체적이다. 방치할수록 시한폭탄의 시점만 앞당겨질 뿐이다. 어떤 식이든 난관돌파의 자구노력이 필요해졌다. 인구증가를 위해 출산장려금을 확대하고, 일부는 거주안정을 돕고자 값싼 집까지 제공한다. 중앙정부도 거든다. 2021년 고향세(고향사랑기부금)를 만들어 열악한 지방재정에 숨통을 터줬다. 인구감소가 심각한 소멸지역(89개)을 정해 매년 1조 원(지방소멸대응기금)의 마중물도 지원해준다.

얼추 대응을 위한 초기준비는 갖춰진 모습이다. 회피할 수 없는 절실함을 토대로 부족했던 자금까지 붙었으니 예전보다 추진동력은 더 업그레이드됐다. 균형발전과 로컬리즘이 한국사회의 최대 화두이자 우선 의제일 수밖에 없어 관련환경의 정비·지원은 갈수록 확대·강화될 수밖에 없다. 요컨대 많은 관심 속에 재생사업이 펼쳐질 무대장치는 완비됐다. 시간은 짧고 기회도 적다는 점에서 모처럼만의 호기를 잘 활용해 소멸딱지를 떼내는 건 필수과제다. 인구감소를 늦추고 지역활력을 키워낼 묘책만이 유효할 따름이다. 최대한 가성비 좋은 지속모델이 지향점이다.

공은 이제 지역활성화의 실행주체인 지역으로 넘어왔다. 정확히는 지자체의 존재·역할로 갈무리된다. 사실 여기서부터 재생결과는 엇갈릴 전망이다. 지자체별 의지·능력은 다를 수밖에 없기 때문이다. 앞서 언급한 고향세와 기금지원 등 금융지원도 지역별 경쟁력에 따라 차등해 적용된다. 해서 빈익빈부익부는 불가피하다. 측정·평가기준이 엄격해질수록 지자체별 간극은 확대될 수밖에 없다. 같은 처지에 놓였어도 상황돌파는 천양지차란 얘기다. 하물며 과거 관성에서 벗어나지 못한 채 주민행복과는 무관한 보여주기식 전시행정이 반복되면 지역소멸은 간만의 외부지원에도 불구하고, 한층 앞당겨질 수밖에 없다. 229개 기초지자체 중 여기서 자유로운 곳은 거의 없다.

그렇다면 그 끝은 뻔하다. 유지불능의 지자체에게 남은 건 파산선언뿐이다. 사업이 망하면 회사가 사라지듯 주민이 없으면 지역도 무너진다. 한국에는 파산사례가 없지만 해외에는 있다. 미국은 부채를 못 갚아 파산을 선언한 지자체가 거의 매년 나온다. 금융위기(2008년) 이후에는 사회문제가 됐을 정도다. 2011년 한 해에만 앨라배마 제퍼슨카운티를 비롯해 4곳이 파산을 신청했다. 2013년 자동차왕국 디트로이트도 한때 180만 명의 인구가 70만 명까지 줄며 파산절차에 들어갔다. '세수감소 → 부채경영 → 변제불능'의 결과다. 공통점은 급격한 인구감소 속 방만한 재정운영으로 요약된다.

소멸 위기의 지방도시는 어떻게 명품도시가 되었나?

지역 몰락은
유바리처럼?

              지역의 파산선언은 강 건너 불구경일 수 없다. 파산 직전의 지불유예 선언사례도 있다. 2010년 호화청사 논란을 낳은 성남시를 필두로 대전(동구)·부산(남구)이 부채를 못 갚아 유예선언을 했다. 공권력에 기댄 모라토리엄으로, 일반회사·가계였다면 진작에 무너졌을 경우다. 인구감소로 줄어든 수입에 맞춰 살림살이를 펼쳐야 하나, 그 기본적인 상식조차 지키지 않은 결과다. 여파와 충격은 고스란히 지역주민 몫이다. 잘못된 의사결정은 주민행복의 악화로 연결된다.

    한국은 지역파산의 함정이 전국곳곳에 포진해 있다. 사실상 절대다수의 기초지자체가 몰락위기에 봉착했다. 실제 2021년 재정자립도는 역대최초로 50%대가 깨졌다. 예산 중 자체조달이 절반이하로 중앙정부의 교부금·

보조금이 아니면 살림조차 못 한다는 얘기다. 특히 30% 미만의 지자체도 173개에 달한다. 자체수입으로 인건비조차 해결불능인 지자체도 63곳이다.[1] 예산을 허투루 쓴다며 신고된 낭비건수가 2,000건을 넘길 만큼 엄중한 시대상황과 무관한 전시행정에 몰두했을 혐의가 적잖다. 위기돌파를 위한 혁신적 지역경영이 없다면 1호 파산 지자체의 출현은 시간문제다.

지자체의 파산선언은 지역소멸의 확인장과 같다. '파산=소멸'은 지속가능성의 붕괴위험을 뜻한다. 구멍 난 난파선에 잔류할 인구·자산은 없듯 그나마의 순환경제도 눈치장세 속 멈춰설 수밖에 없다. 종국엔 정주하려 했던 주민마저 지역을 떠나도록 부추긴다. 물론 지역파산이 폐업청산은 아니다. 자치력이 없을 뿐 대리인이 등장해 지역살림을 재편한다. 하지만 자치분권의 동력상실 속에 그간의 제반 권한은 회수된다. 점령군(?)의 신탁통치처럼 따를 수밖에 없다. 지역정책의 주체가 아닌 객체로 전락한다. 당연히 정상화 명분 속에 지역·주민의 뼈아픈 구조조정도 동반된다.

권력 없는 정치가 허무하듯 권한 없는 주민은 허탈하다. 해서 파산선언은 최대한 피하고 막아야 할 일이다. 선언 이후엔 마른 수건 쥐어짜듯 엄청난 고통이 동반된다. 잘못된 행정을 탓해본들 뒤늦은 후회일 뿐이다. 하물며 정상화조차 쉽잖다. 이를 잘 알려주는 반면교사적 선행사례 중 으뜸은 일본 홋카이도의 유바리시夕張市다. 한국에도 잘 알려진 유명사례로 지자체의 판단미스·능력부재가 얼마나 충격적인 지역붕괴를 낳는지 보여준다. 파산선언 직전의 유바리시와 닮은 지역이 많은 한국으로선 특히 유의미한 타산지석의 실패교훈이 될 것이다. 질타하며 닮아가진 않는지 살

소멸 위기의 지방도시는 어떻게 명품도시가 되었나?

1

2

3

1 | 인적조차 드문 유바리시청
2 | 유바리시청에서 바라본 주변시가지
3 | 유바리시 스키장과 호텔

펴볼 일이다.

　유바리시는 지역몰락의 상징도시다. 비단 지자체장 한 사람의 잘못으로 치부할 수 없는 것이, 지방행정의 잘못된 실패경로를 두루 밟았다. 대다수 일본인에게 유바리는 지역특산물인 멜론과 함께 파산도시란 이미지로 기억된다. 후술하겠지만, 멜론이 각고의 노력으로 새로운 지역명물이 되며 숨통을 틔워주고 있을 뿐 여전히 유바리를 둘러싼 대체적인 인상은 파산과 소멸 등 부정어로 중첩된다. 유바리 하면 떠오르는 '파산선언=지역소멸=유령마을'의 잔상은 연구팀이 현장을 찾았을 때도 자연스레 떠올랐다. 여러 곳의 현장조사를 다녔지만, 유바리시처럼 인적 없는 곳도 드물었다. 적으나마 재생성과가 있었다는 사전조사를 무색케 할 정도로 '아무것'도 없는 동네였다.

정리하면 유바리시는 2006년 일본의 기초지자체 중 최초로 파산선언[2]을 했다. 당시 엄청난 파장을 불러일으키며 비슷한 처지에 놓인 지자체의 집단적 위기감을 높였다. 파산 후 15년이 흘렀고, 상당한 노력·결과도 있었지만 여전히 한 번 각인된 인상은 사라지지 않는다. 가속화된 인구감소를 볼 때 정상화로의 회귀는 사실상 '불가능한 미션이지 않을까'라는 느낌조차 지워지지 않는다. 물론 회생노력은 대단했다. 공무원 상당수가 일자리를 잃고, 살아남아도 밥벌이조차 힘든 구조조정이 펼쳐졌다. 유바리의 몰락·재건 과정에 특화해 따라하지 말자는 취지의 '유바리투어'까지 만들었다. 문 닫은 유휴공간과 소장 물건도 경매로 내놓았다. 그럼에도 호응은 실망적이다. 파산 당시 12만 명의 주민은 이제 1만 명대까지 내려앉았다. 2021년(9월 30일) 현재 7,145명만 잔류하고 있다.

유일한 밥벌이 현장
편의점

연구팀은 유바리시에 한정해 실패학에 초점을 맞췄다. 모범사례를 살펴보는 것도 좋지만, 선행의 잘못된 실패모델도 충분한 시사점을 줄 것으로 봤다. 특히 극복과정에서 채택된 몇몇 대안실험이 유효할 것인지가 관심사였다. 실패가 컸던 만큼 새로운 재생작업의 목적 · 방식도 달라질 수밖에 없다. 익숙한 고정관념에서 탈피해 달라진 지역활성화의 필요 · 근거를 유바리시만큼 확실하고 세세하게 알려주는 실패학도 없기에 소중한 분석사례로 제격이다. 면밀한 사전연구를 토대로 시청에 만남을 청했다.

한여름 유바리는 홋카이도가 왜 피서지로 각광을 받는지 단번에 알려준다. 피부에 닿는 기분 좋은 바람과 청명한 하늘은 축복받은 자연환경이란

467

이런 곳임을 증명해준다. 매서운 설국雪國이 펼쳐지는 겨울만 아니면 힐링으로 최적화된 정주공간이란 데 이견은 없다. 유바리로 가는 길은 체감상 강원도와 닮았다. 탄광으로 먹고살던 동네답게 한국의 정선·태백과 오버랩된다. 이 평화로운 소도시가 왜 최초 파산의 멍에를 멨는지 안타까울 따름이다. 겉만 봐선 위기극복을 위한 수면아래의 필사적인 물장구도 이곳과는 어울리지 않는다. 괴롭고 아플 이유조차 없을 듯한 첫인상이다.

파산을 불러온 벼랑 현장에 닿을수록 '왜'란 의문은 더해진다. 도대체 어떤 사정이 이곳을 불행과 절망의 압축공간으로 변질시켰을까 싶다. 굽이치는 산간도로는 유바리의 지난 세월이자 걸어갈 앞날처럼 불편하게 다가선다. 잘못된 족적의 값비싼 대가처럼 유바리에 닿는 길은 복잡한 심경과 함께였다. 차창 밖 짙푸른 녹지풍경도 유바리의 생존모색을 떠올릴 때 쉽지 않은 제한변수로 다가선다. 활력증진에도 다양한 지역자원이 필요한데 이곳은 '자연'을 빼면 활용함직한 것이 거의 없다. 돈이야 원래부터 없었다 해도, 참여할 사람과 투입할 재료조차 마뜩찮다면 재생작업은 그만큼 힘든 법이다.

신치토세新千歳 공항 도착 후 연구팀은 유바리시청을 향해 내달렸다. 점심 때를 놓친 오후 2시에야 시청건물을 확인했다. 뒤늦은 식사를 위해, 시청 근처면 으레 있음직한 상점가를 떠올리며 주변을 돌아보았다. 얼마 지나지 않아 이방인의 착각임이 확인됐다. 시청 근처를 두세 번 반경까지 넓히며 돌았건만, 빈집처럼 방치됐거나 문을 닫은 점포를 빼면 사람 온기는 커녕 영업 중인 식당이 전혀 없었다. 식당 검색 후 찾아간 곳도 노렌暖簾·

영업 중임을 뜻하는 포렴은커녕 장기간 문을 열지 않은 폐점상태다. 낭패가 아닐 수 없다. 그렇다고 한참 전에 지나친 식당으로 되돌아가자니 면담시간을 고려하면 그것도 애매하다. 방법은 그나마 근처에서 영업 중인 편의점에 의탁하는 것이다.

외로운 벽면 수행자가 아닌 한 사람이 반갑기는 쉽잖다. 하지만 유바리라면 그럴 수도 있겠다. 편의점에 들어서고서야 이곳도 사람이 사는 동네임을 실감했다. 그나마 뜸한 발길로 스쳐 지나가는 통과자든 정주하는 수민이든 편의점 문턱을 넘어야 만날 수 있다. 특이한 건 편의점의 간판이다. '세이코마트'라 불리는 홋카이도 지역편의점이다. 일상구매가 힘든 과소지역에 출점하며 화제를 모은 메이커다. 홋카이도에만 1,100여 개로 지

유바리시청 인근의 유일한 점포인 편의점

역착근형 주민유대와 지자체의 비용지원이 적자벌충의 토대다. 경영논리로는 출점할 수 없음에도 장기적 관점에서 지역주민을 위한 최소한의 생활토대가 된 것이다.

연구팀이 확인한 유바리의 생생한 생활현장은 편의점이 유일했다. 지역주민이면서 점포직원인 듯한 중년여성이 익숙한 동선으로 매장을 오가며 고객을 응대한다. 친근한 인사말과 안부확인도 잇따른다. 비단 세이코마트가 아니라도 편의점이 생필품을 조달하는 기초안전망으로 진화하는 일본의 사례를 확인할 수 있다. 거주민의 초고령화에 맞춰 건강한 한끼 식사용의 도시락ㆍ반찬도 다종다양하다. 날씨가 좋아 음지에 옹기종기 모여 도시락을 먹는 중에서야 시청인근의 전체풍경이 한눈에 들어온다. 한때 관광객을 불러모았음직한 산자락의 스키장과 호텔이 휑뎅그렁한 모습으로 다가섰다.

소멸 위기의 지방도시는 어떻게 명품도시가 되었나?

잘못된 선택의
뼈아픈 결과

　　허기가 가신 후 질문을 재차 확인했다. 이렇듯 삭막한 소멸현장에서 어떤 재생성과를 물을지 고민스럽다. 각고로 노력했겠으나, 재생사업과 성과평가를 어떻게 받아들일지 혼란스러워서다. 적어도 시청인근 분위기만 보면 지금도 소멸 중인 절망의 흔적만이 가득하다. 사람 한 명 보이지 않는 시청주변을 천천히 돌아봤다. 마치 유령마을의 전형처럼 느껴진다. 언제 무너져도 이상하지 않을 퇴색한 목조건물 주택과 페인트가 벗겨진 대로변의 몇몇 콘크리트 폐점상점이 연이어 있을 뿐이다. 주기적으로 청소하는 듯 길가에 쓰레기가 없는 게 되레 이상할 따름이다.

　　외중에 옛 명성은 쉽게 상상된다. 이곳이 영화의 마을이었음을 곳곳에

471

내걸린 영화간판이 알려준다. 속칭 '키네마거리'로 불리는 동네답다. 지금은 박물관에 있음직한 예전의 유명작품을 그린 영화간판이 많다. 상점마다 영화간판 한두 개는 내걸자고 약속한 듯 예외 없이 걸렸다. 인구 10만을 넘겼던 1970년대에는 극장만 16개 있었다니 소도시의 남다른 영화사랑이 묻어난다. 손길이 뜸해진 만큼 지금은 더 낡고 흉측하게 변한 헐리우드 유명스타의 면면이 세월무상을 알려준다. 영화간판이 걸린 일부건물은 입구·창문에 X자형의 큼직한 나무판자로 못질을 해놓아 스산함을 더한다.

망가진 지역의 냉엄한 현실은 충격적이고 참담했다. 여느 시골마을처럼 주민이 담소하고 애들이 뛰어놀던 생활공간이 이렇듯 단시간에 녹슬고 빛바랜 채 망가진 소멸동네가 될 것이라고는 예측하기 어렵다. 히가시노 게이고東野圭吾의 소설『나미야잡화점의 기적』이 폐가를 무대로 쓰였다는 사실을 이해 못 할 일도 아니다. 둘러보면 초고령사회의 버려진 폐가를 일상처럼 목격할 수 있다. 소설이 히트를 친 건 탄탄한 작가의 능력과 함께 동의할 수밖에 없는 주변소재의 익숙함도 한몫했을 터다. 사람이 사라지면 동네가 없어진다는 현실화된 진리가 떠오르는 짧은 산책이었다.

유바리시의 현재는 잘못된 선택의 뼈아픈 결과로 요약된다. 후술하겠지만, 지역번성을 위해 채택된 개발카드가 되레 마을소멸을 앞당긴 자충수가 됐다. 취지가 맞아도 방법이 잘못되면 반대결과를 낳는다는 점에서 유념해야 할 대목이다. 실패학이 갖는 시사점을 잘 검토할 때 성공확률은 높아진다. 특히 엄청난 고통이 따르는 구조조정의 칼날은 지역주민의 잔혹한 일상으로 귀결되기에 반면교사의 포인트를 면밀히 뜯어볼 필요가 있다. 유바리의 실패 전철로부터 자유로운 곳은 없어서다.

유바리의 파산스토리는 총체적 판단미스로부터 비롯된다. 잘못된 리더십과 엇나간 정책이 불을 지폈고, 이를 견제할 감시기능은 멈춰섰다. 무능한 행정의 오판카드는 밀실결정·정보독점을 거치며 눈덩이처럼 실패규모를 키웠다. 감쪽같이 속인 교묘한 회계조작이 횡행했지만, 견제세력인 의회는 귀를 닫았고, 주민은 눈을 감았다. 믿고 맡긴 결과는 처참했다. '탄광에서 관광으로'의 부흥전략은 비극적 결말로 끝났다. 352억 엔을 뛰어넘는 상상초월의 부채가 부메랑처럼 되돌아왔다. 이후는 두말하면 잔소리다. 행정실패의 책임과 부담은 주민 몫으로 전가됐다. 세금은 늘어났고, 서비스는 줄었다. 못 견딘 주민은 도시를 떠났다. 재건계획이 아닌 파괴공작이란 비난까지 낳았다.

구조조정은 현재진행형이다. 아직도 빚의 청산은 덜 됐다. 2006년 파산 당시 18년에 걸쳐 완전변제를 계획했으나, 사실상 불가능한 과제가 됐다. 변제상황을 공개하고자 만든 '부채시계借金時計'를 보면 2027년 3월이 돼야 상환종료가 가능하다. 물론 많이 갚기는 했다. 232억 엔을 변제했고, 120억 엔 가량 남았다(2022년 5월 3일 기준). 시간당 27만 엔가량의 변제속도로 아직 갈 길이 멀다.[3] 와중에 주민생활은 팍팍해졌다. 무분별한 사업확장과 주먹구구식 경영이 살찐 행정을 낳으며 박탈감을 주더니, 파산 이후엔 빚잔치의 여파로 줄어들고 악화된 공공서비스조차 감내해야 할 처지다.

연구팀을 맞은 유바리시 담당공무원 사콘 와타루佐近航[4] 주임은 "그래도 많이 좋아졌고, 희망이 엿보인다"며 말문을 연다. 유바리시와의 첫인상을 있는 그대로 얘기하니 이해한다는 투지만, 개선된 점에 더 주목해달라며 겨울 유바리의 면면부터 설명한다. 유바리의 그나마의 진면목은 겨울에 엿볼 수 있다는 것이다. 시청인근만 해도 스키 등 동계스포츠를 즐기고자 찾아오는 방문객이 많다고 거든다. 특히 홋카이도 관광명소인 후라노시富良野市[5]로 향하는 중간지역이라 발길이 끊이지 않는다고 했다. 호텔도 외지손님으로 북적대기에 숨죽인 상권도 하나둘 되살아난다는 설명이다.

  한참의 인터뷰 후 저녁의 유바리거리를 다시 찾았다. 퇴근시간인 6시가 채 안 됐건만, 사위는 땅거미로 자욱하다. 근처 유바리역으로 향했다. 탄광철도로 불리며 전성기엔 산업·관광 관련 교통을 책임진 기반시설이다. 파산선언 후에는 인근 스키장·호텔 프런트의 간이 위탁업무로 근근이 유지되는 무인역으로 전락했다. 현재는 완전한 폐역상태로 스키장마저 폐업했다. 교육(폐교)·교통(폐선)이 붕괴되면서 청년인구의 고향이탈은 급속히 빨라졌다. 빠르면 중학교, 늦어도 고교 졸업 후면 타지역으로의 이주를 당연시할 정도다. 짧은 번성과 긴 쇠락의 잔영을 그대로 기억하는 유바리역은 불 꺼진 채 연구팀을 맞았다. 창문 넘어 살펴본 내부는 작은 이탈리아 레스토랑 겸 카페로 이용된다지만, 손님이 없는 탓인지 장기간 문을 닫은 스산한 모습이다. 그 앞을 도쿄도에서 기증받은 유일한 순환버스가 시동을 끈 채 손님을 기다린다. 버스 외관은 도쿄버스의 도색 그대로다. 나중에 찾아보니 재정파탄의 기억을 잊지 않으려는 의도라는 설명이다. 역시 거리에 사람은 거의 없다.

탄광마을의 숨가쁜
흥망 스토리

어디든 그렇지 않을까 싶지만, 유바리는 한때 잘나가는 모범지역의 전형이었다. 지역자산인 탄광산업에 힘입어 돈과 사람을 끌어모았다. 몇 년만 광산에서 일하면 목돈을 쥔다는 소문이 퍼지며 탄광러시를 낳았다. 검은 진주의 힘은 조용한 시골동네를 시끌벅적한 상점가로 변모시켰다. 1960년대 인구 12만 명에 육박하는 최전성기를 향유했다. 유바리시 곳곳에 위치한 흉물스러운 유휴시설은 이때만 해도 충분한 설명력과 존재감을 발휘한, 없어서는 안 될 성공의 징표였을 공간이다.

아쉽게도 영광은 짧았다. 정책변경으로 에너지 공급구조가 '석탄 → 석유'로 바뀌며 상황은 반전됐다. 해외석탄의 저가수입도 악재였다. 탄광의

자료: 유바리시 지방인구 비전 및 지방판 종합전략(2020년)의 재구성

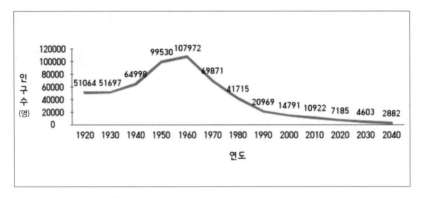

■ 유바리시 총인구와 장래인구 추계

사건사고도 사회문제로 비화됐다. 폐광이 잇따르며 활기가 줄어들기 시작
했다. 1990년대 광업은 유바리시에서 완전히 자취를 감췄다. 석탄산업의
올스톱은 인구유출을 낳았다. 희망을 잃은 청년부터 마을을 떠났고 고령
층만 남았다. 1980년대에는 1/3 토막인 4만 명대까지 줄더니 1990년대에
는 2만 명의 지지선마저 허무하게 무너졌다. 2021년 9월 7,000명을 겨우
지키고 있지만, 추계에 따르면 2040년 3,000명대마저 붕괴될 전망이다.

　상황반전에는 긴 시간이 걸리지 않았다. 광업 변천사를 토대로 정리하
면 1962~71년의 10년이 결정적이었다. 이 기간에 중소탄광의 폐산이 계
속되고, 비능률광·능률광의 재조정(스크럽&리빌드)이 본격화된 것이다. 합
리화를 내세운 기존 광산의 폐광과 신광 개발은 엇갈려 진행됐다. 이때만
해도 석탄의 힘은 건재했다. 1972년부터 대형탄광의 폐산이 반복됐지만,
그래도 명맥은 유지할 것으로 보였다. 다만 1976년 신석탄정책의 본격화

소멸 위기의 지방도시는 어떻게 명품도시가 되었나?

는 유바리의 광업 미래에 절망의 올가미를 씌웠다. 저가의 해외석탄이 몰려들며 국내산의 출탄 규모는 급락했다. 탄광은 1960년 17개에서 1980년 4개로 줄어들었다. 광부 등 근로자의 일자리는 급격히 축소됐다. 탄광 하나에 대략 1,000명이 일한다고 볼 때 상당한 실업충격이다. 대부분은 유바리를 떠날 수밖에 없었다. 1989년 최후의 탄광(미츠비시)이 폐업하며 석탄산업은 종지부를 찍었다. 화려했던 과거 번성은 부담스러운 잔재 처리로 남았다.

돈 벌어주던 버팀목은 허망하게 무너졌다. 정책변화 · 경쟁격화의 외부

자료: 유바리시 시찰자료 재구성

연도	탄광수	생산량(천 톤)	종업원수(명)
1955	17	2,254	17,294
1960	17	3,297	16,027
1965	13	4,036	11,025
1970	10	3,762	9,617
1975	5	3,173	6,290
1980	4	2,653	5,202
1982	3	2,056	3,141
1983	2	1,845	3,094
1985	2	1,528	2,796
1986	2	1,710	2,657
1987	2	935	998
1988	1	627	958
1989	1	522	885
1990	–	–	–

■ 유바리시 탄광수 및 생산량과 종업원수 추이

악재 탓이 컸지만, 시대변화를 못 읽은 실패요인도 한몫했다. 연착륙을 위한 정밀한 선제대응이 있었다면 충격을 최소한으로 묶을 수 있었기 때문이다. 특히 혼돈 속의 상황정리라는 숙제를 넘겨받은 행정대응의 오판·실기가 되레 더 큰 불행을 자초했다는 건 주지의 사실이다. 산업붕괴의 잽만으로도 아픈데 정책무능의 어퍼컷이 유바리를 녹다운시킨 셈이다. 탄광으로 비롯된 흥망이야 그렇다 쳐도 잘못된 사후대응이 더 아쉬운 까닭이다.

잔치가 끝나면 정리는 필수다. 화려한 잔치일수록 치워야 할 게 많다. 좋지 않게 끝났다면 더더욱 그렇다. 당장 탄광회사들이 남겨놓은 병원·사택 등 유휴시설의 처리문제가 떠올랐다. 유바리시는 다급해졌다. 가령 광부사택 5,000호를 시영주택으로 전환하는 프로젝트를 비롯해 세금투입이 막대해졌다. 재정부담은 눈덩이처럼 불어나는데 세금을 내주던 역내기업은 줄도산을 반복하니 들어올 돈은 급감했다. 최후의 구원자로 등판한 유바리시이지만, 지출증가·수입감소의 적자살림을 타개할 묘수가 있을 리 만무했다.

훗날 두고두고 질타받는 '탄광에서 관광으로'의 자구책은 이때 등장했다. 1979년 시장으로 취임하며 석탄산업발 영고성쇠를 경험한 나카다 데쓰지中田鉄治의 리더십이 고안해낸 재생플랜이었다. 그는 이후 2003년까지 무려 24년을 재임하며 잘못된 리더십의 상징으로 언급되는 불명예의 소유자다. 조락한 탄광을 대체할 신산업으로 관광을 내걸며 도시전체를 관광자원으로 전환하는 정책을 채택했다. 관광도시로 재편하면 고용창출을 비롯해 다양한 산업효과가 있을 것이란 기대였다. 전형적인 탁상행정이었다. 탄광을 빼면 이렇다 할 관광자원·사업경험이 없었기에 생뚱맞은 정책일 수밖에 없었다. 비전보다 중요한 건 실체인데, 슬로건만 요란했지 뒷받침하는 유인장치는 별로였다.

관광진흥을 위해 시장은 취임 이듬해인 1980년 석탄박물관을 개장했다. 또 관광사업 전반을 아우를 조직으로 제3섹터[6]인 ㈜석탄역사촌관광을 설립했다. 관민의 공동출자이지만, 사실상 관제사업을 그대로 대행하는 역할이다. 이후 1994년 유바리관광개발㈜이 설립돼 지역기반의 관광사업을 도맡아 운영한다. 사양화를 이겨낼 핵심적인 관광인프라로 약 15억 엔을 투입해 만들었다. 이후 고용창출을 빌미로 관광시설은 무계획적으로 늘어났다. 엄청난 혈세를 투입한 각종 관광·위락공간이 가세했다. 리조트·스키장 등 손꼽히는 프로젝트만 20여 개에 달했다. 외형이 커지고 시설이 많아지니 관광전략은 먹혀드는 것처럼 보였다. 실제 석탄박물관 개장 원년에는 100만 명의 관광객이 찾을 정도였다. 태백 등 한국의 지자체도 지역발전의 성공모델로 유바리시를 주목했다.[7]

초기일수록 마케팅(?)이 먹혀든다. 균형발전의 모범사례로 인식되며 호평 속에 몇몇 상까지 받았다. 언론의 집중보도도 계속됐다. 당시 버블경제의 수혜를 입으며 유바리시는 일약 인기마을로 급부상했다. 다만 '빛 좋은 개살구'였다. 1990년대부터 심상찮은 위험경고가 잇따르며 상황반전을 예고했다. 효자상품으로 보였던 관광산업이 꺾이기 시작했다. 그럼에도 연이어 관광인프라가 강화됐다. 치적사업·전시행정이란 일각의 지적은 무

자료: 유바리시 시찰자료 재구성(괄호는 2018년 4월 1일 현재상황)

연도	내용
1980년	석탄박물관 개장(지정관리), SL관 개장(중지)
1981년	탄광생활관 개장(해체)
1983년	알려지지 않은 세계의 동물관 개장(해체) 놀이공원시설 '어드벤처 패밀리' 완성(해체)
1985년	'멜론성' 완성(매각)
1986년	호텔 '슈파로' 오픈(매각)
1988년	로봇 대과학관 개관(해체)
1990년	'행복의 노란 손수건 추억광장' 오픈(지정관리) 제1회 유바리 국제 판타스틱영화제 개최 (NPO 법인주체로 실행위원회 형식으로 개최)
1991년	민간기업에 의해 호텔 '마운트레이스' 준공(매각)
1994년	유바리 로쿠메이칸 관람 개시(민간양도)
1995년	'패밀리 스쿨 해바라기' 오픈(매각)
1996년	'유바리 슈파로의 탕' 오픈(현재 중지) 호텔 '슈파로' 민간기업에서 취득(매각)
2001년	유바리 향수의 언덕 뮤지엄 '생활역사관' 개관(중지)
2002년	마운트레이스(호텔, 스키장)을 민간기업으로부터 취득(매각)
2004년	평화운동공원 야구장 완성(지정관리)

■■■ 유바리시 관광 프로젝트 실시경위

시됐다. 부채규모가 커졌지만, 그것도 능력이라는 시장의 말을 믿고 주민은 6회 연임이란 기록까지 세워줬다. 열기가 줄어들자 내용 없는 콘텐츠는 외면받기 시작했다. 차별적인 소프트웨어 없이 단기성과에 천착한 토목형 하드웨어에 집중한 결과는 참혹했다. 화려했던 건물은 빚더미로 만들어졌고, 실망한 관광객은 되돌아오지 않았다.

관광재건은 수요예측의 실패부터 방만한 경영에 따른 과잉투자 등이 맞물린 총체적 실패사업이었다. 누적적자는 심화됐고, 재정상황은 악화됐다. 그래도 이때 솔직한 고백과 각고의 노력을 했다면 지금처럼 문제를 더 키우진 않았을 터다. 아쉽게도 시당국은 회피전략에 몰두했다. 결산장부를 조작하며 빚을 감추는 데 연연한 것이다. 파산 당시 연간재정이 44억 엔에 불과한 지자체에 무려 차입금만 300억 엔을 기록했다. 이 빚을 갚고자 다시 수년간 지방채를 찍어냈다니 행정발 폰지게임이 아닐 수 없다. 파산선언 후 광역지자체(홋카이도)가 연 0.5% 저리로 360억 엔을 빌려주고, 중앙정부가 교부금을 늘려주었지만 채무 해결에 18년이란 시간이 걸릴 정도로 막대한 부채 수준이었다.

CHAPTER 08 파산마을 유바리의 반면교사적 심폐소생술

유바리국제영화제의
초라한 잔재

파산도시 유바리의 슬픈 현실은 도처에 산재한 빈 공간의 유휴시설에서 확인된다. 좋았을 때 필요한 주거단지와 재건할 때 만들었던 관광시설이 지금은 대부분 빈 공간으로 전락했기 때문이다. 주민증발과 관광쇠락이 만든 전형적인 과소화過疏化의 패턴이다. 원류는 폐업한 탄광회사가 남긴 방대한 규모의 주택·시설에서 비롯한다. 사람이 떠난 후의 유지관리·개수비용을 지자체가 떠맡은 게 불행의 시작이었다. 2007년 전체세대(6,552호)에 근접하는 5,000여 채를 공영주택으로 전환해 인수했지만, 들어갈 주민이 없으니 빈집으로 남을 수밖에 없는 구조였다. 하물며 과잉건설의 관광시설은 본격침체 후 혈세투입으로 간신히 버텨내거나 대부분 폐업상태로 잔존할 수밖에 없었다.

소멸 위기의 지방도시는 어떻게 명품도시가 되었나?

유휴공간 천지인 유바리에서 석탄박물관은 그나마 연명 중이다. 유바리 국제판타스틱영화제(이하 유바리영화제)와 함께 유바리시를 먹여살리는 그나마의 동앗줄이다. 파산이후 콘텐츠를 계속해 보강한 덕분이다. 2016년부터 2년에 걸쳐 프로그램을 개선해 재개관한 후 적으나마 발길이 계속된다. 물론 운영현실은 냉혹하다. 시립미술관은 폭설 이후 건물붕괴로 2013년 아예 폐관했다. 일상관리가 전제된 공공시설이 이러니 일반적인 주택·점포 등 유휴공간은 흉물스런 괴담 공간으로 전락할 수밖에 없다. 상황은 쉽게 개선되지 않는다. "사람이 너무 없어 치안 걱정을 할 이유가 없다"라는 말까지 들린다.

이런 유바리가 세간의 관심을 받는다면 대부분 유바리영화제 때문으로 이해된다. 관광으로의 전환사업 중 명맥을 유지하는 대표사례가 유바리영화제다. 1990년부터 시작하며 파산선언과 함께 실행주체가 시에서 민간단체로 이관되며 버텨냈다. 영화제를 지지하는 다양한 단체·지원에 힘입어 2008년부터 지역활성화를 위한 주민주도의 재생사업으로 전환됐다. 유바리가 외지인으로 들썩이는 유일한 이벤트로 평가된다. 2020년부터는 넘쳐나는 유휴공간에도 불구, 숙박시설의 부족으로 겨울개최에서 여름개최로 변경됐다. 광열비를 줄이고, 야외상영을 늘리자는 효율경영의 차원이다.

예전처럼 왁자지껄하진 않지만, 2021년 31회까지 누적성과를 쌓았다. 재정파탄으로 지원을 못 했던 2007년을 빼면 매년 개최됐다. 애초 영화제를 기획·실행한 나카다 전 시장의 오판 중 유일하게 결과적인(?) 성과를 창출한 사례다. 만시지탄의 후회 속에 더 늦기 전 지역을 되살리려는 주

방치된 영화 입간판과 스산한 유바리시

민·주민조직의 자발적이고 필사적인 노력이 더해졌기에 가능했지만, 씨앗을 뿌린 건 인정할 만하다. 관광부흥의 소프트웨어로서 영화제의 필요가 먹혀든 것이다. 기능부전에 빠진 하드웨어 속 유일한 지역 밥줄이란 의미다. 한국에서도 유바리 하면 영화제부터 떠올리는 경우가 많을 정도로

소멸 위기의 지방도시는 어떻게 명품도시가 되었나?

국제행사로의 명성을 유지했다. 참고로 쿠엔틴 타란티노 감독을 발굴한 것도 유바리영화제였다고 한다.

유바리영화제를 움직이는 주체는 NPO법인 '유바리판타'다. 재정파탄 후 주민·영화인이 민간의 힘으로 영화제를 부활시키고자 조직했다. 열악한 조직·운영상황에도 불구, 매력조성을 위해 다양한 네트워크를 통해 노하우를 축적·실행한다. 당장 민간주도의 영화제답게 지역주민의 전폭적인 지지·응원이 영화제 기간 동안 확인된다. 응원단처럼 깃발을 흔들며 대로변에서 방문객을 반기고, 주민조직은 참여스탭(자원봉사)으로 변신해 환영한다. 설국의 환상적인 정취 속에서 음식을 나누는 풍경은 감동을 불러올 수밖에 없다. 관람객의 60%가 자비로 찾아올 만한 주민매력의 힘이다.

다만 여기까지다. 영화제가 끝나면 유바리는 고요한 침묵 속 잔혹한 일상으로 전환된다. 방문객이 떠난 동네는 영화제의 잔재만 남는다. 건물에 내걸린 손그림의 영화간판과 기념사진 촬영용 배경세트가 그렇다. 켜켜이 쌓인 먼지와 빛바램은 사라진 마을의 손때 묻은 유물처럼 남는다. 건물 사이 공터에 무성하게 자란 잡초가 헛헛한 공간을 메워줄 따름이다. 최소한 흉물잔재는 정리할 수 없는 것인지 의문스럽다. 철거비용조차 없다고 전해들었던지라, 인터뷰에 응한 사콘에게 물었다. 그의 말이다.

"낡은 영화간판을 보고 많이들 묻습니다. 왜 방치하냐고 말이죠. 사실 유바리시의 독자결정으로 할 수 있는 건 별로 없습니다. 파산선언 후 각종법률에 따라 재정 재생단체가 되면서 중앙정부에 의사결정의 모든 권한을 넘겼죠. 재정 재생계획을 세워 사전에 정해진 동의예산이 아니면 쓰기 어렵습니다. 그 계획에 포함되고 취지가 인정되는 경우에 한해 중앙정부로부터 예산변경이 가능해집니다. 결국 시가 재량껏 할 수 있는 건 없습니다. 거리정비 등의 비용도 마찬가지예요. 시장 맘대로 할 수 있는 건 없습니다. 그보다 더 급한 곳에 써도 부족하기에 모든 이를 만족시킬 수는 없죠."

간략히 정리하면 유바리시는 스스로 세운 재정건전화를 준용한 범위에서만 사업을 펼칠 수 있다. 독자적인 기획과 권한은 재정 재생단체, 즉 파산도시가 된 후에는 행사할 수 없다. 이는 건전화를 뜻하는 판단지표·비율[8]을 맞출 때까지 계속된다. 대신 재생대체특례국채(323억 엔)를 발행해 적자를 해소하고 이후 특례채를 상환하는 식이다. 계획에 계상되지 않은 예산은 중앙장부(총무대신)의 동의를 얻은 후에나 집행이 가능하다. 얼추 2030년 이전까지는 독자경영이 힘들다. 급여개정·직원채용 모두 적용된다. 주민생활을 위한 불요불급한 행정서비스도 허리띠를 졸라매는 판에 경관정비 등 우선순위가 낮은 사업은 밀릴 수밖에 없다. 영화제의 잔재가 쇠락한 마을과 공존하는 배경이다.

소멸 위기의 지방도시는 어떻게 명품도시가 되었나?

부채가 빚어낸
악순환의 연쇄고리

질타만으로 개선되기는 어렵다. 사콘이 거듭 반복했던 말 중에 "되살리려는 과정에 주목해달라"라는 메시지처럼 책임소재만 천착해서는 진일보하기 어렵다. 원인 분석만큼 중요한 건 나아지려는 개선노력이다. 더욱이 행정의 판단착오를 둘러싼 임기종료 후의 책임 운운은 법적 판단도 어렵다. 뒤늦게 밝혀진 전임시장의 반복된 분식회계도 파산선언 이전인 2003년 책임 당사자가 사망해 흐지부지됐다. 책임을 물을 수도 없는 상황인 것이다. 이로부터 3년 후 후임시장(고토 켄지·後藤健二)이 파산을 선언함으로써 방대한 부채경영의 민낯이 공개됐고, 유바리는 전 국민의 냉대에 직면했다.

민간조직이면 부채경영은 최대한 피하고 싶은 대목이다. 부채도 자산이라지만, 대개는 레버리지보다 상황악화를 부르는 자충수인 까닭이다. 다만 행정은 좀 다르다. 대다수 지자체의 재정자립도가 낮듯이 적자운영의 불가피성이 용인된다. 중앙정부가 교부·지원금을 내려보내는 것도 같은 맥락이다. 더욱이 혈세이지만, 주인 없는 돈이란 인식처럼 근거·단계만 밟으면 낭비해도 피해나갈 여지가 많다. 지자체장이 단기성과에 함몰된 전시용 관제사업을 펼쳐도 그 자체로는 통제하기 쉽잖다. 선거를 통한 수장교체가 아닌 한 견제수단은 별로 없다. 문제가 생겨도 법적 다툼의 여지로 연결된다.

해서 유바리의 파산은 아쉬움이 남는다. 빚이 빚을 부른다는 단순한 상식만 있었다면, 모자라면 아껴 쓴다는 당연한 접근만 있었다면, 제1호 파산 지자체의 오명은 피할 수 있었다. 혹은 눈먼 돈을 둘러싼 관성적인 무책임경영을 통제·견제할 제도장치만 제대로 기능했다면 충격완화는 가능했을 수 있다. 유바리는 이 모든 기회를 잃었다. 분명 지속되기 힘든 이상한 지역경영이었건만 누구도 멈춰세우지 않았다. 한번 쌓인 부채가 빚어낸 악순환이 눈덩이처럼 커진 이후에야 진실이 밝혀졌다.

분식회계의 끝은 자명하다. 폰지게임이 계속될 리 없듯 누적적자는 또 다른 재정부채로 비화될 수밖에 없다. 제 돈으로 살림을 못할 때 신중하게 접근했어야 했건만, 새롭게 빚을 내 더 많이 썼으니 파탄예고는 당연한 수순이다. '부채자금 → 과잉투자 → 매출감소 → 채산악화 → 세수하락 → 유지불능 → 신규부채'의 악순환인 셈이다. 초기에만 바로잡았어도 파산의 벼랑 끝까지는 오지 않았을 것을 리더의 조급함과 전시행정의 달콤함이 회생기회를 날려버린 것이다. 날려버린 기회는 새로운 거짓말까지 불러왔

소멸 위기의 지방도시는 어떻게 명품도시가 되었나?

다. 이로써 남은 건 잔혹한 빚잔치뿐이다. 사콘은 부채시계를 통해 그 과정을 설명한다.

"(노트북으로 부채시계의 실시간 변제금액의 변동을 보여주며) 보시면 알겠지만, 시는 부채변제를 위해 많이 노력 중입니다. 352억 엔 중 182억 엔을 갚았어요(2022년 5월 3일 현재로는 232억 엔 변제완료). 당시 세운 재정건전화 스케줄을 최대한 지키며 정상화될 날을 기다리고 있죠. 줄일 수 있는 건 모두 줄였다고 보면 됩니다. 중앙정부를 비롯해 유바리를 지켜보는 사람이 많아 긴장을 내려놓을 수 없어요. 잘못했으니 차가운 시선은 당연하지만, 이제는 절망감보다 기대감을 말할 때가 된 듯합니다."

그럼에도 상황은 쉽잖다. 마른 수건조차 쥐어짜며 핍박경영을 계속하고 있지만, 절약형 도시경영은 자칫 미래활력을 위한 투자조차 없앨 수 있다. 즉 부채상환과 지역재생의 두 마리 토끼를 잡는다는 논점이 그렇다. 반대로 생활품질의 악화를 낳는 무차별적인 부채변제가 추가적인 인구유출·활력저하로 연결되면 그나마의 재생 씨앗조차 앗아가는 딜레마가 염려된다. 빚잔치 와중에 실망한 주민이 지역을 떠나는 사례가 실제로도 확인된다. 최소한의 복지수혜도 못 받는 곳에 계속해 정주할 동기는 줄어들 수밖에 없다. 즉 부채가 줄지만, 인구도 줄어드는 축소지향형 과소마을의 우려가 구체적이다. 이렇게 되면 정상화돼도 그 다음을 위한 행보가 단절될 수밖에 없다.

산업별	2000년		2005년		2010년		2015년	
	인원수(명)	구성비(%)	인원수(명)	구성비(%)	인원수(명)	구성비(%)	인원수(명)	구성비(%)
제1차 산업	844	13.2	744	13.2	640	13.7	582	15.6
농업	804	12.6	716	12.7	611	13.1	566	15.2
임업	40	0.6	28	0.5	29	0.6	16	0.4
어업								
제2차 산업	1,536	24.0	1,261	22.4	1,172	25.2	815	21.9
광업	7	0.1	4	0.1	1	0.0	1	0.0
건설업	707	11.0	559	9.9	517	11.1	270	7.3
제조업	822	12.9	698	12.4	654	14.1	544	14.6
제3차 산업	4,022	62.8	3,632	64.4	2,848	61.1	2,324	62.5
전기 가스 열공급업 수도업	58	0.9	45	0.8	31	0.7	39	1.0
운수 통신	354	5.5	229	4.1	234	5.0	179	4.8
도매 소매업 음식	1,041	16.3	779	13.8	552	11.8	702	18.9
금융 보험업	81	1.3	47	0.8	38	0.8	31	0.8
부동산업	18	0.3	20	0.4	19	0.4	8	0.2
서비스업	2,061	32.2	2,176	38.6	1,703	36.5	1,112	29.9
공무	409	6.3	336	5.9	271	5.9	244	6.9
그 외							9	
총계	6,042	100.0	5,637	100.0	4,660	100.0	3,721	100.0

자료: 유바리시 시찰자료의 재구성

결국 허리를 떠받쳐줄 경제활동인구의 지속가능성이 관건이다. 이들의 건강한 호구지책이 지역경제뿐 아니라 세수 근원을 떠받치기 때문이다. 아쉽게도 50%를 웃도는 고령화율을 보건대 인구구조는 쇠락 사이클에 접어들었다. 고령인구와 후속인구가 역전되면서 순환경제를 위한 역내기반의 분업구조는 위험수위에 달했다. 산업별 인구추이를 보면 염려가 기우가 아님을 알 수 있다. 활력감퇴의 인구변화가 확연하다. 고용 유발성이 높은 2·3차 산업비중은 줄고, 고령경작을 뜻하는 1차 산업은 되레 늘었다(2000년 13.2%→2015년 15.6%). 특히 서비스업은 2005년 38.6%에서 2015년 29.9%까지 축소됐다. 산업 종사자수는 2000년 6,042명에서 2015년 3,721명으로 감소했다.

이는 '재정악화 → 파산선언 → 산업붕괴 → 복지약화 → 인구유출 → 세수감소 → 생활악화'가 야기한 악순환의 결과다. 특히 정주의지를 지닌 남은 주민마저 떠나게 만들며 또 다른 사회전출을 가속화한다. 파산마을답게 자립재정은 불능상태다. 세입결산을 보면 중앙으로부터 보조받는 교부세가 43.1%로 압도적이다. 중앙·광역지자체의 지원금(16.0%)까지 합하면 59.1%가 외부에서 충당된다. 반면 직접적인 수입원인 지방세는 7.0%뿐이다. 재정자립도가 낮은 다른 기초지자체와 비교해도 압도적인 외부 종속적 결산구조다. '이대로 빚만 갚다가는 사람도 활력도 남지 않을지 모른다'라는 브리핑 자료의 문구가 단순한 푸념이 아닌 냉엄한 현실임을 보여주는 대목이다. 사콘의 말이다.

"빚을 갚는 건 당연한 일입니다. 하지만 불평과 불만도 많습니다. 건강해야 빚도 갚는데, 체력 자체가 사라지면 아무것도 할 수 없죠. 이 일 저일 가리지 않고 밤낮으로 빚만 갚다가는 몸을 챙길 수 없는 것과 같아요. 악순환의 고리를 끊어야 하는데 만만찮습니다. 그나마 2017년 재생계획을 재검토해 적으나마 숨통을 열었습니다. 재정재건과 지역재생을 양립시켜 건강을 되찾기 위해서죠. 유바리는 지금 다시 일어서고 있습니다. 시민과 행정이 힘을 합해 미래를 얘기하기 시작했습니다."

구원투수의
화려한 등판

　　　　　　　　　'탄광에서 관광으로'의 방향전환이 처
음부터 잘못된 것은 아니었다. 지역발전을 위한 단골카드답게 관광진흥
은 어느 지자체든 공들여 펼치는 사업 아이템이다. 대부분 지방도시라면
관광은 지역을 떠받치는 유력산업 중 하나다. 부존자원이 마땅찮을수록
지역을 먹여살리는 순환경제는 찾아오는 외지 발길에 의존한다. 유바리
도 그랬다. 애초부터 망하자고 시작한 사업은 더더욱 아니다. 무리한 과
잉투자와 방만한 부실경영이 일본 전체의 장기불황이라는 거대 악재 속
에서 기세가 꺾였을 따름이다.

　　그렇다고 인재人災가 가려지진 않는다. 확실히 유바리 파산사태는 환경
적 불가피성보다는 인위적 관리부재가 핵심원인이다. 즉 사업내용의 패

착이라기보다 추진주체의 실패로 보는 게 타당하다. 실제 최소한 초기성과는 확인된다. 또 다른 전성기를 맞이하듯 버블붕괴 이전의 10여 년은 유바리를 일약 관광명소로 부각시켰다. 24년 장기 재임의 시장 파워가 강력한 의지와 빼어난 뒷심으로 관광을 떠받쳤다. 다만 위험경고가 본격화된 이후부터의 대응이 안타까운 지점이다. 커버 불능의 거대부채를 숨기고자 통계만 부풀리는 단계까지 내몰렸기 때문이다.

파산은 곧 재기로 연결된다. 위기가 영웅을 낳듯 유바리의 파산은 곧 청년정치인의 발굴에 닿는다. 유바리의 재건작업은 2011년 시장으로 당선된 도쿄출신 훈남청년의 구원등판 후 본격화된다. 신임 사령탑인 1981년생 스즈키 나오미치鈴木直道의 진두지휘는 유바리를 넘어 열도 전역에 화제를 낳았다. 입지전적인 인물답게 재건내용보다 시장 면면에 주목하는 언론기사가 쏟아졌다. 모자 가정 출신으로 돈이 없어 대학을 포기(이후 주경야독으로 호세이대 졸업)한 후 도쿄도청 고졸공무원으로 사회생활을 시작한 인물이다. 2008년 유바리시에 파견되며 인연을 맺었다. 그의 파견 종료일에는 유바리시민들이 자발적으로 시청에 모여 손수건을 흔들며 환송했다는 후문이다.

그가 스포트라이트를 받은 건 1년 후 유바리로의 화려한 복귀스토리 덕분이다. 불과 몇 개월의 준비로 외지출신으로서 18대 유바리 시장이 된 것이다. 나이 서른에 경력이라고는 하위공무원이 전부인 청년이 1호 파산 지자체의 시장으로 선출된 것은 엄청난 일이었다. 그것도 무소속으로 출마해 당시 집권당 추천을 받은 걸출한 경쟁자를 크게 눌렀다. 파산도시

CHAPTER 08 파산마을 유바리의 반면교사적 심폐소생술

를 떠안은 최연소 시장에 눈길이 쏠리는 건 당연지사다. 유명세를 키워 낸 더 큰 이벤트는 시장퇴임 후 2019년 홋카이도 도지사에 당선된 일이었 다. 전국적인 인지도에 힘입어 무난히 뽑혔다. 역시 최연소 광역지자체장 기록이다.

코로나사태 이후엔 미지근한 중앙정부에 맞서 발 빠른 선제봉쇄(긴급사 태선언)를 단행해 또 한번 파격적인 리더십을 발휘했다. 중앙정부의 결정 과 매뉴얼에 따라 우왕좌왕하던 여타지역과는 다른 행보였다. 중앙에 맞 서는 이미지는 이례적인 일이었지만, 마스크를 쓴 모습으로 기자회견을 열어 관심을 모았다. 집안 후원 없는 자수성가 출신답게 중앙의 눈치도 보지 않겠다는 식으로 해석되며 많은 지지를 얻어냈다.

그의 유바리 사랑은 각별하다. 애초 파견기간은 1년이었지만, 본인의 희망이 더해져 800여 일을 근무했다. 2008년 유바리 멜론팝콘을 고안해 상품화한 주인공이기도 하다. 시장당선 후에는 철저한 개별방문을 통해 청취한 주민의견을 정리해 재정재생계획에 없던 제설체계 정비와 시립진 료소 개축의 숙원사업도 반영했다. 시장이 된 후 재생작업은 한층 빨라졌 다. 취임과 함께 '마을만들기 기획실まちづくり企画室'을 신설해 중추역할 을 맡겼다. 2013년 유바리 멜론의 국제적 인지도를 위해 해외 방문을 했 을 때의 일화도 유명하다. 50통의 멜론을 본인이 직접 들고 0박3일의 일 정을 소화하며 경비일체도 자비로 부담해 많은 지지를 받았다. 덕분에 이 듬해 해외 수출길을 뚫었다.

그의 총체적인 행적에 관한 평가는 우호적이다. 2014년 중앙정부의 지역활성화모델 사례로 선정되며 착실한 재건스토리임을 입증받았다. 유바리를 관할하던 총무대신이 2015년 현장방문을 통해 "순조로운 재건이 진행 중"이라고 뒷받침했다. 일본의 미래 악재를 일찌감치 두루 경험한 지역답게 그 재건작업이야말로 새로운 일본을 만드는 중대한 모델이란 인식이 통했다. 인구감소 · 재정악화의 돌파 힌트를 유바리에서 찾겠다는 의미다. 스즈키 시장의 리더십은 그만큼 확고부동해졌다. 무엇보다 현장 중시를 통한 주민과의 유대강화가 한몫했다. 사손에게 그의 평가를 부탁했다.

"파견 때부터 정말 다양하게 주민을 만나고 아이디어를 들었습니다. 열심히 일하는 솔선수범은 말할 것도 없죠. 주민이 이를 모를 리가 없습니다. 침체와 절망이 가득한 도시에 젊은 리더십의 출현은 아주 고무적이었어요. 시장이 된 후 보폭은 더 넓어졌죠. 공무원들과의 소통확대와 정보제공도 좋았습니다. 그의 계획에 맞춰 시작한 사업은 성과를 냈죠. 주민이 5명만 모여도 직접 찾아갈 정도로 열심이었습니다. 정책도 그의 입을 통해 설명되면 지지를 얻어냈어요. 소통이야말로 성공의 열쇠였죠. 이전에는 시의 정책에 대해 알거나 묻는 주민도 거의 없었거든요. 그래서 당했지만 말입니다."

물론 논란이 없지는 않다. 대표적인 것이 2017년 헐값에 팔린 호텔 · 스키장 등 4개 시 소유 시설매각 건이다. 중국인 부동산업자에 2억 4,000만 엔에 팔았는데, 2년 만에 다시 홍콩계 펀드에 15억 엔에 재매각된 것이다. 이 과정에서 원래 전제됐던 약 100억 엔의 개보수·광고비 등 투자계획은 실현되지 않았고, 세금(고정자산세)도 3년간 면제해준 것으로 드러났다. 특히 최초 시점에 중국계 항공사가 10억 엔의 희망가를 제시하며 면담을 요청했으나 거부한 것으로 나타나 의혹을 사기도 했다.

줄이고 없애는
구조조정의 개막

　　　　　　　　　　　　구조조정이 늘 그렇듯 재건작업은 고통 수반이 전제된다. 청년시장의 화려한 등장과 함께 뼈아픈 고통도 시작됐다. 마른 수건 쥐어짜듯 시의 허리띠를 졸라매는 것부터 재정건전을 위한 결단이 내려졌다. 353억 엔의 빚은 시의 세수(8억 엔)를 감안할 때 'Mission Impossible'이란 평가까지 있을 정도였기에 어지간한 재생계획으로는 어림도 없었기 때문이다. 애초 변제기한을 18년으로 잡았기에 그만큼 연간 변제액도 높아졌다. 스즈키 시장은 2016년 파산 10년을 맞아 한 인터뷰[9]에서 "목숨에 관련된 것 이외의 지출은 전부 없앤다는 입장"이었다며 "자를 건 모두 잘랐다"라고 회고했다. 인터뷰에서의 발언이다.

"353억 엔을 18년간 갚는다는 재생계획은 그 자체가 엄청난 도전이었어요. 10년에 걸쳐 100억여 엔을 갚은 것만 해도 대단하죠. 외신들이 불가능한 과제라고 했을 정도니까요. 아무리 긴축재정을 펼쳐도 숫자 자체가 나올 리 없는 계획이었습니다. 하지만 유바리는 끈질기게 빚을 갚아나가고 있어요. 10년 넘게 빚 갚은 지자체는 없습니다. 전례 없는 장기에, 전례 없는 거액을, 전례 없이 세게 갚고 있죠. 누군가의 말처럼 다 갚는다면 아마 전대미문의 실증실험이 될지도 모릅니다."

파산선언 후 구조조정은 본격화됐다. 당장 지자체부터 솔선수범이 요구됐다. 가장 급격히 줄여나간 것은 인건비. 260명이던 시 직원을 절반 이하인 100명까지 줄였다. 견제하지 못한 책임이 컸던 시 의원도 18명에서 9명으로 감축했다. 급여도 손봤다. 공무원 연봉은 일괄 40%씩 감봉했다.[10] 시장 급여는 파산 첫해 50%에서 이듬해 75%로 삭감했다. 교육장도 25%에서 66%로 줄였다. 2017년 시장급여(251만 엔)는 일본에서 최하위를 기록했다. 강연·방송 출연료 등 기타소득(470만 엔)이 더 많았을 정도다. 퇴직금과 교재비도 100% 삭감했다. 파산 지자체의 지출삭감은 혹독했고 길었다.[11]

반면 세금은 올랐다. 잔류한 주민은 빚잔치의 희생양이 될 수밖에 없었다. 가령 시민세는 6%(3,000엔)에서 6.5%(3,500엔)로 뛰었다. 고정자산세도 1.4%에서 1.45%로 올랐다. 뿐만 아니라 경자동차세는 7,200엔에서 1만 800엔, 하수도사용료는 1,470엔에서 2,440엔 등으로 무차별적인 인상이

소멸 위기의 지방도시는 어떻게 명품도시가 되었나?

단행됐다. 또 공공시설은 대부분 폐쇄하고 그나마 사용료도 50%씩 올려버렸다. 초등학교는 파산 직전 6개에서 1개로, 중학교는 3개에서 1개로 통폐합됐다. 동시에 행정비용을 아끼고자 최대한 업무를 합쳐 일원화했다. 의료기관을 초등학교가 대신 운영하도록 했다. 이로써 납부세금은 일등인데 공공서비스는 꼴찌라는 불명예를 뒤집어썼다. 지금도 유바리 하면 이런 이미지를 떠올릴 정도다.

어쩔 수 없는 일이었다. 파산을 딛고 재건하자면 넘어야 할 산, 건너야 할 강이 구조조정이다. 덜 쓰고 더 버는 단순한 경영이론을 받아들일 수밖에 없다. 세금인상·세출축소는 긴축재정의 뼈대다. 유바리의 도시운영도 비용절감을 향해 재조정됐다. 농산어촌은 물론 중소도시라면 대개 그렇듯 점처럼 산재한 주민생활은 행정비용의 증가로 이어진다. 주민이 널리 퍼

자료: https://style.nikkei.com/article/DGXMZO03666070W6A610C1000000(검색일: 2021.9.27.)

	전성기	파산 직전	2016년
인구	11만 6,908명	1만 3,268명	9,409명
초등학교	22개	6개	1개
중학교	9개	3개	1개
시 직원	-	263명	97명
경자동차세	-	7,200엔	1만 800엔
시설사용료	-	-	50%인상
하수도	-	1,470엔	2,440엔
쓰레기처리	-	-	1리터 2엔
시장급여	-	86만 2,000엔	25만 9,000엔
직원급여(기본급)	-	-	평균 15% 삭감

■ 유바리시의 파탄 전후 비교표

CHAPTER 08 파산마을 유바리의 반면교사적 심폐소생술

져서 살수록 인프라 제공기반이 확대되는 까닭이다. 이때 유효한 선행모델이 '콤팩트시티'다. 비용절감을 위한 압축형 정주환경 조성계획이다. 유바리시는 더 감소할 인구규모를 감안해 약 20년 후에도 통하도록 비용절감형 도시조성을 내걸었다. 남북을 축으로 도시구조를 집약하는 유바리형 콤팩트시티의 제안이 그렇다. 최대한 적은 행정비용으로 주민의 삶을 떠받치려는 고육지책이다.

콤팩트시티는 비용절감·복지제공을 동시에 노렸다. 점(외곽주민)을 선(공공교통)과 면(정주거점)으로 엮어낸 압축공간을 지향한다. 먼저 유휴화된 시영주택을 신축해 취락지구로 집약시켜갔다. 관리대상을 줄임과 동시에 신규주택을 집약공간에 모았다. 거점정비도 동반됐다. 거주인구가 많고 상점·학교가 밀집한 중심가(시미즈사와지구)를 미래거점으로 지정하며 생활기반·교류거점으로 삼았다. 도서관을 필두로 육아·교육지원, 교통거점 등 복합시설로의 정비를 추진하고 있다. 재구성한 폐교공간에 13개 시민단체가 입주해 지역복지와 마을만들기의 실현현장으로도 활용된다. 공생형 농장은 물론 지역사연구소, 재생시민회의, 아트리에·카페·공방 등의 주민활동 공간이 대표적이다. 가령 광부사택이던 2층 건물 중 한 동을 보전해 '시미즈사와 커뮤니티케이트'를 만들어 4개의 교류공간으로 변신시켰다.[12] 탄광주택이 지역자연·산업유산의 가치발견과 정주형 네트워크 거점으로 거듭난 사례다.

원래 콤팩트시티의 목적은 공공교통이 뒷받침된 도보 생활로의 압축화다. 다만 유바리의 경우 공공교통 자체가 제한 혹은 소멸상태다. 외곽에서 중심으로 불러들일 이동체계가 없다는 얘기다. 경영상의 이유로 대부분의 공공교통이 문을 닫았기 때문이다. 축소·폐지된 버스노선에 택시요금 보조정책이 있지만, 제한적이다. 철도(JR)도 2019년 폐선됐다. 1,400만 엔의 매출 때문에 2억 엔의 비용을 쓸 수는 없는 노릇이었다. 만성적인 적자노선답게 갈수록 시설물 관리비용만 쌓여갔다. 시당국이 읍소했지만, 그나마 기능하던 시민의 발은 허무하게 사라졌다.[13]

유바리의 부채시계는 빚이 얼마나 무겁고 값비싼 결과인지 잘 보여준다. 열심히 갚는데도 부채는 좀체 줄어들지 않는다.[14] 실시간 변동치라 생동감은 있지만, 잔액을 보면 갈 길이 멀다는 위기감은 건재하다. 그럼에도 절망만 떠올리기엔 그간의 노력이 꽤 값지고 소중하다. 스즈키 시장 시절 그의 각오와 코멘트를 요약해보면 곤혹스러운 빚잔치 속에서도 늘 희망을 얘기하며 마무리된 걸 알 수 있다. 고난을 함께한 동료 공무원에게도 마지막엔 웃을 수 있다는 확신을 주었다고 한다. 사콘의 말이다.

"파산 이후 유바리는 굉장히 지쳤습니다. 엄청난 구조조정을 계획했고 또 단행했죠. 더는 내려갈 바닥조차 없다고 느꼈어요. 최소화된 비용으로 오랜 시간을 버텼습니다. 덕분에 희망도 엿보입니다. 스즈키 시장은 늘 파산도시의 회생모델을 강조하며 앞날의 비전과 행복을 얘기했죠. 졸업 이후를 보자고 말이죠. 시민의 꿈과 비전을 실현할 새로운 유바리를 그려보자 했습니다. 시장이 홋카이도 도지사에 당선된 것도 이런 주민의 간절한 응원 때문이었을 겁니다."

CHAPTER 08 파산마을 유바리의 반면교사적 심폐소생술

협동의 힘이 키워낸
명품 유바리 멜론

　　　　　　　　　돈을 벌지 못하는 지역재생은 무의미하
다. 지역소멸의 원인이 돌지 않는 돈에서 시작되듯 지속가능의 출발도 돈
버는 일에서 비롯된다. 빚까지 갚아야 할 유바리에게 돈 되는 사업은 중차
대한 해결과제일 수밖에 없다. '소득창출 → 소비증가 → 세수확대 → 복지
강화'의 순환구조를 달성하기 위함이다. 예전에 탄광산업이 유바리를 먹여
살렸듯이 새로운 소득창출의 영리사업이 간절히 요구된다. 단 '탄광 → 관
광'의 시행착오에서 확인되듯 가성비가 좋으면서 지속성도 동반한 사업모
델이 관건이다.

　이때 유효한 방법론은 차별적인 지역자산의 재검토다. 천편일률적인 사
업이 아닌 해당지역의 특수성에 기반한 차별적 영리모델의 아이디어다.

유바리가 아니면 힘든 뭔가를 찾아내자는 의미다. 이 과정에서 지리 · 환경적인 약점이나 한계조차 새로운 부가가치의 원류가 될 수 있다. 감춰졌거나 버려진 것의 재검토는 특히 유효하다. 누구도 자원이라 여기지 않았다면 원가 허들이 낮을 것이고, 혁신 여하에 따라 대내외의 자연스런 마케팅효과도 기대된다.

유바리의 재건사업에 희망의 불씨를 안겨준 키워드는 '멜론'이다. 채택전략은 온고지신溫故知新으로 정리된다. 과거와 미래를 잇는 지역재생의 선두주자로 기반활용형 산업부활을 내걸었다. 외지의 성공모델을 추종하기보다 기왕의 환경우위를 특화하면 승산이 있다는 일종의 역발상전략이다. 그간 유바리 등 홋카이도 농업은 본토의 하청구조에 놓여 있었다. 농산물은 헐값에 본토에 팔고 비싼 가공품은 사들이면, 열악한 수지적자가 반복될 수밖에 없다. 따라서 새로운 부가가치를 얹어 기간산업으로 육성하는 아이디어가 도출됐다. 비닐하우스를 이용한 멜론의 역발상 재배전략이 먹혀든 것이다. 잘 생산해, 잘 다듬어, 잘 팔면 농업만으로도 채산성을 높일 수 있다는 사실을 증명해줬다.

결과는 놀라웠다. 2021년 5월 첫 경매에서 멜론 2개 세트가 250만 엔에 낙찰됐다. 2019년 낙찰가는 무려 500만 엔을 찍었다. '유바리 킹멜론'으로 불리며 매년 언론이 첫 경매가를 보도할 정도로 이름값을 톡톡히 하는 지역 명물이 됐다.[15] 산악에 둘러싸인 거친 자연과 열악한 재배환경을 이겨낸 덕분이다. 유바리의 멜론 재배는 1923년부터로 역사가 길다. 농경지가 적고 땅이 척박한 가운데 찾아낸 선택지가 멜론이었다. 고랭지 배추처럼 지역환경을 고스란히 받아들인 특산품이다.

여기에 집단지성을 모은 자발적인 농가조합의 차별적인 접근도 기여했다. 17명의 농민이 멜론조합을 만들며 온갖 시행착오 끝에 유바리 브랜드로 엮어낸 것이다. 엄격한 재배기준과 출하가격, 그리고 꿀벌교배를 통한 기술혁신 등을 실현했다. 모두 협동의 힘이었다. 조합은 전략적이었다. 차별화된 유바리 멜론을 위해 종자를 종묘회사가 아니라 스스로 관리하며 안정적인 생산체계를 이뤘다. 선별·판매도 공동이 원칙이다. 일정기준을 밑도는 멜론은 가공용으로만 허용한다. 전문조직과의 협력체계를 구축해 독자적인 물류망도 갖췄다. 위반 농가는 과감한 제명까지 조치했다. 숱한 요구에도 불구하고, 판매는 백화점 등 외지직판 없이 모두 유바리농협을 통해서만 이뤄진다. 희소성과 자부심을 위한 현지판매 원칙을 고수한다. 엄격한 브랜드관리는 곧 가격에 반영된다.

유바리의 토착형 순환경제를 일궈낸 일등공신인 멜론은 계속해 진화하고 있다. 정부보조는 거의 없지만, 끝없는 연구·연대로 다양한 가공식품으로 변신 중이다. 멜론꽃을 활용한 벌꿀·젤리가 인기상품이었는데, 지금은 멜론으로 만든 샤베트·아이스크림·빵 등으로 확대되었다. 새로운

■ 유바리 멜론 재배상황

구분	2013년도	2014년도	2015년도	2016년도	2017년도	2018년도
경작 면적(ha)	286	268	262	255	250	247
생산량(t)	4,875	4,774	4,473	4,138	4,299	4,002
생산액(천 엔)	2,447,925	2,495,948	2,580,128	2,616,322	2,515,107	2,458,616

자료: 유바리시 개황설명(유바리시 지역진흥과 2019년)의 재구성

소멸 위기의 지방도시는 어떻게 명품도시가 되었나?

자료: 第2 期夕張市地方人口ビジョン及び地方版総合戦略(素案), 2020년 3월.

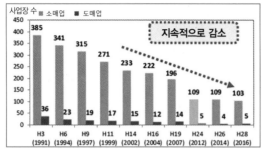

■ 유바리시 도·소매업 사업장 수와 연간 상품판매액 추이

부가가치를 위해 양조기술을 접목한 술까지 만든다. 제품다양화로 가격부담을 낮춰 고객 저변을 확대하려는 차원이다. 확고부동의 브랜드파워를 지닌 덕분에 유바리 멜론 농가의 조합원은 190명까지 늘어났다.[16]

유바리 멜론은 유바리 농업의 전부라 해도 과언이 아니다. 그만큼 유바리를 먹여 살리는 알짜산업으로 성장했다. 생산규모가 다소 줄긴 했지만, 2018년 기준 4,000톤 넘게 공급하며 25억 엔대의 부가가치를 만들었다. 이는 유바리 전체농산물 생산액(27억 7,000만 엔)의 89%에 해당한다. 단 과제도 적잖다. 당장 농가 고령화로 농사를 지을 후계자가 줄고 있다는 점이

염려된다. 경작면적은 2013년 286ha에서 2018년 247ha로 줄었다.[17] 다행히 고가판매로 단위당 생산성은 지켜내고 있지만, 전체축소의 파고를 이겨낼지는 미지수다. 조합은 후계승계를 위한 묘안을 모색 중이다.

순환경제는 전체산업의 유기적 균형달성으로 완성된다. 유바리 멜론 산업이 숨통을 열어준 것은 맞지만, 지속가능한 순환경제를 위해서는 2차·3차 산업과의 연계·유발효과를 높이는 게 중요하다. 아쉽게도 아직은 어렵다. 특히 2차 산업(21.6%)의 비중이 턱없이 낮다. 제조기반이라고는 시티즌시계로 유명한 공장 정도다. 시청부근의 문 닫은 상점가에서 엿보듯 3차 산업(62.5%)의 비중은 커도 내실은 별로다. 그도 그럴 것이 파산직후인 2007년 소매·도매점이 각각 196개·14개에서 2017년 103개·5개로 축소됐다. 일관된 감소세는 상품 판매액에서도 확인된다. 한때 잘 나가던 시절(1991년)엔 도소매 판매액이 270억 엔이었는데, 2014년 94억 엔까지 떨어졌다.[18]

애향심은 유바리를
되살릴 것인가?

유바리의 고군분투를 도와주는 호재도 있다. 그들 스스로가 마련한 자발적 · 내생적인 활성화 프로젝트는 아니지만, 2008년부터 도입된 고향납세제도[19]가 대표적이다. 소멸위기의 고향마을을 되살리자는 취지에서 중앙정부가 고안한 아이디어인데, 기부촉진 · 세액공제 · 답례시장 등 일석삼조의 기대효과를 실현한 히트상품이다.[20] 참고로 한국도 일본의 선행모델을 좇아 2021년 고향사랑기부제가 채택됐다. 10만 원까지 전액 세액공제를 해줄 뿐 아니라 기부금의 30%까지 지역특산물을 답례로 제공할 수 있도록 해 화제를 모았다. 한국은 2023년부터 실제 시행에 들어간다.

일본에서 고향납세ふるさと納税는 성공한 정책카드로 평가된다. 부작용

을 둘러싼 반론도 있지만, 대개는 재정확충과 내수진작에 우호적인 성과를 냈다는 데 동의한다. 특히 파산도시 유바리처럼 재정자립도가 열악한 농산어촌일수록 고향납세를 통한 기금확충은 가뭄의 단비와 같다. 유바리도 그랬다. 고향납세의 기초지자체별 평균수입은 1억 엔 정도인데 비해 유바리시로 지정·기탁된 금액은 3억 엔이 넘는다.[21] 평균의 3배나 된다. 2020년 납세실적은 1만 6,148건으로 총계 3억 6,684만 엔이다. 2012년부터 누계로 보면 8만 1,166건에 21억 1,454만 엔에 달한다(2022년 5월).[22] 보답 차원에서 멜론 등 50여 가지 지역특산물을 기부자에게 답례품으로 제공한다. 사콘의 평가다.

"빚을 갚고자 주민세를 많이 올렸지만, 사실 크게 도움은 되지 않습니다. 주민이 유출되는 것은 세금인상보다는 파산도시라는 이미지가 더 컸던 것 같아요. 하지만 고향납세를 보면 생각보다 금액이 많습니다. 워낙 인구가 적은 도시라 기타지역과 비교하는 것 자체가 무의미합니다만, 그래도 평균 이상의 기부금이 들어오는 걸 보면 애향심이 높다는 걸 알 수 있죠. 특히 파산 이후 10년이 지나며 본격적인 재건작업이 알려지자 기부액이 3억 엔 이하로 떨어진 적이 없어요. 응원해주는 메시지도 많이 늘었죠. 비록 고향을 떠났지만, 고향납세로 기여하려는 분들이 많아 고무적입니다."

주민이 떠나고 돈조차 말라버린 유바리에 고향납세는 든든한 마중물로 기능한다. 금액 자체가 크진 않아도 재건작업을 알리는 간접적인 홍보효과가 크다. 물론 만만치는 않다. 워낙 쟁쟁한 고가의 지역특산물을 내세운 지자체가 많기도 하거니와 기부금에 준하는 답례품을 제시하며 출혈경쟁까지 발생해 마땅한 자원·여력이 없는 유바리로선 한계가 있다. 그럼에도 재정 재건계획처럼 기부액의 용처와 관리가 엄격하다. 지역재건에 직결되는 사업에 한해 주민의견을 청취하며 사업을 펼친다. 기부금 중 상당액은 멜론의 고부가가치를 위한 시설지원 및 농가확보 등에 투입된다. 인근 지자체와 연계해 고향납세의 비교우위를 지키려는 노력도 열심이다. 2019년부터 주변 5개 지자체와 힘을 합쳐 공동으로 지역특산품을 꾸려 다품목의 시너지효과를 기대하고 있다.[23]

한푼이 절실한 유바리로선 고향납세가 소중한 재건토대일 수 있다. 때문에 기부를 유도할 다양한 방책을 마련 중이다. 2020년 기부편리성을 강화하고자 고향납세를 취급하는 전용포털(라쿠텐후루사토납세)을 만들었다. 이 사이트에서 납세(기부)하면 포인트를 추가로 제공해 사용할 수 있도록 배려했다.[24] 혁신실험은 추가된다. 최근엔 크라우드펀딩도 진행했다. '유바리고등학교 매력화 프로젝트'란 펀딩이다. 지역고교생의 도전정신을 키우고 애향심을 높이고자 '시계최고의 난제'로 명명한 지역문제 해소책을 경합하는 프로젝트다. 목표액의 3배(2,300만 엔)를 넘기며 화제를 모았다. 펀딩 참여자의 응원메시지뿐 아니라 지역고교생과의 유대강화에도 도움이 됐다는 후문이다.

고향납세 기부금은 '행복 노란손수건 기금幸福の黄色いハンカチ基金'으

CHAPTER 08 파산마을 유바리의 반면교사적 심폐소생술

사업 내용	기부금액 (마을만들기 기부조례)	활용금액 (행복 노란손수건 기금)
지역재생 · 주민행복 증진 필요사업	1억 9,235만 엔	2억 3,166만 엔
고령자 · 장애인 생활지원활동, 주민건강 유지활동 · 주민자치활동 유지사업	3,140만 엔	2,922만 엔
아동의 건전육성 사업	9,779만 엔	3,631만 엔
시민 문화 · 스포츠 활동 추진사업	616만 엔	430만 엔
역사유적 탄광유산 전승 · 보전사업	1,472만 엔	244만 엔
영화로케 시설보전 사업	478만 엔	0
시민주도 영화제 개최사업	358만 엔	0
특정단체 · 특정사업 지정건	1,608만 엔	2,585만 엔
합계	3억 6,685만 엔	3억 3,086만 엔

주: 행복 노란손수건 기금의 경우 고교생 크라우드펀딩(107만 엔) 포함
자료: 유바리시(2020), '유바리 마을조성 기부조례' 보고서.

로 통일 · 적립된다. 지역재생 · 주민복지 증진사업을 필두로 재정핍박으로 곤란에 빠진 우선과제에 투입된다. 초고령지역답게 고령자 · 아동 등 상대적으로 취약한 복지사업에 도움이 된다. 납세자가 특정단체 · 사업에 기부액을 지정할 경우 해당용처로만 사용된다. 2020년의 경우 기부금(3억 6,684만 엔) 중 3억 3,086만 엔이 투입됐다. 신뢰자본이 두텁다고 평가되는 일본에서도 유바리는 특히 애향심이 높은 편이다. 과거의 쉽지 않은 생존경험이 상호연대 · 상생부조의 사회적 공통자본으로 축적된 덕분이다. 실제 유바리의 독특한 애향심과 관련된 자료를 찾다보면 '일산일가'[25] 혹은 '토모코友子제도'[26]가 자주 등장한다. 둘 다 혹독한 탄광노동에서 비롯된 공동체정신을 뜻하는 유바리의 전통정신으로 평가된다. 유바리시의 지역활

성화 종합전략에도 이런 내용이 상세하게 기술되어 애향심을 고취한다. 두 개념과 관련된 설명의 일부다.[27]

"유바리시는 재정파탄에서 무엇을 배웠는가? 유바리시는 1890년대 수많은 이주자가 탄광개발에 나서며 국내최대급 탄광으로 석탄업계를 견인했다. 탄광노동은 그 가혹함에서 희생적 정신이 생겨났고, 생활에서는 노동자와 가족을 포함한 탄광마을(산) 그 자체가 동고동락하는 가족이라는 '일산일가'의 정신으로 표현되었다. 또 탄광에서 안전하게 일하기 위한 기술전승이나, 부상을 입거나 사고로 목숨을 잃은 가족에 대한 생활을 지원하는 '토모코제도'라는 탄광도시 특유의 문화를 구축하며 100년 탄광역사를 걸어왔다. 많은 이주자가 가족유대감으로 살아온 것은 '서로의 연계로 서로의 생활이 성립되고 지역은 발전하며 풍요로운 생활도 영위한다'라는 상생정신이 있었기 때문이다. 1961년 이후는 잇따른 폐산으로 급격한 인구감소와 마주하며 마을집약화나 '탄광에서 관광으로'를 캐치프레이즈로 신규고용의 장을 만들어왔다. 하지만 하드웨어에 의존한 과잉 관광투자와 함께 '나와는 상관없어.' '누군가 해줄 거야'라는 의존적인 체질로까지 변질됐다. 시의 재정은 악화됐고 2007년 재정재건단체가 되었다. 이로써 시는 2029년까지 최상위계획으로 재정재건화를 추진하게 됐다."

인구증가는커녕
유출 방지에 안간힘

2015년 국세조사에 따르면 유바리시에 속한 20개 마을은 조사시점에 인구 제로가 확인된 소멸취락으로 나타났다. 2017년 이중 8개 마을은 주거 표시조차 폐지됐다. 그나마 1~2세대는 살았던 동네였는데 산간지역의 외곽권역부터 마을 소멸이 본격화된 것이다. 실제 2010~2015년 인구감소율은 19%로 전국 6위에 오르는 불명예를 얻었다. 시 단위 중에서는 최악의 인구성적표다. 초고령화로 동네주민의 자연사망 후 유령마을로 접어드는 수순이다. 당연히 빈집 비율도 일본 1위다. 2017년 고령화율이 50%를 넘기며 일본의 시 단위 중 최초로 한계 지 자체가 됐다.

현 상황이 유지된다면 유바리는 훗날 소멸도시 1순위에 이름을 올릴 확률이 높다. 조짐은 많고 기운은 기울었다. 각고의 노력에도 인구변화의 상황반전이 쉽잖다는 건 유바리만 봐도 충분히 짐작이 된다. 파산선언이 기름을 부으며 소멸시점을 앞당긴 건 맞지만, 그렇다고 한번 내려앉은 사양화의 압력이 사라질 리가 없다. 특히 초고령사회답게 고령인구의 사망이 일단락되면 시내조차 무인화될 염려가 구체적이다. 주민 둘 중 하나가 65세 이상이다. 평균수명(83세)으로 볼 때 20년 후면 암담한 상황이다. 이런 동네에 생산가능인구를 떠받칠 후속청년이 정주하기는 어렵다. 난파하는 배에서는 뛰어내릴 수밖에 없기에 '소멸위기 → 유출가속'의 악순환이 심화된다.

유바리는 인구증가라는 목표를 버렸다(?). 간절히 원하지만, 닿지 못할 신기루임을 잘 알기 때문이다. 유바리보다 도시경쟁력이 월등한 지역조차 인구증가보다 감소저지를 채택한 마당에 유령마을이 곳곳에 산재한 지자체의 최대치 정책목표는 유출방지일 수밖에 없다. 때문에 떠나려는 주민을 설득할 장치에 모든 힘을 투입한다. 인구변화가 '자연증감(출산·사망)+사회증감(전입·전출)'의 양축이란 점에서 유바리의 선택지는 고령사망과 청년전출을 줄임으로써 전체인구의 하락폭을 통제하는 쪽으로 정해졌다. 사콘의 말이다.

"아시다시피 인구감소는 반복적입니다. 유입을 늘리고 유출을 줄이는 정책을 찾지만, 공존하기 힘든 카드예요. 때문에 당분간은 유출감소에 매진할 계획입니다. 주민정주의 환경개선을 위해 양육·의료지원부터 우선

CHAPTER 08 파산마을 유바리의 반면교사적 심폐소생술

제1기 종합전략	제2기 종합전략	유바리 액션 플랜
1. 누구나 안심하고 사는 환경조성	• 지역포괄지원 시스템 구축추진 • 스마트 웰니스 주택 정비 지원 • 주산기(周産期) 의료체제 확보	①지역의료체제 안심구축 ②청년·여성용 저월세 임대주택 정비 ③육아가구용 주택취득·리모델링 지원 ④정보발신 강화 통한 부동산 유동화 촉진 ⑤인정 어린이집 활용한 육아지원 강화 ⑥아이들이 있는 곳 만들기 ⑦육아가구 경제부담 경감 ⑧고령층 활동터전/거처 마련 ⑨빈주택인 시영주택 활용 그룹홈 추진
2. 새로운 인구흐름/ 관계인구/ 교류인구 창출	• 관광조성 법인육성 • 인바운드 지원 • 문화재 보전·활용/매력발산 • 관계인구 확대/중간지원 조직육성 • 고향납세 촉진	①지역자원 활용한 교류인구 확대 ②산업유산 관광거점으로서의 '석탄박물관' 프로젝트 ③스포츠 교류 등 촉진 ④도로와 역의 매력향상 ⑤홋카이도 및 기타 지자체와의 광역연계 ⑥관계인구 창출 ⑦연결을 쌓아올리는 고향납세 촉진
3. 지역자원 활용한 고용창출	• 지역의 강점을 빌려주는 산업진흥 • 일하기 좋은 고용환경	①농민·농협·시의 연계로 산지력 강화 ②일본제일의 약목생산지 기반정비 ③삼림자원 활용형 인재육성 ④석탄활용 영리형 방재사업 ⑤누구나 활약하는 고용창출 ⑥장애인의 취업확보
4. 유바리 미래창조 프로젝트	• 고등학교 기능강화 • 정보통신 기반정비/디지털 인재육성·확보	①초중고 연계로 향토애 교육추진 ②초중생 가능성 확대 프로젝트 ③고교매력화 프로젝트 ④미래기술 활용형 지역과제 대응/디지털인재육성·확보
5. 지속가능 마을 조성 (콤팩트화· 거점형성 등)	• 도시 콤팩트화와 교통 네트워크 형성 • 주산기 의료체제 확보 • 지역 포괄케어 구축추진 • 지역주민의 지역운영 조직 형성 촉진 • 지역방재 확보 • 전세대/전원 활약형 평생활약도시	①콤팩트시티 추진 ②지속가능한 교통체계 유지 ③지역커뮤니티 유지 ④공공시설 슬림화와 활용 스톡기능확충 ⑤지속가능한 행정체제 구축

자료: 夕張市(2020), '第2期夕張市地方人口ビジョン及び地方版総合戦略(素案)', 재정리

합니다. 빈집도 많지만, 민간기업이 압축 시가지에 임대주택을 짓도록 유
도하기도 합니다. 5년간 약 100채 가까이 신규공급도 됐죠. 아쉽지만, 인
구증가는 지금의 유바리로서는 전혀 생각조차 할 수 없습니다. 최대한 유
출을 막고자 '리스타트 정책'을 고도화하는 단계입니다."

사실 유바리시가 기획한 인구비전 · 창생전략도 새로운 건 없다. 인구감
소 · 활력감퇴의 여느 지자체와 판박이다. 그럼에도 그 절실함과 위기감은
어느 곳보다 실체적이고 현실적이다. 파산선언과 구조조정으로 혹독하고
쓰라린 경험을 해봤기 때문이다. 당장 시 당국의 행보가 적극적이다. 유바
리가 재건되지 않으면 본인의 직업부터 생활까지 유지되기 힘든 탓이다.

유바리시 리스타트 거점공간

월급삭감·과중업무를 반복하고 싶은 공무원은 없다. 주민도 마찬가지다. 세금은 비싸고 복지는 열악한 비정상의 고통을 재현하지 않으려면 재건사업에의 적극참여는 당연지사다.

숱한 해결과제에 둘러싸인 유바리가 유출저지를 위해 꺼내든 핵심전략은 3가지다. 제1~2기 종합전략과 그 하위과제로서 다양한 액션플랜을 내놨지만, 최종목표는 정주안정을 통한 유출감소로 요약된다. 3대 키워드는 의료·복지강화, 주택매칭, 육아환경 등이다. 의료·복지는 시립진료소를 중심으로 한 지역의료망의 내실화로 정리된다. 이를 복지와 연결해 기반정비를 강화함으로써 고령자·장애인부터 주민전체의 생활수요를 업그레이드하는 전략이다. 주택매칭은 유휴화된 광부사택(공영주택으로 승계)보다 턱없이 부족한 민간임대를 늘려 정주욕구를 높이는 차원이다. 낡고 불편한 공영주택을 대신할 경쟁력을 갖춘 민간주택이 없어 이사하는 사례가 많아서다. 주택 선택지의 확대로 젊은 주민을 설득한다는 방침이다. 육아환경은 학교정상화에 방점이 찍힌다. 구조조정으로 기능을 잃은 보육·유치원부터 초중고까지 정상화하고 취학가구에 맞춤지원을 해주는 식이다. 특히 육아환경은 출산장려·유출저지란 차원에서도 일석이조란 점에서 강조된다.

앞서 언급한 유바리형 콤팩트시티는 이 3대 과제가 실현될 실험무대다. 압축·고밀도의 거점공간에서 의료·복지, 주거, 육아 등 생활기반을 효율적으로 제공하기 위함이다. 콤팩트시티의 취지인 주거·상업·편의욕구 등을 도보생활권에 집중·배치해 저비용·고효율의 정주기반을 강화한다는 방침이다. 그러자면 주민이 정책의 객체가 아닌 참여주체일 때 더욱 효과적이다. 도시기반이 사라졌고 재정동원마저 제한적인 유바리시가 콤팩트시티를 추진하자면 주민총의로 요약되는 이해관계자의 전체 참여가 절실하다. 때문에 찾아가는 민심청취를 비롯해 시민단체와의 연대강화에 공을 들인다.

민간조직의
'서로 돌봄' 딜레마?

고령사회의 최대화두는 의료·간병 이

슈로 압축된다. 늙음과 아픔은 구분할 수 없는 동반 키워드인 까닭이다.

고령화비율 50%를 넘긴 유바리는 특히 고령주민의 의료·간병 욕구가 심

각한 사회문제일 수밖에 없다. 고령복지의 절대비중을 차지함에도 불구하

고, 이를 떠받칠 세대 부조가 붕괴됐기 때문이다. 재정투입만이 활로인데

파산도시에 이를 기대하기란 어렵다. 아파도 진료를 받거나 의탁할 시설

조차 마땅찮다는 얘기다. 부담은 최고인데 서비스는 최악인 유바리 블루

스의 핵심 줄거리다.

실제 사망자수를 보면, 1990년대부터 200명대를 꾸준히 유지하는 다사

多死 현상이 확인된다. 반면 출생은 1990년 158명에서 2018년 28명까지

축소됐다. 파산선언 이후에는 자연증감의 마이너스가 오히려 더 늘어났다. 사망증가보다는 출생감소가 더 컸던 결과다. 이쯤에서 재미난 현상에 주목할 필요가 있다. 재정파탄 후 시 당국은 공공의료를 파격적으로 축소했다. 시립진료소의 병상 171개를 19개로 줄였다. CT · MRI 등 장비조차 없앴다. 외과 · 안과 등은 진료과목도 없어졌다. 사실상 병원 폐쇄에 가까운 조치였다. 실제 시립진료소를 포함해 총 4개의 의료기관이 있지만, 입원은 진료소만 가능하다. 구급차의 응급서비스도 멈춰섰다. 파산 당시 병원적자만 45억 엔에 달했다.

당연히 적재적소의 의료공급이 어려워 사망률은 높아질 것으로 예측됐다. 다만 결과는 그렇잖았다. 사망률이 되레 낮아진 것이다. 1990년대 250명대에서 2018년 200명대로 사망자가 감소했다. 물론 모수통계 · 연령비교 등 엄밀한 분석은 아니나, 대체적인 외부평가는 공공의료가 악화됐음에도 사망률이 억제 · 관리됐다는 데 이견이 없다. 급격한 공공의료의 축소에도 불구하고 고령주민의 건강상태가 나빠지지 않았다는 가설에 닿는다. 이는 향후 가팔라질 고령화 추세를 감안할 때 의료정책의 판도를 바꿀만한 놀라운 현상이다. 도대체 유바리에 무슨 일이 있었는지 연구가 시작됐다.

대체적인 결론은 '궁하면 통한다'로 요약된다. 공공의료가 붕괴되자 의지할 곳이 사라진 주민 입장에서는 스스로 살길을 찾아야 했다는 것이다. 병원에서의 치료보다 아프기 전에 예방하는 방법이 강구된 셈이다. 고령환자에게 많은 경증질환의 사회적 장기입원이 병원 자체의 붕괴로 줄어든

CHAPTER 08 파산마을 유바리의 반면교사적 심폐소생술

자료: 夕張市(2020), '第2期夕張市地方人口ビジョン及び地方版総合戦略(素案)', 재정리

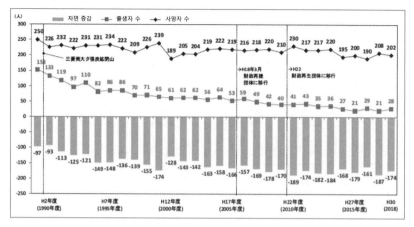

유바리시 인구변화 중 자연증감 추이

것도 한몫했다. 유바리시도 거점별 소형센터와 찾아가는 재택의료로 방향을 전환하며 비용은 줄이고 효과는 높이는 전략을 택했다. 주민 입장에서도 병원에 의존해 치료를 맡기기보다 스스로 질병에 걸리지 않도록 예방하는 게 최선책이었다. 일상적인 건강관리가 기존의 의료환경 패러다임을 뒤바꾼 결과였다. 병원이 없거나 적어도 건강수명 · 평균수명이 늘어날 수 있다는 증거였던 셈이다.

이는 '유바리모델'로도 승격된다. 관심과 논란이 상존하는 개념이나, 중요한 건 예고된 불행을 비켜선 자생적인 실험결과의 설명력이다. 비단 예방의료 덕분만은 아니겠지만, 의료 · 간병비용의 고부담이 확실시되는 미래사회를 감안할 때 케어중심의 예방 · 재택의료가 유력 대안이 될 수 있다는 힌트를 제공한다. 시 당국도 예방 · 재가 의료의 확대에 무게중심을

소멸 위기의 지방도시는 어떻게 명품도시가 되었나?

둔다.[28] 의료진이 자택·요양시설로 방문해 질병부터 생활까지 챙기며 예방주사를 비롯한 다양한 기본케어를 제공하는 편이 낫다는 판단에서다. 유바리모델은 일본뿐 아니라 최근 한국에서도 확대하려는 지역 포괄케어 시스템의 근거로도 기능한다.

또 하나 빼놓을 수 없는 유바리모델의 의료 특징은 '서로 돌봄'의 주민 자체적인 네트워크 협력체계다. 시간이 흘러 초고령화가 더 심해진 지역 답게 고독사 등 새롭게 부각되는 고령 돌봄의 이슈까지 확대·제공하는 자치조직의 존재가 그렇다. 의료복지 주민대표가 민생위원으로 행정결정에 참여하고, 기반단위에서는 '건강운동서클'처럼 민간조직도 활동한다. 이들은 평소 취약가구를 방문하며 예방의료뿐 아니라 건강유지를 위한 다양한 프로그램을 실시하며 초고령사회의 약점을 커버하려고 노력한다. 탄광회사가 제공하던 의료복지를 파산한 행정 대신 주민조직이 맡아 제공하는 형태다. 주민 스스로가 서로를 돌보는 '서로 돌봄'이 기능했기에 유바리모델도 호평을 받을 수 있었던 것이다.

파산도시가 알려준
타산지석의 교훈

                             유바리는 한국에 많은 시사점을 알려준다. 반면교사와 벤치마킹의 양면을 두루 내포한 선행사례가 아닐 수 없다. 아직도 변제기한을 10여 년 남겨둔, 여전히 파산 후 공정으로 구조조정이 한창인 지역이라 종합평가를 내리기는 어렵다. 그럼에도 결코 뒤를 따라서는 안 될 것이란 중대한 교훈은 뚜렷이 남는다. 지자체의 파산이 갖는 엄중한 무게와 괴로운 수습은 유바리가 한국에 전해주는 값진 훈수다. 어떤 드라마틱한 상황반전의 구조조정도 애초부터 당하지 않는 편이 최선인 까닭이다.

    기우杞憂였으면 좋겠지만, 마냥 안심하기는 이르다. 한국에서도 유바리 경로를 걸음직한 상황조건을 갖춘 지자체가 존재한다. 아직은 버티지만,

소멸 위기의 지방도시는 어떻게 명품도시가 되었나?

언제 무너져도 이상하지 않을 잠재적 후보군이 적잖다. 갈수록 격해지는 도농 불균형 속에 지역을 떠받치는 인구·산업·생활의 연쇄 악화는 사실상 절대다수 기초지자체의 숨통을 죄어온다. 그 전면에서 과소 경고장을 받은 농산어촌은 대부분 지속불능에 빠졌다. 유바리의 20개 취락처럼 거주민 제로(0명)의 유령동네도 하나둘 생겨난다.

이때부터가 사실은 조심할 때다. 전가의 보도처럼 떠받들여지는 지역활성화의 정합성·기대감이 본격화되기 때문이다. 방향은 맞다. 지역재생은 과소한계·소멸공간을 지켜낼 지속가능성의 명분과 실리를 내포한 우선정책일 수밖에 없다. 문제는 방식이다. 유바리라고 처음부터 과잉투자·분식회계·방만관리의 행정실패를 의도한 건 아니다. '탄광에서 관광으로'의 전략수정은 상황조건을 봤을 때 나름의 근거는 충분했다. 관광이야말로 지역을 되살리는 단골메뉴이기에 이상할 것도 없다. 다만 상식적이지 않은 게 패착이었다. 재정자립도가 현격히 낮은데도 타당한 수요조사 없이 방대한 과잉투자를 일으켰다. 이후 실패를 가리고자 재정장부를 덕지덕지 분식하며 초기에 되잡을 기회를 스스로 놓쳐버린 게 컸다. 이를 감시·통제해야 할 의회·주민도 존재하지 않았다. 즉 유바리 파산사례는 잘못된 리더십이 문제를 더 악화시킨 인재人災일 수밖에 없다.

그렇다면 한국이 배울 것은 확실하다. 지역활성화를 위한 사업보다 중요한 건 이를 결정·추진하는 일련의 과정에 있다는 점이다. 과도한 행정주도와 방만한 재정투자, 그리고 감시체계 부실에서 벗어나는 것이 급선무다. 각각을 대체할 새로운 대안카드·선행실험은 적지 않다. 지역·상황별로 최적화된 사업설계를 위해 기획단계부터 실행주체 · 자본투입 · 역할분담 · 성과배분 등을 당사자성을 갖춘 다양한 의견조율로 구성하면 실패확률이 낮아진다. 참여와 결정이 투명하고 개방적일수록 비리 · 이권은 개입되기 어렵다. 무엇보다 지역이 원하고 또 지역에서 통하는 사업이 중요하다. 지역활성화에 지역이 빠져서는 곤란하듯 더디게 가더라도 확실한 맞춤처방이 길게는 지속가능성을 높이는 법이다.

1. https://blog.naver.com/kd03249/222412099363(검색일: 2022.05.03)
2. 2006년 유바리시는 지방재정재건촉진특별조치법(1955년 법률 제195호)의 규정에 근거해 재정 재건계획을 책정하고, 재정 재건단체(준용재정재건단체)가 됐다. 재정 재건계획에 따라 2007년 3월 총무대신의 동의를 얻어 353억 엔의 적자를 해소하게 됐다. 이는 유바리시 표준재정 규모의 801.4%에 해당하는 금액이다.
3. https://www.city.yubari.lg.jp/syakintokei/index.html(검색일: 2022.05.03)
4. 유바리시 담당공무원과의 인터뷰는 2019년 7월 22일 시청회의실에서 진행됐다. 유바리시 기획과 기획계 사콘 와타루(佐近航) 주임이 응대했다.
5. 일본 홋카이도 중심부에 위치한 관광도시다. 후라노라는 이름은 아이누어로 '향기로운 불꽃'이라는 뜻으로 활화산이 있고, 특히 광활한 라벤더 밭으로 유명한 지역이다.
6. 여영현·박정규(2010), '제3섹터 운영효율화를 위한 제도적 연구'. 한국정책과학학회보 14(1), pp173-193. 제3섹터의 개념은 법률상 혹은 학문상 개념이 아니라 논자에 따라 다르게 사용되고 있지다. 다만 공공부문과 민간부문이 공공서비스를 공동으로 생산·공급하는 조직체로 1970년대초부터 미국과 일본에서 나타나기 시작했다. 한국은 많은 경우 제3섹터를 일본과 마찬가지로 민관합작법인으로 출자비율에 따른 소유구조로 파악한다. 이 경우 지방자치단체가 자본금의 50% 미만을 출자하고 민간부문이 그 이상을 출자한 지방공기업형 제3섹터가 대표적이다.
7. 매일경제 2019.02.22. 『파산한 일본 유바리시 성공 모델로 따라 한 태백시…실패 답습』
8. 남황우(2010), '지방분권과 지방재정건전화 조치-일본을 사례로', 한국지방재정학

회 세미나자료집, pp55–81.

9. https://style.nikkei.com/article/DGXMZO03666070W6A610C1000000 (검색일: 2022.05.03) 「見せしめはもう勘弁」夕張破綻10年, 35歳市長の覚悟(본때를 보여줘, 유바리 파탄 10년, 35세 시장의 각오, 2016.06.19)

10. 이후 조금씩 정상화되면서 2020년 현재는 93% 정도까지 되돌아간 것으로 확인된다. 즉 2009년까지 평균 30%, 2014년까지 20%, 2016년 15% 삭감 등을 통해 정상화를 지향한다.

11. 중앙정부에서는 유바리시의 재정건전화를 위해 중앙교부금을 매년 30억 엔씩 내려보낸다. 재정으로 줄어든 공무원을 지원하고자 지역출신 관료 100명, 홋카이도현 공무원 20명 등도 파견됐다.

12. http://egloos.zum.com/wjyang/v/11307576(검색일: 2022.05.03)

13. 물론 얻어낼 건 꽤 얻어냈다. 폐선이전에 JR홋카이도와 협의해 다양한 협력·지원을 보장받았다. 시의 설명처럼 '폐선을 위한 역제안으로 공격적 폐선'으로 평가된다. 폐선 후 새로운 공공교통 정비의 전면적 협력, JR 소유시설의 양도·활용, JR직원의 유바리 파견 등이다. 특히 출연금(7억 5,000만 엔)을 통해 20년간의 버스운용에 필요한 기금을 받았다. 또 콤팩트시티의 실현공간을 위한 필요용지 양도 등에도 합의했다.

14. 유바리시 부채시계(https://www.city.yubari.lg.jp/syakintokei/index.html(검색일: 2022.05.03)

15. 서울경제, 『과일 1개에 1,600만 원? 유바리 멜론이 대체 뭐기에』, 2018.05.26. 유바리는 일본최고의 멜론 원산지다. 정식 품종명 '유바리 킹멜론'은 특유의 맛과 향긋하고 강한 향이 특징이다. 과육이 숟가락으로 떠먹을 수 있을 정도로 부드럽고 당산비(糖酸比)가 조화를 이뤄 맛이 아주 좋다고 한다.

16. https://www.city.yubari.lg.jp/gyoseijoho/sangyobushiness/nogyo/melonkyoushitsu.html(검색일: 2022.05.03) 유바리시 홈페이지의 유바리 멜론교실 자료

17. 표 6 참조

18. 第2 期夕張市地方人口ビジョン及び地方版総合戦略(素案)令和2年(2020 年) 3月夕張市

19. 국중호·염명배(2018), '일본 고향납세의 기부특성에 관한 연구', 한국지방재정논집 23(2), pp73–109. 2006년 3월 '일본경제신문'이 '고향세제'라는 용어를 처음으로 기

사화하기 시작했고, 2008년 4월 '지방세법 등 일부 개정 법률'(법률 제21호)에 의해 일본형 고향세 제도가 도입됐다.

20. 신두섭 · 하혜수(2017), '고향발전기부금 제도의 도입 가능성 연구', 지방정부연구 21(1), pp437-469. 본래 '지방창생'을 도모하고 지역경제 활성화 및 국가와 지자체 간의 세원격차를 해소하고자 하는 목적에서 도입됐다. 당시 일본은 '삼위일체 개혁' 등 대대적인 재정개혁에 박차를 가하고 있는 시점에서 세원이양과 지역 간 세수격차를 줄이고자 '주민세 10% 상당액을 지역에 납부'하도록 하는 고향납세제도를 도입했다. 고향납세제도는 고향이나 관심지역에 기부하면 일정한도 내에서 소득세와 주민세를 공제해 주는 제도로 본인이 원하는 지역에 기부해 농어촌지역의 지방창생 및 지역을 다시금 생각할 수 있는 기회가 됐다는 평가를 받는다.

21. 유바리시 마을조성 기부조례에 근거한 기부금 수입현황 참조

22. https://furusato-nouzei.tax/city-data/hokkaidou/yuubarishi/(검색일: 2022.05.03)

23. 유바리시는 고향납세를 활성화하고자 다양한 방법을 구사한다. 2019년 인근 5개 지자체(유바리시, 난포로쵸, 유니쵸, 나가누마쵸, 쿠리야마쵸)와 연계해 공동으로 지역특산품을 구성해 공통답례품을 선보였다. 다양한 품목을 구성함으로써 고향납세를 유도하고 지역브랜드를 알리려는 취지다.

24. https://www.city.yubari.lg.jp/gyoseijoho/furusatonozei/kikakuchurunounews.html(검색일: 2022.05.03)

25. http://www.soratan.com/3_heritage/3-2_heritage_igi.html(검색일: 2022.05.03) 특히 일산일가(一山一家)는 유바리를 비롯한 홋카이도에서 비롯된 개념으로 하나의 산(탄광)은 하나의 집(조직)이란 의미다. 단결적 공동체를 통한 독자적인 커뮤니티 공간으로 위기를 극복하고 문제를 해결해낸 역사성을 갖는다.

26. 村串仁三郎(1997), '戰後の北海道における友子制度-夕張市登川炭鑛の戰後友子の實態を中心に', 『經濟志林』, 法政大學經濟學部學會, p.4. 토모코란 도쿠가와시대부터 광산에 고용된 전체계급을 포함한 광부의 클라우드 길드적인 협동조합으로 형성된 제도다. 도제제도에 근거해 선배(부모)역할과 후배(자녀)역할을 구분해 숙련노동력을 양성 · 전승시켜주는 구조다. 광산에서의 생활 · 노동질서의 자치적 유지는 물론 구성원의 상호부조를 위해 조직됐다.

27. 夕張市(2020), '第2 期夕張市地方人口ビジョン及び地方版総合戦略素案'.

28. https://president.jp/articles/−/31439?page=1(검색일: 2022.05.03) 財政破綻、病院消滅の夕張で老人が元気な理由(재정 파탄 병원 소멸의 유바리에서 노인이 건강한 이유 2019.12.19)